中国企业法务观察

Chinese Enterprise Legal Observation

中国企业法务观察

Chinese Enterprise Legal Observation

第七辑

n.07

法律出版社
LAW PRESS · CHINA
北京

图书在版编目(CIP)数据

中国企业法务观察. 第七辑 / 叶小忠主编. -- 北京 : 法律出版社, 2023

ISBN 978 - 7 - 5197 - 7602 - 2

Ⅰ. ①中… Ⅱ. ①叶… Ⅲ. ①企业法 - 中国 - 文集 Ⅳ. ①D922.291.914 - 53

中国国家版本馆 CIP 数据核字 (2023) 第 032437 号

中国企业法务观察(第七辑)
ZHONGGUO QIYE FAWU GUANCHA(DIQI JI)

叶小忠 主编

策划编辑 肖 越 魏艳丽
责任编辑 肖 越 魏艳丽
装帧设计 汪奇峰

出版发行 法律出版社
编辑统筹 法商出版分社
责任校对 李慧艳
责任印制 胡晓雅
经　销 新华书店

开本 850 毫米×1168 毫米 1/16
印张 17.5 **字数** 353 千
版本 2023 年 4 月第 1 版
印次 2023 年 4 月第 1 次印刷
印刷 永清县金鑫印刷有限公司

地址:北京市丰台区莲花池西里 7 号(100073)
网址:www.lawpress.com.cn
投稿邮箱:info@lawpress.com.cn
举报盗版邮箱:jbwq@lawpress.com.cn
销售电话:010 - 83938349
客服电话:010 - 83938350
咨询电话:010 - 63939796

书号:ISBN 978 - 7 - 5197 - 7602 - 2　**定价**:78.00 元

凡购买本社图书,如有印装错误,我社负责退换。电话:010 - 83938349

本书编委会

◎林庆苗（国务院国资委政策法规局局长）

◎焦洪昌（中国政法大学法学院院长）

◎张雪纯（法律出版社党委委员、副总编辑）

◎于腾群（中盐集团总经理、党委副书记、董事）

◎李祝用（中国人民保险集团股份有限公司党委委员、副总裁、执行董事）

◎俞思瑛（阿里巴巴集团首席法务官）

◎宋柳平（华为技术有限公司高级副总裁、首席法务官、首席合规官）

◎张　华［中国航空集团有限公司（中国国际航空股份公司）总法律顾问、首席合规官］

◎杜江波（中国石油化工集团有限公司总法律顾问）

◎吴明场（广东粤海控股集团有限公司总法律顾问）

◎乔钢梁（美国丹纳赫公司副总裁、北亚区总法律顾问）

◎叶小忠（中国政法大学法学院企业法务研究中心执行主任、赛尼尔法务智库总裁）

本书编辑组：叶小忠　裴桂华　杜淑珉　孙嫣然

合规管理的新阶段:从建设体系到发挥效用(代序)

从2015年中央企业大规模开展合规管理体系建设以来,经历7年时间,合规管理已在中国企业中广泛普及,成为企业发展和管理的热点内容。过去7年中,在国务院国有资产监督管理委员会(以下简称国资委)的推动下,国有企业特别是中央企业在合规管理领域做了大量卓有成效的工作,取得了长足进展。在合规管理基础和形式方面,国内领先企业与跨国公司之间的差距不断缩小。根据国资委的统计,截至2021年年底,全部中央企业已成立由主要负责同志牵头的合规委员会,并将合规管理工作纳入"十四五"规划统筹推进。其中,88家企业出台重点领域专项指引,90%的企业及时按照合规要求优化制度体系,70多家企业在业务部门和一线项目设立合规联络员,全系统专兼职合规管理人员超过3万人,68家企业制定合规手册,开展全员培训,持续强化合规意识,努力培育合规文化。

2021年12月召开的国资委中央企业"合规管理强化年工作"部署会,将合规管理提升到战略层面,提出了合规管理新要求、新举措,标志着合规管理进入新阶段。2022年8月,《中央企业合规管理办法》发布,以部门规章的形式将中央企业合规管理的新定位、新思路、新措施固定下来,成为未来中央企业开展合规管理的纲领性文件。2022年9月,中央企业合规管理专题工作推进会召开,提出合规管理的"五个关键""五个到位":将首席合规官作为关键人物,全面参与重大决策,确保管理职责到位;把合规审查作为关键环节,加快健全工作机制,确保流程管控到位;聚焦关键领域,扎实做好"三张清单",确保风险防范到位;将风险排查作为关键举措,坚持查改并举,确保问题整改到位;把强化子企业合规作为关键任务,通过信息化手段加强动态监测,确保要求落实到位。

在合规管理新阶段,中央企业合规管理工作呈现以下8个方面的特点:

1. 合规管理提升到公司战略层面。在2021年年底中央企业"合规管理强化年"工作部署会上,国资委将合规管理提升到前所未有的高度:中央企业必须把强化合规管理放到贯彻习近平法治思想的高度来认识,放到落实全面依法治国战略的全局来部署,放到保障企业高质量发展的层面来推动。在这个定位下,合规管理本身就成为企业的战略目标的重要内容,而不仅仅是公司战略、业务的支持性工作。由此,无论过去几年企业合规工作做到什么程度,都需要按照新的定位进行重新规划。机构、职责、内容、运行机制、保障措施等都需要新的调整。比如在2022年10月1日起施行的《中央企业合规管理办法》中,就明确提出了党委(党组)在合规管理中的职责,要求将党内法规纳入合规管理的大框架,由党建部门负责落实;在合规体系运行中明确了三道防线定位,要求业务和职能部门承担合规管理的主体责任,并建立合规管理员制度。

2. 从形式合规到实质合规。合规作为企业的行为规范,既是法律法规、监管政策对企业的外部要求,也是企业自身发展的内在需要。在合规管理起步阶段,合规管理主要目标是满足外部监管的要求,按照监管要求设立机构、组建队伍、建立制度等,保证在形式上有合规管理体系的基本要素,如设立合规委员会、制定合规管理办法、开展合规培训、签署合规承诺书等。但在新的阶段,合规管理不仅有符合性的要求,更要关注实质性的效果。要通过体系的运行真正有效地防控合规风险。在实务中,形式合规比较容易实现,比如文件要求首席合规官参与决策,公司出台制度让其列席董事会、总经理办公会等重要会议就可以符合形式上的要求。然而,首席合规官列席会议不一定能实际发挥作用。随着合规管理深入,穿透式成为合规管理重要原则,穿透形式合规,树立实质合规理念,将合规管理深入企业的价值观。

3. 第一道防线发挥更大作用。合规管理体系作为一种制度性的安排,大多数企业一般会从体系基础建设开始,比如设立合规机构,充实合规人员,制定合规行为准则、合规管理办法等。这些工作基本上由企业的合规管理部门承担,所以,在合规体系建设的初期,第二道防线承担了合规管理的主要工作。但是,能够切实发挥效用才是企业建立合规管理体系的最终目的。合规体系是否发挥了作用,主要体现在各项业务和管理工作是否合规上。要达到这样目标,业务部门和职能管理部门等第一道防线毫无疑问将承担更大责任,管业务必须管合规成为基本要求。在业务部门设立合规人员负责本领域的合规工作,明确业务部门的合规主体责任,合规进岗位、进流程。在实务中,要对第一道防线的合规工作有准确定位,即围绕业务开展,而不是重复第二道防线的工作。例如,本领域合规指引的编写,除了通用的管理要求,更要有业务规范的性质。

4. 多体系协同运作成为现实需求。随着合规管理的不断深入,合规体系与风控体系、内控体系、法治体系的关系越来越突出。跳出单纯合规工作,从整个企业运行的高度看,四个体系的衔接、协同、一体化成为确定不移的趋势。作为企业“大风控”管理的重要组成部分,四个体系在目标、架构、内容、活动、方法等层面都有相互交叉或类似的地方,四个体系单独运行,不仅会浪费管理资源,而且直接降低效率。要建立高效合规体系,必须厘清四大体系的关系,从基本的成果共享,比如风险清单的相互借鉴,到体系有机衔接,比如合规体系确定的重大合规风险应该成为风控体系和内控体系的重要内容,乃至一体化建设与运行,如统一流程、统一识别、统一评估与应对等。

5. 合规有效性评价机制将成为进一步完善体系的重点。在业务和职能管理部门承担了合规的主体责任,完成合规管理基础性工作以后,对合规工作的有效性评价就成为合规管理部门提升完善合规体系的重点。国资委已经明确在未来5年,按照每年20家的进度对全部中央企业进行合规有效性评价。开展合规有效性评价的关键是指标体系的设立。评价指标是合规工作的指挥棒,需要统筹考虑合规相关各项工作。指标体系的创新有两个关键要素:一是要以结果为导向,加大结果的考察比重,而不仅是有一套形式上的文本或仪式;二是指标要与实际业务结合,关注合规运行状况,而非合规部门的自娱自乐。

6. 以内部规章制度体系完善作为切入点。企业合规不仅是合规部门的行为合规,而且是整个企业的行为合规。企业内部规章制度是企业运行的基础和载体,各部门工作主要是按照公司制定的规章制度开展的,只有规章制度本身合法合规,才能保证企业整体行为合规。从合规管理角度,企业内部规章制度的完善,有两个方面的任务:一是对规章制度本身合法合规性的全面审查,保证规章制度不违反法律法规、监管政策和公司合规政策的要求;二是将外部法律法规、监管政策的禁止性、义务性规定转化为企业内部规章制度的要求。业务部门只要按照公司规章制度要求工作,就能满足合规管理外部要求。规章制度是企业合规管理的"牛鼻子",做好了就能实现纲举目张。

7. 下属企业的合规建设将成为合规管理成效关键。集团型企业在合规体系建设过程中的一个难点问题是如何处理好总部和下属企业的关系。2022年9月在中央企业合规管理工作推进会上,国资委明确指出:子企业直接面对市场,既是业务中心、利润中心,也是风险集聚中心,合规管理不到位极易引发风险。中央企业必须把强化子企业合规作为重中之重,要着力抓好体系建设。在集团型企业合规建设中,总部是关键、是枢纽;下属企业是主体、是基础。既要避免大包大揽,将所有合规工作集中到总部管理,导致下属企业的合规管理没有针对性、差异性,只是执行总部的工作要求;也要避免总部机关局限于自己的职责开展合规工作,以至于整个集团缺乏统一的理念、规划和体系。实务中,一方面集团应该有统一的合规行为准则以体现整个企业的价值观。符合要求的合规行为准则,应该有统一的规划和管理框架,保证集团合规工作统一性。另一方面要有针对通用重点领域的合规指引,实现管理效能协同。其他具体工作,各个子公司可以根据本企业的业务和管理实际独立完成,不能"吃总部的大食堂"。

8. 信息化是合规管理有效落地的抓手。合规管理是一项系统工程,涉及企业的方方面面,贯穿企业改革发展的全过程。单纯靠人工方式来处理合规各项具体工作,来实现人人合规、事事合规、时时合规的目标缺乏可行性。只有通过信息系统的建设才能为合规管理提供持久的支撑。在合规信息系统建设的过程中,有三个关键问题需要解决:一是合规信息系统依赖合规管理基础。信息系统的模块、要求、流程等都和线下合规管理工作紧密关联。高水平系统,必须有高水平的管理,系统建设首先需要夯实管理基础。二是合规信息系统应该和业务流程相结合,和业务系统实现互联互通。通过系统将合规要求镶嵌到业务工作中,实现合规一体化管理。三是要提升系统的数字化、智能化水平。通过智能挖掘、分析合规数据,发现合规问题,加强对重点领域、关键节点的实时动态监测,实现合规风险即时预警、快速处置。

企业在发展不同阶段有不同的合规要求,合规体系建设在不同时期也有不同的重点。合规管理是企业永恒的主题,合规管理永远在路上。

叶小忠

2023 年 2 月 10 日

目　录

Contents

第一编　合规管理

第一编　合规管理

系统谋划部署　分步梯次推进
合规管理助力鞍钢矿业高质量发展

刘政东　马希琢　楚长青　王云正

作者简介

刘政东　鞍钢集团矿业有限公司副总经理、总法律顾问、董事会秘书

马希琢　鞍钢集团矿业有限公司企业管理部(法律合规部)总监

楚长青　鞍钢集团矿业有限公司企业管理部(法律合规部)副总监

王云正　鞍钢集团矿业有限公司企业管理部(法律合规部)业务经理

企业简介

鞍钢集团矿业有限公司是鞍钢集团二级子企业之一,具有近百年开采历史,是我国铁矿行业龙头企业,在我国铁矿石资源储备量、产量规模、生产成本、技术和管理水平等方面处于国内领先水平,拥有勘探、采矿、选矿、民爆工程、矿山设备制造、资源综合利用、物流贸易、工艺研发设计、矿冶工程、生产服务为一体的完整资源产业链。

近年来,鞍钢矿业从引领行业发展和维护国家产业经济安全的战略高度出发,深入落实鞍钢"双核"战略,明确打造"五个一流"、建设世界领先资源开发企业的发展路径和发展目标,通过系统创新形成突出的竞争优势:研发"协同开采""地下采选一体化"等关键技术,建立较为完整的贫铁矿开发利用技术体系,使选矿技术及产品质量达到世界领先水平;构建国内同行业领先水平的信息化管理平台,首创国内矿山企业云计算应用技术,组建全国首个数字矿山联合创新中心,完成两个智慧工厂试点示范项目,被评为全国智能制造示范企业,荣获8项国家级管理创新成果奖;推进绿色开发和生态环境建设,绿化复垦工作国内同行业领先,被评为国家级绿色矿山、全国践行生态文明优秀企业、钢铁工业绿色低碳优秀品牌企业。

2021年,鞍钢矿业完成铁精矿2182万吨,实现利润119亿元,首次突破100亿元,产量和利润均为行业最高。铁精矿成本持续保持国内同行业领先水平。

内容摘要

鞍钢矿业作为我国掌控铁矿石资源最多的企业，是鞍钢集团实施“双核”战略的主力军。鞍钢矿业坚持将合规管理作为企业可持续健康发展的重要保障，统筹部署、稳步推进，通过构建“四个体系”、实施“四项工程”、开展“五项行动”，筑牢合规管理根基，提升合规管理能力，持续释放合规管理效能，实现合规管理从“无”到“有”、从“有”到“用”、从“用”到“优”，为各中央企业二级子企业实际开展合规管理体系建设提供了一定的经验参考。

关键词

合规管理　公司治理　企业合规文化　风险管理　海外合规

鞍钢矿业坚定落实鞍钢集团“双核”战略，以维护国家钢铁产业链供应链安全为己任，在加快推动“三个一批”项目，建设世界领先资源开发企业征程中，面临监管政策约束日趋严格、涉土地使用、矿权办理等业务复杂多变、海外经营合规监管压力持续升级的外部多方面不确定性。面对诸多重大风险挑战，鞍钢矿业深刻认识到，合规管理是企业实现可持续健康发展的必由之路。近年来，鞍钢矿业坚持系统谋划部署，分步梯次推进，通过构建“四个体系”、实施“四项工程”、开展“五项行动”，历经从“无”到“有”、从“有”到“用”、从“用”到“优”三个阶段，全面提升企业依法合规经营水平，助力新时期鞍钢矿业高质量发展。

一、打造适应高质量发展的合规管理体系

（一）构建“四个体系”，筑牢合规管理根基，实现从“无”到“有”

国务院国有资产监督管理委员会《中央企业合规管理指引（试行）》下发后，为贯彻落实国资委和鞍钢集团工作部署，鞍钢矿业正式启动合规管理体系建设，通过建立健全“四个体系”，搭建起了合规管理框架，筑牢了合规管理根基。

1. 搭建组织体系，明确谁管谁干。修订公司章程，将合规管理纳入公司治理和董事会职责；成立合规委员会，构筑业务部门承担主责、合规管理部门协调推进、纪委审计部门监督检查的合规管理三道防线；30 家基层单位全部建立合规组织体系，兼职合规管理人员超 60 人，构建自上而下、无缝对接的合规组织体系（见图 1）。

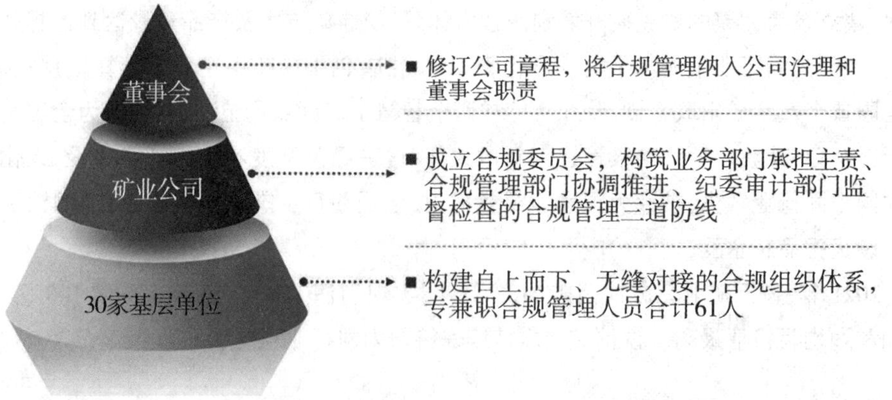

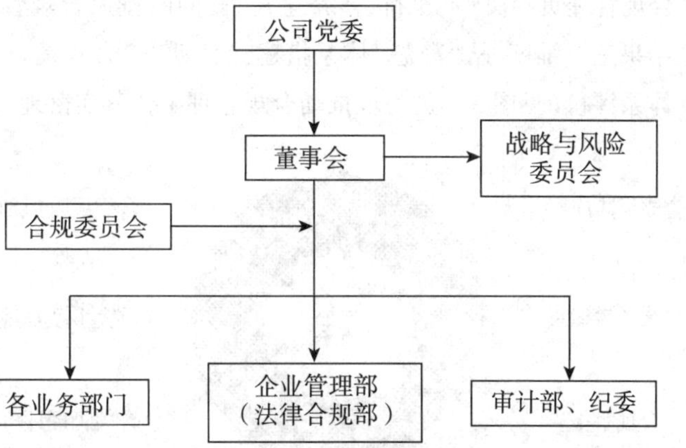

图1　鞍钢矿业合规管理组织架构

2. 搭建制度体系，规范怎么干。制定了《合规管理办法》《合规手册》，健全了合规管理纲领性制度；制定了《合规风险识别与评估指引》《合规管理委员会议事规则》等制度文件，拓展了合规管理业务体系；制定了土地领域、矿权管理、安全环保、采购管理、劳动用工等一系列重点领域合规工作规范，规范了重点领域合规工作流程，充分满足内外部合规变化要求（见表1）。

表1　鞍钢矿业合规管理制度体系

序号	层次	维度	名称
1	公司层次（国内）	合规管理要求	《合规手册》
2			《合规管理办法》
3		合规管理程序	《合规管理委员会议事规则》
4			《合规管理员管理细则》
5			《合规风险识别与评估工作指引》
6	公司层次（国外）	合规管理要求	《境外合规管理办法》
7		合规管理程序	《境外合规教育培训手册》
8			《境外企业突发重大合规事件应急处置预案》
9	部门层（业务层）	合规管理要求	《重点领域合规指引》
10		合规管理程序	《重大事项风险评估与合规审查管理办法》
11	岗位层	合规管理要求	岗位说明书
12		合规管理程序	合规承诺书

3. 搭建运行体系，明确干什么。聚焦合规风险识别预警、合规风险应对、合法合规审查、合规整改报告、合规考核追责、合规举报六大方面，逐步建立健全各项合规管理运行体

系(见图2),将合规管理贯穿决策、执行、监督全流程,同时按照合规管理建设、合规管理运行、合规管理结果三个维度,从“静态”体系搭建,到“动态”合规运行,最后“全局”结果考评,开展合规体系评价(见图3),进一步推动合规管理工作落实落地。

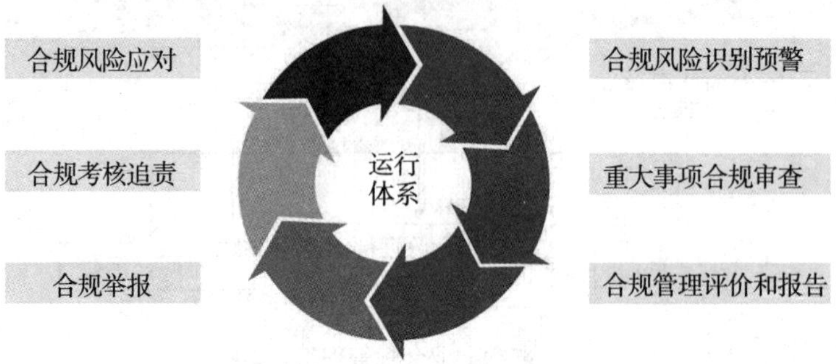

图2 鞍钢矿业合规管理运行体系

合规风险评估问卷　评估人：　部门：　岗位：											
序号	风险领域	具体分类	合规义务	风险发生可能性（A）			风险影响程度（B）		公司管控风险敞口（C，1–5分）	综合风险指数	备注
				外部监管完善程度和执行力度（A1，1–5分）	商业伙伴的综合状况（A2，1–5分）	工作频次（A3，1–5分）	风险事件内部上报层级（B1，1–5分）	风险事件外部影响程度（B2，1–5分）			
1	市场交易	投标	未执行标前论证评审制度不得投标，避免无合理理由低于成本价投标、中标。	3	2	4	3	3	2	18	

图3 合规风险评估问卷

4.搭建保障体系,确保能干会干。开展合规宣传动员活动,制定合规宣传提纲与宣传标语,组织各部门及基层单位开展学习讨论和宣传活动,浓厚合规建设氛围,激发全体员工合规管理热情;开展合规风险与合规管理问卷调查,征集基层单位对合规管理的意见和建议,使合规意识深入人心;组织合规专项访谈,充分了解公司及领导人员合规关切重点及各级单位合规工作需求,清晰合规管理建设工作方向。持续开展合规宣贯活动,培育合规氛围;强化人才培训,内外部持续引入人才充实法治合规队伍,做好人才支撑保障。

（二）实施“四项工程”，提升合规管理能力，实现从“有”到“用”

在构建“四个体系”基础上，为进一步推动体系协调运转，运用合规工具解决企业规范管理问题，2021 年，鞍钢矿业自主创新探索，开展了“合规管理建设推进年”活动，按照“四个导向”，实施完成了“四项工程”，系统推动合规管理举措落实落地。

1. 以目标为导向，实施合规文化工程（见图 4）

图 4　合规文化工程

（1）开展合规宣传，提升职工合规意识。制定了 2021 年合规宣传工作规划，系统开展合规管理宣传活动，组织各单位通过多种形式和渠道开展了招标采购、安全生产以及与疫情相关的法律知识宣传活动，增强了职工在相关领域开展工作的合规意识。如弓长岭露天矿完善了安全责任体系，进一步落实安全生产责任，推动安全包保工作落实落地，重新对领导班子包保责任进行了细化，确保了各层级包保人员每周深入基层参加安全活动，带动员工整体安全合规意识提高。结合“美好矿业 · 民法典相伴”活动，通过横幅、展板、局域网、电子屏等媒介，宣传民法典相关知识，向职工普及了作为公民的合规规范，职工守法遵规意识大幅提升。

（2）开展合规培训，增强职工合规能力。聘请不同领域法律专家，分专业、分层次开展了投资合作、建设工程、境外合规、合规手册等 7 个专题培训，累计培训 1500 余人次，各级企业经营管理人员合规履职能力大幅提升。根据基层需要，结合公司更大力度授放权，组织招标、采购等领域专家成立宣讲小组，到基层单位开展深层次政策解读和专项培训，进一步提升从业人员素质和能力；以问题为导向，组织开展了领导人员合规履职培训，进一步提升领导人员依法合规决策能力，实现领导人员从主观想依法合规决策到客观依法合规治企转变。

（3）开展合规手册宣贯，打造矿业合规文化。为贯彻落实鞍钢集团法治工作会议精神，强化诚信廉洁合规意识，使合规成为每一位矿业人的工作准则，矿业公司编制了矿业合规手册，利用企业微信、矿业报、公司内网等多种宣传平台，对集团及公司合规手册制定意义、主要内容及合规理念进行广泛宣传，并将手册纳入公司及各单位党委理论学习中心组学习内容，充分学习研讨；制定《矿业公司合规文化建设专项活动工作方案》，组织部门及基层单位以合规手册内容为核心，开展合规文化建设工作。组织公司各部门及基层单位全体员工签订了合规承诺书15,000余份,为职工合规履职健全了约束机制,合规文化氛围进一步增强,实现全体员工从要我尊法学法守法用法到我要尊法守法用法转变(见图5)。

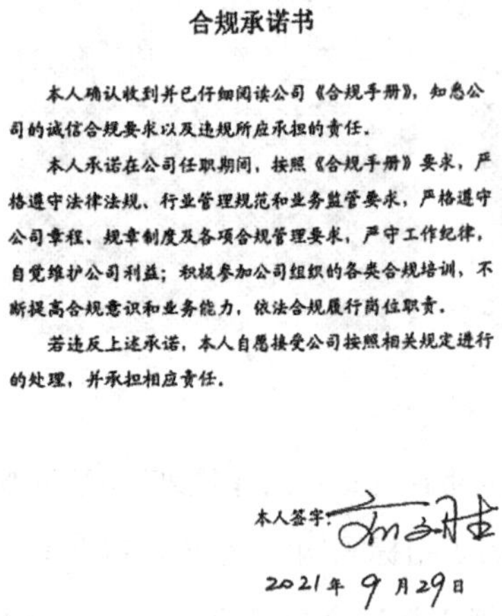
合规承诺书

本人确认收到并已仔细阅读公司《合规手册》,知悉公司的诚信合规要求以及违规所应承担的责任。

本人承诺在公司任职期间,按照《合规手册》要求,严格遵守法律法规、行业管理规范和业务监管要求,严格遵守公司章程、规章制度及各项合规管理要求,严守工作纪律,自觉维护公司利益;积极参加公司组织的各类合规培训,不断提高合规意识和业务能力,依法合规履行岗位职责。

若违反上述承诺,本人自愿接受公司按照相关规定进行的处理,并承担相应责任。

本人签字:

2021年9月29日

图5 左:鞍钢矿业党委书记、董事长带头签订合规承诺

右:鞍钢集团举办法治论坛签订合规承诺

2. 以问题为导向,实施合规风险排查工程

(1)聚焦重点领域和项目开展排查。为确保“三个一批”“203”项目等公司重点工作依法合规推进,组织各部门、基层单位深入查找土地、矿权、房产等领域不合规问题,共发现潜在问题500余项,形成了专项《排查报告》(见图6)。除立行立改200多项问题外,其余问题建立整改清单,明确了整改措施、责任单位。相关部门、单位结合《问题清单》制定了整改工作甘特图,全面开展不合规问题整治工作,夯实了公司依法合规经营基础。

通过不合规问题排查,共梳理出问题500余项:

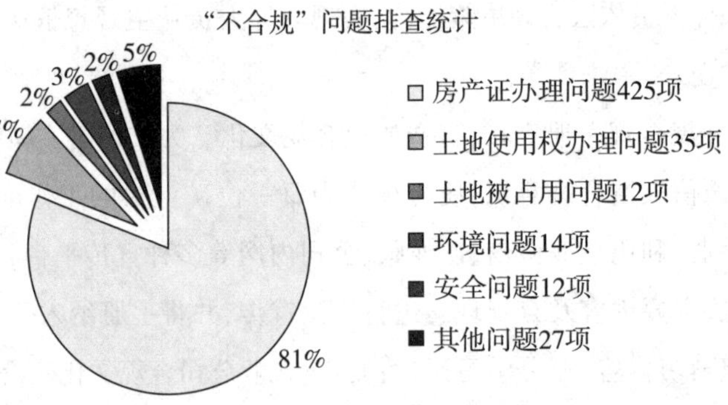

地区	单位	"不合规"问题类别													
		安全问题	环保问题	房产证	土地证	矿权问题	土地被占用	合同问题	在建工程手续	费用支出	违规用水	职评	超批准开采	劳务用工	各单位合计
鞍山地区	[redacted]	1		50											51
	[redacted]	1	7	1											9
	[redacted]			39		1	3	1	4	4	2				54
	……														…
弓长岭及其他地区	[redacted]	2		33	2								1		38
	[redacted]			1					2						3
	[redacted]			25	3				1						29
	……														…
各类别合计		12	14	425	35	3	12	1	11	4	2	1	4	1	525

图6　不合规问题排查

（2）聚焦重点制度开展排查。结合内外部合规要求变化，组织开展了安全、环保、土地、矿权、招标采购、劳务用工等六项重点领域规章制度合规风险排查工作，制定形成了《重点领域规章制度审查意见》（见图7），共发现20个制度文件中84项合规风险，下发整改通知，组织各相关部门、基层单位，结合《审查意见》开展制度文件修订工作，从业务制度层面落实合规管理要求。

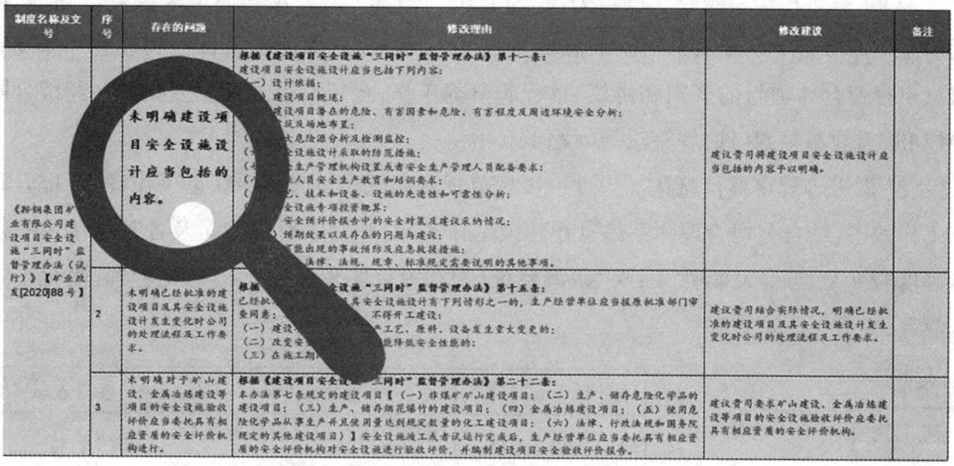

图7　重点制度合规审查

（3）聚焦重点环节开展排查。围绕各业务工作流程、工作衔接等重点环节，通过问卷调查、业务访谈、检查制度、梳理风险事件等方式，开展了合规风险排查工作，深挖合规风险点，形成《矿业公司合规风险排查报告及整改建议》，制定整改清单，组织各部门、基层单位全面开展合规风险整治工作，并通过再排查方式，以查促改，确保问题销号，进一步规范重点领域工作流程、管理机制（见图8）。

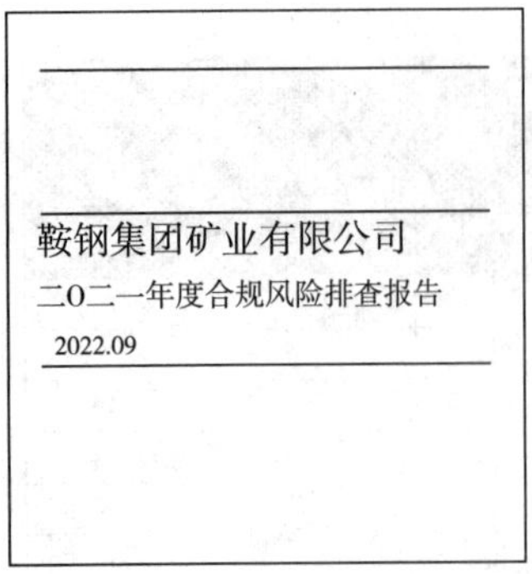

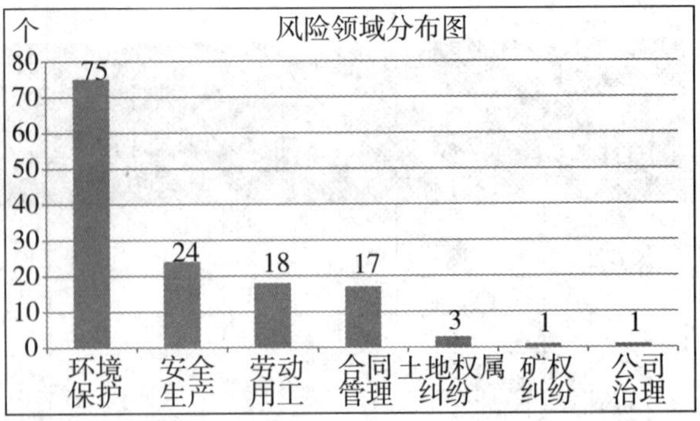

图 8　重点环节合规风险排查

3. 以结果为导向,实施重要事项审查工程

(1)服务改革发展需要。全程参与公司重点改革发展工作,深度参与矿建公司、设计院等单位混改工作,聚焦混改企业法治化监管,通过制定境内合资企业监督管理办法、派出子企业监事管理办法等规章制度,以及与各股东沟通在矿建设置总法律顾问岗位等措施,推进矿建公司依法经营、合规管理。持续参与厂办大集体改革后续工作,累计解答法律问题 12 项;深度配合公司重点项目开展尽职调查,对公司土地、房产、重大建设项目等重点事项进行梳理排查;认真参与三项制度改革工作,对三项制度改革方案和相关配套制度进行了合法合规性审查。

(2)服务生产经营需要。重点关注公司“三个一批”项目及其他重大投资活动,在洋湖沟尾矿库项目中发现缺少项目审批要件,及时提示补办,保证了项目顺利推进。深度参与重点投资合作项目的谈判和协议、章程起草等工作,全年审核规章制度 69 个、经济合同 2947 份、重要事项 60 件,解答法律问题 160 项。

(3)推进合规审核信息化。为进一步规范规章制度和重大事项联审工作程序、提升联审工作效率,结合公司管理体系信息化建设工作实际,开发了覆盖公司及各基层单位的规章制度“2 + X”与重大事项“4 + X”联审系统(见图 9),实现了完全信息化管理,简化了工作流程,提升了联审效率。

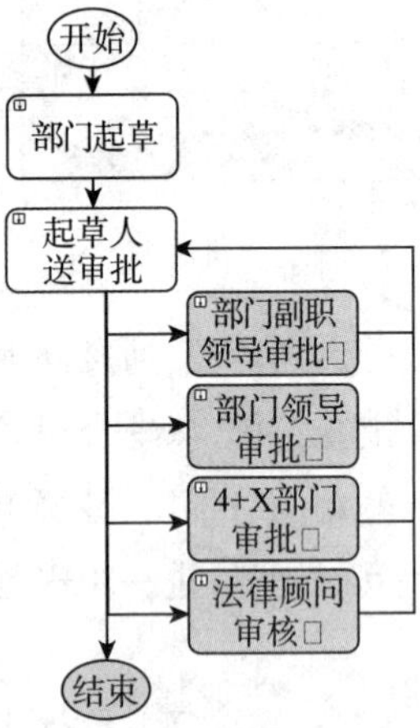

序号	步骤名称	业务说明	参与人员
1	部门起草	起草，输入重要事项相关信息。	部门文书
2	部门副职领导审批	起草人所在部门副职领导审批，审批通过后返回起草人。	部门副职领导
3	部门领导审批	起草人所在部门领导审批，审批后返回起草人。	部门领导
4	4+X部门审批	4+X部门审批，审批结束后返回起草人。	参与审批的部门领导及员工
5	法律顾问审核	法律顾问审核后返回起草人。	翟总

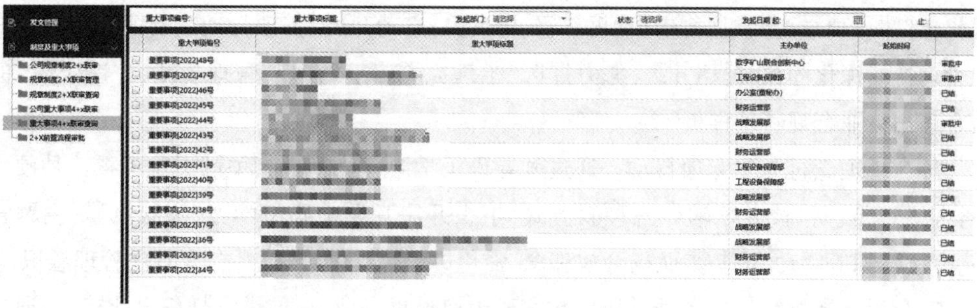

图9　“4 + X”重大事项联审系统

4. 以需求为导向,实施卡拉拉合规专项工程

(1)推进合规体系建设。参照央企境外合规建设经验,鞍钢矿业制定了《卡拉拉公司合规管理体系建设工作方案》,成立了工作领导小组,明确了工作标的、责任部门及时间安排,对境外合规建设进行详细安排部署并组织实施。组织编制了《境外合规教育培训手册》,制订了《2021年度境外合规培训计划》,开展了境外合规培训,管理人员境外合规意识大幅提升;组织制定了《矿业公司境外企业合规管理办法》《矿业公司境外企业突发重大合规事件应急处置预案》等境外合规管理制度,公司境外合规体系进一步完善,境外合规监管能力持续增强。

(2)完善合规管理工作。卡拉拉公司位于澳大利亚(以下简称澳洲),2021年鞍钢集团将卡拉拉公司定为境外企业合规建设唯一试点单位,在境外合规方面存在对本地合规管理政策了解不全面、合规责任划分不清晰、合规体系不完善等境外合规方面的问题。针对上述问题,公司多次召开会议研究部署相关工作,聘请澳洲本地合规官负责合规管理工作,制定了卡拉拉公司合规责任分配表,健全了卡拉拉公司合规组织体系,并聘请澳洲本地法律法规和监管政策方面的专家顾问对卡拉拉公司现有合规管理框架体系开展了全面审核和评估,形成《卡拉拉公司合规体系评价报告》及《卡拉拉公司合规体系整改方案》,累计揭示18项短板问题,围绕合规管理责任分配、资金审批流程、关键领域合规管控等方面制定20项整改措施,有力推进卡拉拉公司合规管理建设工作。

(3)强化风险防范工作。按照国资委及集团公司境外企业风险防控要求,强化卡拉拉公司合规风险防控工作,卡拉拉公司合规风险管控能力持续提升。结合疫情情况,开展了境外疫情期间法律合规风险排查;结合政治环境变化,开展了专项排查;卡拉拉公司根据澳洲法律法规的调整,结合国内对境外企业的监管要求,及时更新完善财务、劳动用工、安全、环保等各项规章制度,确保了内部规章制度适应外部合规监管要求;将合法合规性审查作为重要事项决策必经程序,要求卡拉拉公司法律事务机构全程参与关键商务谈判、处理争议纠纷等事项,切实防范法律风险,实现法律管理与经营管理的深度融合。

(三)开展“五项行动”,提升合规管理效能,实现从“用”到“优”

2022年,“四项工程”的实施初见成效,鞍钢矿业以落实国资委、鞍钢集团“合规管理强化年”工作要求为契机，再动员、再部署、再发力，启动开展“五项行动”，目的在于推进合规管理持续深化固化、提档升级，努力打造“治理完善、经营合规、管理规范、守法诚信”的冶金矿山行业合规管理样板。

1. 合规理念行为化专项行动。通过领导班子学习、全员培训、关键岗位考核三种硬手段，辅以宣传、研讨、专家辅导三种软方式，组织开展党委中心组学习、头脑风暴、主题宣贯、专题培训等活动，进一步弘扬合规理念，强化员工合规思维，提升合规自主管理意识。

2. 合规运转机制拓展行动。协同数字矿山建设重点项目，推进合规信息化建设；通过设立专业部门专兼职合规管理员、建立“三张清单”等方式筑牢合规防火墙；通过堵塞制度漏洞、健全评价标准、建立合规风险内控一体化运行机制等方式打好合规组合拳，合规机制更加健全顺畅。

3. 合规管理素养强化行动。通过全系统专项评价、协作组互评、监管事项嵌入审批流程等方式，打造高标准、高效运行的合规管理体系；通过与高校联合培训，签订人才培训协议，建立长期全级次培训体系，在2023年年底之前覆盖全公司各级领导人员、法律事务人员、一般管理人员，持续提升鞍钢矿业合规管理能力。

4. 合规问题治理深化行动。全力整治历史遗留不合规问题，将潜在合规风险清零；开展招标采购合规专项检查，健全完善制度，堵塞管理漏洞；开展民企挂靠和名称字号专项整治，全面消除经营风险；围绕各类议事规则开展专项检查，进一步规范审批决策流程，规范各类权力运行机制，消除体系外权力运行风险。

5. 海外合规管理提升行动。健全完善卡拉拉公司合规组织体系和制度体系，保障境外企业合规运行；建立派驻卡拉拉公司人员监管机制和合规风险监测机制，提升卡拉拉公司合规管理水平和应急事件处置能力；系统开展涉外业务合规风险排查，提升涉外业务合规风险防控水平，实现海外风险可防可控。

4月1日，公司组织召开了“合规管理强化年”启动工作会议，随着合规强化年持续推进，各项措施陆续落地，鞍钢矿业公司合规管理体系将进一步健全完善，全面实现合规、内控、风险工作一体化稳定运行。

二、合规管理建设成效

1. 合规文化氛围日益浓厚。在公司开展的基层单位合规标杆集体和个人评选活动中，大孤山铁矿公司开展合规管理体系建设工作，构建合规管理组织架构，明确管理主责部门以及负责人，开展以法治建设与法律宣传学习，建立合规风险识别预警和防控机制。关宝山公司组织全员学习文件精神，由磨磁区域工程师徐凯同志牵头成立了“磨磁区域‘合规管理强化年’工作小组”，在安全管理提升、生产指标优化、设备稳定运行、技术改革创新等方面开展工作。通过常态化的宣传、培训、合规标杆选树，使合规理念深入人心，营造了人人知合规、事事重合规的良好氛围，依法合规成为职工普遍共识，具有矿业特点的合规文化逐步形成。

2. 合规管理体系逐步健全。构建了以境内、境外两个《合规管理办法》为基础、“三道防线”为保障，六个领域为重点的“2+3+6”合规管理架构，实现了合规管理体系化、制度化、规范化和标准化。

3. 潜在不合规问题逐步解决。通过排查整治，历史遗留的500余项不合规问题，目前已解决80%，剩余问题已经按计划进行整改，到年底，遗留的不合规风险问题将彻底得到解决。

4. 海外合规管理成效显著。卡拉拉公司合规组织体系日臻完善，18项短板问题基本整治结束，积压了10年之久的与DM公司合同纠纷一案彻底解决，避免数千万澳元经济损失，实现鞍钢矿业重大法律纠纷案件清零。

三、几点启示

1. 合规管理要以文化建设为支撑。合规管理不仅是形成文字制度，更要形成一种深入人心的企业文化，通过潜移默化的方式感染和熏陶每一名职工，这样的合规才更具生命力。

2. 重视以风险为导向的合规管理。企业合规的本质是一种特殊的风险管理，即以风险为导向的合规管理才是合规管理体系建设的方向，其本质是预防合规风险的出现，这种基于风险的合规管理，才能真正及时发现和控制合规风险。

3. 合规体系需要与企业现有管理体系有机融合衔接。合规的目的是防范风险，如果能建立流程管理信息化平台，将各管理体系的制度、规则以及管理要素嵌入流程，在审核、审批时，实现智能化辅助，就能确保规范化操作，有效规避合规风险。

4. 企业合规离不开高层重视、员工认同和参与。企业管理层要认识到合规的重大价值。只有思想认识上去，全体员工，主要是各级干部才能对各环节的合规负责，具体工作中才能执行合规政策，发现并解决潜在问题，进而真正实现“企业重视合规、全员主动合规、合规创造价值”的鞍钢矿业合规文化理念。

第一编 合规管理

坚持“三点一线”合规管理，创新四体协同运行机制

吴姜宏　王　勇

作者简介

吴姜宏　国家电力投资集团有限公司总法律顾问

王　勇　国家电力投资集团有限公司法商部副处长

企业简介

国家电力投资集团有限公司(以下简称国家电投)是中央直接管理的特大型国有重要骨干企业,成立于2015年7月,由原中国电力投资集团公司与国家核电技术有限公司重组组建。国家电投是我国五大发电集团之一,是全球最大的光伏发电企业,2021年在世界500强企业中位列293位,业务范围覆盖46个国家和地区。国家电投现有员工总数13万人,拥有62家二级单位,其中5家A股上市公司、1家香港红筹股公司和2家新三板挂牌交易公司。国家电投肩负保障国家能源安全的重要使命,负责牵头实施“大型先进压水堆核电站”“重型燃气轮机”两个国家科技重大专项,是“能源工业互联网”平台建设任务的主责单位,也是国务院国有资产监督管理委员会确定的国有资本投资公司试点企业。

内容摘要

国家电投把党的领导融入依法治企、合规经营、规范管理的全过程，坚定不移打造法治央企，紧盯重点领域、重点环节、重点人员，全面强化合规管理。合规管理体系建设以“全面覆盖、全员合规、协同联动、客观独立、突出重点”为原则，采用“顶层设计，分级管理”模式。聚焦重点领域，完善合规体制机制；聚焦重点环节，强化合规过程控制；聚焦重点岗位，推进合规责任落实；聚焦境外合规，确保境外投资安全。始终坚持合规管理的“三点一线”，创新开展合规、法律、风险、内控协同运作，为国家电投持续健康发展提供有力保障。

关键词

合规管理体系　建设　运行　三点一线　协同运作

国家电投以习近平新时代中国特色社会主义思想为指导，认真贯彻落实党中央、国务院的决策部署，坚持党的领导和完善公司治理相统一，紧紧围绕建设具有全球竞争力的世界一流清洁能源企业的战略目标和国有资本投资公司的改革方向，把党的领导融入依法治企、合规经营、规范管理的全过程，坚定不移打造法治央企，紧盯重点领域、重点环节、重点人员，全面强化合规管理，加快提升依法合规经营管理水平，为国家电投持续健康发展提供有力保障。

一、合规管理的组织体系

国家电投合规管理体系建设以“全面覆盖、全员合规、协同联动、客观独立、突出重点”为原则，采用“顶层设计，分级管理”模式（见图1）。集团公司总部成立集团公司合规领导小组，与法治建设领导小组合署。把加强合规管理作为企业主要负责人履行推进法治建设第一责任人职责的重要内容，搭建了“一把手”负责的合规组织架构，明确主要负责人是本单位合规管理第一责任人，分管领导、业务部门、业务管理岗位人员各负其责，共同构筑合规的坚固防线。二级、三级单位负责本单位合规体系建设与运行，根据企业治理结构、业务规模、合规风险水平等情况，明确本单位的合规管理牵头部门，并配备专（兼）职合规人员。

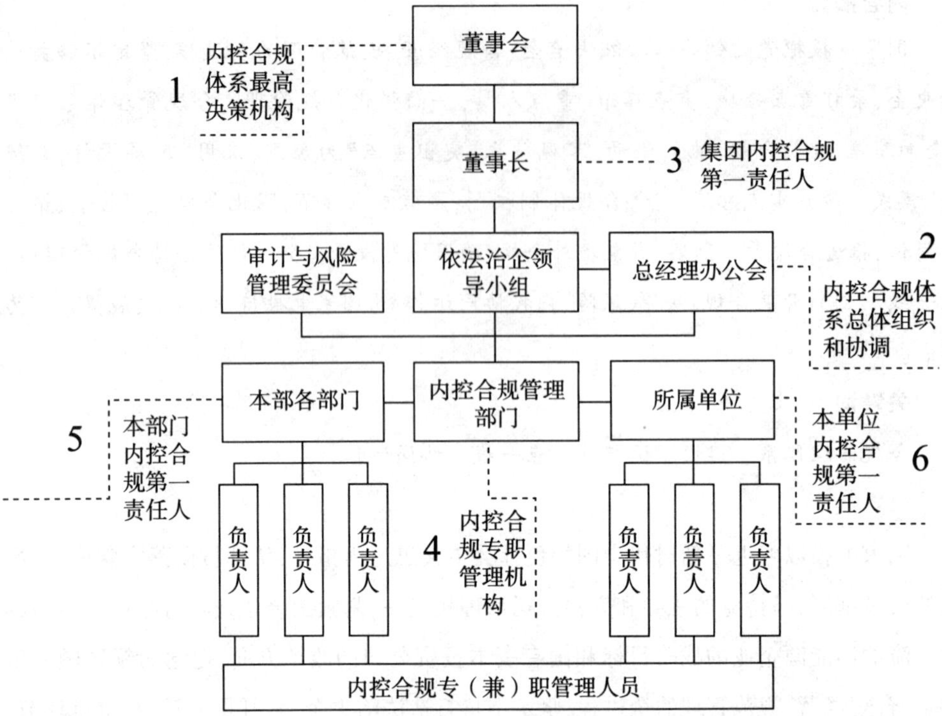

图1 国家电投集团合规管理组织体系

二、合规管理体系运行情况

国家电投全面贯彻落实合规体系建设和深化提升工作的整体部署，从有利于防范违规风险、提升工作效率角度出发，完成了业务流程梳理、合规制度、合规手册、合规表单的编制工作，开展合规承诺、合规培训，决策、合同管理和资金管理等建设领域的合规表单投入运行，并开展了消缺改进和持续提升。通过体系建设和深化提升，公司合规制度体系更加完善，风险防控能力显著增强，依法合规经营管理水平得到提高，促进了效益提升。

(一)聚焦重点领域，完善合规体制机制

国家电投聚焦市场交易、安全质量环保、财务税收、知识产权、商业伙伴、资金、工程建设等重点领域的合规审查，在信息系统中嵌入与关键业务流程各岗位相应的合规要求，实现了合规管理与现有业务管理流程有机融合，坚持高标准严要求，把合规作为“铁闸”，从严防控风险。

一是强化法人治理依法合规。认真研究《关于中央企业在完善公司治理中加强党的领导意见》《中央企业董事会工作规则(试行)》，完成国家电投《公司章程修正案》、《董事会工作规则》、《董事会授权管理办法》(含董事会及授权决策事项清单)等9项顶层治理制度的修订，实现总部治理—决策体系的快速有序过渡。升版发布《国家电投总部权责清单(D版)》，持续健全治理管控体系，推动总部对子公司从以职能管理为主向法人治理为主的过渡。高质量推进各级子企业董事会应建尽建、配齐建强以及落实重点子企业董事会职权工作。落实重点子企业董事会职权工作取得重要进展。研究制定实施集团公司落实重点子企业董事会职权工作方案，致力于通过落实董事会职权，推动所属企业加快构建权责法定、权责透明、协调运转、有效制衡的公司治理机制，切实提升自主经营决策能力。

二是强化采购行为依法合规。依法依规参与市场竞争，守合同、重信用，自觉维护市场秩序，坚决反对商业贿赂、不正当竞争、滥用市场支配地位，损害消费者权益的行为。积极参加国资委采购管理提升对标评估。根据国资委通报，通过自评和互评，国家电投在电力能源组的综合排名大幅提升，取得较大进步。开展招评标文件、公告类范本评审及应用，编制重点品类设备采购标准化、结构化文本。通过采购管理系统流程设置，强化标准文本推广实施。按照采购方式和管理权限，对招标、竞争性谈判和询价采购三种方式，从二级、三级单位两个管理层面，建立合规审查程序，设计合规审查单8类，包括需求计划、招标计划、招标文件、供应商资质、采购过程及结果、招标项目合同签订前审查、招标监督等关键环节。

三是强化安全环保依法合规。严格执行国家安全生产、环境保护法律法规，完善企业生产规范和安全环保制度，加强监督检查，及时发现并整改违规问题。按照分类管理，盯重点、抓关键、补短板、堵漏洞，审议并通过集团公司《安全生产“零死亡”专项工作安排》。按照“抓两端促中间”的工作方法，深入推进安全生产尽职督察和班组安全建设工作，深化成果应用，强化安全生产责任制有效落实和推广“三基”建设成果。总结推广岗位隐患排查清单试点成果，推动全员隐患排查治理体系建设。着力加强承包商安全管理，落实《承包商安全建设指导意见》，推动示范试点工作。制定出台《国家电投生态环境保护提升行动方案(A版)》，开展生态环境保护升行动，从生态环境保护意识能力、风险预控、污染防治攻坚、生态环境治理、绿色创新发展和管理品牌建设6个领域确立了24个提升方向，制订了83项具体行动计划，并将根据国家后续碧水、净土保卫战行动计划的出台，对方案实施动态调整。

四是强化知识产权依法合规。国家电投已经迈入从投资驱动向创新驱动转型发展的快速道，知识产权对科技创新的支撑作用日益凸显。国家电投持续深化知识产权领域合规管理。基于已编制的《知识产权合规和风险防范指南》，重点梳理研发、技术运营、人力资源管理等关键环节的知识产权管理实际，以制度体系优化升版为抓手，组织修订《国家电投集团知识产权管理规定》《国家电投科研项目管理办法》等制度，对科技创新成果的知识产权归属原则、科技项目投入与产出原则、商标使用规范与管理流程等核心内容进行了制度细化，为提升全系统知识产权合规管理水平、切实防范知识产权风险提供了具有可操作性的指导原则。

五是强化项目投资依法合规。加强投资建设、生产运营、关闭退出全过程合规审查。

组织全系统开展法律风险排查评估,要求重要企业报送企业法律风险分析报告,提出防范措施。把生产经营与依法合规结合起来研究,组织新能源用地、环境公益诉讼、海上风电项目风险等10余个专题研究,进一步规范企业依法经营管理。把风险防控的重点放在流程控制上,把国家法律法规、公司制度标准固化到各项业务流程,以落实责任、优化流程、规范管理为重点,建立健全贯穿决策、执行、监督、评价、考核全过程的闭环管理机制,提高管理效率,增强执行力,确保各类风险可控在控。

六是强化金融业务依法合规。针对金融领域资产质量不实、评级授信管理不规范、信托产品刚性兑付、关联交易不规范等问题,开展金融业务合规专项检查。印发《关于金融平台企业对照监管要求开展合规经营专项检查的通知》,要求各单位逐条对照国资监管、行业监管涉及制度、法规及窗口指导意见,尤其是近两年体现监管思路变化的核心制度,查找与监管标准存在的差异,指出问题、分析影响,并制定过渡期整改方案。共梳理各类合规要点142条,督促金融子企业做好合规问题整改工作。以银行账户检查、合规经营专项检查为抓手,督促金融子企业按照过渡期整改方案要求,落实整改工作,确保金融业务开展符合监管要求,全年不出现重大合规问题。

(二)聚焦重点环节,强化合规过程控制

一是强化决策事项合法合规管理。严格执行"三重一大"决策制定,制定了投资类和非投资类决策议题合规审批单在系统各单位进行推广,加强项目投资、收购兼并、融资等决策事项的事前合规审查,未经合规审核或审核未通过的,不得提交讨论和作出决定。"十三五"期间,国家电投所属各单位合规审查决策事项共近10万项。

二是强化规章制度合规管理。制定规章制度审查指引,对规章制度进行100%合规审查。在国家电投一流总部建设过程中开展制度符合性、一致性、协同性审查。根据法律法规制定修订制度,确保制度与法律法规有效衔接。根据公司章程完善制度,确保制度承接章程明确的议事规则和权责划分。根据总部部门职能职责完善制度,确保制度与职能职责精准覆盖,权责明晰。根据总部与所属单位的事权划分完善制度,确保制度规定的行权方式与权力清单一致。根据流程调整和变化的情况完善制度,确保制度与流程协同统一。剔除制度中属于管理标准的内容,保持制度与标准协调相继。

三是强化生产运营环节合规管理。组织全系统开展合规缺陷排查评估,要求重要企业报送企业合规缺陷分析报告,提出防范措施。把生产经营与依法合规结合起来研究,组织新能源用地、环境公益诉讼、海上风电项目风险等10多个专题研究,进一步规范企业依法经营管理。把风险防控的重点放在流程控制上,把国家法律法规、公司制度标准固化到各项业务流程,以落实责任、优化流程、规范管理为重点,建立健全贯穿决策、执行、监督、评价、考核全过程的闭环管理机制,提高管理效率,增强执行力,确保各类风险可控在控。

(三)聚焦重点岗位,推进合规责任落实

国家电投制定并实施《2018—2022年领导人员教育培训规划》,以全面增强推动集团公司高质量发展的本领为重点，高质量教育培训领导人员。严格落实企业负责人履行法治建设第一责任职责，将依法治企列入年终述职、总结内容。将法治教育和依法依规治企纳入年度学习和培训计划，定期组织开展二级单位分管法律的领导、总法律顾问能力提升专题培训和三级单位主要负责人法治轮训。将国资委法治大讲堂参加范围扩大到三级单位，不断提升管理人员的依法合规管理能力，强化合规管理责任。在国资委印发《中央企业合规管理指引（试行）》后，第一时间聘请国资委法规局领导在国家电投总法律顾问年度述职培训班上专题讲解，使总法律顾问能够充分正确理解和领会该指引要义，更切合央企实际组织开展合规管理工作。

（四）聚焦境外合规，确保境外投资安全

一是强化法律政策研究，确保项目前期安全。重点研究项目所在国家（地区）的外资准入、反商业贿赂、反腐败、反垄断、出口管制、环境保护、知识产权、劳动用工等法律法规和相关政策，以及缔结或者加入的有关国际条约、行业公认的职业道德规范和行为准则，充分借助中介机构的资源和力量开展境外项目的合规论证和尽职调查，对存在重大合规风险的项目，实施一票否决。加强“一带一路”沿线国家法律环境风险研究，组织编写了《“一带一路”沿线国家法律风险防范指引（土耳其分册）》，完成国资委安排的任务。

二是强化依法依规管理，确保公司合规运营。按照发改委等七部委《企业境外经营合规管理指引》，制定了境外单位合规体系建设验收评价标准，要求境外单位同步开展合规体系建设。开展海外公司太平洋水电专项审计，重点揭示投资管控机制的有效性，投资决策的科学性和规范性，经营成果的真实性和效益性，资金管理等情况。对中电国际香港公司、上海电力马耳他公司和海外公司太平洋水电开展专项监督检查，重点检查境外单位风险管理、内控机制建设和运行、合规经营等情况，积极防范境外经营投资风险。对位于智利、巴西的所属企业开展实地调研检查，提出完善境外法律管理意见措施。

三是强化合规教育培训，确保海外人员合规。从合规知识和合规文化两方面加强对海外人员的合规培训，通过专题讲座和视频宣传等形式，不断提升海外人员的合规意识和合规能力。实行持证上岗制度，每年定期组织海外人员合规培训考核，通过培训考核合格的颁发证书，派驻海外工作。坚持“不合规不出境”，未通过培训的员工不得派驻海外工作，确保海外人员合规。

三、坚持合规管理“三点一线”的协调运作

在全球化新时代的大背景下，国家电投合规管理工作取得了一定成效，主要得益于始终坚持合规管理的“三点一线”，创新开展合规、法律、风险、内控协同运作。

（一）以准确定位为出发点，强化合规管理体系设计

工欲善其事，必先利其器。要做好合规管理，就必须先做好合规管理的体系设计。国家电投在合规管理体系设计上十分注重三道防线之间的职责界定，特别是在第一道防线

责任界定上,明确提出“管业务必须负责业务领域的合规”,为在第一道防线控制合规风险,落实主体责任夯实基础。

在强化体系设计的同时,国家电投进一步做好准确定位。一是重点围绕集团公司总部定位和各部门定位,做职能职责的优化调整,特别是对部门之间的职责接口和业务接口,做系统详细梳理,确保职责明确,接口清晰。二是重点围绕员工岗位做岗位说明书优化,以工作事项为单元,把部门的所有职责都分解落实到每位员工的岗位上,确保每位员工在部门内的岗位职责清楚明确,真正将准确定位落到岗位。三是进一步强化员工岗位职责说明书的应用,在岗位招聘中严格按照岗位说明书进行应聘人员岗位匹配度分析,确保人岗相适;在员工绩效考核中严格按照岗位说明书分解细化考核指标,确保绩效考核的科学合理性。

(二)以规范运作为着力点,强化合规管理方式方法

没有规矩不成方圆,但不合规矩,也一样成不了方圆。为有效将合规管理落到实处,国家电投以规范运作为着力点,全面修订完善规章制度,梳理优化业务流程,结合信息化建设,打造覆盖全面、管控有效、实用管用、兼顾合规与效率、融合风险防控的规范运作体系。

一是强化制度体系的完整性、制度本身的可操作性和制度执行的刚性。从国有资本投资公司职能角度检查整个集团公司制度体系的完整性,确保管战略、管资本、管投资等重要职能的全面落实;从部门职责的角度检查集团公司总部制度体系的完整性,要求每一项职责都有对应的制度承接;制作例示性制度范本和规范用语释义,全面规范制度的篇章体例和措辞用语,努力提高制度的可操作性;加强制度执行情况检查和执行后评价,确保制度的刚性执行。

二是强化流程体系的完整性、流程设计的科学性和流程启动的计划性。以工作事项为抓手检查流程体系的完整性,要求每一个工作事项都有对应的流程承接;从归口和配合两个维度,优化流程设计的科学性,归口的流程要做到全过程管控,配合的流程要做到业务界面清晰,所有流程在确保合规的前提下,尽量减少流程节点,提高流程效率;加强流程启动管理,明确每一个流程启动的时间或条件,满足时间或条件时流程自动启动,有效提高了流程启动的计划性。

三是探索法律、合规、风险、内控协同运作。这是一项国资委高度重视的工作,要求国家电投认真做好研究。思路是要“面向业务、基于流程、根植岗位”,在实现上需要在治理层、管理层、执行层各个层面建立起一个系统化的协同运作框架(见图2),在体制、体系、运作、岗位四个层面实现协同。四项职能协同运作的核心是以解决问题为导向、以防控风险为目标,聚焦关键业务事项,实现管理要素“场景化”“全周期”运作协同,更好地将四项职能有机融合在一起,形成管理合力,提高工作效率,提升管理效益,达到事半功倍的效果。

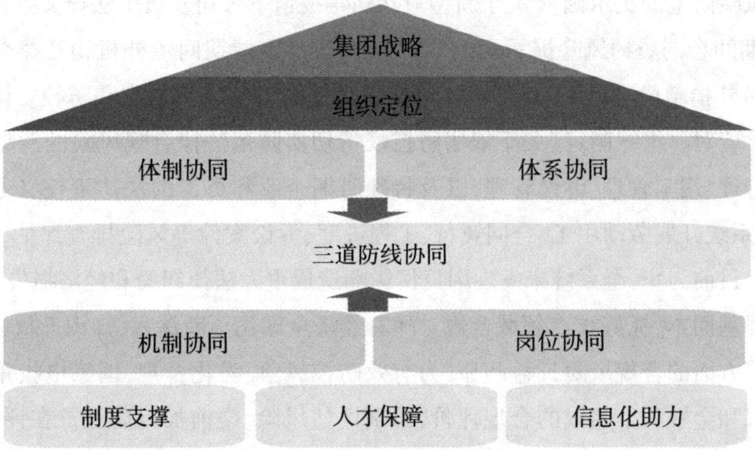

图 2　系统化协同运作框架

（三）以创造价值为落脚点，强化合规管理作用发挥

企业的最终目的就是创造价值。那么如何创造价值？国家电投的理念是：凡是做了的工作都要有良好结果，凡是做了的工作都要对企业发展起到正面的促进作用，这就是价值创造。个人和组织在工作中要创造出价值，不仅是做完就可以了，而是要看做完后的效果怎么样，这就要求组织上建立一套可落地可衡量的考核和考评体系。衡量部门和员工是否创造了价值，既要看日常工作的态度和表现，更要看对企业改革发展是否做出了贡献。

围绕创造价值，国家电投大力推进员工岗位合规指引编制工作，通过科学规范的岗位合规指引强化员工岗位合规，通过岗位合规评价实现价值创造。以员工岗位说明书为依据，对岗位工作事项、工作性质及特点进行分析研究，系统梳理岗位合规要求、不相容职责要求和保密要求，从禁止性和符合性两方面研究制定岗位合规指引，在岗位合规管理指引中嵌入具体工作事项合规评价标准，为合规工作闭环管理提供更加有力的支撑，为实现合规管理的价值创造更加坚实的平台。同时，我们加快推进流程信息化，目前已经实现合同、资金、决策、制度四大领域合规审查线上运行，有效提高了工作效率，提升了合规管理的价值创造能力。

（四）以合规风险为主干线，强化合规管理目标导向

合规管理究其本身其实就是一种以风险为导向的管理行为。国家电投始终秉承这一理念，紧紧围绕合规风险这一主线推进合规管理工作。

一是审时度势，抓好疫情防控合规。面对突如其来的新冠肺炎疫情，国家电投及时将疫情防控列为年度第一大风险，迅速以疫情防控风险为导向，开展合规工作。及时分析提示疫情风险问题。第一时间对疫情构成 PHEIC 的国际法背景、各国政府发布的疫情管制政策及其风险影响进行跟踪研究，印发《疫情期间企业法律风险防控指引》《疫情期间做好

境外业务风险防范的提示函》《关于新型冠状病毒疫情下公司及员工法律义务及责任的提示》《疫情期间合同履约风险提示函》《关于切实防范疫情期间境外机构法律合规风险的函》，以及对外捐赠风险提示等，要求各单位切实加强疫情风险预判和防控。认真组织做好疫情风险应对。组织制定《关于依法防控疫情切实防范法律合规风险的意见》，对疫情期间合同管理、用工管理、诉讼管理，以及特殊时期企业和员工的法律责任义务等提出要求，组织全系统开展劳动用工、合同履行、工程进度、诉讼案件等风险排查评估，及早应对，做好化解。目前为止，全系统未发现因疫情影响造成重大法律纠纷和经济损失。

二是强基固本，抓好重点领域合规。随着经济全球化不断深入，知识产权、国际金融、数据保护等方面的合规风险日益凸显，为有效防控风险、强化合规，国家电投重点组织开展知识产权和金融两个领域的合规评价，识别评估风险，提前加以防控。在评价方式上，采取自评和现场抽评相结合方式开展评价工作，先组织所属单位自行开展评价工作，然后根据各单位的自评价情况，分别选取较好、一般和较差单位进行现场评价，通过自评和合理抽评，尽可能全面地摸清合规工作整体情况，帮助所属单位补齐合规管理短板，强化评价效果。

三是放眼未来，抓好境外经营合规。随着中国企业"走出去"步伐的不断加快，境外合规风险已经成为各大企业持续关注的重大风险，境外合规管理能力已经成为现代企业竞争的软实力。国家电投多措并举开展境外合规工作。首先，重点针对欧盟、英国、德国、法国、意大利等国家和地区进行合规调查研究，梳理合规风险，提出应对措施，形成境外合规体系建设研究报告，为国家电投推进境外合规体系建设夯实理论基础。其次，制定《国家电力投资集团公司境外经营合规管理办法》，从境外经营合规管理要求、风险识别与评估、评价与审计、合规改进和责任追究方面对境外经营合规管理行为做出了规定，填补了集团公司境外经营合规管理的制度空白。

（五）创新开展合规、法律、风险、内控协同运作

自2018年以来，国家电投深入贯彻国资委《关于全面推进法治央企建设的意见》的指导精神，高度重视并深刻理解意见中关于"探索建立合规、法律、风险、内控一体化管理平台"的理念和愿景，探索研究基于法治的合规、法律、风险、内控协同运作（以下简称协同运作），经过不懈努力，基本形成体系化、程序化的管理模式，并在集团公司系统内推广应用，取得了良好效果。

协同运作是在控制论、系统论和信息论的指导下，采用国际上通行的过程方法把法律、合规、风险、内控四项高度关联的管理职能分解细化、融合优化，整合在法治架构下运行的集约化管理体系。通过对战略目标和业务活动的梳理，通过对法治建设和风险防控实践的分析，法治协同管理体系以流程为纽带，以体制协同、体系协同、机制协同、岗位协同为重点，以信息化、智能化、数字化为保障，聚焦关键事项实现"全周期""场景化"运作协同，推动企业风险防控实现三道防线协同，保障企业实现年度经营目标和远期战略目标。

一是体制协同。体制协同是指四项职能在组织领导和责任划分方面建立的协同关系，主要解决四项职能在公司治理和职能管理中的定位问题。在企业治理架构中，各治理主体在依法治企中履行相应职责。“防风险”是董事会职责之一，董事会对合规、风险、内控管理的有效性负有最终责任。把四项职能统一在法治建设框架下，党组织履行决策前置研究，董事会履行决策程序。实践中，国家电投成立法治央企建设领导小组和合规领导小组，在党组领导下开展工作。组建董事会风险（合规）管理委员会，履行风险、合规、内控专业委员会职责，把具体的法律风险、合规风险和内控缺陷纳入风险管理范畴，风险管理报告在提请党组会审议并完善后，提请董事会审定。把风险管理体系和内部控制体系融入法治央企建设体系框架，法治央企建设规划及实施方案在提请党组会审议并完善后，提请董事会审定；年度法治央企建设工作要点和考评报告向风险（合规）管理委员会汇报后由法治央企建设领导小组审定。党组、董事会每半年听取法治建设和风险防控情况汇报。

二是体系协同。体系协同是指四项职能在管理理念、机构设置、职责划分、制度规范、方法工具、人员配置等管理要素方面建立的协同关系。在机构设置方面，四项职能间具有较强的关联性，其中法律与合规高度关联，风险与内控高度关联，如四项职能统一归口一个部门有利于建立协同关系，如果四项职能不能归口一个部门，可将法律与合规可归属一个部门管理，风险与内控可归属一个部门管理。实践中，国家电投总部把法律、合规、风险、内控四项职能整合到法律部，所属 62 家二级单位中，54 家单位四项职能归口法律部门，6 家单位法治、合规职能归口到法律部，风险、内控职能归口到战略部或审计部。制定《国家电力投资集团有限公司法治建设规定》及相关配套制度，明确在法治框架下，建立法律管理、合规管理、风险管理和内部控制体系。提取四项职能工作在计划、实施、检查、整改、信息共享、独立报告、能力培训、考核评价八个方面的协同因子，实现“五同时”，即同计划、同部署、同实施、同检查、同考核。制定制度、章程、流程、合同、项目等关键事项法律合规审查指引，制定投资、环境、安全、汇率、工程等关键业务风险管理指南，推进标准化管理。

三是机制协同。机制协同是指四项职能在工作事项、规则、程序、标准、评价等方面建立有机联系和高效运转的工作方式，把属性类同、高度关联的工作事项一次完成，最大限度地避免工作重复、交叉，使四项职能高质量服务保障业务发展。其一，聚焦关键环节，实现“一岗式审查”。投资、交易等事项类业务以法律合规审查为主线，整合内控、风险管理要求，实现重大决策和合同协议审查率 100%。制度、规范性文件等体系类业务以内控合规审查为主线，整合法律、风险管理要求，实现制度流程、规范性文件审查率 100%。其二，聚焦内部监督，实现“一站式评价”。组建由法务、财务、合规、风控、审计等专业人员组成的专业团队，开展两类评价。上半年根据年度风险评估梳理的重大风险，开展高风险业务、高风险项目内控评价，整合法律、合规、风险管理要求，针对内控缺陷、安全隐患、违规问题、风险事项提出整改意见，督促整改。下半年以线上线下相结合的方式开展内控体系有效性评价，整合法治建设体系、合规管理体系、风险管理体系要求，复核内控缺陷、安全隐患、违规问题的整改情况和风险事项防控、风险事件处置情况出具评价报告。其三，聚焦风险事项，实现"全程式管控"。厘清风险事项在三道防线间的职责，形成三道防线运作协同。业务单位、业务部门作为第一道防线应严格落实风险内控主体责任，确保依法合规经营，落实第二道防线的评价意见和第三道防线审计、巡视整改要求；法律、合规、风险、内控部门作为第二道防线，负责持续健全职能管理体系，通过业务咨询、专业审查、评估评价、监督监测，建立风险台账和缺陷台账，指导业务单位、业务部门落实风险防控措施，督促审计、巡视发现问题整改；审计、巡视作为第三道防线负责对第一、第二道防线风险防控效果进行独立监督和审计。其四，聚焦经营活动，实现"全景式支持"。经营活动的典型应用场景包括五个"全周期"&"全过程"风险闭环管理。(1)企业组织的组建、分立、合并、重整、清算、注销；(2)投资项目的寻源、可研、投资、管理、退出；(3)交易活动的投标、谈判、实施、交付、关闭；(4)工程建设的开工、建设、验收、结算、决算；(5)管理变革的准备、启动、实施、评价、改进。通过"全周期"&"全过程"的风险协同管理，推进三道防线实现更高层次的"大协同"，从而达到系统防控风险的最终目标。

四是岗位协同。岗位协同是指按照面向业务快速、高效响应的要求设置岗位职责，最大限度减少信息不对称情形，最大限度降低信息传递与沟通成本，提高工作效率和质量。为保障"一岗式审查"和"一站式评价"最终落地，在岗位设置上可将部门岗位分为体系和业务两大类。体系类可设置法治建设岗，以整合开展四项职能体系性工作为主，具体包括体系建设与维护、文化宣贯/培训、报告、考核等。业务类可分为法律合规和风险内控两个条线。法律合规条线下设置法务岗和审查岗，法务岗以日常综合性法律事务工作为主，包括法律文书范本起草、商事谈判、法律救济、案件处理、外部律师管理等；审查岗基于关键环节开展"一岗式审查"，根据审查对象不同配备相应人员将岗位代入不同角色，一岗完成并出具审查意见，同时设置复核岗保障审查质量。风险内控条线下设置风控岗和评价岗，风控岗主要开展风险研判、专项评估、应对与监控等工作；评价岗统筹开展合规管理、内部控制、风险防控的综合和专项"一站式评价"工作。两个条线岗位间实行 A/B 岗制，相互备岗。

为助力协同管理体系有效落地，国家电投坚持风险管控融入业务流程管理的原则，建立"一级部署、三级应用"的数字法治一体化管理化平台。应用系统与数据统一部署于集团公司总部，各级单位按要求开展系统应用，实现业务管控与资源共享。该系统目前完成数字法治系统一期开发工作，与 ERP 系统、工程管理、燃料管理、资金管理、财务共享、电力营销、采购管理等业务系统建立接口；与门户系统、主数据系统、移动应用平台、档案管理系统、统一身份认证、业务流程管理(BPM)平台等公共服务系统集成，基本实现"一岗式"审查。

合规是企业的永恒课题，合规管理没有最好只有更好。企业只有重视合规，强化落实，才能把合规管理工作做得更好。奋进新时代，合规筑根基，"十四五"期间，国家电投将一如既往做好合规管理工作，为建设具有全球竞争力的世界一流清洁能源企业提供更加坚实的支撑和保障。

第一编　合规管理

构建合规管理的“四梁八柱”，实现合规管理一体化

岳翰清　张宏强　陈梦泽

作者简介

岳翰清　国家开发投资集团有限公司法律合规部合规管理处执行总监

张宏强　国家开发投资集团有限公司法律合规部股权董事处执行副总监

陈梦泽　国家开发投资集团有限公司法律合规部合规管理处经理

企业简介

国家开发投资集团有限公司(以下简称国投)成立于1995年,是中央直接管理的国有重要骨干企业,在国内、国外两个市场形成了基础产业、战略性新兴产业、金融及服务业三大战略业务单元。2014年7月,被确定为首批国有资本投资公司改革试点,2022年6月正式转为国有资本投资公司。连续18年在国务院国资委经营业绩考核中荣获A级,连续六个任期获得业绩优秀企业。

内容摘要

为贯彻落实"全面依法治国"战略和习近平总书记"守法经营,是任何企业都必须遵守的原则,也是长远发展之道""强化企业合规意识""规范企业投资经营行为,合法合规经营"等重要指示精神,国投按照国务院国有资产监督管理委员会《中央企业合规管理指引(试行)》要求,将合规管理普遍原理和优秀实践与国有资本投资公司特点和集团管理实际相结合,通过一系列举措,打造了合规组织坚实、合规制度完备、合规运行到位、合规保障充分的具有国投特色的"四梁八柱"合规管理体系。本文将从建设历程、建设思路、总部建设实践和子公司建设实践四个方面解读国投合规管理体系建设的探索与实践。

关键词

国有资本投资公司　合规管理体系　探索　实践

一、建设历程

国投合规管理体系建设历程主要分为两个阶段:2016 年至 2019 年为积极探索阶段,2020 年至 2022 年为创新实践阶段。

(一)积极探索阶段

2016 年 8 月,国投进行总部职能重塑优化改革,将原法律事务部更名为法律合规部,增加合规管理职能并新设合规管理处,为开展合规管理工作奠定了组织基础;2017 年至 2019 年,国投广泛调研、积极探索,高规格创新发布《合规手册》,开展合规宣誓,组织签署合规承诺,制作合规宣传视频,印发《合规管理办法》,成立合规管理委员会,取得一系列工作成果,合规理念逐步深入人心,为集团合规管理工作的全面开展打下坚实基础。

(二)创新实践阶段

2020 年至 2022 年,国投分三步走,全面开启合规管理体系建设的创新实践新阶段。

2020 年是"体系建设年"。结合国投实际,广泛吸纳国内外一流企业的先进经验,确定了集团合规管理体系建设的总框架、总原则、总要求和基本标准,并率先启动总部合规管理体系建设工作。

2021 年是"落地实施年"。在此期间,总部合规管理体系建设成果落地实施与子公司合规管理体系建设工作并举,全部 19 家子公司及所属重要控股投资企业均完成合规管理体系建设。同年,印发《国投"十四五"法治专项规划(2021 - 2025 年)》,对合规管理工作进行整体谋划和具体任务部署。

2022 年是"巩固提升年"。全面组织落实国资委"合规管理强化年"工作要求,明确"三道防线"共计 44 项重点任务,查漏补缺,进一步完善提升国投合规管理水平。

二、建设思路

经过多年探索和实践,国投形成具有自身特色的合规管理体系建设思路。

（一）合规理念

守正行稳，创新致远。

（二）合规管理原则

全面覆盖、强化责任、领导带头、全员合规、坚守底线、违规必究。

（三）合规管理体系建设思路

国投在合规理念的引领下，结合国有资本投资公司定位和业务结构多元等特点，2020年制定印发合规管理体系建设方案，擘画了国投合规管理体系建设的“总蓝图”（见图1）。

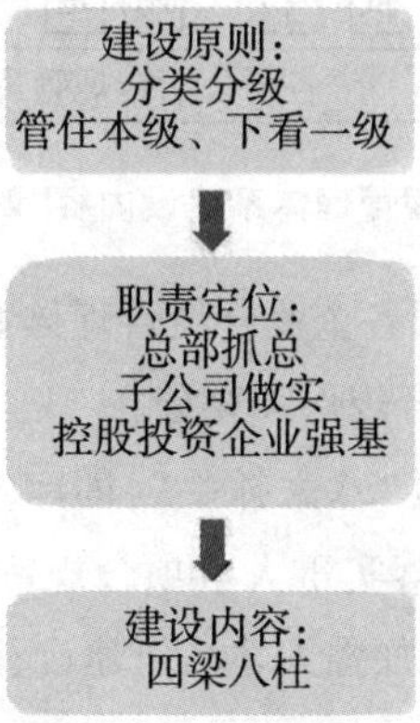

图1　国投合规管理体系建设的“总蓝图”示例

1. 国投合规管理体系的建设原则是“分类分级”和“管住本级、下看一级”

“分类分级”是指：一方面，总部搭建总框架、确定总原则、明确总目标，提出合规管理基本要求和重点合规领域具体要求，明确标准、指明方向，避免跑偏。另一方面，结合业务板块多样化的实际，充分尊重各板块的行业特点和经营特点，因企施策，差异化管理，避免“一刀切”。各级子企业根据所属行业分类、监管体系分类、企业属性分类等，建立符合自身实际的合规管理体系。

“管住本级、下看一级”是指：集团各级企业严格落实本级合规管理体系建设主体责任，同时加强对下一级企业合规管理体系建设工作的指导、监督和考核。

2. 国投三级主体合规管理体系建设的职责定位是“总部抓总、子公司做实、控股投资企业强基”

总部提出合规管理总框架、总原则、总要求；子公司按照总部要求，落实合规管理专业化职责，承上启下，在做好本企业合规管理工作基础上，结合行业属性和监管特点，搭建与总部衔接顺畅的板块合规管理框架；控股投资企业作为经营中心、利润中心和风险中心，根据子公司合规管理框架，立足自身合规风险防控需求，建立符合本企业实际需要的合规管理体系，夯实自身合规风险防控工作基础。

3. 国投合规管理体系的建设内容是“四梁八柱”(见图2)

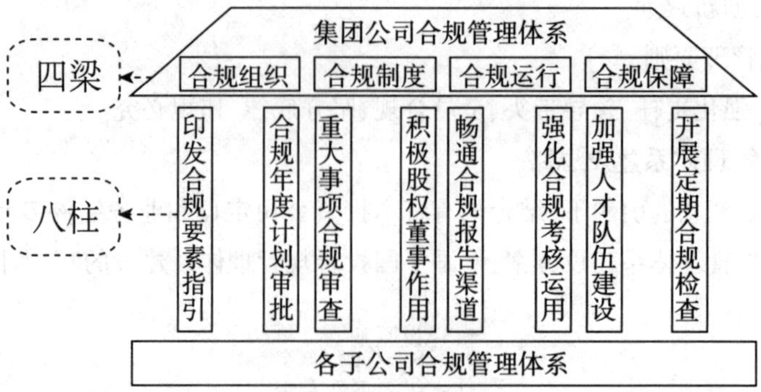

图2　国投合规管理体系建设内容“四梁八柱”示例

“四梁”是指:横向上,确保集团各企业合规管理体系“四大要素”健全,即合规组织坚实、合规制度完备、合规运行到位、合规保障充分。

“八柱”是指:纵向上,总部通过“八大抓手”,即印发合规管理体系建设要素指引、审批子公司年度合规管理工作计划、落实重大事项合规审查、发挥积极股权董事作用、畅通合规报告渠道、强化合规考核运用、加强人才队伍建设、开展定期合规检查等方式,实现集团合规管理体系上下衔接。

通过搭建国投特色的“四梁八柱”,最终实现横向要素齐全、纵向衔接有效的集团合规管理体系,做到“业务延伸到哪里,合规管理体系就保障到哪里”,充分发挥机制保障合规、体系防范风险的作用。

三、总部建设实践

国投总部层面合规管理体系建设的具体实践,主要围绕“四梁”展开。

(一)合规组织

建立起“一纵两横”较为完善的合规组织体系。

纵向上,建立董事会为统领、经理层合规管理委员会为核心决策机构、分管法律领导负责、总法律顾问推动、法律合规部牵头协调、各部门负责职责内合规工作,“三道防线”分工负责、协调配合的合规管理组织架构。

横向上,一是建立覆盖“三道防线”的合规管理协调机制。即合规联席会议制度,听取各部门关于合规管理工作的意见建议,推进合规管理“三道防线”的有效衔接和紧密配合。二是建立工作层面的合规联络员机制。总部各部门、子公司均设置合规联络员,在合规联席会议机制下加强日常工作沟通,协调推进业务部门和监督部门合规管理工作。

(二)合规制度

1. 搭建合规管理制度体系(见图3)

图3　合规管理制度体系示例

经过多年积累,国投总部搭建起以《合规手册》为纲领、《合规管理办法》为核心、各领域规章制度为基础、“三反两制”等高风险领域合规专项制度为重点、合规综合制度为补充、合规指引为辅助,较为完善的合规管理制度体系。

2. 强化规章制度管理

一是规范制度起草。为避免制度过多过滥,全面梳理总部现有规章制度之间的内在逻辑联系,明确分级分类标准,形成总部整体规章制度逻辑树,便于查缺补漏。编制规章制度起草指引,明确各主办部门在规章制度起草过程中应重点关注的制度名称、结构与布局、具体内容、规范用语及制定程序等要求,建立主办部门和法律合规部门双重核查机制,避免制度冲突。尤其是在规章制度审批时要求全面反映征求意见的采纳情况,重点关注对不采纳意见的解释,全面提高规章制度起草规范化水平。

二是注重制度清理。在每年年初开展定期清理的基础上,为落实国企改革三年行动相关要求,夯实合规管理体系建设基础,总部启动了规章制度专项清理工作,全面梳理了适用于国投业务的法律法规、部门规章等外部规范,编制合规法律法规库。在此基础上,对照审阅总部当时有效的全部规章制度,对制度条款是否符合法律法规和章程规定、是否存在管理漏洞,逐项识别,提出优化建议,并印发废止目录和规章制度制修订计划。同时,加强计划的执行力,按月调度跟踪,推进计划按时保质保量完成。

三是编制审批手册。国投总部规章制度涉及公司决策和职能管理服务的方方面面,为方便各级领导、员工对各个经营管理决策事项的审批流程能够准确把握,总部自2013年起,依据现行有效规章制度,创新编制《审批管理手册》,至今已修订三次,目前正在进行第四次修订。《审批管理手册》遵循“以制度为纲”的原则,梳理现行有效制度,归纳出总部经营管理各领域决策事项的审批流程和审批权限，按事项类别分为内部报批事项和对外发文事项，以部门为单位分别制表，每一决策事项具体包括审批内容、主要审批节点、经办单位、会签单位、审核人、审批人、上会情况等。同时，对照公司治理权责表，将线上审批流程和线下上会流程相结合，形成完整的审批链条，实现"一册在手、办事不愁"，大大提高了国投依据规章制度决策的规范化水平和效率。

3. 推进规章制度信息化建设

国投的法律管理系统中建有"规章制度管理"模块，覆盖了规章制度计划报送、规章制度审批及印发、规章制度智能化汇编等功能。同时，将合法合规性审查强制嵌入，实现 IT 硬控制，持续确保规章制度法律审核率 100%。

（三）合规运行

国投总部合规管理与风险管理分属两个部门，为加强工作协同，将合规风险纳入全面风险管理，构建合规风险识别、评估、应对与监督闭环，形成月报和季会工作机制。并根据当前国际国内形势，突出抓好涉外合规风险防控工作。

1. 合规风险识别

国投在全面系统梳理外部法律法规的基础上，将需遵守的外法逐条转化为合规义务，与公司实际相结合，明确合规底线及违规后果，形成《合规义务清单》。清单囊括了国投需遵守的合规义务，进一步明确了国投在各个管理领域的合规底线。

2. 合规风险评估

国投建立了法律合规风险排查长效机制，定期收集合规风险事件，建立合规风险库，并对已发生的风险进行分析汇总，针对较为集中的合规风险类型及重大合规风险进行及时预警提示。针对全部重点业务领域定期开展专项法律合规风险排查，评估排查所发现的问题，针对重大法律合规风险，制定整改措施，定期调度整改，形成有效的查、督、办闭环管理体系。2022 年，开展全面合规风险排查，印发排查清单，细化排查要求，摸清集团现有合规风险底数，评估合规风险防控现状，并持续督促整改，牢牢守住不发生重大法律合规风险事件的底线。

3. 合规风险应对

为切实防控合规风险，国投探索丰富了合规审查机制。

（1）夯实第一道防线

一是创设合规审查专岗。由国投总部各业务部门处室负责人担任合规审查专岗，承担合规审查职责，依托现有业务审批流程和节点，根据本处室管理领域，对相关决策事项进行集中合规审查，解决合规风险防控第一道防线有人管的问题。

二是编制外部合规责任审查标准化工作指引（见图 4）。指引适用于合规审查专岗，是其对相关决策事项审批进行合规审查的操作手册。指引列明了每个决策事项对应的审查对象、审查动作、审查依据及违规后果。当主办部门发起决策事项审批时，合规审查专岗在确保其符合公司内部制度要求的基础上,还须针对“审查对象”,比照“审查标准”,逐条核实是否满足外部合规底线要求,切实防控有可能引发外部责任的重大合规风险,推动合规审查从对审查人员经验的依赖转变为对审查标准的遵从,解决合规风险防控第一道防线怎么管的问题。

外部合规责任审查标准化工作指引(投资领域试行)

序号	审批内容	审批节点	审查对象	审查动作	审查依据	违规后果

图4 《外部合规责任审查标准化指引》部分示例

《外部合规责任审查标准化指引》结合国投投资决策审批事项,明确其所涉外部规范,逐个梳理可能引发刑事、行政等责任的重大合规底线要求,以投资领域为例,提炼审查要素150余条,同时将合规审查要素分为“合规审查要求”“合规义务提示”两类,前者是在该审批流程中必须审查的外部合规义务,后者则对该审批流程结束后应予关注的外部合规义务予以提示,在明确审查时的审查要求之外,还对审批动作结束后需开展的相关工作进行了提示。

(2)提升合法合规性审查质量

在确保重大决策、规章制度、经济合同法律合规审核率100%的基础上,国投对重点领域的法律审查质量开展后评估。2021年国投针对集团所属企业,开展了以投资项目法律服务为重点的专项调研,全面摸排这些企业投资项目法律服务情况。在此基础上,综合考虑项目重要性、项目金额、复杂程度等因素,抽取重点项目,由总部法律合规部会同律师先进行书面审查,重点关注项目法律合规风险是否充分揭示、是否采取了有效的应对措施、交易文件条款的有效性、项目交割后的法律合规风险防范和争议(如有)处理情况等。在掌握基本情况的基础上,赴企业进行现场穿行检查,了解评估法律合规全流程参与支持投资项目的情况,对抽样项目从立项到交割的全套资料进行审查,通过还原项目法律服务的各个环节,有效查摆问题,并就项目方案法律审核、交易文件起草、交易文件履行、涉外项目法律合规风险防控等方面提出了管理提升建议。最终形成后评估报告和投资项目法律审核实务指引等工作成果,在集团全级次企业范围内进行宣贯,并就后评估发现的具体问题,逐一向相关子公司反馈,督促子公司履行专业管理责任,督导所属企业整改提升。

4.合规风险监督

一是建立合规管理体系评价机制。定期对集团合规管理体系的有效性进行整体评估,并通过制度明确合规管理体系评价的原则、依据、标准、程序及结果运用。2022年,国投组织全级次企业开展合规管理体系自评估,编制合规管理体系自评估要素表,包括合规组织、合规机构及人员、合规制度、合规风险识别、合规义务清单编制等具体指标。目前,总部正在对自评估结果进行梳理审核,最终做出评价,对发现的管理缺陷将建立工作台账,督促各企业及时弥补完善。

二是建立违规举报与追责机制。针对公司或员工发生的违法违规行为，国投设立了举报电话、电子信箱接受举报，根据问题性质和各部门职能进行移交或处理，并及时做好归档。

三是强化监督协同。将法律监督全面融入大监督体系。总部法律合规部作为国投监督体系领导小组成员单位，每年年初，将包括合规管理在内的法律监督事项纳入审计部牵头制定的年度监督计划。法律合规部将列入监督计划的法律合规事项执行情况定期报送审计部，信息共享。审计部也会结合年度审计计划，将规章制度执行情况、合法合规性审查、重大合同管理等内容纳入审计监督范围，并视审计监督与法律监督工作需要，抽调法律合规人员参加相关专项工作小组，协同配合，进一步夯实合规管理"第三道防线"职责。

5. 涉外合规管理

国投历来重视涉外业务的合规管理工作，境内外一体谋划、一体推进、一体落实。

为确保国投国际业务健康平稳发展，国投总部指导国际业务集中的 3 家子公司深入开展涉外合规专项工作。

一是扎实调研摸底。全面梳理子公司国际业务所涉国别、行业、交易模式及规模等，确定合规高风险领域，系统梳理合规要求，厘清监管红线，形成国别合规义务清单。

二是开展风险排查。针对子公司国际业务特点，分别编制排查清单，组织开展全面风险排查，识别重点领域合规风险，摸清风险底数，评估合规管理现状，形成评估报告。

三是制定整改方案。针对存在的管理漏洞和盲区，逐项确定整改要求，明确整改目标、措施、完成时间和责任人，指导督促子公司补短板、强弱项，确保整改方案落实落地。

四是建立长效机制。编制涉外合规风险排查表（模板），明确年度清单调整方式。在集团范围内，扩大推广涉外合规专项工作成果，全面开展集团涉外业务合规风险排查整改，建立长效机制，提升集团整体涉外合规管理工作水平。

（四）合规保障

1. 厚植合规文化

编制并全面落实《深入学习贯彻〈习近平法治思想学习纲要〉系列活动方案》，在国投内网开设"学习法治"宣传专栏，围绕习近平法治思想的重大意义、基本精神、核心要义等，制作发布宣传视频。

在《合规手册》、合规宣誓等已有合规文化培育线下方式基础上，随着合规管理信息化建设的推进，2021 年，国投全面实现母子公司年度合规承诺线上签署，于"12·4"国家宪法日开展合规基本承诺线上签署活动。

聚焦总部职能管理法律需求，法律合规部打造全新普法活动平台——"国投 LAW 友行"，开展"点对点"送法到部门活动，以"剧本杀"形式创新开展沉浸式上门普法，员工参与度高，效果良好。

此外，国投还将合规文化作为专项文化纳入国投品牌文化整体管理，一体推进，一体培育。

2. 加强合规培训

国投已经实现了合规培训全方位、全级次、全领域覆盖。

一是实现合规培训全覆盖。每年组织开展党组中心组法治合规专题扩大学习视频会，覆盖集团各级企业领导班子成员。将合规内容纳入新任高中级人员廉洁谈话中，在集团年度高级管理人员专题培训和国投党校青年干部培训班中设置合规课程，推动国投高中级管理人员合规意识与能力的提升。将合规课程纳入新入职员工培训课程体系，并开展合规宣誓，进一步提升新员工合规意识。

二是突出重点领域和重点人员。每年举办全级次法务人员培训班，定期遴选集团高中级法律骨干人才并分阶段开展培训，着力提升法务人员合规专业能力。聚焦“三反两制”等高风险领域，每年开展境外业务人员特别是基层一线业务人员的合规培训，通过定向推送、考训结合等方式，进一步提高境内外业务人员合规履职能力。

3. 推进信息化建设

加强合规管理信息化建设，构建合规管理信息系统，优化规章制度管理和合规报告管理模块，逐步建立合规人员管理、合规学习园地、合规有效性评价等模块，实现合规信息高效流通、合规资源充分共享、合规工作效率提升、合规管理落地见效。

4. 强化合规考核

将合规纳入子公司年度绩效考核，建立合规即时报告和定期报告机制，明确报告内容、范围，确保重大合规风险事件及时掌握，积极应对。合规报告情况也一并纳入合规考核要素中，充分发挥考核导向作用。

5. 重视合规政策研究

重点加强境外重点领域立法动态与监管趋势的预研预判，编制商业伙伴合规管理、个人数据保护合规风险等多个领域研究成果。

四、子公司建设实践

(一) 推进历程

子公司合规管理体系建设主要经历三个阶段：

一是试点先行阶段。2019 年，国投在三大战略业务单元选取有代表性的 3 家子公司，启动合规管理试点，过程中实时跟踪、及时指导。各试点单位通过制定试点方案、召开启动会、开展合规排查、编制合规清单、组织合规培训等方式，形成阶段性成果并在子公司范围内分享。

二是全面铺开阶段。2020 年至 2021 年，在建设总部层面合规管理体系的基础上，通过明确建设标准、强化计划管理、加强跟踪指导等方式推进子公司合规管理体系建设。

三是深入推进阶段。2022 年，落实国资委“合规管理强化年”要求，结合国投实际，编制子公司重点任务清单，明确重点工作内容，推进子公司在夯实基础的前提下，继续深入推进合规管理体系建设。

（二）推进抓手

前边介绍了国投特色的合规管理体系建设“四梁八柱”，“八柱”就是国投推进合规管理体系向子公司纵向延伸的主要抓手。

1. 明确建设标准

国投总部编制子公司合规管理体系建设指引，作为子公司合规管理体系建设的“总纲”，明确子公司合规管理体系建设的总体思路和时间安排，并从“四梁”方面提出具体的建设标准，有效引领指导子公司合规管理体系建设工作。同时，建设指引明确子公司在集团合规管理体系建设中承上启下的定位，要求子公司在搭建本板块合规管理体系时，确保“四梁”清晰完备、“八柱”有效对接，在推进所属控股企业合规管理体系建设上也提出了明确要求。此外，同步建立月调度机制，确保总部及时掌握子公司合规管理体系建设进度。

2. 加强计划管理

国投建立子公司年度合规管理工作计划审批机制，强化对子公司的合规管理。每年年初，总部印发《子公司年度合规管理工作计划（模板）》，各子公司以模板为基础，结合企业实际，编制本年度合规管理工作计划，提交总部法律合规部。总部法律合规部根据国资委合规工作要求、集团年度法治工作要点等，结合子公司实际，审批工作计划，对不符合要求的计划进行沟通，指导其修改完善，确保年度合规工作务实有效。

2022 年，国投根据相关要求，编制子公司重点任务清单，要求子公司比照重点任务清单所列工作，制定细化措施、明确工作分工、列明完成时限，确保“合规管理强化年”工作任务落地落实、高质量完成。

3. 强化重大专项法律合规审查

总部法律合规部通过多种途径指导督促子公司提升重大专项法律合规审查质量，有效防控重大决策法律合规风险。

一是输出经验。总部法律合规部全面总结重大专项法律服务保障经验，制定投资项目全过程法律支持的相关制度，系统规范投资项目从立项到交割执行各阶段法律支持的工作要求，并围绕投资并购、混改引战、资本运作、境外投资等编制了一大批实务指引和研究报告，供子公司参考。

二是带动提升。近年来，在境内外重大投资并购、子公司股权多元化和混改等超出子公司授权范围的重大专项中，总部法律合规部靠前指挥，与子公司并肩作战，通过优化交易结构、深入开展尽调、参与商务谈判、审核交易文件、保障交割执行等措施，上下法务团队合力奋战，在实现国投整体利益最大化的同时，也很好地提升了子公司法务支撑水平。

4. 发挥积极股权董事作用

一是强基固本。目前已全面构建起由“基本制度 + 专项制度 + 工作指引”组成的股权董事制度体系。特别是在系统厘清总部职能管理与子企业治理结构的权责关系、衔接方式的基础上，通过规范子企业议案管理流程，充分调动专职股权董事履职积极性，加强其对子公司重大事项的合规把关。

二是选育结合。根据子公司董事会构成和业务实际，制定选配方案，及时选人配人。完善专职股权董事参会和调研机制，促进其深入了解企业，有力促进任职企业的合规管理体系建设。建立股权董事重大事项报告制度，畅通公司和股权董事沟通渠道，保障总部对子公司重大合规风险等事项的知情权。加强股权董事履职培训，在开展丰富的线上线下外部培训的同时，加强对合规要求及公司核心业务管理要素的宣讲培训。

5. 畅通合规报告渠道

一是持续完善合规报告机制。为落实“强总部”要求，进一步明确子公司合规报告的内容、形式和标准，深入掌握全级次企业合规风险情况，确保合规报告全面、及时与准确。

二是建立合规风险事件台账。紧扣合规风险，督导相关企业制定方案，跟踪进展情况，以案促管，以案促治。

三是实现合规报告在线报送。在合规信息系统中，建立合规报告模块，将子公司合规机构建设情况、合规管理运行情况、合规风险事件情况及分析、存在的问题及下一步工作措施等情况纳入报送内容，做到及时、全面掌握子公司合规管理工作情况。

6. 加强考核力度和结果运用

一是加大对子公司合规考核权重。前述介绍中提到，根据年度重点工作任务等实际情况，每年动态设置合规考核标准，将标准细化为基础项、扣分项以及加分项等多个维度。每年年底，对各子公司进行考核打分，强化一对一考核结果反馈，对评分较高企业肯定其成绩，对扣分较多企业指出其存在的问题并给予具体建议，充分发挥合规考核“指挥棒”作用。

二是加强考核结果的综合运用。一方面，将履行推进法治建设第一责任人职责情况纳入子公司领导人员综合考核评价指标体系中，明确法治建设测评内容。另一方面，将子公司及其所属成员企业合规管理体系建设作为重点改革任务同步考核。

7. 明确子公司合规队伍建设要求

一是建立“1 + N”合规课程体系。推进建立总部和子公司“1 + N”系统化合规培训机制，构建总部合规基本课程与子公司合规专项课程相衔接的合规培训课程体系。

二是强化子公司合规队伍建设主体责任。要求子公司加强合规管理机构建设，配备与管理需求相适应的合规专业人员，尤其是涉及境外业务的相关子企业，对其提出明确要求，确保法律合规工作有人管。同时，明确子公司每年需开展至少一次覆盖本板块的合规培训等。

三是加强对子公司的合规培训。通过举办集团法律骨干人才、总法律顾问履职、全级次法务人员、境外业务人员等培训班，对子公司领导干部、合规专岗、关键岗位人员、境外业务人员等进行定期合规培训。

8. 定期开展合规检查

一是开展日常检查。每年年底，根据审批后的各子公司年度合规计划，采用书面审查与现场调研相结合的方式，对各子公司上报的年度合规管理工作报告进行书面审查，赴部分子公司开展合规管理工作现场抽查，掌握计划落实情况，将其作为年度考核的重要依据。

二是制定合规管理体系评价制度。定期对子公司合规管理体系有效性进行评价，发现问题，督促整改。2022 年已开展全级次、全方位合规管理体系自评估工作。

五、相关思考

一是二级企业需发挥承上启下的重要作用。分类分级管理的特点在于满足多元化企业的需求，抓住核心要素建立一套普遍适用的体系，但是面临企业业务多元、行业要求不同的特点，就需要发挥二级企业的专业化管理职责，将板块的行业特点和总部提出的核心要求相结合，否则就会出现合规管理逐级衰减的情况，所以二级企业作为承上启下的关键一环，发挥着不可或缺的重要作用，直接决定了集团合规管理体系能否落实落地且有效管用。

二是建设标准需企业结合实际持续完善。多元化企业一般具有业务领域多元、监管对象不同等特点，故面临的合规监管也不尽相同，针对总部—专业化管理平台公司—实际经营企业的管控模式，尽管制定了相对统一的合规管理体系建设标准，但普适性的核心合规要素仅是框架性要求，如何确保合规管理体系能够“有血有肉”，还需要所属各级企业结合自身实际、结合监管要求等因素进行完善。此外，普适性的建设标准还需要结合不断变化的外部合规环境，进行动态调整，以加强合规管理体系的实用性。

三是合规审查机制需多种方式推进见效。通常来讲，检验一项机制或者工作成果是否有效，要看它是否在实践中真正发挥作用，合规审查作为合规风险管控中关键一环，是实现合规风险关闭的重要抓手，国投在合规审查方面做了大量的探索和工作，设立合规审查专岗，编制合规审查手册，但是如何使“一道防线”更加坚固，合规审查机制更好地落到实处，将合规要求强制嵌入业务流程，真正发挥防控风险的作用，还需要在审查标准化、表单化、流程化、信息化等方面做更多探索。

第一编 合规管理

构建“3－3－10”合规管理体系，探索风控、内控合规“三体合一”路径

刘云萍 蒋玲玲

作者简介

刘云萍 北京住总集团有限责任公司法律事务部部长

蒋玲玲 北京住总集团有限责任公司法律事务部副部长

企业简介

北京住总集团有限责任公司(以下简称住总集团)于1983年5月26日为解决老百姓安居问题而设立。经过38年发展，已发展成为科技研发设计为先导，房地产开发为龙头，建安施工为支撑，现代服务相结合的三业并举的大型综合性跨地域、跨行业、跨国界企业集团。

内容摘要

在合规管理体系建设中探索“三体合一”路径，依托制度体系、业务流程重塑建立统一的内控、合规的风险评估标准体系同步识别、评估合规、内控风险；在业务流程图中同步嵌入内控风险与合规风险，在实际业务中实现风险的同步警示、控制；尽量以同时满足合规、内控管理要求为标准制定合规、内控风险措施，以一项管理动作实现两大体系风险的控制；通过信息化手段将合规审查等管理要求融入企业经营内控管理流程，初步实现风控、合规、内控管理体系的融合。

关键词

合规管理　内控管理　融合

住总集团现有各层级全资、控股和参股公司120余家，其中各类控股子公司30余家。独立经营核算的事业部8家，拥有北京市级技术中心、北京建筑节能研究中心等科研事业单位。拥有房屋建筑工程施工总承包特级资质、工程设计建筑行业（建筑工程）甲级设计和市政公用工程、机电工程施工总承包和房地产开发等一级资质，培育形成了设计、开发、施工、运营、物流、物业管理等全产业链综合竞争优势；拥有对外经营权、对外贸易权、外派劳务权；企业资信通过AAA级认定，质量、环境、职业健康与安全管理体系通过国内国际双重认证。集团累计房地产开发规模超过2000万平方米；累计建成各类建筑近亿平方米，获得数十项鲁班奖、詹天佑奖、国优金奖银奖和数百项市级以上建筑设计奖、优质工程奖。取得了数十项省部级以上科技进步奖、国家级专利、编制了数十项国家级标准和工法。截至“十三五”末，集团公司及所属企业均已建成以风险控制为导向，覆盖全范围、全领域、全流程的内部控制体系，战略管理、财务核算、资金管理、资产管理、投资管理、内部审计与监督、人力资源管理、生产经营等全部经营活动均处于有效控制下，内控体系运行良好。为推进企业高质量发展，顺利实现“十四五”规划战略目标，住总集团建设并实施合规管理体系。

一、实施背景

（一）适应外部环境变化要求

住总集团所在的房地产板块、建筑业板块和服务业板块一直是国家强监管的重要领域，复杂严峻的国内外环境、“活下去”目标以及国企高质量发展要求，推动住总集团必须进一步加强合规管理，以合规经营适应外部环境监管；以法治思维推进各项改革，巩固改革成果；以底线思维保障企业合规经营，规范全体员工依法履职，遏制腐败、防止国有资产流失，全方位提升住总集团依法合规经营水平及风险防范水平。

（二）满足合并重组融合需求

“十四五”是住总集团与城建集团合并重组后的第一个五年，在发挥自身优势的同时实现与城建集团在管理、业务、思想、文化等各方面的全面融合提升是住总集团实现“十四五”发展规划目标的重要保障。作为城建集团的重要组成部分，“十四五”期间住总集团将深度融入城建集团管理体系、管理文化及优势竞争能力，优化提升管理理念，全面提升经营管控水平。因此，严格按照城建集团合规管理整体工作部署，结合自身实际情况积极构建住总集团合规管理体系，进一步强化企业依法合规经营，提升重大风险防控能力，共同筑牢城建集团风险防控防线，是住总集团实现深度融合、全面提升的重要途径。

（三）完善风险管理体系需要

住总集团业务多元、产业多样，链条长、分布广，各业务管理标准和员工意识差距大，各业务板块所覆盖领域的监管标准和要求不一。特别是近年来地产业务板块市场、融资等政策频出的背景下，作为住总集团最大规模的房地产领域合规风险急剧加大，亟待强化风险防控体系予以应对。通过强化合规管理，对企业业务进行系统性的合规风险评估，全面了解其所面临的合规风险，并以风险为导向，进一步优化管理流程和方法，规范完善企业风险管理体系，确保业务运行合法合规，降低管理者和员工经营与执业风险，提升业务运行有效性，降本增效，保障“十四五”战略目标的达成。

二、建设思路及建设原则

（一）建设思路

坚持学习与创新并重，住总集团在充分学习、借鉴多家中央企业及北京市第一批合规建设试点单位合规体系建设、运行经验的基础上，结合城建集团合规管理工作整体安排及住总集团实际，确定了以“1＋4”合规管理试点建设模式为建设基础，以内控管理与合规管理初步融合、同步推进为建设路径，以“3－3－10”合规管理体系为建设目标的住总集团合规管理体系建设思路。

以“1＋4”合规管理试点建设模式为建设基础，是指围绕住总集团地产开发、建筑、现代服务三大业务板块以及风险管理重点海外业务为中心，选择确定先行由住总集团公司、工程总承包部、海外建设工程部、开发公司、科贸公司“1＋4”开展合规管理体系建设试点。在合规全面启动阶段，非试点单位充分结合本单位的业务领域、行业特点及经营管理实际，因企制宜、一企一策，搭建合规管理体系。

“1＋4”合规管理试点建设模式兼顾了集团总部在整个集团合规管理体系构建中的统领作用和住总集团主要业务板块的合规管理需求。即在试点建设阶段先行完成集团总部及住总三大业务板块和风险管理重点业务的代表性企业的合规管理体系搭建，保证集团总部的原则性合规管理要求有效传导至所属企业合规管理中，促使住总集团上下级企业合规管理体系具备统一性、联动性，同时确保合规管理覆盖企业主要业务领域及重要风险管理领域，避免出现合规管理真空地带，并通过总结试点单位合规管理体系的建设、运行、评价、纠偏、提升等经验为住总集团合规管理全面推广提供引导和借鉴。

“1＋4”合规试点模式在建设过程中坚持“上下联动、突出实效”，结合住总集团总部偏管理、下属单位重业务的管理职责分配，推行本次试点单位之间的上下级联动建设。如以满足业务实际经营需求为方向，集团总部国际业务及产品贸易重点领域以海外建设工程部、科贸公司对海外业务、贸易业务的实际经营管理要求为重点进行建设。两大重点领域的风险库除满足集团整体管理要求外,更贴合了业务实际经营主体的管理需求,有效促使合规管理融入业务领域,嵌入业务流程。

以内控管理与合规管理初步融合、各项工作同步推进为建设路径,即结合住总集团与城建集团合并重组、合规体系建设、内控体系完善契机,探索风控、内控、合规"三体合一"路径。根据与业务深度融合的需求,结合制定住总集团合规管理体系与内控体系协同推进建设工作计划,对合规、内控工作进行部署、督促,确保合规与内控工作适度融合、紧密衔接、相互配合、同步推进。

近年来,住总集团不断尝试风控、内控、合规管理体系一体化建设,并初步完成组织机构融合,将风控、内控、合规管理的主管部门统一调整为法律事务部,但在工作流程、工具方法等方面如何融合的问题上仍处于摸索阶段。借助合规管理体系建设及内控管理体系完善契机,通过合规管理与内控管理体系建设各项工作同步推进,我们对业务流程进行重新梳理,尝试建立统一的内控、合规的风险评估标准体系,依托业务流程对内控、合规风险进行识别、评估。并通过内控风险与合规风险在业务流程图中的嵌入,形成风控常态化工作的管理流程和管理表单,明确流程节点上的责任部门和输入输出,通过信息化手段将合规审查等管理要求融入企业经营内控管理流程,初步实现风控、合规、内控管理体系的融合,有效地减少风控、内控、合规体系之间管理上的不协调,有利于资源的共享和节约,优化了管理流程,减少管理环节,尝试提供问题整体解决方案,提高了管理效率。

以"3－3－10"合规管理体系为建设目标系以风险防控为导向,围绕重点领域、重点环节和重点人员,积极构建党委领导下由合规管理综合部门、合规管理责任部门及合规管理专项部门组成的"三位一体"的组织架构模式;以合规管理部门为第一道防线、合规综合管理部门为第二道防线、审计监督部门为第三道防线的"三道防线";合规联席会议机制、合规风险识别和评估机制、合规审查和强制咨询机制、合规举报和调查机制等"十大运行机制"为主的合规管理体系。

(二)建设原则

1.服务战略、务求实效。围绕住总集团"十四五"发展策略实施目标,结合企业战略发展需求,"下狠心,抓实效",以风险为导向,以问题为导向,紧抓重点领域和薄弱环节,将其作为合规管理重点,通过合规管理体系建设,充分发挥合规管理作用,强化企业依法合规经营水平,提升企业风险防范能力。

2.全面覆盖、突出重点。扩大合规管理外延,坚持合规管理从行政管理向业务实际经营活动延伸,确保住总集团合规管理做到业务领域全覆盖、生产要素全遵循、业务流程全贯穿。在此基础上根据外部环境变化,以公司治理、合同管理、建设工程承发包管理、安全环保、产品与服务质量、产品贸易、市场交易、投资管理、商业伙伴、财务税收、劳动用工、国际业务、农民工工资管理为重点领域;以制度制定环节、经营决策环节、生产运营环节为重点环节;以各级领导人员、重要风险岗位人员为重点人员,实施突出重点领域、重点环节和重点人员的合规管理，切实防范重大风险发生。

3. 依托既有，杜绝重复。经过30多年的建设经营，住总集团内部控制体系、风险管理机制等综合管理以及规划、财务、审计、质量、安全、采购等专业管理基本健全，并良好有效运行。上述管理不仅已形成规范的制度，且已经通过信息化建设形成了可操作性的流程。因此，在合规管理体系建设初期公司就确定了依托现有管理体系、现有流程构建合规管理体系原则，通过在现有内部控制流程、业务运行流程中植入合规管理控制点，促使合规管理与业务流程充分融合，从而实现合规管理与其他管理一并操作，提升效率，坚决杜绝另起炉灶、浪费资源，扯“两张皮”等情况。

4. 统筹兼顾，全面融合。坚持将合规理念、文化与住总集团经营管理机制的有机融合、平稳推进，将合规管理无缝嵌入住总集团的规章制度、工作标准以及业务流程之中，统筹衔接好合规管理与法务、风险、内控、审计、监察等不同体系的关系，充分发挥多体系的协同联动、信息与成果共享价值和作用，确保合规管理体系有效运行。

5. 各司其职，密切配合。坚持合规管理合规风险三道防线上各类部门在合规管理体系中各负其责、各司其职、紧密配合，共同完成合规管理，防范企业合规风险。

三、建设实践

(一)搭建合规组织架构，明确各方责任

1. 在法人治理层面，通过合规管理建设进一步完善法人治理结构，提升治理能力，规范重大风险。

(1)以开展合规管理工作为契机，进一步完善党委会、董事会、经理办公会的合规管理职责。

(2)设立董事会审计风险委员会，统领住总集团合规管理工作，监督合规管理体系的持续运行，着眼于风险、内控、合规管理三体系的融合等工作。

(3)设置首席合规官，由总法律顾问担任，领导合规管理综合部门，并组织合规管理专项部门和合规管理责任部门开展合规管理工作。

2. 在具体执行层面，建立由合规管理综合部门、合规管理责任部门及合规管理专项部门组成的组织架构模式，明确各方职责。

(1)确定法律事务部为合规管理综合部门，组织、协调及监督合规管理工作，为其他部门提供合规支持。各部门及所属各单位为合规管理责任部门，在各自业务范围内承担合规管理主体责任；各部门同时也是合规管理专项部门，牵头并负责本系统的合规管理工作，在职权范围内履行合规管理职责。合规管理责任部门设置1名合规联络员，负责与合规管理综合部门对接合规工作，承担本部门合规管理职责。

合规管理专项部门负责本业务系统的合规管理工作，对本系统业务合规性进行管控、监督，开展本系统合规风险识别和隐患排查，发布合规预警，及时向合规管理综合部门咨询和通报有关风险事项，组织本系统员工合规培训，本系统发生合规风险事件的，根据权限组织或配合合规综合管理部门及合规管理监督评价部门进行违规问题调查并及时整改。

(2)确立合规风险管理的“三道防线”。强调合规管理责任部门在其职责范围内履行合规义务、防范合规风险,是合规风险控制的第一道防线。合规管理综合部门负责组织、协调和监督合规管理工作,为合规管理责任部门提供合规支持,是合规管理第二道防线;就具体的合规事项,合规管理综合部门根据需要确定相应的合规管理专项部门参与履行第二道防线的职责。审计部门对经营管理的合规性及合规管理的有效性进行审计评价,纪检部门受理违规举报、查处违规问题,二者共同构成合规管理的第三道防线。

(3)四家试点单位参照住总集团总部的合规管理组织架构,构建本单位的合规管理组织架构。为合规管理要求切实在整个集团范围执行落地,住总集团各业务部门设置了合规联络员,其他各所属单位也明确了合规管理综合部门及合规联系人并报住总集团合规管理综合部门进行备案,以便业务顺利对接;为合规管理相关精神及合规体系建设、执行搭建了畅通渠道。

(二)完善规章制度体系,确保有“规”可依

制度是合规体系构建(见图1)的基础及依托,以合规管理体系建设为契机,根据与业务深度融合的需求,双管齐下,一手抓“立规”,针对制度空白及管理薄弱环节,积极建章立制,确保有“规”可依;一手抓“优规”,以问题为导向,动态监控“规”的合规性、合理性及适用性,结合企业管理优化升级要求,对“规”进行修正优化,在有“规”可依的基础上进一步保证企业经营管理有“良规”可依。

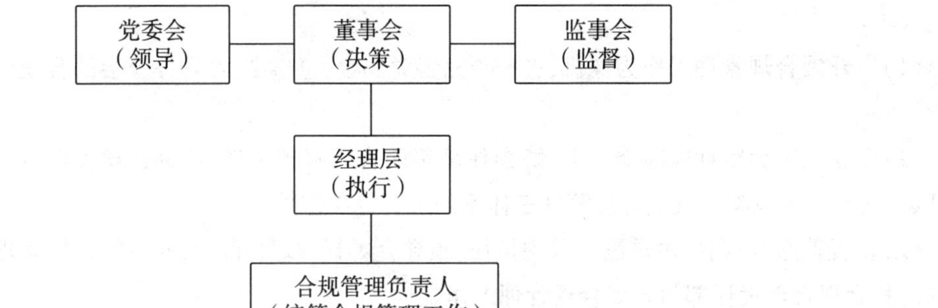

图1　合规管理体系

在新修订制度环节，高度关注“外规”转“内规”的合规审查工作。坚持“修订一个审查一个”的原则，通过合规性审查，扫描制度中存在的合规缺陷，及时进行调整完善，确保制度修订（制定）程序及内容依法合规。在本次合规体系建设过程中，通过内部控制制度及业务流程的全面梳理，完成修订制度106项，新增制度31项。在合规管理制度体系建设方面，坚持制度先行，形成住总集团合规管理制度体系，为合规管理体系搭建奠定坚实基础。

1. 发布《北京住总集团有限公司合规管理办法》，明确了住总集团合规管理的基本原则、机构和人员职责、运行机制、考核监督、保障措施等基本内容。明确合规治理层和管理层职能定位、合规管理职责以及合规管理运行机制架构，为合规管理体系建设工作提供了基本制度支撑。

2. 通过对内部管理制度体系的梳理，整合优化现有制度体系，发布《住总集团合规行为准则》，明确住总集团合规管理制度体系的基本框架和各重点业务领域的基本行为规范，形成住总集团价值观，确定了企业和全体成员必须遵守的商业行为规范。

3. 依托《北京住总集团合规管理办法》，结合住总管理实际需求，梳理合规管理相关流程及程序，在参考《城建集团合规管理运行暂行办法》的基础上将十大机制逐项进行梳理整合，形成《北京住总集团合规管理运行暂行管理办法》，将重要运行机制以条款、流程图及表单的方式呈现，明确了各责任主体开展合规管理的程序和权限。特别是在办法中进一步细化、明确了合规管理部门应承担合规审查等日常合规管理职能，厘清合规管理部门与合规管理综合部门的权限职责，为合规管理顺利运行夯实基础。

4. 坚持全面覆盖＋突出重点，识别、评估全业务领域及重点领域合规风险，确定风险等级；根据业务活动实施实际划分确定责任主体；针对风险制定防控措施，最终形成兼顾监管要求及企业管理需求的部门合规风险库、重点领域风险库以及合规底线清单，为企业合规经营提供支撑。

重点领域合规风险库主要覆盖公司治理、合同管理、建设工程承发包管理、产品贸易、投资管理等13个重点领域，识别537条合规风险点（低风险506条、中风险20条、高风险11条、底线126条），为业务工作的合规性提供了标准。

业务部门合规风险库覆盖了公司所有部门所有业务和主要管理活动，形成了23个部门合规风险库，共计515条合规风险点，其中低风险500条、中风险15条、底线88条。为部门进行合规自查自检提供了标准样本。

为提升合规风险库的使用效率，充分发挥其在合规审查等方面的工具价值和作用，在原有“合规词典”的基础上，进一步梳理提炼形成“简版”合规风险库，便于日常查阅使用。

5. 进一步完善合规管理制度体系，制定发布合同管理及建设工程承发包管理两项指引。指引有效整合了住总集团多年积累的专项领域项目管理经验，充分运用法律事务部以往的法律审核经验和成果，结合《北京城建集团合作开发房地产项目模式法律风险管理指引》《北京住总集团合同法律审核指引》等文件，以重点领域合规风险库及底线清单为基础，将合规风险、风险事件、应对措施等内容转化为行动指南，并结合现有制度体系制定风险防控措施，从而实现指引的实用性、方便性和可操作性，为企业专项业务经营提供合规性支撑。

(三)探索"三体合一"路径,推进运行落地

1. 根据合规管理与集团公司业务深度融合的需求,探索"内控、风控、合规"三体融合建设可能性,同步推进内控体系优化完善,安排梳理各部门业务流程和重点领域业务流程,为三体融合奠定基础。即以内部控制手册业务流程为基础,结合本部门所归口负责的专项业务,部门工作职责、规章制度和常规业务流程,从闭环管理的角度对该部门和重点领域业务流程进行分析确定。

2. 充分考虑与现有内控体系的有效衔接,通过业务流程图重新梳理编制(见图2),

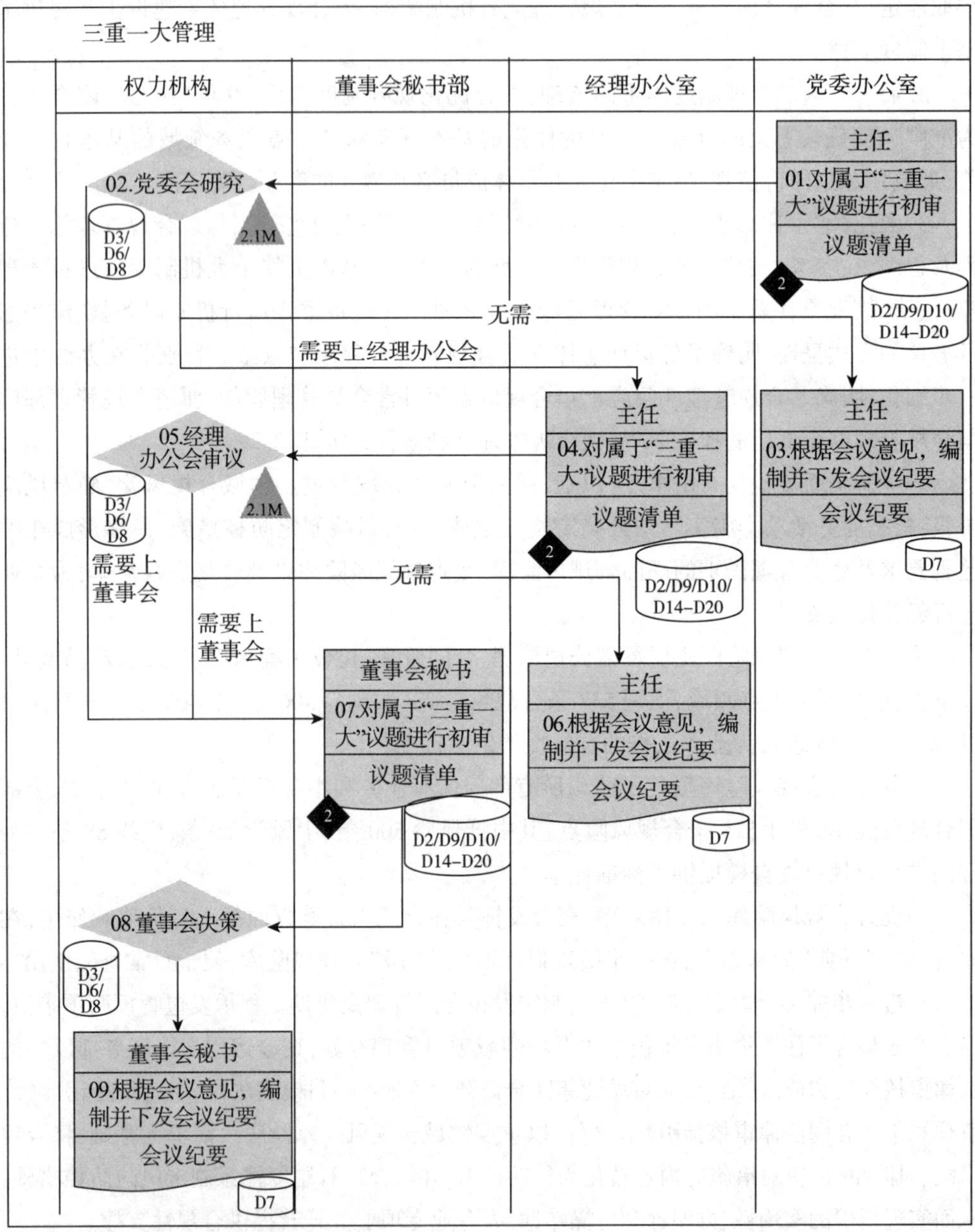

序号	名称	图例	图例说明
4	判定框	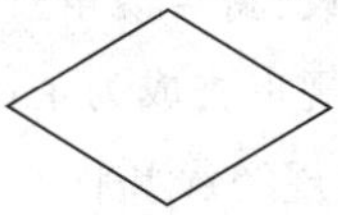	此图例在存在判断，决策时使用，内容中填列判断的具体事项
5	连接线		用来连接两个工作步骤
6	信息系统名称		表示在系统数据库中储存或以电子文档方式储存。如ERP、FMIS等
7	风险点		表示业务流程步骤中存在的风险，标识在存在风险的步骤的左下角，同时用数字进行编号，如1
8	控制点		表示业务流程步骤中针对风险的控制点，标识在实施控制的步骤的右下角，编号与风险点编号对应1.1M
9	合规风险点		表示业务流程步骤中存在的合规风险，标识在存在风险的步骤的下方，D代表底线风险，Z代表中等风险，同时用数字进行编号，如D1或Z1
10	步骤详细说明	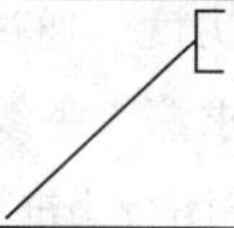	在需要对某项步骤进行详细说明时使用
11	分隔符	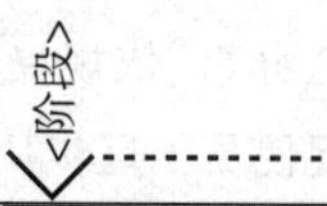	在区分流程阶段时使用
12	流程引用		流程目录中已经明确的具体业务流程，此图例表示对其他流程的引用
13	页码索引		表示页码索引，内容填列索引的页码编号

图2　镶入合规风险点的业务流程

明确中高风险和底线合规风险编号，将合规风险以圆柱体风险标识对应嵌入内控业务流程图，进行合规风险提示；并将流程图编号及流程图名称纳入合规风险库，实现中高及底线风险的闭环管理，在操作层面实现三体融合，为进一步实现合规管理信息化和确定岗位合规职责奠定坚实基础，也为实现“一岗式审查”提供更加便利的工具和方法。

3. 积极推进合规管理体系运行落地，按照《北京住总集团有限公司合规管理办法》《北京住总集团合规管理运行暂行管理办法》相关要求，启动合规联席机制，召开住总集团第一次合规联席会议，履行联席会议合规管理职责。重新梳理确定重大事项合规审查范围以及合规审查流程设计，通过合规管理信息化建设，将合规审查机制嵌入重大事项、规章制度、合同、授权委托等内控业务流程中，确保合规审查成为企业经营管理各项工作不可逾越的节点，实现合规管理刚性约束，提升企业合规经营水平。

4. 建立合规考核评价机制，在法治建设考核指标中增加了对试点单位合规体系建设情况的考核评价内容，把经营管理的合规情况纳入对各部门和所属企业负责人的年度综合考核评价。强化考核评价结果运用，对企业员工合规职责履行情况进行评价，并将评价结果作为员工考核、干部任用、评先评优等的重要依据，通过实施、监督评价、整改、优化的全流程管理，形成闭环管理，持续完善合规管理体系。

（四）强化全员合规意识，根植合规文化

在合规文化建设层面，住总集团遵循"制度—行为—习惯—文化"的合规建设路径，多措并举，积极倡导合规经营理念，培植住总合规文化。

1. 确定2021年为住总集团"合规管理年"。自合规管理体系建设以来，针对领导班子、中层干部、合规实操人员、二级单位人员等开展不同形式的合规培训。积极通过合规体系建设研讨会、沟通会、访谈调研及日常工作交流等多种方式，将合规管理理念、合规体系建设工作相关内容和要求，向公司各部门及所属单位进行宣贯，普及合规知识，为有效开展合规体系建设夯实基础。

2. 逐级落实各项合规管理制度宣贯，加大向下推进力度。通过各项文件的印制发放、宣贯培训、网络学习、嵌入流程等方式，确保合规管理要求深入一线、融入岗位、发挥实效。结合线上、线下两条途径在全集团范围开展《北京住总集团行为准则》合规承诺签署活动，确保全员深刻了解、理解"诚信合规、遵章守纪、依法办事、依规操作"的住总合规价值理念，增强整体合规意识，筑牢合规经营的思想基础，促使员工逐步从"被动执行"向"自我约束""主动合规"转化。

3. 逐步建立常态化的合规培训宣传机制，探索多种合规文化宣传方式，加大合规宣传。通过信息化建设打造合规园地，定期发布合规建设动态、合规普及知识、合规优秀文章、合规典型案例等内容。推动形成领导带头、全员参与的合规文化体系，营造崇尚合规、践行合规、捍卫合规的文化氛围。

四、结语

截至目前，住总集团合规管理"1+4"合规管理体系建设已初步完成并良好运行，合规管理初见成效——合规理念深入人心，合规意识不断增强，依法合规经营及风险防控能力切实提升。但对标优秀企业，仍存在许多不足，住总集团也将秉持"合规一直在路上"的理念，不断加强学习、坚持创新，持续探索"三体融合"路径，积极构建风险防控体系，为企业高质量发展提供助力。

第一编 合规管理

中国电建海投公司：海外业务“五横七纵”一体化管理模式建设

岐温华 王晓林 胡 蓉 徐澜涛 蒋金良

作者简介

岐温华 中国电建集团海投公司总法律顾问

王晓林 中国电建集团海外投资有限公司法律风险部主任

胡 蓉 中国电建集团海外投资有限公司法律风险部副主任

徐澜涛 中国电建集团海外投资有限公司法律风险部副处长

蒋金良 中国电建集团海外投资有限公司法律风险部副处长

企业简介

中国电建集团海外投资有限公司(以下简称电建海投公司)是中国电力建设集团(股份)有限公司(以下简称中国电建)重要骨干控股子公司，于 2012 年 7 月 1 日在北京挂牌设立，注册资本金 54.1 亿元，是中国电建专业从事海外投资业务市场开发、项目建设、项目运营与投资风险管理的法人主体。

截至 2021 年 12 月 31 日，电建海投公司在 18 个国家和地区设有各层级全资及控股子公司 39 个、9 个参股公司和 1 个代表处。

内容摘要

根据国资委关于“探索建立法律、合规、风险、内控一体化管理平台”的有关要求，中国电建率先组织开展国际业务合规、内控、风险与法律一体化管理体系建设课题研究，并将相关研究成果在电建海投公司扎实落地实践。本文将详细介绍一体化管理体系的理论基础以及在电建海投公司的管理实践与效果，以期为其他国有企业开展一体化管理体系建设提供参考。

关键词

一体化管理　合规　内控　风险　法律

一、开展相关工作的背景与目的

为贯彻落实中共中央全面推进依法治国的重大战略部署，国务院国有资产监督管理委员会于 2015 年 12 月发布《关于全面推进法治央企建设的意见》（国资发法规〔2015〕166 号），就进一步推进中央企业法制建设，提升依法治企能力水平，做出具体安排，明确指出“探索建立法律、合规、风险、内控一体化管理平台”。

中国电建率先组织开展国际业务合规、内控、风险与法律一体化管理体系建设课题研究，经广泛深入企业内部调研及海外项目考察，于 2018 年编制完成一体化管理体系建设课题研究成果报告。

2019 年，中国电建指定集团内专业的海外投资平台——电建海投公司，作为一体化管理体系首个试点单位，实施体系落地试点。截至目前，已全面建立了科学的一体化治理架构、“三道防线”组织机构，并整合构建了一体化制度体系、审查体系与评估体系，形成了管理手册、数字平台、工作月历等一体化管控工具，实现了课题理论在管理实践中的扎实落地，有效提升了电建海投公司的风险管控效能和经营管理效率。

二、理论基础

（一）“五要素”管理框架

1. 合规管理体系分析。国外合规管理发展较早，美国及英国的银行业在 19 世纪中期就陆续建立各种合规标准，20 世纪 30 年代大萧条金融危机后，美国政府颁布了一系列金融机构监管的法案，鼓励金融机构采取合规预防性措施。并且，国际标准化组织在 2014 年发布了 ISO 19600《合规管理体系　指南》，专门阐述合规管理体系的规则；2021 年 4 月，基于 ISO 19600 对合规管理体系应用结果及需求的全球评估调查等实际情况，标准化组织发布 ISO 37301 以代替原 ISO 19600，采用 PDCA 方法，完整覆盖合规管理体系策划、执行、检查和改进的全流程。相比之下，国内合规管理发展较晚，2017 年我国发布国家标准《合规管理体系　指南》（GB/T 35770—2017/ISO 19600：2014），基于该标准，2018 年国家发改委、外交部、商务部、中国人民银行、国资委等七部委联合发布《企业境外经营合规管理指引》(发改外资〔2018〕1916号)规范企业境外经营业务,国资委颁布《中央企业合规管理指引(试行)》对中央企业合规管理进行专门规范,同时,2021年国资委发布《关于进一步深化法治央企的意见》指出,到2025年中央企业要基本建立全面覆盖、有效运行的合规管理体系。目前中央企业合规管理在逐步探索发展过程中。

2. 内控管理体系分析。1992年9月,COSO委员会提出《内部控制——整体框架》,是美国证券交易委员会唯一推荐使用的内部控制框架。2013年,COSO发布了新版内部控制框架。我国财政部五部委2008年开始推行内部控制体系时基本沿用了COSO内部控制框架,它由控制环境、风险评估、控制活动、信息与沟通、监督活动五个要素构成。

3. 风险管理体系分析。COSO委员会于2004年9月发布了《企业风险管理——整合框架》,提出风险管理五要素。2006年国资委基于该整合框架发布了《中央企业全面风险管理指引》,提出了企业风险管理“内部环境、目标设定、事件识别、风险评估、风险对策、控制活动、信息和交流、监控”八要素。COSO委员会于2017年对《整合框架》进行了调整,调整后的体系框架主要包括五要素,即治理与文化、战略与目标设定、执行风险管理、评估与修正以及信息、沟通与报告。

4. 法律管理体系分析。从2002年中央企业实施总法律顾问制度试点开始,经过近20年的实践,中央企业已经形成了相对健全的法律管理体系。并且2022年,国际标准化组织发布ISO 31022《风险管理—法律风险管理指南》,从明确法律风险环境信息、法律风险评估(包括识别、分析、评价)、法律风险应对以及监督与检查四个方面对企业法律风险管理全流程进行了详细梳理。

5. 一体化管理“五要素”。通过研究四项管理体系的管理架构发现,要实现四项管理体系的融合一体化,就应找到各管理架构的共通和互补之处,进而整合形成一体化管理体系的“五要素”。

经研究,发现四项管理体系在“治理架构”“组织机构”“过程管控”“信息与系统”“监督与考核”五个方面存在共通之处,因此提出一体化管理体系的“五要素”。

(二)“三道防线”管理结构

根据一体化管理体系课题研究成果,提出“三道防线”的管理机制,既要求全员参与,又做到分工明确,第一道防线为业务部门,对一体化管理体系负首要、直接责任;第二道防线为法律风控管理部门,负责组织建立一体化管理体系并监督运行;第三道防线为独立的内部审计部门,负责监督第一、二道防线的履职情况。

(三)“22项指引”管理目标

结合中国电建集团所处行业特征及海外业务风险环境、典型案例分析,认为电建集团需要在海外业务的经营中,严格遵循22项指引,以确保将各类风险控制在公司可承受的范围内(见图1)。

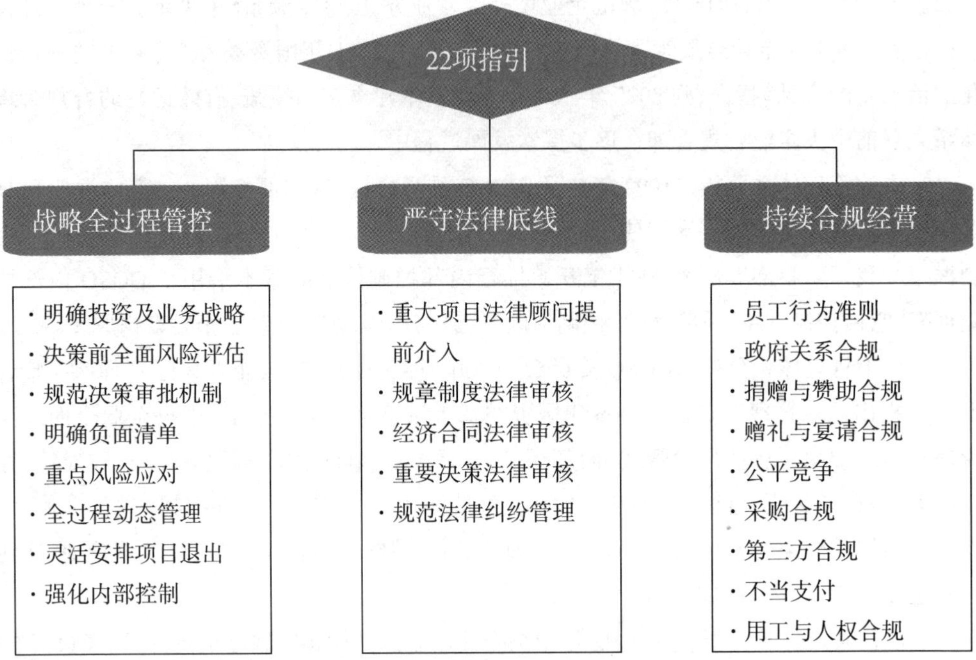

图1 一体化管理体系"22项指引"

各中央企业在建设一体化管理体系过程中应结合自身实际及行业特点，明确有针对性地"指引"，才能做到体系建设和落地有的放矢。

通过上述关于四项管理体系融合的探究，不难发现，一体化管理"五要素"解决了体系如何建构的问题，"三道防线"解决了日常工作谁来执行与责任分工的问题，"22项指引"解决了管理过程中的重点关注事项是什么的问题。这三个核心问题有了答案，就为合规、内控、风险与法律一体化管理体系的建设指明了方向。

三、具体做法

（一）"五横七纵"管理结构

电建海投公司结合自身业务发展实际情况，构建了"五横七纵"的一体化管理体系（见图2）。

1. 什么是"五横"

电建海投公司基于一体化管理"五要素"，构建了自上而下、从事前到事后的"五横"管控架构。具体如下：

（1）治理架构

"治理架构"的设计中，电建海投公司建立了一体化管理领导小组，整合吸收公司原法治建设工作领导小组、普法工作领导小组、合规管理委员会、内部控制与全面风险管理委员会的相关职能，由董事长亲自担任领导小组组长、总经理担任副组长，所有其他领导班

图2　一体化管理体系“五横七纵”体系架构

子成员及高级管理人员为成员,负责指导、监督法律、合规、内控、风险一体化管理体系的建设与运行;在领导小组下设工作小组,由总法律顾问担任组长,总部所有部门负责人为小组成员,负责具体的日常事务。高层级的治理架构,充分发挥了主要领导在推进体系建设及执行过程中的核心作用,有效确保了四项管理体系融合后的工作能够得到有效贯彻落实。

(2)组织机构

电建海投公司构建了“三道防线”的组织机构。

总部各部门为“第一道防线”,在职责范围内,承担风险管控直接责任,确保一体化管理体系有效执行与落地;法律风险部为“第二道防线”,负责组织拟定、完善管理政策与机制等工作,确保体系有效设计与运行;审计/纪检部门为“第三道防线”,负责对第一、二道防线履职进行审计与监督,确保体系科学设计、有效执行。

实践中“三道防线”组织机构切实发挥了重要作用。比如,在合同评审流程中,合同发起部门以及财务部门、资金部门、安全环保部门等会签职能部门,均会基于第一道防线职责,从法律、风险、合规、内控四个维度在自己职能范围内对协议进行审查评估,当协议流转到法律风险部时,作为法律风险职能管理部门,除需履行第一道防线职责对协议进行法律合规评审外,法律风险部作为一体化管理办公室还需基于第二道防线职责对前述各第一道防线履职情况进行评估。审计/纪检部门作为第三道防线,对一体化管理体系与运行进行监督,并对违反职责的机构或人员进行处置。

如表1所示,第28、30、31、32项审查点,均属于第二道防线履职评估。

“三道防线”组织机构的有效运转,有力确保了一体化管理体系的正常运行。

表1　一体化审查清单

法律风险部审查内容		
审查点	审查意见	备注信息
21. 合同有效期是否明确	◉是○否	
22.1 是否不属于公司制度规定的需要对交易对手进行尽职调查的重大合同	◉是○否	
22.2 签约方是否不存在重大诉讼等潜在影响履约的重大风险	○是○否	
23. 合同终止条件是否明确	◉是○否	
24. 合同争议解决机制是否明确	◉是○否	
25. 合同适用法是否明确	◉是○否	
26. 文件评审单是否按规定填写完整	◉是○否	
27. 在部门职责范围内判断,该事项是否不存在重大法律风险	◉是○否	
28. 前置程序合法性审查是否不存在重大问题	◉是○否	
29. 在部门职责范围内判断,该事项是否不存在重大合规风险	◉是○否	
30. 前置程序相关部门是否就重大法律、合规风险进行评估	◉是○否	
31. 前置程序相关部门是否完整填写本一体化审查清单中的相关内容	◉是○否	
32. 前置程序合规性审查是否不存在重大问题	◉是○否	
审查点或审查意见	意见性质	备注信息

(3)过程管控

电建海投公司结合实际,构建“七纵”的过程管控机制。

①总体原则:管理融合、成果独立;

②年初,统一制订工作计划;

③利用法律审核平台,嵌入内控、风险、合规风险一并审查;

④利用内控管理流程,嵌入法律、内控、合规审查点一并管控;

⑤利用风险评估平台,嵌入法律、内控、合规风险一并评估;

⑥利用合规管理平台,嵌入法律、内控、风险要求一并查询;

⑦年底,对四个体系一起评价,根据外部监管要求,分别出具报告。

“七纵”过程管控机制将在下文详细论述。

(4)信息与系统

电建海投公司搭建的“信息与系统”架构主要包括“信息的传递”以及“信息化平台”建设两个方面的内容。一是各部门、各单位之间根据有关规定开展一体化管理过程中相关信息的收集、沟通、处理和存档。二是结合过程管控机制,加强一体化管理信息化建设。一方面搭建信息化平台,保障管理规范的及时查询和贯彻,另一方面把一体化管理履职清单融入核心业务信息化流程中，提高一体化管理中对业务和事项的自动化控制程度，减少或消除人为操纵因素。

(5)监督与考核

电建海投公司明确了各部门与和子公司对本单位一体化管理工作的自查自评机制，同时建立了定期的监督检查机制，并将相关检查考核结果纳入了对各部门、各子公司的年度绩效考核中，通过监督与考核机制确保一体化管理体系不断优化并得到有效贯彻执行。

2. 什么是“七纵”

“七纵”过程管控机制。具体如图3所示：

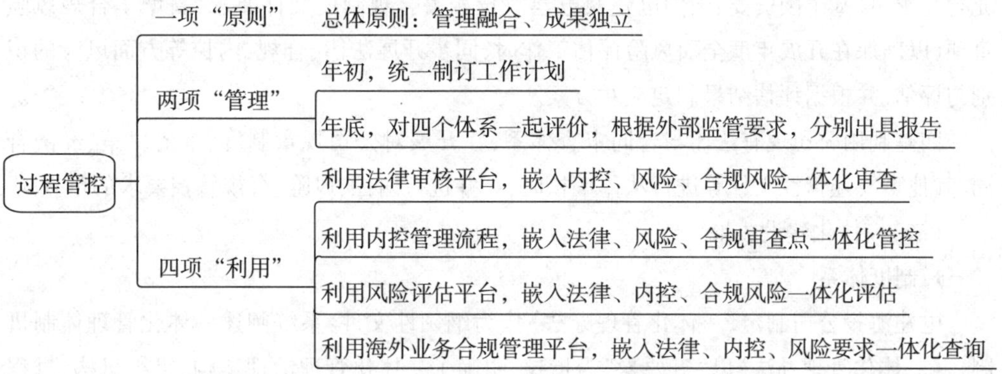

图3　一体化管理“七纵”管理机制

(1)一项“原则”

电建海投公司一体化管理体系坚持“管理过程融合、成果独立输出”的总体原则，一方面为明确四项体系的融合模式，另一方面为匹配现行国资委及集团层面关于四项管理体系的考核要求。未来四项管理体系成果输出的独立性可能会随着上层监管要求的改变而实际调整。

(2)两项“管理”

两项“管理”主要是一体化过程管理的框架结构。年初，公司根据上级单位关于法律合规与风险内控工作部署安排，结合自身实际，制定本年度一体化管理工作要点，对四项管理体系全年工作主要任务进行同步部署、同步推进和同步落实；年底，统一组织对四项管理体系工作开展监督检查、评价考核工作，并编制相关报告，确保全年工作任务的落地。

(3)四项“利用”

四项“利用”是四项管理体系在实际业务开展过程中的一体化具体体现。具体如下：

一是利用海外业务合规管理数字化平台，对公司生产经营过程中，涉及法律、合规、内控、风险管理的国内外政府监管要求、国际惯例与准则、集团及公司内部规章制度要求进行系统收编与数据结构化，实现快速、精准、高效的检索，为公司依法合规开展经营决策、落地执行提供强有力的支撑与保障。

二是利用内控管理手册，结合“22 项指引”，系统梳理 120 余项业务流程，针对流程中的每个管理环节，按照法律、合规、内控、风险的具体监管要求，提炼出与该环节对应的一体化审查点，并将审查要点以清单的形式嵌入内控手册，同时，在信息化流程中同步嵌入一体化审查清单，指导公司各项业务以清单排查式的方式对照执行，确保依法合规经营要求落实到位。

三是利用公司风险评估体系，在已经建立并成熟运行多年风险识别、评估、应对与监控体系的基础上，通过修改全面风险调查问卷等方式，将内部控制的相关一体化审查要求融入战略、财务、市场、运营等风险内容中，并结合管理实际对原法律风险事项进行调整扩充与完善，且基于国资委、中国电建及电建海投相关合规制度文件要求，新增了合规风险事项，以确保在开展年度全面风险评估工作时，同步开展法律、合规、内控等方面风险的识别与评估，并根据评估结果制定应对方案。

四是利用公司现有法律与合同审查体系，在开展对公司规章制度、重要决策、经济合同、其他重要经营性文件等进行法律审核时，一并进行内控、风险、合规管控要求的审查。

（二）一体化建设成果

1. 制度体系

电建海投公司制定《一体化管理办法》作为纲领性文件，系统阐述一体化管理体制机制。《一体化管理办法》以“五要素”为指导，明确了一体化管理治理架构、组织机构、过程管控、信息与系统、监督与考核等体系结构；此外，“法律类管理制度”“合规类管理制度”“内控类管理制度”“风险类管理制度”是四项管理体系的各专项制度。在《一体化管理办法》的统领下，就各项管理板块进行分项管控，实现四类管理体系在管理职能和过程管控上有机融合，在监管要求与工作成果上相互独立。

电建海投公司一体化管理制度体系，如表 2 所示：

表 2 一体化管理制度体系

序号	制度名称
一、纲领性制度	
1	《公司合规、内控、风险与法律一体化管理办法》
二、合规类制度	
1	《公司合规管理实施办法》
2	《公司关于进一步加强合规经营的公告》
3	《公司关于设立合规举报热线和邮箱的公告》
4	……
三、内控类制度	
1	《公司内部控制与全面风险管理办法》

续表

序号	制度名称
2	《公司内部控制评价管理办法》
3	《公司内部控制与全面风险管理考核实施细则(暂行)》
4	……
四、风险类制度	
1	《公司重大经营风险项目管控处置工作方案》
2	《公司项目风险应急管理实施细则》
3	《公司海外项目全面风险管理与内部控制管理细则(试行)》
4	……
五、法律类制度	
1	《公司贯彻落实〈中央企业主要负责人履行推进法治建设第一责任人职责规定〉的实施办法》
2	《公司合同管理办法》(2019 年修订版)
3	《公司投资项目法律风险评审管理办法》
4	……

2. 审查体系

电建海投公司对公司审查体系进行全面系统优化,区分不同环节、不同部门,明确管控审查点,实现了从“靠人管理”向“靠制度管理”的提升和转变。同时,充分发挥相关部门第一道防线的一体化管控职能,实现法律、合规、风险管控前移,有效确保了一体化管控在前端审核的全面落地。

公司所有部门全面参与其中,系统摸排了 120 余项业务流程,将合规、内控、风险与法律四项管理体系监管要求与公司多年业务实践经验进行总结与规范,提炼总结出 1800 多个审查要点,并全部分解到各部门相关流程的相应环节。在此基础上,公司编制“一体化审查清单”,实现所有业务清单式、选项式检查,确保无论是刚入职新员工或者因岗位调整没有履职经验的员工都能快速、准确、高效履行岗位职责,并且能保证工作无漏项,管控更有效。

以合同评审流程为例,合同评审的流程共分为八个环节,针对每个环节的不同特点,编制了合同评审“一体化审查清单”,共计 36 个审查要点,涵盖了公司合规、内控、风险与法律等四个管理体系的相关要求(见表 3)。

表3 合同评审"一体化审查清单"

审查点	审查意见	备注
一、合同发起		
1．是否不属于三重一大事项	◉是○否	
2.1 是否涉及经济业务	◉是○否	
2.2 经济事项是否获得公司批准	◉是○否	
3．签约方资质、履约能力等方面是否无重大风险	◉是○否	
4．合同签约方是否未被列入制裁清单	◉是○否	
5．是否不存在与民营企业虚假合作的情况（股权代持、虚假合资、挂靠经营、假冒国企等）	◉是○否	
6.1 是否不属于由子公司签署的合同	○是◉否	
6.2 是否完成子公司审批或评审流程，并提交审批或评审材料	◉是○否	
7.1 是否不属于采购合同（包括设备、物资、工程、服务、信息化服务等采购）	○是◉否	
7.2 是否按规定履行采购程序（如招标流程、单一来源采购流程等）	◉是○否	
8．对方合同签署人是否已取得相关授权	◉是○否	
9.1 是否不属于公司制度规定的需出具法律意见书的重大合同	◉是○否	
9.2 是否提交法律意见书	○是○否	
10.1 是否不属于公司制度规定的需第三方机构出具专项尽职调查报告的重大合同	◉是○否	
10.2 是否聘请第三方机构出具符合公司制度规定的尽职调查报告，如风险尽调报告、财税尽调报告等	○是○否	
11．在部门职责范围内判断，该事项是否不存在重大法律、合规风险	◉是○否	
12．评审文件内容及上述内容填写是否真实、准确、完整、无误导性描述或虚假记载	◉是○否	
二、财务审查、资金审查		
13．价款支付条件和方式是否合理可行	◉是○否	
14．合同中涉税内容是否合法合规，是否符合公司利益	◉是○否	
15．相关条款是否已经能够控制财务风险	◉是○否	
16．是否明确支付条件，支付条件是否合理	◉是○否	
17．是否明确支付方式，支付方式是否合理	◉是○否	
18．是否明确支付币种，是否对汇率进行约定	◉是○否	
19．是否明确支付节点，支付节点是否合理	◉是○否	
20．在部门职责范围内判断，该事项是否不存在重大法律、合规风险	◉是○否	
三、法律审查		
21．合同有效期是否明确	◉是○否	
22.1 是否不属于公司制度规定的需要对交易对手进行尽职调查的重大合同	◉是○否	
22.2 签约方是否不存在重大诉讼等潜在影响履约的重大风险	○是○否	
23．合同终止条件是否明确	◉是○否	
24．合同争议解决机制是否明确	◉是○否	
25．合同适用法是否明确	◉是○否	
26．文件评审单是否按规定填写完整	◉是○否	
27．在部门职责范围内判断，该事项是否不存在重大法律风险	◉是○否	
28．前置程序合法性审查是否不存在重大问题	◉是○否	
29．在部门职责范围内判断，该事项是否不存在重大合规风险	◉是○否	
30．前置程序相关部门是否就重大法律、合规风险进行评估	◉是○否	
31．前置程序相关部门是否完整填写本一体化审查清单中的相关内容	◉是○否	
32．前置程序合规性审查是否不存在重大问题	◉是○否	
四、总法律顾问审核		
33．过程审核意见是否完整	○是○否	
34．在本岗位职责范围内审阅，过程审核意见是否准确	○是○否	
五、总会计师审核		
35．过程审核意见是否完整	○是○否	
36．在本岗位职责范围内审阅，过程审核意见是否准确	○是○否	
六、分管领导审核		
37．过程审核意见是否完整	○是○否	
38．在本岗位职责范围内审阅，过程审核意见是否准确	○是○否	
七、总经理审核		
39．审批流程是否完整，审查结果是否合理	○是◉否	
八、董事长审核		
40．是否符合公司发展战略和方向	◉是○否	

发起部门须严格履行第一道防线职责,在合同发起前,应就发起部门涉及的8项审查要点进行逐项核查,并进行“是”与“否”的选择判断,针对选择“否”的事项,需在备注栏中注明主要原因,一旦在会签过程中选择了“否”或者提出了其他意见,该行将标红,且相关意见及备注将自动汇总到审查意见,以便后续环节审查人员清晰、快速、明确地掌握相关情况(见表4)。

表4　发起部门一体化审查要点

一、合同发起		
1. 是否不属于三重一大事项	◉是○否	
2.1 是否涉及经济业务	◉是○否	
2.2 经济事项是否获得公司批准	◉是○否	
3. 签约方资质、履约能力等方面是否无重大风险	◉是○否	
4. 合同签约方是否未被列入制裁清单	◉是○否	
5. 是否不存在与民营企业虚假合作的情况(股权代持、虚假合资、挂靠经营、假冒国企等)	◉是○否	
6.1 是否不属于由子公司签署的合同	○是◉否	
6.2 是否完成子公司审批或评审流程,并提交审批或评审材料	◉是○否	
7.1 是否不属于采购合同(包括设备、物资、工程、服务、信息化服务等采购)	○是◉否	
7.2 是否按规定履行采购程序(如招标流程、单一来源采购流程等)	◉是○否	
8. 对方合同签署人是否已取得相关授权	◉是○否	
9.1 是否不属于公司制度规定的需出具法律意见书的重大合同	◉是○否	
9.2 是否提交法律意见书	○是○否	
10.1 是否不属于公司制度规定的需第三方机构出具专项尽职调查报告的重大合同	◉是○否	
10.2 是否聘请第三方机构出具符合公司制度规定的尽职调查报告,如风险尽调报告、财税尽调报告等	○是○否	
11. 在部门职责范围内判断,该事项是否不存在重大法律、合规风险	◉是○否	
12. 评审文件内容及上述内容填写是否真实、准确、完整、无误导性描述或虚假记载	◉是○否	

合同评审的第二个环节,主要是法律、财务与资金三个职能部门的专项审核。以法律部门审查清单为例(见表5),其审查内容由固定的6个审查要点和法律部门可自行新增的审查意见两部分组成。对于固定的审查点,法律部门按照与发起部门相同的方式进行操作;对于固定审查点未涉及,但法律部门发现的其他重要风险事项,法律部门可通过新增行的方式,添加审查意见,并标注意见的性质,如“必改事项”“强烈建议事项”“建议争取事项”“风险提示”等。

法律、财务、资金专项审核完成后,合同发起部门应当对审核意见进行回应,并如实填写采纳情况,或者不予采纳情况及原因。

上述环节后,合同需经公司领导审核/审批。各级公司领导均可看到各部门在“一体化审查清单”上的意见、相关理由以及相关采纳或未采纳情况等,在短时间内全面、快速、精准地掌握合同重要风险管控信息,并依据防范化解重大风险的底线原则和正确处理风险控制与经营收益关系的平衡原则进行综合考虑决策,充分保障决策的科学、准确与高效。

表 5 法律部会签样式

法律风险部审查内容		
审查点	**审查意见**	**备注信息**
21. 合同有效期是否明确	◉是○否	
22.1 是否不属于公司制度规定的需要对交易对手进行尽职调查的重大合同	◉是○否	
22.2 签约方是否不存在重大诉讼等潜在影响履约的重大风险	○是○否	
23. 合同终止条件是否明确	◉是○否	
24. 合同争议解决机制是否明确	◉是○否	
25. 合同适用法是否明确	◉是○否	
26. 文件评审单是否按规定填写完整	◉是○否	
27. 在部门职责范围内判断，该事项是否不存在重大法律风险	◉是○否	
28. 前置程序合法性审查是否不存在重大问题	◉是○否	
29. 在部门职责范围内判断，该事项是否不存在重大合规风险	◉是○否	
30. 前置程序相关部门是否就重大法律、合规风险进行评估	◉是○否	
31. 前置程序相关部门是否完整填写本一体化审查清单中的相关内容	◉是○否	
32. 前置程序合规性审查是否不存在重大问题	◉是○否	
审查点或审查意见	意见性质	备注信息

3. 评估体系

电建海投公司构建了一体化管理评估体系，主要内容包括风险的识别、预测、评价与控制等。电建海投公司结合国资委《关于做好 2020 年中央企业内部控制体系建设与监督工作有关事项的通知》（国资厅发监督〔2019〕44 号），及自身实际情况，通过系统考察、深入访谈等各种方式，重新调整了风险数据库，优化了法律风险事项，系统嵌入了内控及合规管理要素，有效确保了一体化管控在风险评估的全部落地。

海投公司总部、各相关项目公司依据各自的职能职责，分级负责本层级重大经营风险的评估与管控工作，形成上下参与、全面覆盖的立体式风险防控网络。

在总部层面，电建海投公司通过 PRP 系统，对风险识别进行信息化管理。公司从上到下全体员工均需进入系统进行风险评估打分，按照发生概率和影响程度两个维度设置评分标准（见图 4－1、图 4－2），不同层级员工按照 40%、30%、20%、10% 的权重予以考虑，经过立体矩阵式的评估，对预测结果进行排序，评估出公司年度经营管理中潜在的十大风险，且绘制风险地图（见图 4－3）。同时，由各部门根据职责分工，对相关风险制定应对措施，形成风险报告。公司按季度对十大风险进行实时监测和动态管理，确保落实到位。

1、风险发生可能性的评价指标及评价标准：

针对风险发生可能性这一评价维度，仅设计了“发生可能性”一个评价指标，通过定性和定量两种方法，进行评价。

风险发生可能性评价标准

评分 标准	1 极低	2 低	3 中等	4 高	5 极高
发生可能性	一般情况下不会发生	极少情况下才发生	某些情况下发生	较多情况下发生	常常会发生
具体解释	今后10年内发生的可能少于1次	今后5 - 10年内可能发生1次	今后2 - 5年内可能发生1次	今后1年内可能发生1次	今后1年内至少发生1次

图 4 –1　风险发生可能性评价指标及评价标准

2、风险影响程度的评价指标和评价标准：

风险影响程度的评价指标：在评价风险发生后对公司的影响程度大小时，可以从公司的目标出发，分别从战略、财务、资产安

风险影响程度评分标准

评分 标准	1 极轻微的	2 轻微的	3 中等的	4 重大的	5 极重大的
具体解释如下：					
（一）战略					
1.1风险对于公司战略制定与实现的影响程度	没有影响或影响可以忽略，不需要公司高层管理人员投入精力以解决	有轻微影响，需要公司高层管理人员投入少量精力以关注、解决	有较大影响，可能导致企业经营与发展较大的偏离预期，需要公司投入较大精力和资源以解决	有重大影响，可能导致企业经营与发展难以为继，需要公司高层管理人员投入大量精力和资源，以持续关注并积极解决	有极重大影响，可能导致企业无法持续经营或经营失败，需要公司投入大量精力和资源，以持续关注并积极解决

图 4 –2　风险影响程度评分标准(部分)

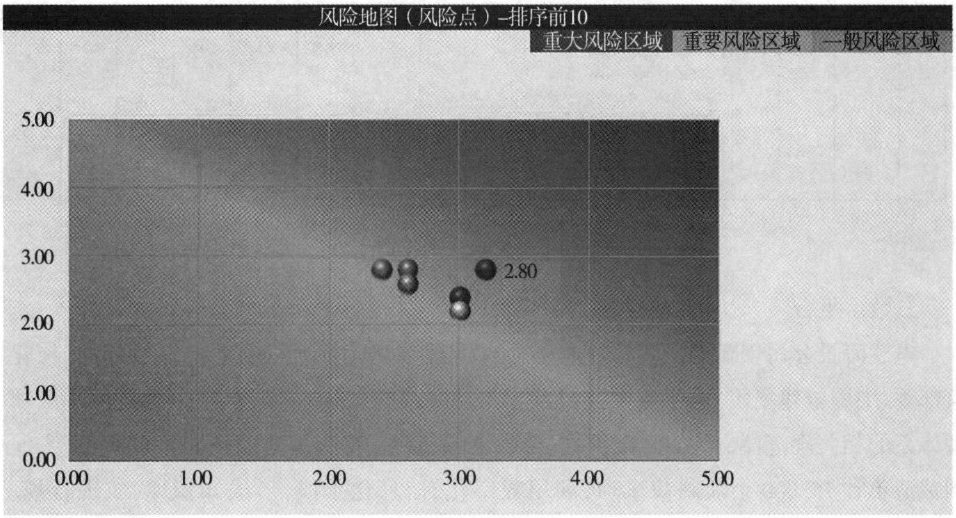

图 4 –3　风险地图示例

在海外项目的管理中,电建海投公司建立了月度“十大风险”和年度“灰犀牛”风险的管理机制。各项目公司在生产经营过程中按月开展合规、内控、风险与法律四个管理体系

项下日常风险事项的识别、应对和监控,并通过 PRP 系统进行填报。同时,各项目公司每年须识别下一年度生产经营面临的重大灰犀牛风险,通过 PRP 系统上报电建海投总部后,由电建海投公司总部制定专项应对方案、指派专项应对小组进行统一管理。如预判项目公司上报的日常风险事项,有可能对公司生产经营造成潜在重大损失或重大负面影响,经公司审议决定后,提级为重大灰犀牛风险,转为由电建海投公司总部予以统一管理。

4. 管理手册

电建海投公司以风险管理为导向、法律合规管理监督为重点,修订了内部控制与风险管理手册,进一步树立和强化管理制度化、制度流程化、流程信息化的内控理念。

该手册是电建海投公司管理内规的集成。此次修编过程中,公司对相关管控流程进行整合再造与优化的基础上,针对其中重点的 70 余项业务的 100 余项流程,组织研究提炼公司合规、内控、风险与法律四项管理体系项下的 380 多项制度的有关要求,形成对应各流程及其环节的一体化管控点,使原手册就每个流程环节的原则性管控描述变成了高度凝练的清单式的规范指引。公司员工依据该手册,即能快速掌握每个环节应核心关注的公司四项管理体系有关规章制度要求,实现“守法律、强内控、防风险、促合规”的管控目标,为公司持续、健康、科学发展提供合理保障(见图 5)。

步骤编号	步骤名称	步骤类型	控制编号	步骤描述/管控点	控制方式	控制频率	输出文档	制度依据	责任部门	责任岗位	配合部门
02	合同发起	一般步骤		**步骤描述:** 各部门接收/起草合同。 各部门经办人在OA系统中发起合同评审申请,主要阐明合同名称、甲方公司名称以及乙方公司名称、责任部门、经办人和合同核心内容等。 **管控点:** 1. 是否为三重一大事项; 2. 经济事项是否获得公司批准; 3. 是否采用公司标准模板(如有); 4. 签约方资质、履约能力等方面是否存在重大风险; 5. 合同签约方是否被列入制裁清单; 6. 是否履行招投标流程等(如适用); 7. 合同是否包含了合规条款(如适用); 8. 对方合同签署人是否已取得相关授权(如适用)。	人工	不定期	《合同评审会签表》	①	合同发起部门	经办人	-

图 5 管理手册示例

5. 数字平台

电建海投公司创新搭建了海外业务合规管理数字化平台(见图 6),收编并结构化国家部委、中国电建集团、电建海投公司及相关国际机构关于法律、合规、内控、风险四项管理体系的相关规范性文件 800 余份,以及联合国、欧盟、世界多边金融机构和美国等 35 份制裁清单和 75,000 余项制裁事项,利用数字化、信息化手段,形成知识库,实现合规、内控、风险及法律四项管理体系监管要求与风险信息的精准搜索,辅助公司各业务环节快速、精准、依法合规审核决策,进一步确保了相关规范性文件的具体要求在公司生产经营过程中得到有效贯彻。

图 6　海外业务合规管理平台首页

海外业务合规管理平台有以下五大核心功能：

(1)关键词检索

员工在实际工作过程中,往往需了解制度规范针对某一事项的具体规定,一般情况下,员工需了解规范该事项的具体文件,然后进入文件进行查询,这对员工的工作经验有一定的要求。为此,海外业务合规管理平台设置了“条款检索”页面,员工可以直接通过输入关键词,直接定位到相关文件的具体条款。下面以“三重一大”为例(见图 7)。

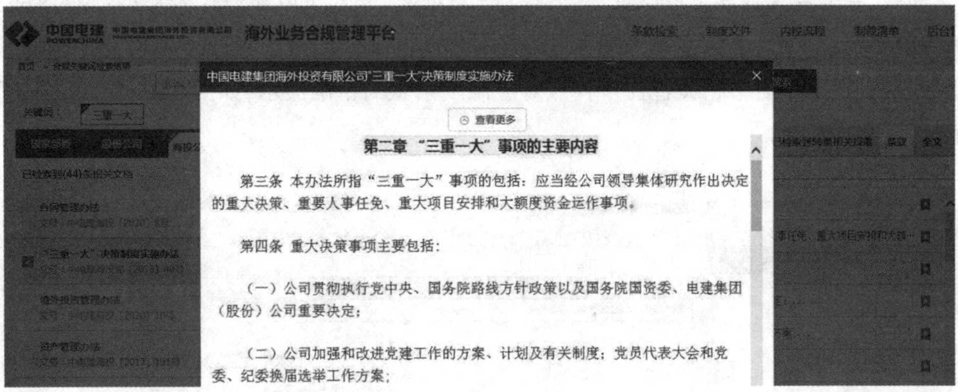

图 7　关键词查询示例

从图 7 可以看出,输入“三重一大”后,合规平台将在国家部委、中国电建集团、电建海投公司及相关国际机构规范四个维度进行同步爬虫,将相应的具体条款直接呈现在员工面前,最大限度地降低查询难度。

(2)制度检索

海外业务合规管理平台设置了“制度文件”页面,此页面按照国家部委、中国电建集团、电建海投公司及相关国际机构规范四个板块,分层次、系统地展示与电建海投公司生产经营密切相关的各项规范性文件。员工既可以通过选择不同板块逐级定位到需要查看的文件,也可以在该页面项下直接搜索文件名或文件中的关键词,查询到相关的具体文件。

此外,平台还可以实现制度的横向对比。

仍以“三重一大”为例,如图8所示:

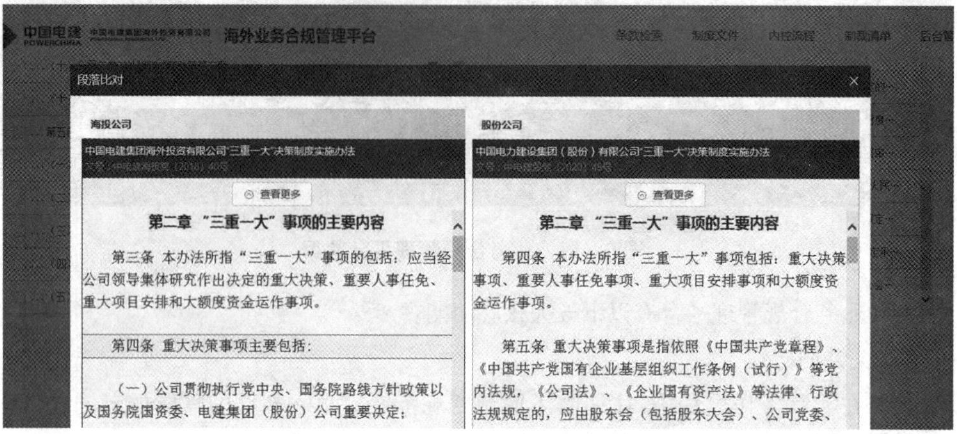

图8　制度条款对比

(3)管理手册电子化

海外业务合规管理平台设置了“内控流程”页面,嵌入了电建海投公司的新版内部控制与风险管理手册,不仅实现了将手册内容对应不同部门职责进行分解归集,还结合信息化手段,实现了手册中相关管控审查点对应制度条款的精准展示,如图9-1至图9-3所示:

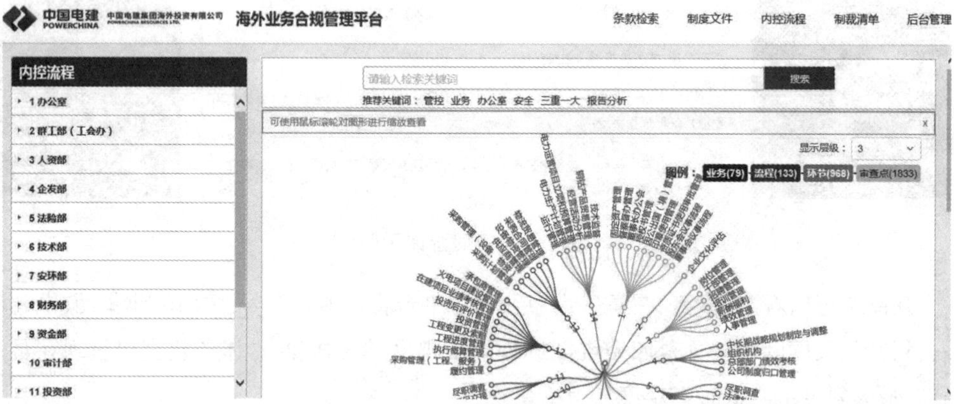

图9-1　内控手册电子化图示

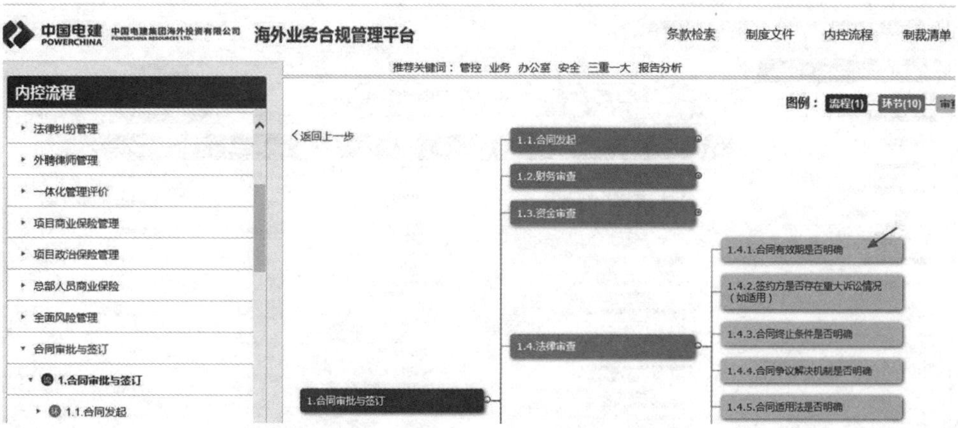

图 9－2　内控手册电子化图示

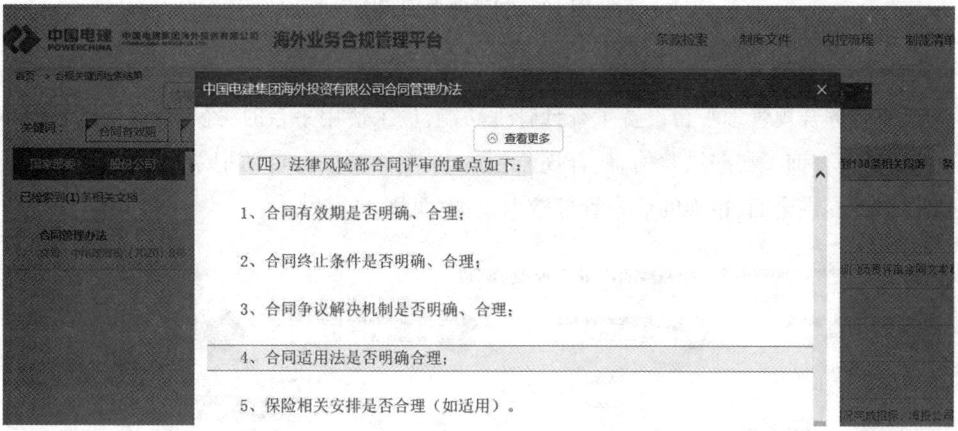

图 9－3　内控手册电子化图示

(4)制裁事项查询

电建海投公司搭建的海外业务合规管理平台设置了“制裁清单”页面，收录了联合国、欧盟、世界五大多边发展银行、美国、中国电建集团等国际组织/国家/企业的制裁清单/负面清单共计 35 份，制裁事项 75,000 项，并且定期更新维护，确保公司在海外投资经营过程中能有效规避制裁事项，有效防控重大经营合规风险(见图 10)。

图10　制裁清单图示

(5)统计管理

海外业务合规管理平台设置了统计管理功能,员工使用平台时,经常输入哪些关键词汇检索,高频查询了哪些风险信息、合规监管要求,都能被平台自动记录,为电建海投公司一体化管理提供全面、精准的后台管理数据支撑(见图11)。

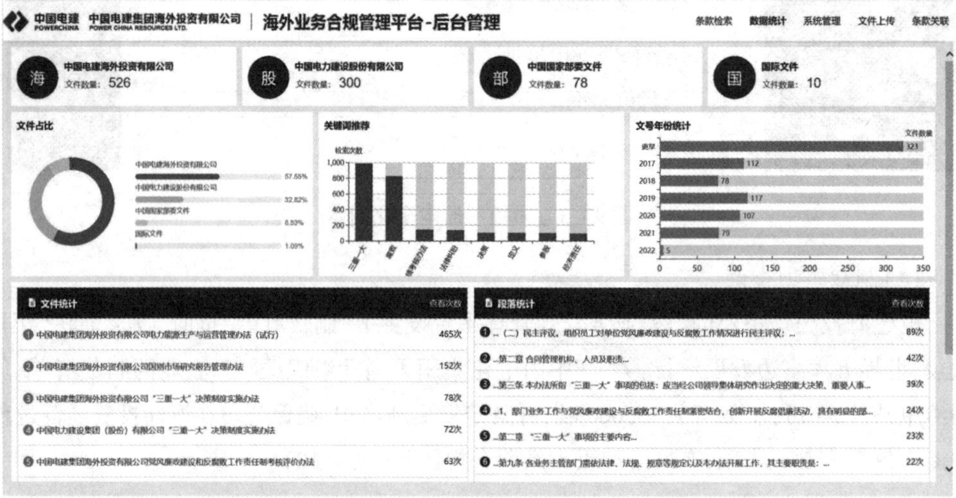

图11　统计管理图示

6.工作月历

电建海投公司创新制作了“一体化管理工作月历”,将相关规章制度中规定的有关合规、内控、风险与法律管理的工作事项共计133个,进行条目式罗列,并制作成月历,以确保管理要求切实得到及时有效落实。

四、工作成效

(一)助推实现企业治理体系与治理能力现代化

“风险管控能力”是电建海投公司六大核心能力之一，一体化管理体系的建立，将从法律、合规、内控、风险四个管理维度为电建海投公司全业务、全流程、全周期保驾护航，无论日常管理事项，还是海外电力投资各个阶段，一体化管理体系都能切实发挥好“创新管理、创造价值”的作用，强化对“底线思维”的坚持，实现精细化、精益化管理，管理效益不断提升，风险管控能力得到持续加强，企业海外投资核心竞争力日益增强。

(二)有效保障企业实现可持续高质量发展

一体化管理体系的建设落地极大增强了电建海投公司的风险管控能力，降低了投资风险，在发展、开拓业务中能通过各种方式把控风险，提高投资项目成功率，提升经营管理效益，实现价值创造，尤其在“抗击疫情”和“复产稳产”方面取得了显著成效。

(三)具备良好的示范效应与推广价值

中国电建集团克服各种困难，终于完成了课题成果，目前已在电建海投公司落地生根，并取得良好的管控效果，这充分说明了国资委关于“探索建立法律、合规、风险、内控一体化管理平台”的战略具有创造性和前瞻性。目前，中国电建集团将结合在电建海投的实践，将课题成果进一步固化优化，打造中国企业一体化管理体系样板，并在集体系统内分阶段逐步推广，为集团高质量发展保驾护航。

第一编 合规管理

中国中车：违规经营投资责任追究“五项机制”体系建设

陈震晗　李子荣　郝长雨

作者简介

陈震晗　中国中车集团有限公司审计风险与法务中心主任

李子荣　审计风险与法务中心审计监督处

郝长雨　审计风险与法务中心审计监督处

企业简介

中国中车集团有限公司(以下简称中车集团)是2015年9月在原中国北方机车车辆工业集团公司和中国南车集团公司的基础上合并组建的国有独资企业,是全球规模领先、品种齐全、技术先进的轨道交通装备供应商,并延伸拓展新能源汽车、高分子复合材料、风电装备、环保水处理等战略性新兴产业。目前拥有4家上市公司,包括中国中车股份有限公司(在上海和香港同时上市)、南方汇通公司(深圳上市)、时代电气公司(香港和上海上市)、时代新材公司(上海上市)。截至2021年年底,拥有各级全资及控股子公司404家,员工16.9万人,资产总额4803亿元。中车集团产品和服务遍布全球六大洲109个国家和地区,基本覆盖“一带一路”沿线国家。“复兴号”动车组成为中国向世界展示发展成就的“国家名片”。在国资委经营业绩考核中实现“11连A”。居2022年《财富》世界500强第385位。中车品牌价值达到1260亿元,居国内机械制造类行业首位。

内容摘要

党的十八届三中全会以来,国资国企改革系列文件要求强化经营投资责任追究,构建权责清晰、约束有效的经营投资责任体系。在此背景下,本文从央企角度,以顶层制度体系设计出发,提出建立违规经营投资责任追究工作“五项机制”,包括“四责联动”组织机制、“强基工程”制度机制、“八个报告”汇报机制、“以追促改”效能机制和“方式方法”目标机制。通过“五项机制”建设,建立健全企业责任追究体系,监督体制得到不断完善,责任追究工作更加规范、效能持续增强,促进企业依法合规,推动实现高质量发展。

关键词

中央企业　违规经营投资责任追究　沟通报告　整改效能

一、开展相关工作的背景

(一)国资监管要求

党中央、国务院高度重视强化国有资产监管、落实国有企业经营投资责任,党的十八届三中全会以及国资国企改革系列文件对强化经营投资责任追究,建立健全国有企业重大决策失误和失职、渎职责任追究倒查机制等作出一系列部署,明确要求构建权责清晰、约束有效的经营投资责任体系,严格责任追究。2018 年 7 月,国务院国有资产监督管理委员会发布《中央企业违规经营投资责任追究实施办法(试行)》,进一步完善国有资产监督机制,强化责任追究工作。中车集团作为中央企业,必然要站在夯实中国特色社会主义的重要物质基础和政治基础的高度,深刻理解责任追究工作在有效防止国有资产流失、落实国有资产保值增值责任方面的作用,将贯彻落实作为推进依法治企的抓手,不断提高经营投资管理的规范化、科学化水平。

(二)企业高质量发展的客观需要

中车集团自成立以来,以“实业兴邦、产业报国”为己任,积极践行交通强国战略,坚定不移推动高质量发展,努力建设以轨道交通装备为核心,具有全球竞争力的世界一流高端装备制造商和系统解决方案提供商。这就要求企业紧紧围绕国企改革决策部署,建立责任追究工作体系,推进责任追究工作体系更加成熟定型、措施更加精准有力、效能更加系统提升、协同更加贯通联动、队伍更加担当善为,促进各级经营管理人员规范履职、勤勉尽责,为加快建设世界一流示范企业、实现企业高质量发展提供坚强保障。

(三)防风险促合规的必然选择

当前国内外宏观环境错综复杂,加上疫情影响、经济地位运行等问题相互叠加,经营面临的外部环境风险凸显。成立以来,集团公司对原来遗留的历史问题、风险事件进行持续处置和化解,虽取得很大成效,但仍未全部清理处置。近年来,集团公司在拓展新产业、新业务的同时出现了新的风险。外部环境不确定性与内部新旧风险成为集团公司实现战略目标的重大阻碍。建立健全责任追究工作体系是提升企业合规经营水平、防范化解重大风险的重要抓手，有助于进一步提高集团公司风险管理工作成效，推动企业合规经营、行稳致远。

二、具体做法

本文所称违规经营投资责任追究（以下简称责任追究或追责），是指中央企业经营管理有关人员违反国家法律法规、国有资产监管规章制度和企业内部管理规定等规定，未履行或未正确履行职责，在经营投资中造成国有资产损失或其他严重不良后果，经调查核实和责任认定，对相关责任人进行处理的工作。未履行职责，是指未在规定期限内或正当合理期限内行使职权、承担责任，一般包括不作为、拒绝履行职责、拖延履行职责等；未正确履行职责，是指未按规定以及岗位职责要求，不适当或不完全行使职权、承担责任，一般包括未按程序行使职权、超越职权、滥用职权等。责任追究范围包括集团管控、风险管理、购销管理、工程承包建设、资金管理、转让产权或上市公司股权及资产等、固定资产投资、投资并购、改组改制、境外经营投资以及其他等11个方面72种追责情形。

近年来，中车集团深入贯彻党中央、国务院完善国有资产监管体制、健全国有企业责任追究工作体系和工作机制的要求，认真落实国务院国有资产监督管理委员会《中央企业违规经营投资责任追究实施办法（试行）》及中央企业违规经营投资责任追究工作有关通知的工作部署，在国务院国资委和监督追责局的支持指导下，提高站位，快速响应，一体推进责任追究的“四责联动”机制、“强基工程”机制、“八个报告”机制、“以追促改”机制和“方式方法”机制等五项机制，压实主体责任，健全制度体系，严格追责问责，提升综合效能，助力国企改革三年行动方案目标实现，为创建世界一流示范企业保驾护航。

（一）建立“四责联动”机制，推动责任追究闭环管理

中车集团高度重视责任追究工作，深入推进组织体系建设，严格落实责任，层层传导压力，把党委主体责任、班子成员包保责任（按照分工对所属企业负责）、总部责任追究部门监督责任、子公司监督责任的“横向协同协作”与“纵向压力传导”结合起来，狠抓责任分解、线索移送、追责问责、检查督导“四位一体”闭环管理，建立主要领导挂牌督战、归口管理分层负责、同级部门协作配合和上下联动形成合力的“四责联动”机制（见图1）。

一是主要领导挂牌督战，严抓严管。加强工作组织领导，在集团层面组建责任追究工作领导小组，党委书记、董事长任组长，党委副书记、总经理任副组长，其他领导班子成员全部为领导小组成员。追责核查结果提交公司党委常委会审议，根据党委常委会决议形成处理决定。集团主要领导主持研究审议责任追究工作重要事项，统筹谋划，部署推动，保障工作有效开展。三年来，先后9次对责任追究工作作出具体批示，合计有12次党委会和办公会研究责任追究事项并形成会议纪要。将健全完善责任追究工作体系上升为中车集团高质量发展顶层设计的重点任务。

二是归口管理分层负责，真抓真管。收到国务院国有资产监督管理委员会《中央企业

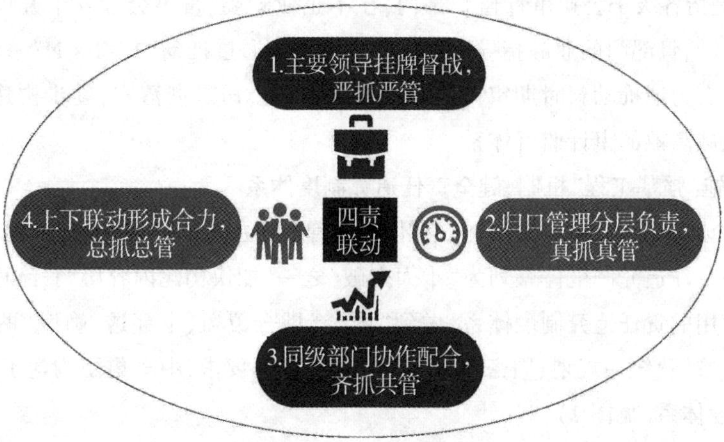

图1　中车集团责任追究组织体系

违规经营投资责任追究实施办法(试行)》后,中车集团主要领导在第一时间确定审计部为牵头部门,纪委为协办部门,指示人力资源部门增设审计部门责任追究职责,并配备2名专职人员,积极构建主体明晰、有机协同、层层传导、问责有力的工作机制。集团层面成立由审计牵头,法务、纪委、人事部门参与的联席会议和工作小组,形成监督合力;执行“提级”追责,集团总部负责组织开展各一级子公司及认为有必要的其他层级子公司的重大资产损失责任追究工作;各一级子公司负责组织开展本级企业发生的一般或较大资产损失及下属子公司的责任追究工作。目前,各一级子公司已经建立了相应的组织体系,明确了工作部门,配备专人开展责任追究工作。实现了责任追究工作“事有人管、责有人担”,形成全面覆盖、上下贯通的责任追究组织体系。

三是同级部门协作配合,齐抓共管。建立健全问题线索移交机制,制定集团内部移送办理工作指南,总部各职能部门在对子公司日常业务监督管理工作中,发现子公司存在违规经营投资情形,造成国有资产损失、损失风险或其他严重不良后果的,或者经提示提醒子公司拒不整改或整改不力的,及时移送审计风险与法务中心。追责部门按照工作程序办理完毕后,报经集团公司董事长或总经理同意后,以《反馈函》形式向移送部门反馈办理情况。总部各部门按照职责牵头落实责任追究事项整改工作,由集团包保领导负责检查督导。发挥业务部门的专业优势,由各管一段转变为齐抓共管,形成了分工明确、配合联动的部门协同体系。

四是上下联动形成合力,总抓总管。公司构建起统一指挥、上下联动、专业分工的审计监督组织架构,形成统筹审计监督力量的“1+1+N”一体化审计监督管理体制。其中,第一个“1”,是集团成立审计法务中心,统领全集团审计监督工作,向集团公司党委、董事会及审计委员会汇报工作。第二个“1”,是在集团审计法务中心内设审计监督共享中心,下设经济责任、管理与效益、境外、计算机四个分中心,负责承担集团安排的各项审计监督工作。“N”是指各级子公司审计监督部门，在本企业党委、董事会领导下开展工作，同时接受集团审计监督部门的业务指导和工作质量考评。通过推动“1+1+N”一体化审计监督管理体制，有力地推动新时期审计监督工作要求在公司贯彻落实，逐步构建集中统一、全面覆盖、权威高效的审计监督体系。

（二）实施“强基工程”机制，健全责任追究制度体系

落实国企改革任务，中车集团在以深化精益管理为主线的三年“强基工程”中，立足防治一体化，将责任追究制度体系列为“十大突破”之一，加快构建内容协调、流程清晰、配套完备、有效管用的责任追究制度体系，做到“两全”即全覆盖、全穿透，确保“两无”即无漏洞、无死角。按照“统一规划、周密部署、全面覆盖”的总要求，中车集团构建了“1+X+1”责任追究制度体系（见图2）。

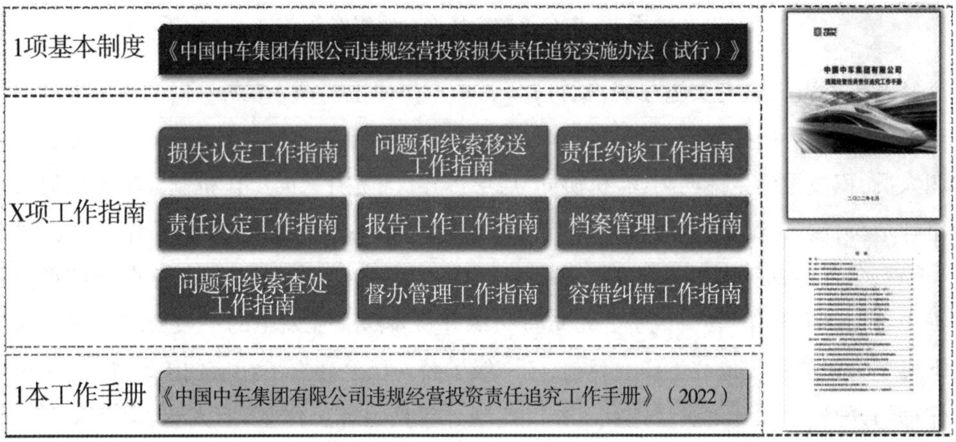

图2　中车集团责任追究制度体系

1. 1项基本制度。结合中车集团业务特点、关键管控环节和主要风险点，按照尺度不松、范围不减、要求不打折扣的原则，细化责任追究的范围、依据、损失标准、启动机制、程序、方式和职责，制定印发《中国中车集团有限公司违规经营投资损失责任追究实施办法（试行）》，在《中央企业违规经营投资责任追究实施办法（试行）》明确的11个方面72种追责情形的基础上，做进一步的细化和补充，做好加法；督促指导所属企业建立健全相关制度和责任倒查机制，各一级子公司根据规模体量、业务模式特点等，也相应制定了本单位的责任追究办法，确定资产损失程度划分标准，细化了责任追究范围，推进责任追究制度有效约束，实现责任追究制度全覆盖。

2. X项工作指南。根据国资委下发的系列文件制度，公司根据工作需要，陆续制定了多项具体操作指南，完善配套制度，规范工作流程和标准。现已完成包括损失认定、责任认定、问题和线索查处、问题和线索移送、报告工作、督办管理、责任约谈、档案管理、容错纠错等9项配套指南，细化工作要求，固化工作方式，责任追究工作更加规范和具可操作性，实现责

任追究工作标准一致、有章可循、规范有序,后续根据工作需要将逐步健全完善。

3.1 本工作手册。为便于指导监督追责工作,广泛宣传监督追责政策,公司将国资委印发的各项责任追究制度文件、中车集团责任追究基本制度、各项操作指南以及常见问题解答等内容汇编成册,编制《中车责任追究工作手册》,提供给各级领导、管理和监督追责人员,为开展责任追究工作提供专业支撑和保障,不断提高工作规范化、制度化、科学化水平。

(三)规范“八个报告”机制,确保责任追究正确导向

贯彻国资委对责任追究报告工作要求,中车集团在责任追究工作中构建“八个报告”机制(见图3),及时、全面向国资委和中车集团党委报告违规经营投资问题线索及责任追究工作情况,在国资委指导下,工作方向更加清晰明确,工作程序更加规范有序。

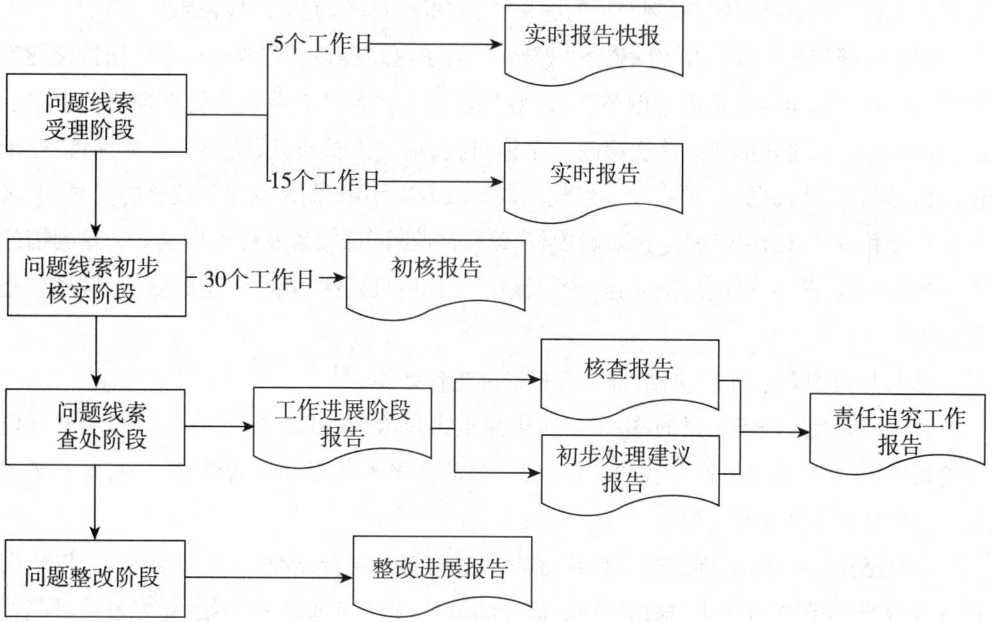

图3　中车集团责任追究工作报告流程

一是问题线索受理阶段。在发现、获悉或受理违规经营投资问题线索后,立即行动,组织力量对问题线索进行摸排分析,预计损失风险,经判断属于国资委要求实时报告范围的问题线索的,报分管领导同意后,5个工作日内上报《实时报告快报》,15个工作日内将责任单位、问题线索、问题性质及主要应对措施等情况形成《实时报告》,以正式公文报送监督追责局。

二是问题线索初步核实阶段。聘请有参与国资委组织追责工作经验的会计师事务所,与公司共同组建初核工作小组,编制初核工作方案,经公司分管领导同意后,赴现场对资产损失程度及是否存在违规情形等进行初步核实,初步核实结束后形成《初核报告》,30

个工作日内以正式公文上报。

三是问题线索查处阶段。组建由监督追责、人力资源、纪委、法律等部门组成的核查工作组开展核查工作。通过访谈、调取相关会议记录、文件流转记录、收集历年相关管理制度等方式,倒查违规问题线索在决策、实施、监督等环节的制度制定及执行情况,查清资产损失原因,根据工作进展情况,及时上报《工作进展阶段报告》。工作中借鉴了纪委办案的方式方法,细化工作流程,设计并固化了26份工作表单或报告模板,责任追究工作更加规范和可操作;以文件或制度规定条款为基础,拟定访谈提纲,访谈时直奔违规问题;规范中介机构"1+3"报告模板,即1份专项审计报告、1张风险敞口认定表、1张相关责任人任期内资金占用表、1张责任人建议名单,为后续工作提供坚实基础。核查结束后上报《核查报告》及《初步处理建议报告》,并提交公司党委常委会及办公会决策。决策后,对责任追究工作进行全面总结回顾,深刻剖析问题根源,上报《责任追究工作报告》。

四是问题整改阶段。按照国资委"双起点"要求,以"整改工作推动中车集团持续健康发展"为总目标,全方位推进问题整改,以监督追责工作推动企业经营管理提升。集团层面,各职能部门、事业部建立落实整改的工作机构,落实人员责任,明确工作目标;责任单位层面,针对具体问题"一项一策",组建问题整改专项小组,制定问题整改措施清单,明确工作目标和责任,运用风险排查、对账确权、债权清收、证据收集及诉讼保全等一系列措施有效规避风险、落实责任、解决问题。根据整改工作进展情况,随时向国资委上报《整改进展报告》。

(四)用好"以追促改"机制,提升责任追究工作效能

责任追究是手段不是目的,中车集团聚焦重大风险、关键环节、重点领域组织开展监督追责工作,健全以追责促发展的长效机制,推动公司不断提升经营管理水平,进一步放大追责监督成效和成果运用。

一是坚持标本兼治,促进企业持续健康发展。组织立行立改,以追责促整改,以追责促发展,在开展调查过程中,根据发现的问题和风险,指导企业正视问题,做好整改,同时,将整改追损情况作为后续容错纠错的考量因素,推动企业及时明确发展方向,完善管控机制。严守规则意识和底线意识,从违规事项发生源头加强管控,画红线、明底线,公司先后印发《投资项目负面清单》《境外投资负面清单》《市场贸易业务交易对手黑名单》等清单。建立长效机制,夯实制度基础,进一步完善重大决策评估、决策事项履职记录等规定,2021年组织全集团修订规章制度474项,新增制度201项。实行内部控制监督评价全覆盖,以评价促内控水平提升,形成具有中车特色的"一识(识别风险)、二评(评估风险重要程度)、三治(问题整治)、四防(风险防范)、五化(风险化解)、六提(提高水平)"的内部控制体系。持续完善公司制度体系,在制定规章制度或开展专项工作中,将责任追究规定和要求嵌入相关制度机制或通知方案,明确审计监督检查和责任追究事项,有效增强制度规则的约束力和措施要求的执行力,使监督工作从起点"带电""长牙"。

二是强化风险化解,推动企业以追责促追损。从化解和防范入手,中车集团连续三年召开防范化解重大风险专项工作会议,董事长、总经理出席会议并作重要讲话,集团与相关子企业签订《重大风险化解目标责任书》,按月跟踪、持续督导,通过多种激励措施,有效激发风险化解动力。在制度体系中嵌入风险管控的“六项机制”,建设重大风险预警信息系统,加强风险事前、事中管理,确保风险“看得清,管得住,有规范”,显著降低公司重大风险事件敞口。坚持纠错容错并重,落实“三个区分开来”,对在追责过程中立行立改、挽回损失的酌情处理,调动风险化解的积极性,既防止追责不力,又防止追责泛化简单化。

三是做好警示教育,筑牢合规经营思想防线。加强典型案例总结,通过中车集团警示教育大会通报,强化“一人受罚、百人受教”的监督震慑,提高合规意识,避免触碰红线,形成“四两拨千斤”的遏制作用,不断提高监督追责工作的影响力和透明度。收集违规经营投资问题案例,将重大决策、重大合同、大额资金管控和境外子企业治理等方面具有典型性、代表性和普遍性的问题根源纳入审计监督重点,确保国有资本投到哪里,监管追责就延伸到哪里。加强政策解读和舆论引导,因地制宜地开展责任追究相关内容的宣传培训,通过邀请国资委领导专题授课、内部培训、制度宣贯等措施,确保企业经营管理人员了解掌握有关规定要求,不断强化全集团对追责工作的理解,大力营造“合规经营”的文化氛围,为促进企业合法合规经营凝聚共识,营造良好氛围和工作环境。

(五)探索“方式方法”机制,实现责任追究既定目标

责任追究工作政策性强、涉及面广、专业要求高,中车集团在开展责任追究工作中,在追责方式、项目沟通、合规举报、境外追责、信息系统等方面积极探索工作的新途径新方法,确保责任追究目标顺利实现。

一是探索改进责任追究方式。“问责一次胜过动员千遍”有力说明了做实责任追究对强化监督权威的重要性。坚持“三个聚焦”开展责任追究,在原有基础上,紧盯财务运作、内控合规、境外经营投资等重大违规问题多发领域,紧盯资金管理、担保、融资租赁等管控薄弱的高风险业务,紧盯列入集团公司重点风险管控企业。把握“三个必查”工作原则,企业财务造假、金融系统性风险等造成重大损失必查,明知故犯、违反国资监管禁止性规定等造成重大损失必查,企业越权决策、处理不力等履审屡犯、敷衍不追必查。用好“三个一批”核查方式,直接查办一批造成重大损失和涉及集团管理干部的问题线索,联合核查一批子企业有关重要违规问题,督办指导一批子企业有关违规问题线索,推进追责工作走深走实。

二是探索改进项目沟通汇报机制。搭建交流沟通平台,群策群力、集思广益、互促互进,共同提高责任追究工作水平。以会议形式研究确定核查方案,提出需要采取的核查措施,明确需要查清的主要问题,核实责任追究情形,确定资产损失程度,查清资产损失原因,认定相关人员责任,以及核查步骤和方法、预计完成任务的时间、核查组成员、注意事项等,强调调查研究要重证据,不唯书、不唯上,只唯实,一切靠事实说话,靠证据说话,不

故意夸大或缩小调查事项,不有倾向性。研究学习项目沟通渠道、沟通方法、沟通类型和沟通障碍等沟通技能,了解和把握团队人员的沟通风格,强化团队成员的沟通汇报和总结,在保证项目现场进度的情况下,建立日报、周报、中期报告等阶段性定期报告机制。核查工作结束,核查组应当集体讨论核查情况,包括被核查人(单位)基本情况、核查依据、核查过程、资产损失的基本情况、相关数据、资产损失原因、认定相关人员责任、存在的违规违纪问题、被核查人(单位)的态度、处理建议及依据等事项。同时,现场负责人还应充分识别和减少可能存在的进度、资源、成本和个人等项目冲突,建立明志"正"心、依法"正"行、勤勉"正"责、廉洁"正"身的团队文化,实时增多非正式沟通,促进团队氛围融洽。针对项目现场时间较长的重要项目,研究成立临时党支部,不断强化"一岗双责",有效开展支部活动,深化党建与业务互相融合,提升团队凝聚力,切实把党建成效转化为攻坚行动。

三是探索合规举报及追责机制。在原有工作基础上,研究将合规管理制度规定的合规管理重点与责任追究制度规定的 11 个方面 72 种追责情形融合起来,评价监督合规管理的实施,将合规管理的开展情况纳入内部审计工作中。针对合规举报的问题和线索,按照职责分工及时处置,严肃追究违规人员责任。

四是探索建立追责信息管理系统。充分利用国资委"国有资产监督追责工作信息系统""禁入限制人员信息管理系统",探索建立中车集团追责信息管理系统。中车集团已经建立审计和风控一体化信息系统(一期工程),在二期项目中将增加违规追责板块,逐步实现中车集团内部线上填报提交责任追究工作报告,对受理、初步核实、分类处置、核查、处理和整改等环节全过程监督,提升追责工作信息化水平;研究通过共享经营管理信息和构建大额资金监测等大数据模型,精准发现违规问题。

三、工作成效

(一)建立健全责任追究体系,企业监督体制不断完善

作为国资监管的重要一环,中车集团深入学习贯彻国资委关于加强国有资产监管和责任追究工作的有关要求,一体推进责任追究"五项机制"建设,建立责任追究"四责联动"组织体系,明确责任追究领导小组和职能部门,补充专职岗位人员;建立完善责任追究"1+X+1"制度体系,围绕基本制度,细化各类经营投资责任条款和清单,制定一系列工作指南和操作手册;规范责任追究"八个报告"机制,保证方向正确,工作规范;研究责任追究"方式方法"机制,探索重点领域和新形势新业态追责工作,推动信息化建设;完善"以追促改"机制,建立健全责任追究体系,监督体制得到不断完善,责任追究工作更加规范,不断织密"不能违规"的约束机制。

(二)监管协同形成监督合力,责任追究效能持续增强

中车集团加强企业内部监督信息共享和协调联动,建立了《追责工作档案》,对受理的违规经营投资问题和线索实行对账销号管理,集中力量抓好重大资产损失责任追究事项,

成立包括审计、风险、内控、法务、纪委、人事等部门人员在内的工作小组，召开联席会议研究讨论重要事项，追责核查结果经集团公司党委常委会审议，形成监督合力，使协同贯通更顺、核查追责更准、监督效能更高。近年来，中车集团扎实开展违规问题线索查处工作，追责的深度和广度不断拓展，层级从普通员工到子公司领导班子成员再到集团总部部门负责人，对象从在职到离职退休人员再到劳务派遣人员，范围从境内到境外，累计开展了多个责任追究项目，对涉及十余家子公司的所有相关责任人进行了组织处理或扣减薪酬处理，对发现的涉嫌违纪、违法的问题线索，及时移送中车集团纪委或司法机关，有效挽救干部，持续强化“不敢违规”的震慑机制。召开中车集团警示教育大会，通报追责典型案例，以案为鉴，发挥“追责一个、警示一片”的警示教育作用，努力培育“不想违规”的崇规机制。近几年中车集团接受多家央企和机关的到访交流学习，并多次受邀在国资委监督追责局举办的违规经营投资责任追究工作研讨班上作交流发言，追责成效得到国资委和中车集团的高度认可。

（三）严肃查处违规经营投资问题，企业发展水平显著提高

中车集团坚持纠建并举，做好监督“后半篇文章”，把追责成果转化为促进企业健康发展的监管效能。持续关注公司防范化解重大风险专项工作，举一反三，以点带面，对融资性贸易、金融租赁、金融业务等违规共性问题深入开展专项核查，排查问题隐患，预警提示经营风险，立行立改；适时介入风险事件处置，连续三年召开防范化解重大风险专项工作会议，与相关子企业签订《重大风险化解目标责任书》，跟踪关注风险敞口和或有损失化解工作，以追责促追损，挽回大额经济损失，大幅降低经济损失风险；推动完善企业内部控制体系，针对发现的内控缺陷和管控漏洞，强化整改落实，促进子企业累计制定、修订了百余项管理制度，不断提升企业管理水平。以责任追究为重要抓手，通过惩治教育建设相结合，强化各级管理人员合规履职的自觉性和主动性，全面推进依法治企，切实维护国有资产安全和国有资本权益，为企业在新发展阶段和新发展格局中高质量发展提供坚强保障。

四、结语

《中央企业违规经营投资责任追究实施办法（试行）》发布以来，中车集团责任追究工作边探索、边实践、边总结、边推进，建立了“全覆盖”的责任追究工作体系，严肃追责提升了经营投资责任约束和责任意识，有效发挥了责任追究效能。三年来，责任追究工作取得了积极成效，离不开国资委的大力指导，更是全面落实集团公司党委总体部署的结果。下一步，中车集团将按照“十四五”战略规划，继续稳步推进责任追究工作，充分依托各相关部门和单位的支持配合，培养建立一支忠诚担当的监督队伍，为企业合规经营和高质量发展提供坚实保障。

第一编　合规管理

浙江大华：企业数据与网络安全合规管理体系化建设

彭晓芋　李　博

作者简介

彭晓芋　浙江大华技术股份有限公司法务部总经理

李　博　浙江大华技术股份有限公司法务部总监

企业简介

浙江大华技术股份有限公司（以下简称浙江大华）是全球领先的以视频为核心的智慧物联解决方案提供商和运营服务商。基于 Dahua Think#战略，浙江大华聚焦城市和企业两大核心业务，坚定 AIoT、物联数智平台两大技术战略，围绕客户需求，全面推动城市与企业的数智化升级，为千行百业数智化转型创造更多价值。浙江大华于 2008 年 5 月成功在 A 股上市（股票代码：002236）。2021 年度，公司实现营业收入 328.35 亿元，同比增长 24.07%；扣非净利润 31.03 亿元，同比增长 13.47%；公司现拥有 22,000 多名员工，其中研发人员占比超 50%。公司每年以 10% 左右的销售收入投入研发，不断致力于技术创新，建立了先进技术研究院、大数据研究院、中央研究院、网络安全研究院和智慧城市研究院。依托对智慧物联的深入洞察与布局，公司持续探索新兴业务，延展了机器视觉、机器人、视讯协作、智慧消防、汽车电子、智慧存储、智慧安检、智慧显控、智慧控制、智慧热成像等创新业务。浙江大华的营销和服务网络覆盖全球，在亚洲、北美洲、南美洲、欧洲、非洲、大洋洲建立了 57 个境内外分支机构，在国内设立了 200 多个办事处，为客户提供快速、优质的服务。公司产品和解决方案覆盖全球 180 个国家和地区，广泛应用于交通、制造、教育、能源、金融、环保等多个领域。

内容摘要

根据2021年4月13日发布的ISO 37301:2021《合规管理体系　要求及使用指南》(Compliance management systems-Requirements with guidance for use)国际A类标准,第3.4条,管理体系是制定方针和目标,以及实现这些目标的过程所涉及的一套相互关联或相互作用的组织要素。本文结合浙江大华近5年在题述领域的合规管理实践,从合规组织、风险分析、合规沟通与文化建设、合规记录几个角度,阐述了作者对合规管理体系关键要素的理解。

关键词

数据与网络安全　合规管理体系

一、合规需求:有效应对全球数据与网络安全的新形势

2016年9月,Mirai僵尸网络感染了约250万个物联网设备,包括打印机、路由器和联网摄像头,攻击者可以通过一个不受保护的端口或网络钓鱼骗局使物联网设备感染恶意软件,并将其纳入用于发起大规模网络攻击的物联网僵尸网络。物联网僵尸网络经常被用于分布式拒绝服务(DDoS)攻击,攻击者利用被Mirai感染的所有设备,同时连接到目标网站,希望搞垮服务器,破坏主流站点。物联网安全威胁首次进入公众视野。

2016年11月颁布的《网络安全法》,标志着中国网络与数据法制化进程进入新的时代。以《网络安全法》为基础,我国网络安全法律法规体系逐渐健全完善,2021年,两部数据领域重要法律——《数据安全法》《个人信息保护法》相继出台,构成了我国网络法律体系的基础性顶层立法"三驾马车",为我国从数据大国走向数据强国提供了基础制度保障,也是数字经济安全发展的重要法治基石。《关键信息基础设施安全保护条例》《网络安全审查办法》《网络数据安全管理条例(征求意见稿)》《数据出境安全评估办法(征求意见稿)》等在近年来相继出台,形成"三法、两条例、两办法"的网络与数据安全法律法规整体格局。国家网信办、工信部、公安部、国家认证认可监督管理委员会等部门陆续出台了一系列与之配套的行政法规、部门规章、规范性文件、司法解释、国家及行业标准,同时各地方也在推动相关立法工作,网络与数据安全法律体系进一步走深、走实。

综观全球,2016年,欧盟颁布了最具代表性的数据保护立法《通用数据保护条例》,同年,颁布了首部网络安全相关法律《网络与信息系统安全指令》(NISD)。随之而来的,数据与安全相关法律密集出台。加强数据安全、网络安全保护已发展成为世界主要国家和地区的通行做法和立法工作重点。根据联合国贸易和发展会议(UNCTAD)统计,全球约80%的国家已完成数据安全和隐私立法或已提出法律草案,约85%的国家已完成网络安全立法或已提出法律草案。

在此背景及演进过程中,企业如何有效应对全球数据与网络安全领域法律环境、安全态势变化,是对企业合规经营能力提出的新挑战。

二、合规体系:促进公司业绩的高质量稳健发展

“诚信合规、行稳致远”,是公司一直以来坚持的合规价值观。合规帮助公司筑牢底线,合规也帮助公司创造价值。在全员合规、流程嵌入的目标牵引下,公司通过合规体系的持续建设、例行运营和不断完善,对全球范围内合规遵从风险的有效防范和应对能力得以持续提高;通过建立“像呼吸一样自然”的合规文化,打造公司合规经营的品牌形象,增强公司在全球业务拓展中的竞争能力,持续保障公司业绩的高质量稳健增长(见图1)。

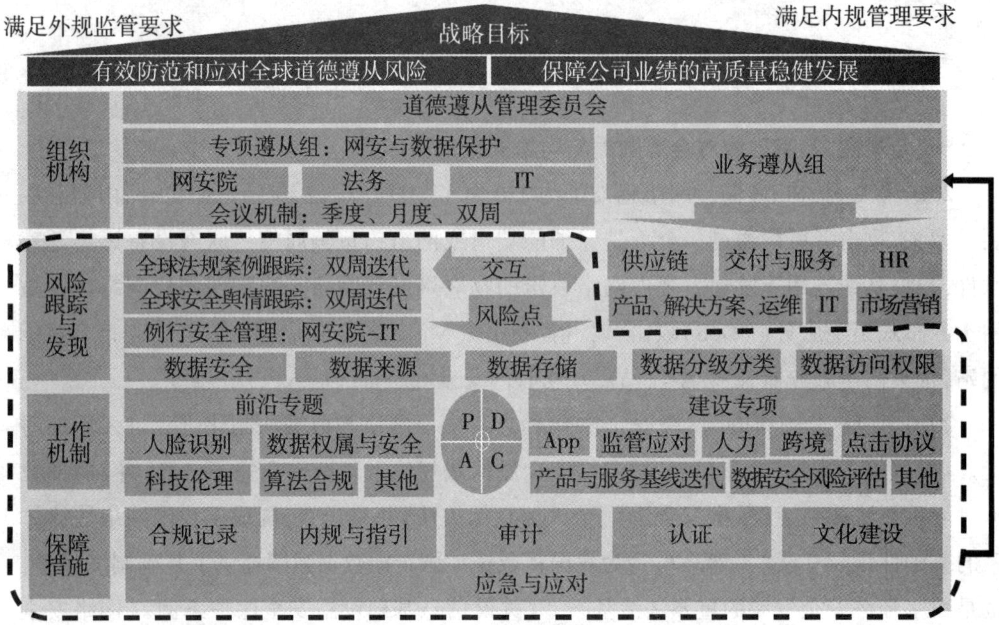

图1　公司网安与数据保护合规体系框架

三、合规组织:构建合规体系建设的重要保障

2018年国务院国有资产监督管理委员会发布的《中央企业合规管理指引》(以下简称《央企指引》)第4条第1款提出了全面覆盖原则,对各类企业设置合规管理职责、构建合规管理组织具有借鉴性。全面覆盖原则要求,“将合规要求覆盖各业务领域、各部门、各级子企业和分支机构、全体员工、贯穿决策、执行、监督全流程”。合规人人有责,共同组成合规管理职责的“三道防线”,即业务部门第一道防线、合规管理部门/组织第二道防线、内部审计部门第三道防线。

作为一家全球化的商业主体,浙江大华致力于恪守商业行为准则,坚持合法合规经营,遵循市场规律和国际规则。为此,浙江大华成立了公司级的道德遵从管理组织,以支撑快速的全球化发展战略,进一步增强在全球业务拓展中的竞争能力,持续保障公司业绩

的高质量稳健增长。道德遵从管理组织包括道德遵从管理委员会、道德遵从运营管理执行机构。由董事长亲自担任道德遵从管理委员会的主任、公司执行总裁担任副主任,委员会成员涵盖全体高级管理者,体现了企业管理者对合规价值的高度认同和重视,致力于建立合规经营文化的决心。管理委员会承担制定道德遵从管理总体要求、管理策略及组织形式、审议各执行机构运营规划、周期审视计划落地情况等职能。

道德遵从运营管理执行机构分为业务遵从工作组、专项遵从工作组,分别承担合规第一道防线和第二道防线职责。其中,业务遵从工作组负责制定本业务板块的总目标和工作计划、推动本业务模块工作落地;专项遵从组主要承担制定相应模块运营规则、积累所在领域专业人才和能力、建立系统管控规范、例行汇报等职责。业务遵从工作组、专项遵从工作组需相互协同,推动合规计划的有效落地。

网安与数据保护是专项遵从工作组之一,体现了浙江大华一直以来对数据与网络安全、隐私保护等领域的高度重视,其前身是自2016年启动并持续运行的网络安全与数据保护专项工作组。工作组的核心成员包括研发中心网络安全研究院负责人、IT中心信息安全负责人、法律事务部数据网安事务负责人,以及营销、供应链、交付等重要业务部门的合规职能负责人。工作组的主要工作范畴主要涵盖网络安全、数据安全、个人信息与隐私保护三个主要领域,协同信息安全保护领域,开展全球法律法规动态跟踪与风险分析、安全能力建设等合规管理体系建设工作。

四、环境扫描:全球主要国家地区法律法规、案例跟踪解读

环境是企业赖以生存的基础,包括法律法规、监管要求、行业准则、最佳实践、道德标准,以及企业自行制定或公开声明遵守的各类规则等因素。因此,建立合规管理体系首先要对企业所处的环境予以识别和分析。ISO 37301:2021《合规管理体系　要求及使用指南》第4章指出,理解企业和其所处的环境,需要明确影响企业取得合规管理体系预期目标能力的各项内外因素,理解利益相关方的需求和期待;及时识别产品与服务、运营活动中的合规义务、充分分析和评估合规风险。

随着全球个人信息、数据与网络安全保护浪潮的兴起,全球各主要国家和地区相继推出了具有不同侧重点的法律法规及配套措施。为了有效跟踪、感知、应对高频迭代、复杂多维的外部法律法规环境动态,浙江大华多年来持续开展面向公司业务经营主要国家和地区的法律法规、监管动态、司法案例跟踪,跟踪报告的发布频次从最初的每季度一次,逐步提升到每月一次,目前按每两周一次例行开展。此外,结合公司业务实际对重点关注领域做识别,如数据(含个人信息)跨境传输、人脸识别、关基保护、数据分类分级保护制度、EDPB指南与准则、个人数据监管与执法等,采取《专题报告》方式,对重点关注领域做规则体系梳理,以半年为一个周期刷新。

五、以风险为导向：产品与服务安全是“三驾马车”立法的核心关切

ISO 37301：2021《合规管理体系　要求及使用指南》第 3.7 条将风险定义为“不确定性对目标的影响”，其注释部分进一步展开解读，认为“影响是对预期的偏离，包括正偏离和负偏离”“不确定性是一种对理解和感知事件、后果及可能性所需的相关信息并不充足的状态”。

1. 企业未遵从各项法定义务的后果，主要体现在民事责任、行政处罚责任、刑事责任和品牌声誉损失等方面。特别值得关注的是：

2021 年 8 月实施的最高人民法院《关于审理使用人脸识别技术处理个人信息相关民事案件适用法律若干问题的规定》，结合《个人信息保护法》确立了侵害个人信息权益的过错推定责任模式，为人脸识别个人信息保护案件提供了更清晰的民事司法保护路径。《个人信息保护法》第 70 条公益诉讼条款提出，“个人信息处理者违反本法规定处理个人信息，侵害众多个人的权益的，人民检察院、法律规定的消费者组织和由国家网信部门确定的组织可以依法向人民法院提起诉讼”。根据最高人民检察院于 2020 年和 2021 年分别下发的《关于积极稳妥拓展公益诉讼案件范围的指导意见》《关于贯彻执行个人信息保护法推进个人信息保护公益诉讼检察工作的通知》，检察院已将个人信息保护作为重点办案领域。可以预见，未来个人信息民事诉讼、公益诉讼或将不断增多。

在行政处罚方面，《个人信息保护法》除设置高额罚款外，还包括停业整顿、吊销制造等行政处罚措施；对直接负责主管人员和其他直接责任人员，除处以罚款外，还可能被禁止在一定期限内担任相关企业的董监高和个人信息保护负责人。

2. 从提供物联网产品与服务角度出发，《网络安全法》第 22 条规定了网络产品和服务提供者的安全义务。包括：相关的网络产品和服务符合相关国家标准的强制性要求；不会在网络产品、服务中设置恶意程序；在发现相关的网络产品和服务存在安全缺陷、漏洞等风险时，会采取补救措施，及时告知用户并向有关主管部门报告；能够持续为相关的网络产品和服务提供安全维护；在规定或者与用户约定的期限内，不得终止提供安全维护；如果相关的网络产品、服务具有收集用户信息功能的，会向用户明示并取得同意，涉及用户个人信息的，还应当遵守本法和有关法律、行政法规关于个人信息保护的规定。

3. 从提供物联网服务角度出发，《网络安全法》通过多个条款，对网络运营者的各项法定义务进行了规范。如第 9 条的基本义务、第 21 条的网络安全等级保护义务、第 25 条的应急处置与报告义务、第 41～43 条的个人信息保护义务等。《数据安全法》规定了开展数据处理活动负有的数据安全保护义务；特别提出，对于利用信息网络开展数据处理的，需在网络安全等级保护制度的基础上，履行数据安全保护义务。如果涉及个人信息处理，根据《个人信息保护法》第 9 条要求，个人信息处理者应当对其个人信息处理活动负责，并采取必要措施保障所处理的个人信息的安全。

基于对数据与网络安全领域三部基础性法律的梳理,不难发现,从提供物联网产品与服务的角度来看,保障产品与服务的安全是核心关切,也是这一类型企业面临的重点风险领域。

六、关键能力建设:产品与服务安全合规

1. 隐私基线、安全基线机制

跟踪与专题报告解决了外部环境认知、风险识别与评估的问题,在产品与服务安全这一重点领域,如何实现有效的合规落地转化是接下来面临的挑战。一方面,要考虑公司自身对各类法定义务的合规落实;另一方面,浙江大华作为智慧物联解决方案提供商,还要充分考虑客户部署公司产品与解决方案后开展运营过程中的合规关切,为客户提供充足的安全保障。

为持续提升软硬件产品的安全与隐私保护表现,浙江大华建立了以“隐私基线”“安全基线”两项企业标准体系,安全基线和隐私基线共同构建了涵盖保密性、安全性、可用性、认证、授权、安全审计、隐私保护等多项安全要素的全面布局,形成了覆盖物理安全、系统安全、应用安全、数据安全、网络安全和隐私保护的系统化保护框架。

在安全基线的设计阶段,通过开展法律法规跟踪与遵从解读、标准规范研读、行业动态跟踪、危险建模分析、关键技术预研、安全需求调研等系列活动,持续不断地为安全基线输出有效的、高价值的安全需求。

在安全基线的实施阶段,以隐私基线为例,浙江大华结合法律法规、产品隐私需求、隐私设计原则等,制定并持续更新《个人数据及隐私保护规范》(隐私基线)。在产品定义阶段,引入隐私基线、开展隐私风险评估,以隐私基线作为产品需要满足的最基本要求,从隐私政策、隐私友好设置、数据采集、数据传输、数据存储、数据删除等环节进行数据处理的全面规范与指引,并根据风险评估结果制定与风险等级相称的安全活动与需求。结合在产品开发设计阶段持续集成的数据脱敏、数据加密、人脸遮挡、可信计算等隐私保护技术和应用,实现软硬件产品隐私保护能力的持续提升。

安全与隐私基线是浙江大华安全软件开发生命周期(sSDLC)的重要组成部分,深度融合到产品质量保障体系中,确保浙江大华全系列产品享有出厂默认安全的技术保障。

2. 安全软件开发生命周期建设①

依托于网络安全研究院的安全专业团队,浙江大华持续对安全软件开发生命周期进行变革和完善:通过评估安全活动成熟度、提高开发流程规范性、软件工程的可控性、开源及第三方软件管控、漏洞管理和应急响应执行等建立安全管控体系;通过隐私保护基线评估和保障数据隐私保护。

① 浙江大华产品安全白皮书 V2.0。

在产品设计阶段，严格遵循攻击面最小化、权限最小化、默认安全、纵深防御等安全设计核心原则，联合网络安全专家、产品业务专家实施威胁建模和威胁削减，践行 Security by Design；产品开发阶段，严格遵循安全编码规范，在代码交叉检视的前提下，规范执行静态代码安全检测和缺陷修复。

在产品验证阶段，开展全面的病毒扫描、系统漏洞扫描、web 漏洞扫描、已知漏洞验证、安全功能验证、攻击渗透测试验证、fuzzing 模糊测试。

产品发布前执行安全检查，包括安全需求和安全设计一致性、数据合规性、代码安全审计的清理、安全测试和渗透测试的完备性检查，以及输出产品安全指导文档等。

3. 隐私计算技术

隐私计算（privacy compute）是面向隐私信息全生命周期保护的计算理论和方法，是隐私信息的所有权、管理权和使用权分离时隐私度量、隐私泄露代价、隐私保护与隐私分析复杂性的可计算模型与公理化系统。① 隐私计算可以在保护数据本身不对外泄露的前提下实现数据分析计算的技术集合，达到对数据“可用、不可见”的目的；在充分保护数据和隐私安全的前提下，实现数据价值的转化和释放。通过增强隐私技术为客户或最终用户提供具备良好体验的产品，同时达成保护隐私的效果，将成为未来核心的产品竞争力。

浙江大华高度重视技术创新，保持研发的大规模投入，2021 年，公司研发投入 34.52 亿元，同比增长 15.16%，占营业收入 10.51%。浙江大华持续加强对网络安全技术在内近十个技术领域的研究投入，已在可信计算框架、隐私遮挡技术、差分隐私技术、隐私增强技术领域取得一定的技术创新成果；正在推进可搜索加密、联邦计算的研究与应用。

4. 持续改进

PDCA 循环 ISO 37301：2021《合规管理体系　要求及使用指南》体系建立和运行的基本模型。以 App 产品合规项目为例，每年公司都会组织例行合规审计工作，紧跟监管要求，力求及时发现问题、及时内部整改。当收到监管或第三方通报时，对提出的产品问题迅速组织整改、开展复测；对过程中揭示的合规管理问题，及时查清问题，补齐管理体系漏洞，在法务律师、网安技术专家共同梳理最佳事件并赋能后，将责任落实到人、落实到具体业务流程节点。

5. 应急响应

浙江大华组建安全应急响应团队 PSIRT，负责按照行业惯行方式对安全生态和产品漏洞进行管理，面向公司全球业务响应安全问题（通过正式渠道上报的安全问题，在 24 小时最迟 48 小时内得到响应）。依托遍及全球的售后团队，及时为客户提供应急处理服务、安全预警和加固服务。

在漏洞提报与处理上，浙江大华鼓励发现潜在风险/漏洞的最终用户、合作伙伴、供应

① 参见李凤华、李晖等：《隐私计算研究范畴及发展趋势》，载《通信学报》2016 年第 4 期。

商、政府机构、行业组织和独立研究人员,主动上报安全漏洞,对此,在官方网站公开了网络安全邮箱,专用于提报漏洞和建议反馈;并根据 ISO/IEC 30111:2013 漏洞处理流程、ISO/IEC 29147:2018 漏洞披露等标准,建立了产品安全漏洞、安全公告、安全预警披露流程。

浙江大华以积极开放的心态保持与政府 CERT、客户 CERT/PSIRT、其他供应商、研究人员和第三方协调机构的交流与沟通。通过加入国际事件响应和安全组织论坛 FIRST、国际 CVE 编号颁发机构 CNAs、国家信息安全漏洞库 CNNVD、国家信息安全漏洞共享平台 CNVD、中国互联网网络安全威胁治理联盟、工业信息安全应急服务支撑单位等信息安全组织,实现网络安全威胁情报共享、相互协作的工作机制。2021 年度,公司凭借在漏洞挖掘和漏洞、处置等方面的突出贡献,被国家互联网应急中心(CNCERT)/国家信息安全漏洞共享平台(CNVD)授予“漏洞处置工作优秀单位”荣誉,并入围工业和信息化部移动互联网 App 安全漏洞库(CAPPVD)技术支撑单位。

6. 第三方认证

浙江大华积极开展与第三方权威机构的合作,引入外部测评和认证。成熟标准体系为企业合规能力与体系建设提供了先进方法论;而取得权威信息安全和隐私认证,是对浙江大华数据安全、网络安全、个人信息与隐私保护能力与体系建设的阶段认可,是提高公司美誉度的有效措施。截至目前,浙江大华已通过德国 TÜV 莱茵 IoT 产品隐私保护、IoT 服务隐私保护、ISO/IEC 27001 信息安全管理标准、ISO 27701 隐私信息管理体系、ISO 27018 云隐私保护、可信云服务(TRUCS)等多项权威认证。

七、合规沟通:解锁更多合规业务场景,帮助员工理解合规要求

ISO 37301:2021《合规管理体系　要求及使用指南》第 7.4 节指出,企业需要明确与合规管理体系相关的内部和外部沟通,包括沟通什么、什么时候沟通、与谁沟通、如何沟通。

1. 与员工沟通

企业应帮助员工理解和遵守合规要求。多数企业通过制定规章制度、合规宣传、合规培训、案例教学等方式,帮助员工感知和认同合规文化、知悉各项规章制度、流程要求、明白不合规可能对企业与个人带来的不利后果。

在日常以风险为导向的专题沟通基础上,浙江大华在 2021 年推动网络安全宣传月活动,通过隐私保护知识平台,同全员分享隐私标准解读、技术预研、案例分析,培养员工安全理念、增强员工隐私保护意识、网络与数据安全合规意识。

员工沟通是推进合规建设项目的重要手段。大华在开展售后、交付业务场景的数据与网络安全合规建设过程中,首先,对交付场景下的风险案例、负面案例做整理复盘,对场景中常见的合规风险做分析解读。其次,围绕合规风险点,与业务合规组逐一开展讨论沟通,结合业务操作实际,拟定输出了业务操作规范指引。伴随操作规范指引的全面下发,

专项工作组与业务工作组共同组织面向相关业务员工的宣贯学习，形成培训学习记录。合规培训记录包括培训项目名称、时间、参加培训的人员等，在线学习的，由学习平台留存电子记录，线下学习的，由参加培训的人员签名确认。当然，随着业务场景的不断丰富，这项工作后续还需要不断复看与刷新，并有待将操作规范指引的各项内容落实到业务流程设计中，实现合规控制点的流程嵌入，并配套开展执行情况抽检、项目审计等动作，保障合规落地效果。

对售后场景下的合规风险点，除明确各环节操作规范指引外，还需要考虑如何在沟通时间、形式、环境相对有限的情况下，通过网站、维修点告知、短信通知等多种方式，向客户充分阐明公司的售后政策、售后服务过程中可能出现的诸如数据遗失等风险，提示客户做好售后维修前的各项准备工作，避免不必要的纠纷，构建良好的用户售后服务体验。

2. 与供应商沟通

2020 年 4 月，《网络安全审查办法》由 12 部门联合首次发布，[①]明确关键信息基础设施运营者（CIIO）采购网络产品和服务，影响或可能影响国家安全的，应当进行网络安全审查。网络安全审查是国家安全审查的重要部分。

在对《网络安全审查办法》进行分析解读的过程中，我们认识到，除不断完善自身产品和服务的安全合规能力外，还应当对来自上游供应商的物料、服务的网络与数据安全合规风险予以排查。专项工作组首先与供应链业务工作组协同，对公司各类型物料做全面筛查，对于识别出的可能存在潜在网络安全、数据安全、个人数据保护责任界面风险的物料，组织与供应商签署了《开源与网安协议》《数据处理协议》，将供应商与浙江大华的合规共识转化为双方的合同义务。公司向供应商传达了浙江大华的合规要求。对于服务类供应商，抽取了风险不确定性高的交易场景，联合服务需求业务部门共同成立风险排查与防控专项工作组，就专题风险分析结论与服务需求业务部门管理者做讲解，共同敲定风险防控措施。供应商侧，开展验厂访谈、合规承诺函签署、合规措施执行情况抽检等活动，保障各项合规承诺落实到位；公司侧，设计管控点并分阶段推动落地。

3. 与监管沟通

等保 2.0 的正式实施，标志着网络安全进入强监管时代。履行等保要求是网络运营者的重要法定义务之一。2021 年针对数据安全的法律法规陆续出台，数据安全监管开启了新的发展时期。个人信息保护、数据安全、网络安全成为三大重点监管领域。监管力度的加大，对企业明确安全合规能力和体系建设方向起到了一定的指引作用。但仍然不能忽视的是，在常态化的行政执法现状下，多重执法可能会利用法律设定的多元化执法手段

① 2021 年 9 月，《网络安全审查办法》依据《数据安全法》进行了修订，将网络平台运营者开展数据处理活动影响或者可能影响国家安全等情形纳入网络安全审查范围，并明确要求掌握超过 100 万用户个人信息的网络平台运营者赴国外上市必须申报网络安全审查。

和执法工具“竞争性执法”①,增加企业负担。

企业应重视与监管部门的有效沟通。面对监管部门关切,及时、有针对性地回复有助于展示企业诚意、重视程度。这依赖企业在信息收集、资源整合、影响判断、内部决策等多个环节上的高效配合。结合笔者的实践经历,在与监管部门的沟通互动中,准确界定职责边界、识别关键问题并明确其法律定性、执法标准是非常重要的。

八、不可忽视的合规领域:员工个人信息保护

员工个人信息保护问题贯穿企业用工管理全过程:招聘阶段通过候选人简历获取个人信息,如姓名、联系方式、工作与教育经历等;与意向候选人建立劳动关系的入职阶段,要求提供身份证号、银行卡号、住址、民族、婚姻与生育信息等;员工在职阶段,企业可能收集员工的考勤信息,随着非接触式考勤机、出入口闸机的普及,考勤记录的日常录入需要借助员工人脸等生物识别信息来开展;员工离职后,还涉及个人信息的留存、删除等工作。

《个人信息保护法》出台后,员工个人信息保护问题在用工管理全过程中的重要程度将逐渐提升。企业应按照招聘、入职、在职、离职四个阶段,梳理用工过程中涉及员工个人信息的业务场景,明确各个阶段的合规任务项。对公司人力资源供应商,如猎头公司等,企业还需与其明确数据保护要求、双方责任界面。

浙江大华始终坚持“以客户为中心、以奋斗者为本”为核心理念,深耕高绩效文化,激发奋斗回报,持续推进“员工发展共同体计划”,积极为员工创造价值。从保障员工知情权的角度,浙江大华在《个人信息保护法》生效后第一时间面向全公司发布了《员工个人信息保护政策》,向员工说明浙江大华日常管理过程中如何收集、使用、存储、披露和处理员工的个人信息,以及为保障员工享有相关个人信息权利,浙江大华所提供的查阅、复制、转移、更正、补充、删除员工个人信息的方式等。

九、持续建设:系统性的合规过程记录机制

ISO 37301:2021《合规管理体系　要求及使用指南》第7.5节指出:

1. 组织的合规管理体系应包括本文件要求的文件信息、组织认为对合规管理体系的有效性有必要的文件信息。合规管理体系的文件信息范围可能因组织而不同,如组织规模及其互动、过程、产品和服务的类型,流程的复杂性及其相互作用,人员的能力等。

2. 在创建和更新记录的文件信息时,应确保适当性,如文件信息说明、格式、媒介、对适当性和充分性的审查和批准程序。

3. 合规管理制度和本文件所要求的文件信息应得到控制,以确保在需要时是可用的且是适合使用的、文件信息能够得到充分的保护。对于文件化信息的控制,组织应酌情处

---

① 陈际红:《中伦网络安全与数据保护法律评论》(2022年度)。

理以下活动:分发、获取、检索和使用;存储和保存,包括保持可读性;对变更的控制(如版本控制);保留和处置。

以书面形式记录的合规工作流程、对违规事件的处理过程,是企业实质性合规对外的有效证明。特别是在加强民营企业司法保护、检察机关探索实施企业合规不起诉制度的时代背景之下,①企业要免除自身刑事责任、实现与违法犯罪人员的责任切割,可以提供合规记录作为证据,通过说明自身已建立并有效实施了合规管理体系,证明对犯罪行为不存在主观过错,无授意、无失职。在 2017 年兰州市中级人民法院判决的雀巢员工侵犯公民个人信息案中,雀巢公司因为建立了合规体系而免于承担刑事责任。

当前浙江大华已建成的 Wesec 合规记录平台主要承载体系文档、标准与合规基线、法律法规与标准文件梳理、合规体系认证成果等静态合规文件,尚无法支撑合规工作流程、违规事件处置等动态性较强的合规记录,后续涵待持续改进。

十、结语

随着人工智能、大数据、物联网等数字技术的飞速发展,人类社会已经步入了数字化时代。未来,数字化和智能化将继续驱动全社会的高质量可持续发展,数智化转型升级已经成为时代主旋律。这也为企业合规经营提出了新的关切与挑战。

国际上,以美国为首的多个国家通过单方面主张域外管辖权获取境外数据,意图创建打破数据本地化政策的全新规则框架,但又以网络自由原则和人权保护为理由,对外国政府调取数据均以自身利益为先加以制衡。企业作为跨境数据运营主体,在业务合规过程中,必须考虑、评估国际政策法律环境的约束和实际影响力。②

算法治理与科技伦理层面。2021 年 4 月,欧盟委员会发布了《AI 法》草案,提出彻底禁止对个人隐私构成高风险的人工智能应用。2021 年年底,中央政治局会议要求确保重要基础设施安全,加快提升生物安全、网络安全、数据安全、人工智能安全等领域的治理能力。中央深改委审议通过《关于加强科技伦理治理的指导意见》,指出强化底线思维和风险意识,把科技伦理要求贯穿科技活动全过程,覆盖到科技创新各领域。2022 年年初四部委发布了《互联网信息服务算法推荐管理规定》,标志着算法合规正式进入监管视野。中共中央办公厅、国务院办公厅印发《关于加强科技伦理治理的意见》,划定了我国未来一段时间科技伦理治理工作的路线图,对压实创新主体科技伦理管理主体责任提出要求。可以预期,在今后几年,我国将陆续完善科技伦理的法律法规与操作指引,将对科研型企业的合规工作提出新的要求。科研型企业有必要提前准备,做好合规工作。

政府数字化转型进入数字治理新阶段,体现为数字技术应用与智慧治理深度融合。

---

① 2022 年 4 月 2 日,最高人民检察院会同全国工商联专门召开会议,宣布涉案企业合规改革试点在全国检察机关全面推开。

② 参见中国软件评测中心:《企业数据合规白皮书(2021 年)》。

浙江大华不但是合规经营理念的践行者,而且是合规治理的科技创新赋能者。“科技赋能,打造智慧治理新格局”,在用科技手段助力社会治理提质增效上,浙江大华也将持续探索创新落地实践,构建城市级业务不同场景的解决方案,践行“让社会更安全、让城市更有序、让治理更高效,让生活更美好”的社会使命。

第一编　合规管理

以业务合规牵引全面合规

——中船投资合规管理工作的实践

徐　则　刘丙坤　冯长勇

作者简介

徐　则　投资公司风控法律审计部副主任

刘丙坤　高级业务经理

冯长勇　高级业务经理

企业简介

中国船舶集团投资有限公司(以下简称中船投资)是特大型国有重要骨干企业——中国船舶集团有限公司(以下简称中国船舶集团)唯一的产业投资和资本运作平台,于2020年4月设立,注册资本100亿元。中船投资承担着中国船舶集团投资管理和资本运作主要实施主体的职能,主要业务为产业投资、资本运作、基金业务、产业链金融等。中船投资以“融通集团内外资源,助推集团创新发展”为使命,围绕现代船舶产业链上下游,融通内外部要素资源,聚焦关键核心技术攻坚,提升产业基础能力和现代化水平,为建设世界一流船舶集团持续贡献力量。

截至2021年年底,中船投资投资产业相关股权类项目约60个,涵盖先进制造、芯片、物联网等关键技术领域;代表中国船舶集团发起和参投国家级母基金、央企产业基金、地方合作基金、专项基金9支,撬动外部资金千亿元;主导或参与资本运作项目、专项资产管理项目多个,有力支撑中国船舶集团资本运作和专项资产管理;近2年开展产业链金融服务规模达30亿元,有效服务中国船舶集团旗下企业业务发展。

内容摘要

以中船投资高质量发展战略为根本遵循，坚持问题导向、聚焦核心定位，对标一流、结合实际，探索以投资业务流程为主线、与业务深度融合的合规管理机制构建方法，并以业务合规牵引全面合规推动公司合规管理体系建设，使管理视角实现了“从外规看业务”到“从业务践合规”的转变，合规义务、风险的可辨识性、可管控性和管理意识得到显著增强，业务风险防控体系更加完善、防控能力进一步提升。

关键词

合规管理　投资业务　合规管理体系　业务合规

2020年8月，中船投资被中国船舶集团确定为合规试点单位之一，并承担投资业务合规管理专项试点任务。两年来，在中国船舶集团政策法规部的指导下，中船投资把握重组整合给公司管理体系重构带来的契机，全面推进合规管理体系建设，突出投资业务重点领域合规管理、强化合规与业务深度融合，构建了以“一个目标、两个循环、两项基础、六个机制、六项保障”为主要内容的合规管理体系，合规风险防控能力不断提升，公司管理体系更加完善，体系运行效果逐渐显现，承担编制的中国船舶集团投资业务合规管理规范通过由国资监管领导、研究机构资深专家等组成的评审组验收，并在集团范围内推广应用，较好地完成了合规试点任务。本文结合公司合规管理体系整体建设情况，就投资业务领域合规管理工作的探索与实践做介绍。

一、工作背景和目的

（一）从贯彻习近平法治思想、落实全面依法治国战略的高度重视合规工作

习近平总书记对央企依法合规经营高度重视，并作出重要指示批示。国务院国有资产监督管理委员会要求央企必须把强化合规放在贯彻习近平法治思想的高度来认识，放到落实全面依法治国战略的全局来部署，放到保障企业高质量发展的层面来推动。坚持依法合规经营是央企应当履行的政治责任、经济责任和社会责任，中船投资作为央企投资平台必须认真贯彻习近平法治思想，把思想和行动统一到全面依法治国战略部署上，将合规工作纳入全局统筹谋划、一体推进，持续深化法治央企建设，着力提升依法治企能力水平，特别是依法合规经营管理能力，把合规工作推向专业细分、深入业务流程。

（二）从保障高质量发展、服务世界一流船舶集团建设的要求落实合规工作

“十四五”期间，中国船舶集团建设世界一流船舶集团的任务更加迫切，面临的外部环境和风险挑战更加严峻复杂，必须更好地发挥法治工作在改革发展大局中的重要作用，坚持用依法合规经营筑牢高质量发展基石。中船投资作为中国船舶集团投资管理和资本运作主要实施主体，肩负着支撑中国船舶集团整合调动产业链要素资源、挖掘资本市场潜

力、做好现代产业链“链长”的独特作用，与资本、科技、资源等各类要素市场接触多，面临的监管环境复杂、变化快，合规要求趋严、趋细，合规风险更加凸显，必须严格落实集团公司要求，扎实做好合规工作，以高质量的发展发挥自身作用。

（三）从建立健全现代企业管理体系、提升风险防控能力的需求推进合规工作

中船投资由多家投资企业重组设立，业务类型多，业务自身的风险特征不同、面对的风险挑战多变，外部监管政策变动快、合规要求日趋严格，而且重组前各企业管控要求、业务流程等标准不一，对自身的风险防控能力、合规经营水平提出了很高的要求。面对更加复杂的外部环境，更加艰巨的重组改革发展任务，中船投资坚信“打铁还需自身硬”，必须抓住重组整合关键时期，突出抓好投资业务重点领域合规管理，以业务合规牵引企业全面合规，构建与业务深度融合的合规管理体系，进而推动完善企业管理体系，不断提升风险防控能力，确保依法合规经营、长期健康发展。

二、具体做法

中船投资聚焦职责使命，坚持问题导向，对标监管要求、借鉴先进经验、结合自身实际，以业务合规牵引企业全面合规为工作思路，对照国资监管、金融监管要求，优先抓好抓实股权投资、产业基金投资、资本运作等核心业务合规管控，在全面梳理业务流程、充分识别合规义务风险的基础上，设计突出业务合规管理的体系建设方案；围绕业务合规管控闭环管理要求，构建“1+1+N”合规制度体系，夯实合规管理审查、检查、评估、追责等运行机制；以各业务流程为主线，系统凝练各业务的合规管理目录、内外部合规条款、合规红线，针对业务流程中的合规风险加以提示、明确应对措施和关键管控岗位，形成了覆盖业务关键环节、职责清晰、规范明确的业务合规管控机制；以全流程、全方位保障业务合规开展为目标，设计多体系一体化管理手册，探索推动合规与内控、风控、制度、审计等体系融合建设、协同运作；厘清关键岗位明确合规职责、开展业务场景下的合规培训、构建多种监督形式协调配合的工作机制、建立以动态评估、保障业务为导向的考核机制，形成了“责任、培训、监督、考核”四项核心保障机制；加强信息化顶层设计和统一规划部署，编制多体系一体化信息系统设计蓝图，通过信息化手段固化多体系管控措施，提升整体管控效率和管控效果。鉴于篇幅有限，本文仅对涉及投资业务合规管理的部分内容进行介绍（合规管理体系见图1）。

（一）全面梳理业务流程、充分识别义务风险，提出业务合规牵引全面合规工作思路

业务流程贯彻公司治理、经营管理、计划管理、财务管理、风险控制等各个方面，抓好业务合规成为中船投资推进合规管理体系建设的优先项和重点领域。鉴于中船投资的业务类型多、专业要求高，涵盖股权投资、产业基金、资本运作、保理等，主营业务又因持股比例、管控方式等可进一步细分，不同业务在开展流程、风控标准、财务管控模式等方面存在较大差异，相应的内外部合规监管多、变动频。特别是面对不断增加的投资强度、高额资

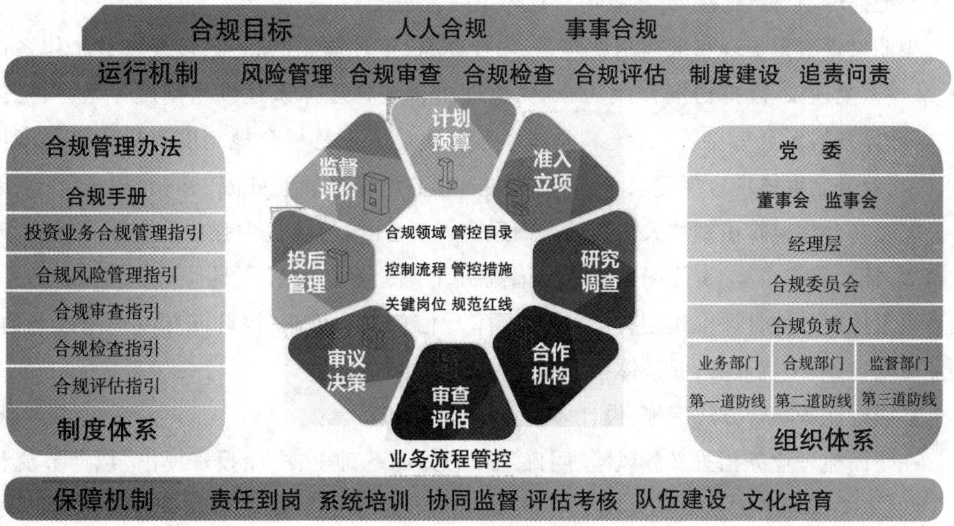

图1　合规管理体系

金调动和外部监管环境趋严，必须在充分理解国资委等外部监管机构、中国船舶集团的合规管理要求基础上，全面对照自我检视、充分发现问题短板，构建满足监管要求、符合集团定位、保障经营合规的合规管理体系。

中船投资在设计合规管理体系时，创新性提出“以业务合规牵引全面合规”的工作思路并推进探索实践。在实施阶段，全面梳理业务流程，充分识别合规义务风险，发现问题短板和风险隐患，设计改进甚至重构业务管控相关流程的措施，构思打通业务管理的堵点、提升管控效率的方法，探索优化多体系衔接、促进体系协同效应发挥的路径，系统设计突出业务管控、深度融入业务的合规管理体系架构。

1. 全面梳理诊断业务流程，充分识别合规义务风险

搭建合规管理体系，充分识别义务风险是前提。中船投资结合内部控制体系建设，从制度表单、线上流程、实际操作三个层面进行业务流程的梳理诊断，形成覆盖各类业务全部关键环节的流程清单汇总。

针对各业务流程，梳理中船投资、中国船舶集团内部制度规范和国资委、证监会、银保监会、基金业协会等外部规章规范性文件、自律性文件，共梳理出适用于公司经营相关的内外部规范500余项。

在识别合规义务的基础上，结合全面风险识别，组建内外部专家组成的评审组对各流程中相关的合规风险进行识别、评估，梳理出各类风险点600余项，其中合规风险200余项，并按照合规风险造成的后果严重性等划分等级，形成“业务类型—流程集—内部规范—外部规范—合规风险”表单，为全面掌握业务风险情况、针对性地设计与投资业务深度融合的合规管理体系奠定基础。

2. 把握体系特点衔接要点,统筹管理体系融合建设

中船投资着重梳理和把握制度体系、内控体系、审计体系的特点,以发挥各个体系优势、减少重复建设、发挥协同作用为原则,梳理出合规管理体系建设与制度体系、内控体系、审计体系的多个衔接要点,统筹多体系融合建设。一是将合规制度有机融入制度体系,突出业务制度体现合规要求、合规要求融入业务流程,让"业务流"和"合规流"交汇融合。二是将合规风险识别纳入内控的全面风险识别,在内控流程中强化合规风险管控,建立合规风险、管控措施、责任岗位红色标记机制,让合规风险管控更具针对性、有效性。三是着重发挥审计监督评价作用,推进合规与审计信息共享机制,提升问题发现整改能力,避免重复检查、干扰业务,促进体系不断完善,运行更加高效。

3. 明确业务融合方法措施,设计体系建设工作方案

在全面梳理业务相关义务风险、明确工作思路的基础上,中船投资提出"以业务流程为主线、以关键环节为重点构建覆盖业务全流程合规管控链"的融合建设方法,在组织建设上突出管业务必须管合规的责任要求,明确合规领导机构、牵头机构、实施机构、监督机构合规职责,细化形成重点岗位合规责任清单;构建包含基础制度、行为准则、操作文件为内容的"1+1+N"合规制度体系,建立起以业务风险识别、评估、监控、应对为闭环的合规风险管理机制,以业务、合同、制度为重点的合规审查机制,以覆盖股权投资、产业基金投资、资本运作等核心业务全流程的合规检查机制,以充分性、适当性、有效性为评估维度的合规评估机制,以股权投资、产业基金投资、资本运作为对象的投资业务合规管理指引;构建以制度建设、风险管理、审查、检查、评估、追责为核心的六大运行机制,以责任到岗、系统培训、协同监督、评估考核、队伍建设、文化培育为核心的六大保障机制;打通合规与内控、风控、审计等体系的联结点,形成协同运作的体系融合建设路径。基于以上思路研究制定了合规管理体系建设工作方案、任务清单等实施指引文件。

(二)以业务流程为主线、以关键环节为抓手,构建覆盖业务全流程管控链

针对业务类型多、流程复杂,管控条线多、跨多个部门,监管规范多、义务条款分散,合规风险点不易识别、管控困难等困扰业务合规管理的现实问题,中船投资在全面梳理业务流程基础上,对业务合规管理的要素进行明确定义,抓住业务开展过程中的关键环节,嵌入合规管理工作措施,并明确关键岗位职责,构筑明确的四方责任体系。让合规管理在业务流程中不断线、让业务推进在合规保障下不脱轨,并形成以《投资业务合规管理指引》为代表的标志性成果,为业务人员、审核把关人员、审议决策人员、监督评价人员提供开展业务合规管理工作的明确指引和操作指南(业务全流程的合规管控链见图2)。

1. 梳理绘制业务流程,定义业务合规管理要素

中船投资组织合规、业务、审计、财务、计划等专门人员和外部咨询人员,对标先进经验,结合企业实践,借鉴内控体系等成熟体系构建方法,梳理描绘各类业务流程,形成业务主线,以"合规领域概述"明确业务概念对应的合规风险和合规目标要求,以"合规管理目

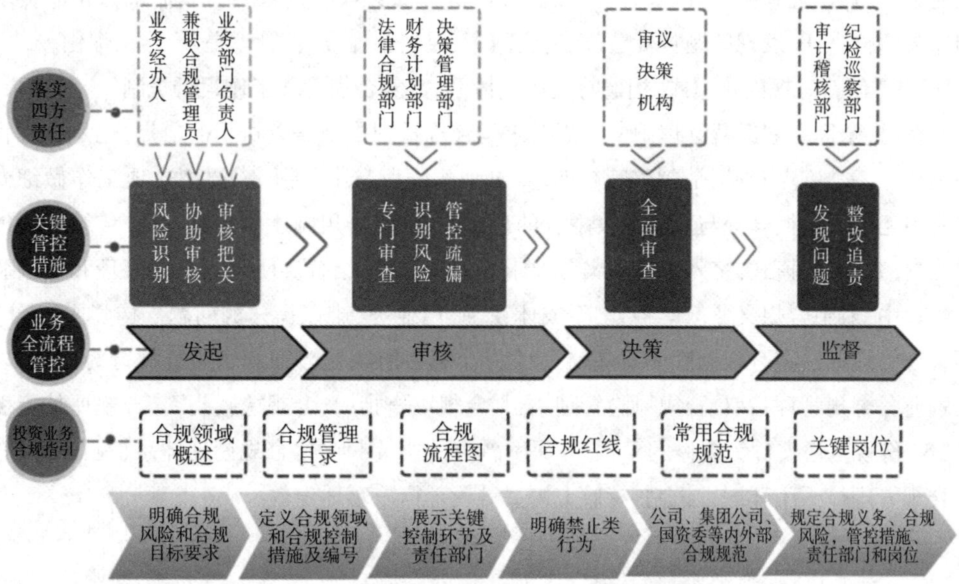

图2　覆盖业务全流程的合规管控链

录”定义合规领域、子领域和合规控制措施及编号，以“合规流程图”展示业务流程中的关键控制环节及责任部门，以“合规红线”展示本业务领域中的禁止类行为，以“常用合规规范”提示和方便本业务领域相关的本公司、集团公司、国资委等外部监管机构的规范。

2. 锁定业务关键环节，嵌入合规管理措施要求

在明确管理要素的基础上，针对每类业务流程，按照工作关键环节分成若干“流程段”，对照每个业务“流程段”，确认适用的合规义务、明确识别的合规风险，设定管控措施、责任部门和岗位，并标记适用的规定，做到“两个确保”，即确保措施符合内外部合规要求、可执行、有效果，确保每个风险点、管控措施有明确的责任人、监督人。例如，在股权投资业务合规管理中，划分了 9 个业务“流程段”，涵盖投资计划管理、投资机会研究、立项管理、尽职调查、评估和审查、决策管理、交易管理、投后管理、退出管理、后评价管理，每个“流程段”中的合规风险、目标、控制措施、涉及部门、关键岗位和内外规义务条款均加以详细描述。

3. 明确重点岗位职责，构筑风险防控责任体系

业务流程的推动、管理措施的落地需要明确的岗位人员承担对应的责任，中船投资以合规管理制度、业务制度、业务合规管理指引等制度文件明确业务合规管理的“四方责任”，在业务执行方面：业务经办人承担一线风险识别、措施落实的责任，兼职合规管理员提供合规咨询、协助审核责任，业务部门负责人为本业务领域合规管理负责人，落实抓业务必须抓合规要求，承担业务审核把关、一线监督责任。在审核把关方面：法律合规、财务计划、决策管理部门依据职责承担专门审查责任，及时识别发现风险、管控疏漏等问题，并及时纠正。在审议决策方面：公司管理层承担最终决策责任，调动公司内外部资源全面审

查业务项目、发现和应对合规风险。在监督评价方面：审计、稽核、纪检、巡察依据职责承担监督评价责任，发现问题督促整改、追责问责，促进制度改进、管理提升、体系优化。

（三）创新外规内化模式、构建特色制度体系，夯实合规管理工作运行机制

及时、全面掌握经营管理中的合规要求是合规管理措施得以执行的前提，也是合规管理工作的一个难点，特别是在监管趋严、要求细化的背景下，更加需要把这项工作做细做好。中船投资遵循合规与业务深度融合的理念，在构建合规制度体系时，打破传统的机械式内规照搬外规模式，将外部合规义务要求提取拆分后，结合实际纳入合规管理和业务制度流程中，避免合规义务散落各处、不成体系、脱离业务、难以操作的问题。构建了以“1”项合规管理办法为合规制度体系基础，“1”份合规手册规范公司和员工合规行为准则，以投资业务合规管理指引、合规风险管理指引、合规审查指引、合规检查指引、合规评估指引等“N”份规范性文件为支撑的、与业务深度融合的“1 +1 +N”合规制度体系（见图3），夯实合规管理体系闭环运行机制，有效支撑关键管理措施落地生效。

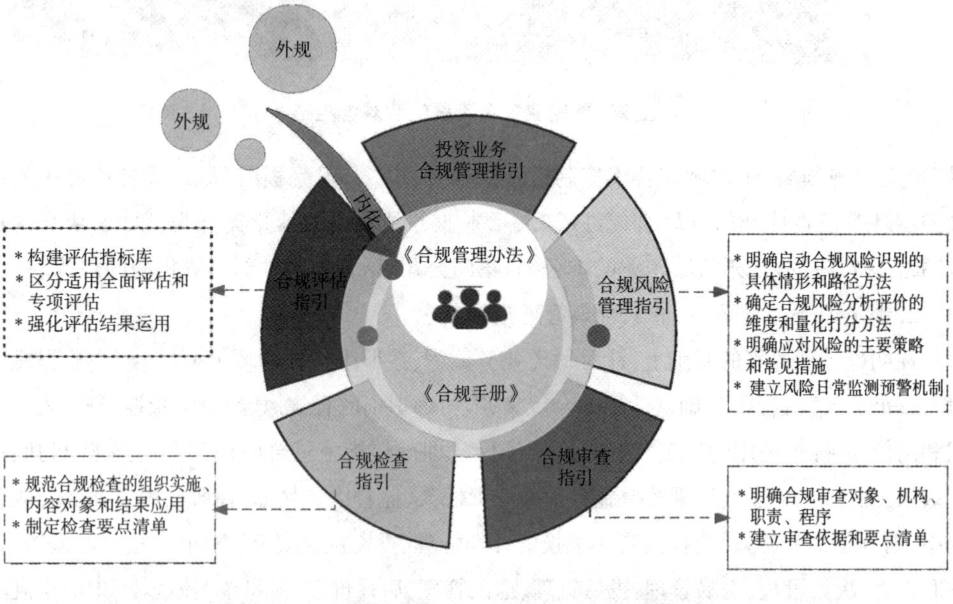

图3　与业务深度融合的“1 +1 +N”合规制度体系

1. 制定合规风险管理指引，夯实业务合规风险全流程管理机制

为有效防控业务合规风险，中船投资制定发布《合规风险管理指引》，规范合规风险管理的分工职责和详细流程，为开展合规风险识别、分析、评价、监测、预警、应对和报告工作提供了具有较强操作性的指引，夯实业务合规风险全流程管理机制。

一是明确了业务合规风险识别的具体路径方法，并提供包含200多项合规风险的参考清单、内外部规范库及第三方查询方式等，供业务人员在开展合规风险识别使用，极大地提高了风险识别工作效率。

二是确定了开展全面合规风险识别的4个情形和开展专项识别的5个情形，特别是

对外规发生变化、开展新业务、重大项目、发生不合规情况等情形下应对启动合规风险识别予以明确，为启动合规风险识别提供了明确依据。

三是确定合规风险分析评价的维度和量化打分方法，为合规风险分级分类提供依据，以集中资源加强对重大风险的监测、预警和应对，提高了合规风险管理的有效性。

四是明确应对风险的4个主要策略、5个常见措施，强化业务人员风险管控意识，提升风险应对反向推进合规管理体系优化的能力。

五是建立风险日常监测预警机制，落实项目负责人员监测预警责任，通过过程检查、系统监测等方式，持续跟进业务合规风险状态，及时采取应对措施。

2. 制定合规审查指引，夯实覆盖业务关键环节的合规审查机制

中船投资以业务合规风险管控为导向，制定发布《合规审查指引》，明确合规审查对象、机构、职责、程序，建立审查依据和要点清单，并根据内外部规范变动和风险识别情况动态调整，为业务部门开展初审、合规管理等部门开展专审提供明确依据，使合规审查标准更统一清晰、时效性更强，夯实覆盖业务关键环节的合规审查机制（见图4）。

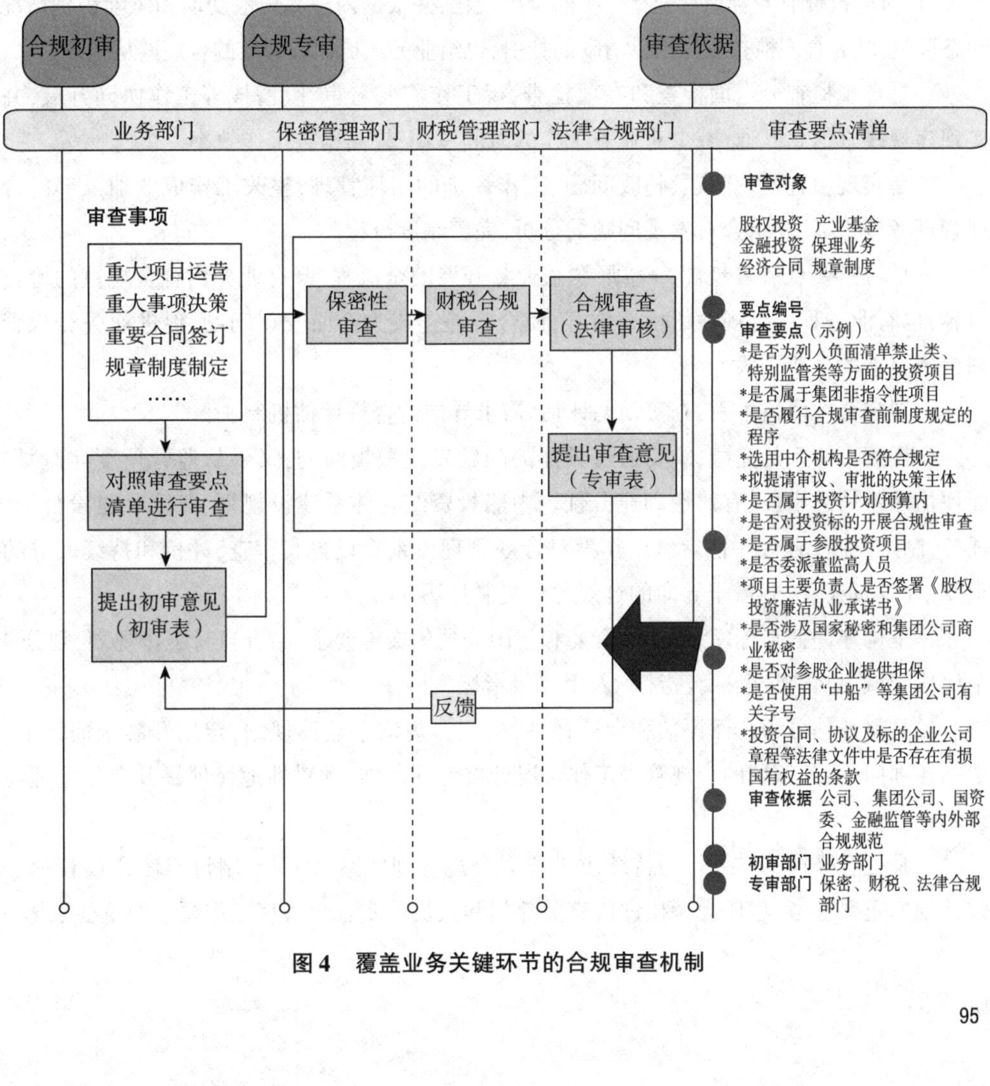

图4　覆盖业务关键环节的合规审查机制

一是明确合规审查与法律审核均为业务提交审议决策前的必经程序，并嵌入内控流程中，通过“信息化＋人工”双重方式监督落实，确保“不审查不上会不审批不签署”。

二是建立“初审＋专审”两个审查环节，明确初审由业务经办部门开展，主要由业务部门负责人和合规管理员实施，专审由法律合规、保密、财税等履行特定监督责任的部门承担，并制定对应的两份审查表。

三是建立包含62个合规审查要点的清单，覆盖股权投资、产业基金投资、资本运作等重点业务，对应投资业务合规指引中项目开展前期的合规管控点，并列明审查对象、必审要点、内外部依据、初审和专审责任部门，具有非常高的实操性、执行性，及时发现和阻断可能违规的业务流。

3. 制定合规检查指引，夯实以涵盖业务全要求的合规检查机制

与合规审查更加关注业务开展前期的合规风险不同，合规检查是对业务全面的检查，中船投资借鉴审计稽核规范流程制定发布覆盖业务全流程合规要点的《合规检查指引》，对合规检查的组织实施、内容对象、结果应用进行规范，并制定检查要点清单，覆盖全部业务的关键环节，对应投资业务合规管理指引中的全部流程，并根据内外部规范变动和风险识别情况动态调整，既为合规检查工作提供清晰的指引，也给业务人员比较稳定的合规遵从预期。

一是合规检查分全面检查和专项检查，视工作需要与审计、稽核等工作协同开展，并实现违规线索信息互通，减少对业务工作的时间占用，提高检查工作效率。

二是实现检查发现问题、整改问题、工作评价的闭环管理，整改工作成效纳入部门合规管理考核指标，并结合对发现问题的分析，完善制度流程。

三是检查要点清单包含199项，覆盖业务开展的全流程，既有业务内容合规性的检查内容，也有业务程序合规性的检查内容，使合规检查成为全面发现问题，促进业务合规管理措施完善的重要手段。

4. 制定合规评估指引，夯实动态评估、需求导向的合规评估机制

合规管理体系的完善，既要通过具体的问题发现短板漏洞，又要从监管角度、管理层面评估体系的适当性、有效性和充分性。中船投资结合体系建设规划、各阶段建设目标、任务，制定发布《合规评估指引》，作为对合规管理体系建设自我审查、评价和持续改进的重要手段（动态评估、需求导向的合规评估机制见图5）。

一是构建评估指标库，对标国资委和集团公司的文件要求，结合自身工作规划，划分9个评估领域，包含29个一级指标、66个二级指标。

二是将评估分为全面评估和专项评估，按照合规体系建设规划，定期开展全面评估，根据各部门、业务领域的合规管理工作情况开展专项评估，针对性地督促提升合规管理建设弱项。

三是把合规评估结果作为持续改进公司合规管理体系，特别是制订年度合规管理工作计划的重要参考，也作为考核评价有关部门和人员落实合规管理工作要求的重要依据。

图5　动态评估、需求导向的合规评估机制

5. 明确违规行为界限，建立制度执行监督与奖惩机制

在开展合规管理实践中，员工因不熟悉制度而违反制度流程相较故意违反强制性规定的违规行为发生的可能性更高，特别是在非本业务领域的制度大规模新建、频繁变动或制度本身规定不够清晰准确的情况下，中船投资在做好制度宣传培训考试、通过信息化方式强化流程约束外，制定发布《制度执行监督与奖惩办法》，建立了制度执行监督和奖惩机制，界定违反制度流程行为与违规行为的界限。

一是对违反制度流程和违反强制性规定造成损失的违规行为进行区分界定，避免给员工积极性、配合度和协作精神造成不利影响，让员工明白合规也是自身依法合规开展工作的保护机制，进而认同、支持合规工作。

二是按照违反制度行为的进度和造成的后果，界定违反制度行为类别，鼓励员工发现违反制度行为、组织行为进展，避免造成损失。

三是常态化开展制度执行监督工作，发挥制度监督责任部门、合规管理员队伍作用，压实管理人员责任，推动全员维护业务合规链条。

四是按照员工违反制度流程的类别，对直接责任人员、监督不到位的人员进行处理通报，开展警示教育。

（四）构建监督反馈机制、强化实施保障措施，切实发挥业务合规保障效能

体系有效实施必须解决责任和信息的问题，如果工作人员特别是业务人员对自身责任不清楚、对内外规要求及变化情况不掌握，业务开展过程无监督、执行情况无考核和反馈，那么体系就会被“束之高阁”，无法真正在业务开展中发挥作用。

中船投资把“明确责任、系统培训、强化监督、考核导向”作为合规管理体系的优先保障措施（见图6），协同推动合规队伍建设、合规文化培训。建立业务、管理、监督等重要岗

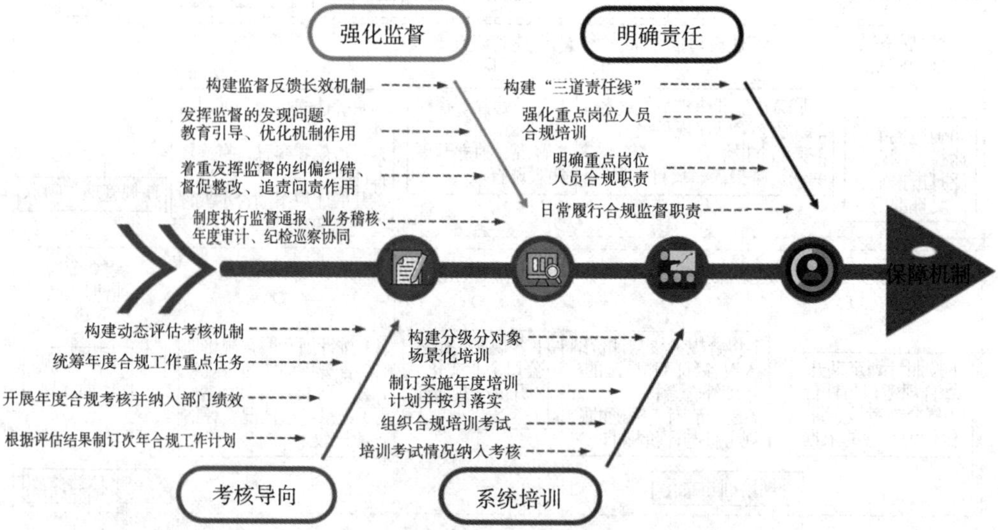

图6 “责任、培训、监督、考核”四项核心保障机制

位合规责任清单,构建“三道责任线”;建立分级分对象培训机制,打造业务场景式培训模式,开展日常合规文化宣贯,按年制定制度与合规培训计划,根据考试对象建立有针对性的合规考试机制;建立健全及时、精准、长效的监督反馈机制,并通过日常监督和专项监督发现问题、追究责任、督促改进、警示全员,及时纠偏纠错;通过开展年度合规专项评估考核引导各部门、各岗位落实合规职责,反馈工作效果,提出改进建议,持续促进体系完善和效能发挥。

1. 构建责任清单管理条线,强化合规责任体系建设

中船投资构建以业务、管理、监督三类重点岗位为对象的合规责任清单,形成业务部门承担主体责任、合规部门承担牵头责任、纪检巡察审计稽核部门承担监督责任的合规管理“三道责任线”。

一是把业务合规管理指引、岗位合规职责清单作为重点岗位人员应知应会合规知识,列入合规和制度培训内容,作为合规考试必考内容,在业务合规管理指引的业务流程图中进行显著标记、在关键环节里明确岗位,以指导业务人员在开展业务时清楚合规职责所在、避免工作疏漏。

二是在明确责任基础上,业务部门自业务开始即开展持续的流程自查、交叉复核、领导审核,合规部门在尽职调查、合规审查环节对照合规指引、审查要点清单发挥关键把关作用,纪检巡察审计稽核部门依据职责开展日常监督和专项监督,按月汇总记录问题、督促整改、执行奖惩。

2. 构建分级分对象培训机制,打造业务场景化培训模式

中船投资把内外部制度、监管规定中的合规要求作为合规培训的重点内容,根据培训内容的重要程度、影响范围、适用领域、执行对象等因素建立分级、分对象的培训机制。

一是贯彻合规与业务深度融合理念,结合业务项目实例,以业务流程开展为主线进行“场景化”合规培训,将各业务、各环节、各部门、各岗位对应的合规风险、规范义务、管控措施、责任后果等结合业务开展的流程讲细、讲透。

二是开展常态化合规文化宣贯,将经营管理中不得触碰的90余项“红线”制作成通用和各部门业务领域相关的宣传板,悬挂在公共办公区、对应部门办公室,电子版“合规红线”、合规警示案例在OA办公系统发布。

三是按年制定实施合规与制度培训计划,由合规管理牵头部门按月协同相应的责任部门实施培训工作,并将培训内容纳入培训对象合规考试范围,将培训参与率纳入部门和人员合规考核指标。

3. 构建监督反馈长效机制,完善协同监督工作格局

中船投资把建立健全及时、精准、长效的监督反馈机制作为合规管理体系建立、实施、优化的重要保障措施之一。

一是在体系建立初期,着重发挥监督的发现问题、教育引导、优化机制作用,以监督带

动合规意识强化和合规文化培育，以此持续促进合规体系建设；在体系完善和实施期，着重发挥监督的纠偏纠错、督促整改、追责问责作用，使制度执行刚性、约束力逐步增强，切实发挥体系运行的效果。

二是建立了日常制度执行监督通报、季度业务全面稽核、年度审计滚动覆盖、纪检巡察协同配合的监督工作格局。各负有监督责任的部门随时记录在业务各流程上违反制度的行为，及时提醒、督促改正，确保不"带病"走入下一流程，并按月报送记录表给合规部门，隐瞒不报、监督失责的严肃追责处罚；稽核部门按季度对当季新增业务全面稽核，确保各类业务全流程核查覆盖；审计部门每年制订常规与专项审计计划，对完结项目、重大项目进行重点审计；纪检巡察部门对检查、巡察发现的违反制度的情况函告合规部门，并监督落实整改、处罚。

4. 构建动态评估考核机制，切实发挥考核导向作用

中船投资结合年度合规管理工作计划和体系建设实际，针对性地开展公司合规管理评估和各部门合规管理工作考核，建立合规评估指标库和年度考核指标，切实发挥考核指挥棒作用，阶梯式提升合规体系建设质量和实施效果。

一是在每年年初召开合规委员会专题会议，听取合规牵头部门汇报上年度合规工作开展情况、存在的问题和下一年工作计划，研究讨论年度合规工作计划、任务清单，并结合计划任务研拟年末考核要点、指标，印发各部门学习执行，为各部门推进本部门合规管理工作、落实公司合规管理要求提供明确指引。

二是在每年年底由合规牵头部门在合规委员会领导下牵头起草考核方案，方案通过后，由合规负责人牵头组建考核评估小组，开展考核评估工作，最终结果报合规委员会审批通过后，对合规管理先进部门、优秀个人进行奖励，对落后部门和有关人员进行提醒，评估考核结果纳入部门绩效，评估发现的工作问题和不足作为制订次年合规工作计划的重要参考和改进任务。

三、工作成效

（一）经营管理水平不断提升，风险防控能力持续增强

通过建立与业务深度融合的合规管理体系，中船投资的经营管理水平稳步提升，业务流程更加清晰可控，业务人员积极性进一步增强，投资项目推进效率显著提升，财务款项收支划拨更加安全，审计稽核发现的业务管理问题明显降低，整体经营管理水平稳步提升。同时，业务合规带动了企业全面合规的效果持续显现，合规管理体系的构建也带动内部控制体系、制度体系等其他体系的不断完善，风险防控能力持续增强。

（二）专项成果推广应用，社会效益日益彰显

作为中国船舶集团合规试点企业，中船投资结合自身业务合规管理实践编制的《中国船舶集团有限公司投资业务合规管理规范》专项成果获得来自国资委、研究所、同行企业、

律师事务所等评审专家的高度认可，专家认为该成果的主要特点是结合业务特点，系统识别规范要求和合规风险，形成的规范结构新颖、特点突出，可操作性、针对性、指导性很强。该成果已于2021年在中国船舶集团范围内推广应用，并获得被投企业、合作机构的好评、认可，辐射带动效应逐渐显现，成为中船投资树立良好企业形象、输出管理理念的又一重要方向。

第二编　案件管理

第二编　案件管理

全面提升企业法律纠纷案件管理的十大举措

崔锐捷

作者简介

崔锐捷　中国船舶集团有限公司总法律顾问

企业简介

中国船舶集团有限公司(以下简称中国船舶集团)成立于2019年11月26日,是经党中央决定、国务院批准,由原中国船舶工业集团有限公司和原中国船舶重工集团有限公司联合重组设立的特大型中央企业,现拥有二级成员单位106家,员工总数22万人,上市公司10家,成员单位分布在全国23个省、自治区、直辖市,在全球24个国家和地区有53家驻外机构。拥有36家科研院所和63家国家级创新平台,涵盖基础科学、材料应用、关键共性技术、产品研发设计和试验验证等技术与产业发展各领域。拥有院士13人,政府特殊津贴专家2281人,百千万工程国家级人选37人。拥有涵盖防务装备和船舶海工研发设计、总装建造、系统配套和服务保障全产业链能力,并且在应用产业和船海服务业领域形成了较强实力。防务装备领域,涵盖了我国海军所有主战舰艇和军辅船装备;民船海工领域,能建造符合世界上任何一家船级社规范,满足国际通用技术标准和安全公约要求,航行于任一航区的各类船舶;应用产业和船海服务业领域,在风电装备、环境工程、特种气体、新材料、应急装备、电池以及金融服务、物资贸易、船舶租赁、投资管理等方面形成了特色优势。

内容摘要

法律纠纷案件管理是企业法务工作的传统职能之一,也是企业法务工作中最能体现显性价值的职能。2019 年,原中国船舶工业集团有限公司和原中国船舶重工集团有限公司联合重组设立中国船舶集团。新集团成立后,法律工作面临的首要挑战就是法律纠纷案件数量多、标的总额大,需要迫切解决好“压存量”和“控增量”双重难题。笔者结合中国船舶集团法律纠纷案件管理实际,在案件“压存控增”取得重大成效的前提下,进一步总结中国船舶集团法律纠纷案件管理的成熟实践和有益做法,借此机会与从事法律工作的各同行交流观点、探讨经验,希望彼此互相启发,共同提高,推动企业法务工作在护航企业高质量发展、持续价值贡献上作出更大贡献。

关键词

案件管理　压存控增　价值贡献

一、对加强案件管理工作重要意义的认识

(一)加强法律纠纷案件管理是落实国资委法治央企建设有关要求的具体体现

国务院国有资产监督管理委员会作为中央企业出资人,高度重视中央企业法律纠纷案件管理工作。在《关于全面推进法治央企建设的意见》(国资发法规〔2015〕166 号)、《关于进一步深化法治央企建设的意见》(国资发法规〔2021〕80 号)和《中央企业重大法律纠纷案件管理暂行办法》(国务院国资委令第 11 号)等政策文件和部门规章中,对中央企业加强法律纠纷案件管理提出了明确要求。如《关于进一步深化法治央企建设的意见》要求各中央企业加大法律纠纷案件处置力度,综合运用诉讼、仲裁、调解等多种手段妥善解决。加大积案清理,健全激励机制,力争 2025 年中央企业历史遗留重大法律纠纷案件得到妥善解决。在《中央企业负责人经营业绩考核办法》(国务院国资委令第 40 号)中,更是明确将违规导致发生重大法律纠纷案件、造成重大不良影响或者国有资产损失的行为作为中央企业负责人经营业绩考核降级或扣分的情形之一。目前,国务院国有资产监督管理委员会正在推进《中央企业法律纠纷案件管理办法》的制定工作,在近期发布的征求意见稿中,对案件定义以及重大案件标准进行了适应性修改,对中央企业加强案件管理提出了更加全面的要求。例如,要求中央企业深入分析法律纠纷案件中反映的管理问题,针对企业经营管理中存在的薄弱环节,及时完善管理制度,加强风险管控,堵塞管理漏洞。中国船舶集团作为中央企业,不断加强法律纠纷案件管理,提升案件管理水平和效能,是落实国资委法治央企建设监管要求的具体体现。

(二)加强法律纠纷案件管理是为集团公司高质量发展保驾护航的现实需要

中国船舶集团立足新发展阶段,贯彻新发展理念,在新发展格局中,深入落实中央高质量发展战略,不断提升发展的效率效益水平。而加强法律纠纷案件管理正是为集团公司高质量发展保驾护航的现实需要。众所周知,法律风险往往是企业在市场经营中面临

的底线风险，而法律纠纷案件则往往是法律风险的最终表现形式（这里重点突出民商事案件，刑事案件、行政处罚案件不是本文讨论的重点），处理好法律纠纷案件就是守住了企业对外经营的最后底线。法律纠纷案件处理不好，案件败诉或胜诉了执行不到位，就会直接形成企业的经济损失，甚至给本来经营十分困难的单位带来系统性财务危机，引发破产灭顶之灾。例如，在实践中存在大量企业因被强制执行而引发破产的案例，中国船舶集团所属成员单位在案件处置中也经常遭遇类似的事件；法律纠纷案件处理得当，直接体现就是为企业挽回或避免了大量经济损失，特别是很多疑难案件按照会计准则有关要求，在企业内部已经计提减值损失准备，回来一分钱就是一分钱的利润。

（三）加强法律纠纷案件管理是体现企业法务工作显性价值的重要依托

企业法务工作的职能，笔者认为，概括起来大体上可以分为三大类即“防范风险、规范管理、维护权益”。例如，法律尽职调查、法律审核以及很多央企法律部门承担的全面风险管理职能等就是履行防范风险的职能，大的企业法治建设、组织开展制度建设、实施合规管理等工作就是履行推动、促进企业规范管理的重要职能，而维护权益则指的就是法律纠纷案件管理工作。笔者认为，前两大职能是企业法务工作的非显性价值，是企业管理中必不或缺的一环，发挥着不可替代的重要作用，但其价值贡献往往很难进行量化、显性评价，而维护权益则是企业法务工作的显性价值，较易量化评价且易获得公司领导、业务部门的认可。故认为，法律纠纷案件管理作为企业法务工作最原始、最传统的职能，是体现企业法务工作显性价值、直接价值的重要依托和抓手，法律工作者必须牢牢守住守牢这个看家本领和发挥作用的“金刚钻”。

二、中国船舶集团案件管理“十大举措”

工欲善其事，必先利其器。中国船舶集团在法律纠纷案件管理实践中，主要采取了十个方面的措施和方法，推动所属各成员单位不断提升案件管理水平，助力保障高质量发展。

（一）将建章立制工作摆到首位，奠定案件管理的规范化基础

企业规章是企业表达管理思想、承载管理意志和落实管理举措的重要载体。中国船舶集团在加强法律纠纷案件管理方面，十分重视建章立制、顶层设计工作。在基本制度《法律工作管理办法》中对法律纠纷管理提出了总体性、原则性、概括性要求，明确了集团公司法律纠纷管理的基本理念，如规定“根据法律纠纷案件的标的额大小、案件性质、涉外因素等，将法律纠纷分为重大法律纠纷案件和一般性法律纠纷案件，实施分类管理”“各单位应综合考虑法律纠纷案件的标的额、复杂程度、牵涉关系、风险敞口等因素，量化确定案件等级，建立由单位主要负责人、分管领导、总法律顾问、法律部门分级牵头负责的应对机制”。

特别是在有益继承和创新发展原两大船舶集团案件管理制度的基础上，立足新的实

践需要，重新制定了新集团的《法律纠纷案件管理办法》，作为规范全集团法律纠纷案件管理的专项制度。该制度对集团总部及各成员单位法律纠纷管理工作进行了系统性规定，明确了案件管理的组织机构及职责，在规定了案件管理一般性要求的基础上，更是针对重大案件提出了差异化的管理要求。例如，该制度规定针对重大案件，集团公司实行"项目制"管理、24 小时及时报告、月度跟踪督办等。该制度还明确将法律纠纷案件管理情况纳入对成员单位的经营业绩考核体系，同时要求对在处置应对法律纠纷案件、避免和挽回经济损失中作出重要贡献的人员给予奖励。这为进一步开展法律纠纷案件考核与奖励工作提供了制度遵循，更促成了《法律纠纷案件处置应对奖励办法(试行)》制度的出台实施。

(二)严格执行"两报告、一看板"机制，有效贯通案件管理"两级责任"

信息对称是实现有效管理的重要前提。中国船舶集团在法律纠纷案件管理实践中，通过严格执行"两报告、一看板"机制，不断加强对成员单位案件信息的收集、分析和掌握。一是日常及时报告。发生重大案件的有关单位，需在收到立案或应诉通知书之日起 24 小时内形成简要报告、5 日内形成详细报告报送集团公司法律部门，在案件审理终结或执行终结后 7 日内撰写结案报告，并附生效裁判文书报送集团公司。二是年底定期报告。在执行上述及时报告制度外，各成员单位还需将本单位法律纠纷案件处置的总体情况于每年年底前定期报送集团公司。在严格执行"两报告"制度外，中国船舶集团通过建立信息系统，对成员单位重大案件处置进展情况实行月度跟踪，按月汇总、按月分析、按月监控，建立了案件处置进展情况动态看板(见图 1)。

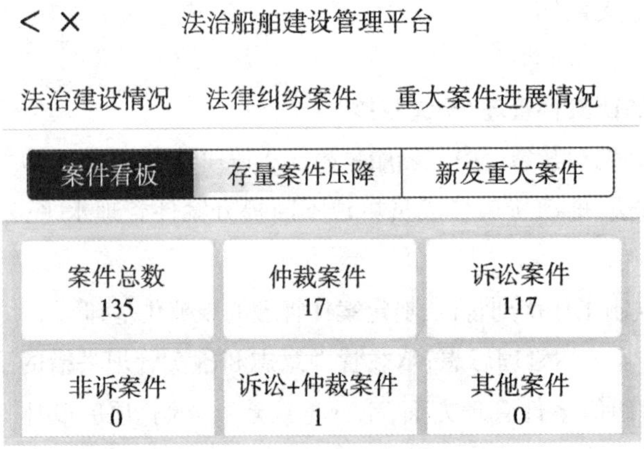

图 1 案件处置进展情况动态看板

通过严格执行"两报告、一看板"机制，一方面，有效解决总部与基层单位之间案件管理信息不对称的问题；另一方面，就是通过这种方式可以将集团总部和基层单位案件管理的"两级责任"进行贯通和连接，形成有效"两级联动"，为案件管理的深入实施创造良好的内部环境。

（三）聚焦抓好“两个重点”，不断强化总部管理力度

解决问题的关键在于抓住主要矛盾和矛盾的主要方面。新的船舶集团成立后，法律纠纷案件处置的难点重点就在于那些案件数量多、涉案金额大的单位，而这些单位的难点重点就在于那些单案金额巨大、处置难度复杂的特重大案件，重点单位的涉案总金额占到了全集团案件总金额的80%，重点案件涉案总金额也占到了所在单位所有案件总金额的80%。中国船舶集团在开展“压存控增”专项行动、加强成员单位法律纠纷案件管理的过程中，始终牢牢抓住“两个重点”（重点单位、重点案件）作为发力点和突破口，以推动重点单位重点案件的有效解决带动全年目标任务的圆满完成。在实践中，建立了“两重清单”，不断加强调研督导和跟踪指导力度，对于个别重点案件，总部法律人员直接参与协调处置，如某单位境外船舶建造仲裁案、某单位国际知识产权纠纷案等，将上文提及的“两级联动”在具体案件中真正实现落地、发挥作用。“两个重点”是法律纠纷案件管理中的主要矛盾和矛盾重点，抓住了“两个重点”就是抓住了问题解决的关键，抓住了矛盾运动发展的主要载体。

（四）创新引入工程思维，推行重大案件“项目制”管理

在实践中，“项目制”更多的是运用于重大工程管理，主要指在重大工程中运用系统的观点、方法和理论，对工程或项目涉及的全部工作进行有效地管理，即从项目的投资决策开始到项目结束的全过程进行计划、组织、指挥、协调、控制和评价，以实现项目的目标。中国船舶集团创造性地将“项目制”引入对重大案件的管理中，在全集团范围内进行推广，运用系统工程的管理思维和管理模式来管理案件。“项目制”要求凡是发生重大案件的单位，针对每一重大案件都要实施成立专门的项目组，项目组成员往往包括公司领导、总法律顾问、法律部门、财务部门、经营部门、生产部门及其他业务部门，每个案件根据实际需要，项目组成员不同。项目组成立后，实行组长负总责、各成员分工负责制。在实践中，项目组长通常由法律工作分管领导或总法律顾问担任，同时由单位主要负责人直接担任组长的也不少见，组长的主要作用是作为公司内部高层，负责统筹和调配案件处置应对所需的一切资源和力量，起到组织、协调作用。在项目组中，法律部门利用专业思维和视角，负责统筹分析案情，研判案件走向，制定案件应对策略，提出案件处置建议，其他部门根据各自职责定位，负责收集整理一切与案件相关的证据材料，为法律部门诉讼或仲裁应对提供支撑。

“项目制”的本质也是责任制，“项目制”将企业领导的组织责任、法律部门的专业责任及相关业务部门的配合责任，通过落实到人的方式给予明确和界定，推动形成案件处置的合力，为重大案件的处置应对提供了稳定有力的组织保障和人员保障。

（五）创新运用余额概念，实施案件标的精准动态管理

在企业实践中，大多数单位对法律纠纷案件按照诉讼标的额进行定额管理以及以案件审结作为结案标准，这是企业通行做法。中国船舶集团在法律纠纷案件管理中，积极借

鉴财务管理上“负债余额”“存货余额”的相关概念，创新引入了“案件标的余额”的概念。“案件标的余额”相较于“诉讼标的额”是一个动态管理的概念，特别是在主诉案件中具有较强的适用意义。例如，2020年6月，中国船舶集团所属某单位起诉A公司，起诉金额为2000万元（法院受理时的诉讼标的额），经过审理，法院于2021年6月作出最终裁决，支持某单位诉请金额1500万元（执行标的额为1500万元），判决生效进入执行程序，经过努力，于2021年年底执行A公司现金500万元到账，案件标的余额剩余1000万元。在该案件中，诉讼标的余额多次发生动态变化，从2000万元、1500万元到1000万元，那么集团公司总部在每年年初给某单位下达当年度案件压降指标时，就以2000万元、1500万元、1000万元为基准，避免和挽回损失目标也以此为准。案件标的余额动态管理的目的是实现科学管理、精准管理。

在实施案件标的余额动态管理的基础上，对主诉案件和被诉案件根据处置目标不同实行差异化结案标准，主诉案件处置的目标是最大程度实现挽回损失，其结案标准是全部执行到位或经过部分执行（或执行不能）后，执行终本（执行终本案件采用成员单位报请集团公司法律部门同意后，视同结案处理），而被诉案件的处置目标是最大限度避免损失，案件审理结果往往直接决定了案件处置的结果，故则实行审结即结案制度，与主诉案件执结的结案标准具有明显差异。

（六）靠前把握诉讼时机，力争打赢案件赢得执行

在企业大量的法律纠纷案件处置实践中，常常出现“赢了官司输掉钱”的现象，作为主诉案件的涉事单位，千辛万苦拿到了胜诉判决，被执行人却无可供执行财产，花了一大笔诉讼费、律师费的同时，最终却不得不接受执行落空的结果。俗话说：兵贵神速，事贵应机。为尽可能避免“赢了官司输掉钱”的现象发生，中国船舶集团非常重视对诉前纠纷争议的管理。在制度中明确要求各成员单位对存在“（一）应收账款账龄超过3年的；（二）经营状况持续恶化、履约能力严重下降的；（三）已出现资不抵债情况的；（四）严重违约，存在毁约风险的；（五）存在转移资产、恶意逃债等拒不履行付款义务的……”等情形的欠款方，需积极主动通过发送律师函、提起诉讼（或仲裁）等法律措施催收回款。被诉案件往往没有时机可选，但主动发起诉讼的案件，在战略时机的选择上却具有一定的主动权和可控性，好的诉讼时机与差的诉讼时机往往导致诉讼或执行结果呈现较大的差异性。企业在启动主诉案件时，一定要改变以往“不到万不得已”“怕打官司”的怯战心态，而是要靠前谋划、积极作为，抓住有利时机果断出击，既要能打赢案件，更要能赢得执行。

（七）纳入业绩考核体系，充分发挥考核“指挥棒”作用

考核既是鞭策，又是激励。中国船舶集团在组织推动成员单位法律纠纷案件处置中，充分发挥考核“指挥棒”“压力棒”作用，将重大法律纠纷案件处置情况作为个性化考核指标，纳入对有关单位的整体经营业绩考核内容。个性化考核指标与集团公司法律纠纷案件“压存控增”专项行动年度任务目标直接挂钩，既包括对案件数量、涉案金额压降情况的

考核,同时又突出对避免挽回损失成效的考核。例如,2020年将“案件数量、标的余额双降20%”作为年度个性化考核指标,以“双降20%”为考核基点,完成结果每超过10%加0.1分,最高加分不超过1分,相反则减分,最高减分不超过1分;2021年则以避免和挽回损失情况作为考核内容,完成相应考核指标的,视情况加0~0.5分,未完成考核指标,则相应减0~0.5分。在设定个性化考核指标时,着重抓好“两个重点”即重点单位和重点案件,将案件数量多、涉案总金额大的重点单位和单案诉讼标的额高、处置结果影响大的重点案件,作为个性化考核的重中之重。个性化考核指标的实施与运用,极大调动了有关单位处置应对案件的主动性和积极性,单位“一把手”亲自挂帅出征,亲自谋划部署和组织应对重大案件越来越成为一种普遍性现象,产生了积极正向效应。

(八)出台专项奖励制度,有力激发工作积极性与创造性

“既让马儿跑得快,又要马儿有草吃”是最常见也是最实用的激励规则。中国船舶集团在充分调研基础上,结合企业实际,研究制定了《法律纠纷案件处置应对奖励办法(试行)》,该办法经集团公司有关决策机构审议通过后作为全集团统一适用的案件处置奖励制度。该办法明确规定“对于在法律纠纷案件处置应对中成功挽回或避免损失的,案发单位应当根据案件复杂程度,对作出突出贡献的办案人员给予实际执行回款金额或避免损失金额一定比例的奖励”。案件处置是企业法律顾问的主业主责,打赢案件、挽回损失是职责所在,如若对难度不大的普通案件也一律给予奖励,显然不科学也不公平。中国船舶集团在制度规定和工作实践中,对实施奖励的情形进行了适度限制,允许案发单位实施奖励的情形主要包括三大类:一是案件执行过程中,法院作出终本裁定后,经过努力又实现执行回款的;二是案件所涉应收账款计提坏账准备后,经过努力又实现执行回款的;三是法院或仲裁庭作出对我方不利的生效判决/裁决后,经过努力,通过抗诉、再审等方式改变原来不利判决/裁决的。同时,还对单案的奖励金额按照不同的避免和挽回损失基数进行了封顶限制,以确保奖励工作的严肃性和可接受性(见表1)。

表1　案件奖励标准

挽回或避免损失	奖励比例	最高限额
1000万(含)~5000万元	1%~1.5%	30万元
5000万(含)~1亿元	0.5%~1%	50万元
1亿元(含)以上	0.5%	80万元

该制度自发布生效以来,得到了各成员单位的积极响应,多则几十万元,少则几万元甚至几千元的奖励在各个单位实施开来,起到了广泛的正向效应。各单位普遍反映,该制度的实施大大提高了法律顾问及相关人员工作的积极性和创造性,在较大程度上改变了企业在案件处置应对中过度依赖外部律师的现象,相较以往法律顾问更加主动迎难而上、寻找突破、打破僵局,甚至在部分重大疑难复杂案件中发挥了主导决定作用。同时,该制

度的实施一定程度上也改善了企业法律顾问长期不高的薪酬待遇,对于提升法律顾问价值认同、留住优秀法律人才也具有重要意义。

(九)举一反三,以案为鉴,做好案件处置总结分析与闭环管理

“吃一堑、长一智”“他山之石,可以为错”这些朴素而实用的道理,在法律纠纷案件管理中具有极强的现实意义。获得胜诉、最大限度避免和挽回损失是法律纠纷案件处置应对最直接的目的,但如何从案件处置中吸取教训、总结经验、完善管理,杜绝同类问题的再次发生,避免踏入同一条河流,才是案件管理的终极目的。中国船舶集团在案件管理中,十分重视对案件处置工作的总结分析,既注重对案件本身处置过程的专业分析,分析案件处置策略的得失,为同类案件的处置应对提供宝贵的借鉴经验,更注重对案件发生背后的深层次管理问题的挖掘分析,以案为案、以案说法,反思经营管理中的不足和漏洞,剖析探究案件发生的深层次管理问题和矛盾,以推动企业进一步完善管理、堵住漏洞、补齐短板,不断提升企业风险管控整体能力和水平。

例如,中国船舶集团在案件处置中发现不少单位在合同管理方面存在较多的法律问题,如有的合同未加盖印章或签字、授权文件不完整;有的合同忽视填写签订日期;有的合同内容过于简单,主要条款约定不明确,对履约方式、履约期限、支付节点、税费承担、质保期限、加减账等约定不清等,这些往往是导致法律纠纷案件的重要原因。针对上述合同问题,中国船舶集团按照“早发现、早防范,早处置、早化解”的工作原则组织各成员单位“拉网式”开展了在手合同风险排查工作,排查合同共计48万份,绝大部分合同风险在排查中得到了有力化解,部分合同风险管控措施得到进一步加强和升级。在合同风险排查基础上,中国船舶集团还专门制订出台了《关于进一步加强成员单位合同管理的指导意见》,敦促指导各成员单位以问题为导向,切实加强合同基础管理、提升合同风险管控能力。

例如,中国船舶集团在案件处置过程中,还发现部分成员单位在对子公司管控方面存在或多或少的问题,有的单位对子公司管理“宽松软”,授权过大、监控不到位,导致二级、三级子公司法律纠纷案件易发多发,造成了不少经济损失;少数单位没有按照《公司法》有关规定对子公司进行规范管理,存在较高的母子公司人格混同风险;不少单位对子公司的法律管理没有实现有效延伸,子公司法律机构缺失、专业人员贫乏等情况突出,导致在法律风险防控方面响应不及时、组织应对不力。针对上述问题,中国船舶集团专门制定印发了《关于加强成员单位子公司法律管理的指导意见》,按照“集中管理”和“分级管控”两种模式,敦促指导各成员单位进一步依法、规范建立母子公司一体化的法律风险管控体系,切实推动各级次子公司有力提升重大风险防范化解能力。

(十)“压控并重”,防患于前,着力管住案件增量风险

案件管理也如同名医治病,防患于未然是最高境界。中国船舶集团在“压存量”的同时,更加注重“控增量”。在这里需要特别说明的是,“压存量”的对象是指已经进入诉讼或仲裁程序的成型案件,而“控增量”的对象却非指案件本身,而是指可能引发案件的增量

风险。近年来,中国船舶集团融入、嵌入业务流程,严格落实“三个100%法律审核”,不断提高法律审核效率和质量;大力推广使用标准合同文本,提升合同风险标准化、规范化防控水平;全面开展在手合同风险排查,建立常态化风险排查机制,在排查中及时处置化解风险;推动构建成员单位母子公司一体化法律风险防控体系,提升全级次子公司风险防控能力;建设法务管理信息系统、提升法律工作信息化管理水平等。通过上述举措和手段,推动案管工作不断前移,重在提升对法律风险的靠前识别与全流程防控能力、尽可能做到“防患于未然、防病于未萌”。

三、取得实效

自2020年以来,中国船舶集团连续三年开展法律纠纷案件“压存控增”专项行动,不断强化法律纠纷案件管理,法律纠纷案件数量和金额同比呈现逐步下降态势(见图2),案件总金额占集团公司营业收入、净利润比例较同期均实现双降,好于中央企业近三年平均水平,工作成效不断巩固向好。

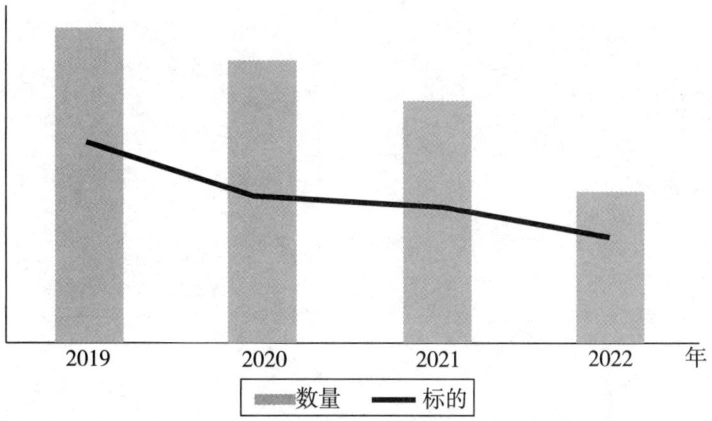

图2　2019～2022年重大案件变化趋势

截至2022年5月底,2019年前发生的历史存量重大案件已从三位数件压降至两位数,压降率达到了80%,涉案标的额压降率达到了70%,平均年压降率均超过了30%,预计2022年年底可完成对2019年前发生的历史存量重大案件的基本出清,三年来累计避免和挽回经济损失超过了60亿元。同时,重大案件新增风险也得到了有力控制,新发案件的数量和金额较同期均呈现同比逐步下降趋势,中国船舶集团高质量发展的成效越发突出。2021年,中国船舶集团实现营业收入3483亿元、同比增长7.8%,利润总额208亿元、同比增长24.5%、首次突破200亿元,净利润185亿元、同比增长27.7%,经济效益创历史最高水平,获得中央企业负责人经营业绩考核、党建责任制考核、董事会考核三个“A级”,经营业绩考核在央企中排名第16位,居《财富》世界500强第243位。

四、结语

追逐利润是现代企业发展永恒不变的主题,而案件管理的总体成效、案件处置的具体结果往往直接影响利润目标实现的程度,甚至有时起到决定性作用。案件管理作为企业法务工作最悠久的职能,也是最能量化体现企业法务工作价值的职能,企业法律顾问要坚持以扎实务实的作风、开拓创新的精神、奋发作为的姿态、卓越有为的实绩,牢牢守住案件管理这个传统而重要的阵地,为企业高质量发展、建设世界一流企业提供强大助力和坚强保障。

第二编 案件管理

湖北联投：
强机制 破难题 谋长远
打造案件管理的“联投样本”

曾 靳 刘 川

作者简介

曾 靳 湖北联投集团有限公司风控法务部副部长

刘 川 湖北联投集团有限公司风控法务部主管

企业简介

湖北联投集团有限公司(以下简称湖北联投)成立于2008年9月,是湖北省属大型国有投资平台,定位于“科技园区、产业园区、功能园区全生命周期运营商,城市更新全产业链综合服务商和工程建设全领域总承包商”(三全三商)。湖北联投业务涵盖产业新城、园区运营、地产开发、产业金融、数字产业、基础设施与新基建等领域,总资产规模达3000亿元,2021年实现营收664亿元,企业员工总数逾两万名,3家企业主体信用创AAA评级,居中国服务业500强第227位。

内容摘要

湖北联投把案件处置作为近年来法治工作的重中之重，深刻把握案件发展规律，连续三年开展“压存控增挽损”专项处置行动，通过事前机制建设控增量，事中高效处置压存量，事后复盘分析优管理，对法律纠纷案件采取主动科学管理手段，为企业实现高质量发展提供了坚实法治保障，打造了案件管理的“联投样本”。

关键词

案件管理　机制建设　高效管控　复盘提升

一、加强案件管理是企业高质量发展的保障

（一）外部环境要求

2020年10月26日，习近平总书记在党的十九届五中全会上就“十四五”规划建议起草的有关情况向全会作说明时指出，“当前和今后一个时期是我国各类矛盾和风险易发期，各种可以预见和难以预见的风险因素明显增多。我们必须坚持统筹发展和安全，增强机遇意识和风险意识，树立底线思维，把困难估计得更充分一些，把风险思考得更深入一些，注重堵漏洞、强弱项，下好先手棋、打好主动仗，有效防范化解各类风险挑战，确保社会主义现代化事业顺利推进”。

2021年10月，国务院国有资产管理委员会出台《关于进一步深化法治央企建设的意见》，要求着力提升风险管控能力，常态化开展风险隐患排查处置；要求着力提升主动维权能力，加大法律纠纷案件处置力度，综合运用诉讼、仲裁、调解等多种手段妥善解决。此外，金融、医疗、互联网等行业监管机构也对防范和化解各类重大风险出台了系列监管规定。

当前，世界处于百年未有之大变局。世界政治经济形势多变，全球经济面临诸多不确定性，宏观经济下行压力明显加大，市场竞争也更加激烈。全社会杠杆，包括政府杠杆、居民杠杆和企业杠杆偏高，未来将面临较大的去杠杆压力。随着“房住不炒”理念深入人心，居民对于房价上涨的预期逐渐减弱，居民收入预期走弱，人均住房面积也难以再有大幅上涨空间。房地产市场预期不稳，土地挂牌、房产销售遇冷，对房地产行业发展造成巨大压力。很多民营房地产企业爆雷，地方政府财力紧张，给建筑施工行业发展带来重大影响。

这些外部环境导致企业法律风险高发频发，也产生了大量的法律纠纷案件，直接影响相关企业的正常秩序、品牌声誉、经济效益，制约了企业高质量发展。无论从国际国内形势、行业监管要求，还是从激烈市场竞争来看，都要求发挥强管理、促经营、防风险、创价值的作用，为企业高质量发展提供更加有力的法治保障。

（二）企业内生需求

近些年，湖北联投一直处在湖北省改革浪潮的前沿。特别是2021年年底，根据湖北省委、省政府决策部署，湖北联投重组整合了湖北工建、清能集团和宏泰城发等3家集团

性企业,实现“四企合一”,赋予“三全三商”全新功能定位,聚焦主责主业,加快改革攻坚步伐,以成为区域发展的主力军、动能转换的排头兵和高质量发展的领军者为使命,以2022年营业收入突破千亿元大关、综合实力进入中国企业500强为目标。湖北联投高质量的改革发展需要高质量的法律合规工作做保障。

湖北联投作为大型国有企业,资产体量大,业务链条长,下属企业多,分布地域宽,经过十多年的长期高速发展,也产生了较多案件。另外,前期在业务多元化发展中,投资涉足了一些不太熟悉的领域,积累了若干情况复杂、涉及金额大、处置难度高的历史遗留重大案件,短期内难以得到有效解决,一定程度上制约了企业转型发展。加之,前期组织机构不够健全,管理机制尚未完善,导致积累的很多案件处置较为滞后。“四企合一”后的湖北联投,囊括了4家企业的案件,2021年案件新增数量是合并前的3.5倍,4家企业的公司治理、规章制度、工作流程、队伍建设也存在差异,对案件管理工作提出了更大挑战。另外,企业主业相关的建设工程、房产开发等业务,也是近年来案件频发高发的领域。

回避解决不了问题,必须迎刃而解。企业要长远健康发展,必须积极化解历史遗留问题,才能集中主要力量,聚焦主责主业谋发展。近三年来,湖北联投高度重视案件管理工作,从组织领导、建章立制、风险预防、案管系统、队伍建设、律所管理、考核激励、优化管理等全方位、多维度高位强力管控案件,最大限度维护企业合法权益,有效防范生产经营法律风险,为企业高质量发展提供法治保障。

二、主要工作举措

(一)加强事前机制建设,全力防控法律风险

一是建立组织机构领导体系。湖北联投坚持以习近平法治思想引领法治联投建设,不断强化顶层推动,先后成立法治建设领导小组和合规委员会,统筹和领导集团开展案件管理工作,切实履行法治建设第一责任人职责。集团党委对于案件管理重要工作亲自部署、重大问题亲自过问、重点环节亲自协调、重要案件亲自督办。年初专题研究全年案件管理专项工作计划,年中、年末专题听取案件处置工作报告,经常听取重大案件处置和风险化解工作汇报,为集团案件管理工作顺利开展提供有力组织保障。建立外派董事制度,选聘法律专业背景人员担任子企业董事,优化董事会知识结构,从法人治理机构层面增强抵御风险能力。在重要子企业选优配强总法律顾问,领导法务管理机构开展案件管理工作,不断强化董事会定战略、作决策、防风险职能。出资公司法治建设领导小组将案件压存控增挽损任务分解到案发部门、关联到职能部门,明确每个案件包保责任人,形成齐心协力防控风险、处置案件的良好局面。

二是健全风险管理制度体系。为筑牢夯实风险管理能力根基,织牢织密风险防控防线,湖北联投近三年在风险管理制度上发力,共计出台了25项法务合规制度,建成了四梁八柱、体系完备的三级法务合规管理制度体系。合同管理、法律纠纷、重大决策等各个重

要领域,均纳入了科学化、规范化的管理轨道,逐一堵塞风险漏洞。特别在案件管理制度方面,出台了纲领性、程序性、实体性和保障性制度共5项。通过出台纲领性制度《法律纠纷案件管理办法》,规定了案件管理机构职责、管理流程、备案督办、办案保障、考核奖惩等,明确界定了集团与出资公司、涉诉部门与法务部门、常年法律顾问和代理律师等具体职责权限,有效指导各级公司规范案件管理工作。通过出台程序性制度《案件全流程风险管理手册》,明确案件处置在公司内部如何履行各项具体流程,区分涉案金额大小、案件性质、办案阶段等明确涉诉部门、法务部门、公司领导等主体涉及的具体流程和表单。通过出台实体性制度《案件处置风险防控工作指引》,聚焦案件处置全过程各个环节,剖析了诉前准备、起诉受理、一审庭前、一审庭审、上诉二审、强制执行、应对再审及结案归档等8个阶段38个风险点,重点聚焦外部风险逐一列明防范措施。通过出台保障性制度《案件档案管理规范》《法律服务中介机构管理办法》,有效规范了案件档案收集整理和证据运用工作,提高代理律师选聘管理水平,有效保障案件处置水平。

三是持续优化风险防控机制。湖北联投贯彻"防火才是最好的灭火"的风控理念,建立"三道防线"风控机制,要求各级单位把合法合规性审核作为经济合同签订、规章制度制定、重大经营决策不可逾越的重要环节,确保风险底线"守得牢""防得住",不向后端延伸产生案件。第一,防控决策风险。首先,厘清决策边界。湖北联投不断修订完善《"三重一大"决策制度实施办法》,从纵向划清母子公司权责边界,充分授权出资公司自主决策,让听得见炮火的人做决策,实质性源头防控风险,而不是一味等待集团决策贻误最佳时机。在充分放权的同时,确保决策范围、事项和权限符合法律法规、国资监管和企业发展需要。制定《股东会、董事会、总办会议事规则》等系列决策制度和《四会一层权责清单》,从横向划清公司内部不同决策主体的权责边界,不断完善法人治理结构,让四会一层各司其职管控风险。其次,规范决策机制。违规决策就是埋下风险的"种子",是案件产生的一个重要导火索。湖北联投通过出台《重大事项法律审核管理办法》,将合法合规性审查和重大风险评估作为必经前置程序,详细规定涉法事项清单、审查程序、审查内容、审查结果运用等内容,坚决做到依法合规决策。同时,对于经常审核的重大事项,制定重大事项法审清单,实现法审工作标准化、高效化、优质化。最后,倒查违规决策。湖北联投对决策违规持续保持高压严管态势,出台《违规经营投资责任追究工作实施细则》等决策责任追究制度,明确违法违规决策导致国有资产损失的法律后果,切实增强国资监管法规制度和企业内部管理规定的刚性约束,倒逼形成决策风险防控压力,有效避免违法违规或盲目决策。第二,防控合同风险。在合同洽谈阶段,建立商业合作伙伴资信管理审查机制,严把市场准入关口,通过调查合作伙伴资质证照、以往合作情况、涉诉案件及执行信息等各项维度判断资信风险是否可控,从合作伙伴选择时即开始筛查风险。在合同评审阶段,区分业务、财务、法务等不同部门合同审查职责,明确各部门合同审核要点并嵌入流程,各部门各司其职分工审查合同,防止越位和失位。在合同签订阶段,严格做好法律审查,聚焦建设工程、房产开发等主营业务出台94份合同示范文本,防止合同约定模糊及缺漏等问题产生争议。积极加强合同管理信息系统建设,方便合同示范文本调取使用,进一步规范合同文本比对、审核、用印等工作。在合同履约阶段,针对谈判、签约、履约是不同部门、人员的,实行合同交底工作,对合同重点条款、关键环节等在签订后马上进行合同解释和明确分工,避免合同条款出现理解歧义或重大误解,从履约第一步抓好风险防控。开展重大项目合同履约检查,不机械停留在合同签订时“刻舟求剑”,每季度动态检查时间进度、资金支付、资信变化、交付质量等重点履约情况;对担保、投资、应收账款清收等重点领域,重点检查债务人是否正常还款、合作伙伴资金是否到位、资信能力是否变化等情况,及时发布《风险提示函》,预警防范法律风险。

(二)抓好事中高效管控,全力优化处置策略

一是通过“四凡四必”机制规范管理流程。湖北联投对案件全面实行“四凡四必”管理机制,进一步理顺法律纠纷案件处置工作的权责边界,根据案件类型全面压实案发单位和相关业务主管部门各级次的主体责任,实现对案件规范高效处置。(1)凡案必报,凡是诉讼仲裁案件,全部按制度做好各环节填报工作,按要求录入案件管理系统。一般案件,报法务分管领导和法务部门;重大案件,层报公司主要领导。应诉案件要求自接到诉讼通知后24小时内向法务部门发起立项申请并移交资料。主诉案件要求在诉讼时效届满至少3个月前向法务部门发起立项申请。(2)凡案必躬,重大案件主动起诉前由业务分管领导出面参与协调,防止业务部门简单一诉了之;公司主要负责人在案件起诉前听取案件汇报,指导案件办理方向,明晰诉讼目的;在发案和结案时在领导班子有关会议上通报重大案件情况。对于本公司案件,法务部门和涉案业务部门必须旁听案件庭审现场。(3)凡案必析,起诉应诉时认真分析策划案件,研究诉讼目的和案件处置要求,科学制订诉讼策略,案后认真分析总结办案的经验教训。(4)凡案必鉴,实行办理一起案件,完成一份总结报告,形成一份管理建议,防止同类案件再次发生。对于案件暴露出的合同文本问题,及时修订完善合同示范文本,进一步完善合同法审工作。对于发现的制度漏洞,建议公司及时优化制度、填补空白。

二是通过分层分类提升案件处置效率。湖北联投根据案件发生的案由、涉案金额、诉讼地位等不同情况,进行分层分类研究处置,大力提升案件处置质效。第一,繁简分流,重点应对。根据案件的人员数量、标的金额、难易程度等因素,将案件区分为群体案件和重大案件、一般案件。针对可能发生的群体诉讼,坚持首案必攻,算好综合成本账,不计较个案成本维权,重点予以突破。针对重大案件,由公司领导亲自协调督办,集中资源和精力群策群力。针对一般案件,通过简化内部程序、优化流程措施、法务人员自行代理等手段来实现程序简易化、合理化,加快处置效率,降低诉讼成本。第二,区分类型,积极应对。对主动起诉案件,制定加速推进方案,积极采取诉前、诉中财产保全措施,明确重点环节、诉讼目标及时间节点,最大化维护企业利益。对被动应诉案件,不以销号为导向,积极争

取谈判、调解机会，坚持“维护公司利益”不动摇、维护“国有资产安全”不动摇。对于严重制约企业经营发展的掣肘案件，主动谈判协商置换财产保全标的，争取股东之间友好协商生产经营工作，避免案件不结而经营停滞。第三，梳理总结，精准应对。针对案由集中、数量较多的、建设工程、担保追偿等纠纷，积极会商，总结出共性问题，形成普遍性、操作性强的应对策略手册，高质量予以攻克。针对案由分散、数量较少的案件，充分策划，找到个性问题，做到一案一策，针对性寻求最有效的解决对策。针对案件处置经常使用的证据材料，平时注重证据形成、证据留存，同时避免或减少形成对我方不利的证据，从证据管理层面提高案件应对精度。

三是通过统筹资源优化案件处置策略。首先，建立专班全程包保。针对每一项重大案件，组建包括公司分管领导、案发部门负责人、法务专业人员、案件代理律师和常年顾问律师等人员在内的工作专班，严格落实“包掌握情况、包解决化解和包事后规范”的包保化解责任，严格执行“一个案件、一个专班、一个方案、一抓到底”的工作要求，明确年度目标任务，分解细化财产保全、证据保全、司法鉴定、司法评估等阶段性任务，并将任务分解到人。坚持专班全程参与案件处置工作，确保每季度或出现新情况时进行会商，全力实时优化处置手段。其次，统筹资源形成合力。充分利用好法务专业人员、案件代理律师和常年顾问律师的专业智慧，共同研究证据线索、法律关系、相关案例等。在案发部门参与的同时，组织投资、财务、建设、资产等职能部门共同研究诉讼目的，商讨优化案件策略。对于重大疑难案件，邀请法学教授、投资专家、会计师事务所、资产评估机构等进行专家会诊，让案件策略充分吸收专业意见。集团每季度召开重大案件调度会，动态分析案件推进难点，协调解决重大难题，明确处置原则、处置方法和推进要求，不断优化案件应对策略。统筹整合多方资源，综合运用法律、行政、经济等方法多维推进有关案件处置工作，尽快合法解决历史遗留问题，依法维护国有资产合法权益。最后，多措并举形成巧力。对于涉及商业秘密、外地专属管辖或我方胜诉可能性大的案件，鼓励采用仲裁争议解决方式，有效保护商业秘密，尽可能得到公正裁决，有效节省维权成本。同时，杜绝一味将诉讼、仲裁作为化解风险的主要手段，根据实际情况，围绕处置目标，综合运用诉前调解、商务谈判、行政诉讼等多种方式推动纠纷化解，降低风险化解成本，寻求于己方最有利的方式解决争议。

四是通过数字化强化案件处置能力。湖北联投树立向信息化要战斗力的理念，2021年4月率先建成省属企业首家案管系统，将集团所有案件上线，实现案件流程周期化、案件管理项目化、信息上报规范化、关键节点预警化、案件信息联动化、统计分析可视化、办案资料档案化“七化”管理；2022年4月上线案管系统2.0版本，增加个案可视优化、法律风险点提示和案件预警提醒等多项功能，极大提升案件管理效能。通过案管系统实时掌握每一案件的法院受理、证据保全、执行情况等最新进展，不断优化处置策略；通过大数据分析，实时掌握每家出资公司的案件新增件数、压降情况、维权效益情况，极大提高案件总体分析效率，大幅提升案件处置成效。2021年11月，湖北联投通过案管系统调度分析某二级公司案件时,发现某个已经填报为纠纷风险的项目准备在公司内部履行解散诉讼审批程序。该合作破裂的项目涉案金额大、对方股东涉诉案件众多,如果提起解散诉讼,短时间难以达到诉讼目的,很可能被对方股东及其债权人抢先查封、处置资产,导致最终处置效果不理想。后来,该二级公司经双方协商后在最短时间时提起仲裁并取得仲裁结果后向法院申请执行,该案件不到1年时间里挽回损失7.5亿元,创造良好经济效益。

五是通过考核激励提升案件处置成效。一方面,科学设置考核指标。湖北联投出台《法治建设绩效考核评价办法》,将案件处置作为对出资公司年度法治考核的重要内容。从挽损避损、严控新增、案件审结、存量管控、员工代理五个维度全面考核案件处置成效。每月出资公司汇总上述五个维度数据,及时掌握案件管理最新进展。对每个重大案件下达明确减损指标,明确责任人员和阶段性进度要求。对严重不达预期的单位进行约谈,确保案件处置目标和压力层层传导。另一方面,建立激励机制。针对内部法务人员,湖北联投探索出台《员工代理法律纠纷案件管理办法》,对于法务人员为公司维权创效的,积极兑现奖励,实现案件处置减少经济损失与法务人员共享机制。推行前期给予合理办案经费和后期发放办案奖励两个方面的物质激励以及适当的精神激励。根据涉案金额大小划分为不同档次给予办案经费,让法务人员代理无后顾之忧。根据办案成效,以减损金额乘以收回现金或资产性质、增信措施、回款时间三个系数计算奖励金额。同时对于为企业追回损失、解决历史遗留问题的集体和个人予以精神激励,通过通报表扬、评先评优等方式,鼓励法务人员高质量办理案件。针对案件代理律师,首先,建立律所“白+黑”合作机制。对入库的“白名单”,充分考虑各家律所律师团队擅长专业领域,选择聘用专业能力强的律师团队。对于因尽职调查失职、协议起草出现重大瑕疵等失职失责行为,并给企业造成较大经济损失等问题的律所,实行“黑名单”管理机制,一定时期内不得再承揽重大案件代理业务。其次,建立利益联结捆绑机制。重大案件原则上实行风险代理,将案件处置成效与代理费用挂钩,提高挽回损失/律师费用的比例,提升律师费用支出的性价比。最后,建立律师工作评价机制。通过案管系统对每个项目律师代理案件表现进行评分,实现律师考核“可量化、可监测、可问责”,通过“大众点评”“五星好评”引导出资公司择优选聘律师。统计显示,湖北联投某二级公司平均每花1万元律师费能挽回202万元经济损失,大大提高律师费用投入产出比。

(三)注重事后复盘分析,全力提升附加价值

一是复盘提升案件处置能力。首先,经验案件总结汇编案例。湖北联投案件数量多、类型广,通过复杂多样的案件处置实践,总结分析出丰富的诉讼应对策略和案件全流程管控经验,编写房地产领域、建设工程等领域多部典型案例汇编,持续优化法律纠纷案件管理机制,找到案件处置工作的短板和不足,进一步提高案件管理能力和水平。其次,高发案件制定风控指引。“无讼”是一个企业追求的最高目标,是事前风险防范的“极值”,更是企业经营管理能力的体现。湖北联投注重案件事后分析,把工作案件管理工作侧重点

从事后的案件处置补救逐步转移到事前的法律风险防范上来。湖北联投对历史案件中的风险点进行全面筛查,发现易发、频发、高发案件内在规律,聚焦房产销售、工程纠纷等易发、高发风险点,制定《风险防控手册》10 份,不断提高专项风险识别能力,尽可能压降同类案件再次发生的概率。最后,典型案件开展警示教育。针对具有普遍借鉴意义的案件,湖北联投建立典型案例释法机制。通过选取具有典型性和代表性的案例,每年举办法治与发展论坛、合规沙龙、模拟法庭等形式的法治宣传活动,向干部职工进行法律解读,使典型案件依法解决的过程成为干部职工的普法公开课,实现以案促管、以管创效。

二是厚植依法合规治企文化。案件处置的初心和目标是培育依法合规治企文化,保障企业健康稳健发展。近些年,湖北联投以案件管理为契机,不断厚植法治文化,全力打造法治联投品牌。第一,培育法治文化理念。湖北联投把习近平法治思想贯彻落实到依法治企各方面和全过程,将培育法治文化作为法治联投建设的基础工程。认真开展“七五”普法总结验收,及时出台“八五”普法规划,每年年初按时发布法治宣传教育工作计划并落实到位。在集团范围内着力培育以“经营合规、管理规范、守法诚信”为核心的法治文化,集团“决策先问法、违法不决策”的观念日益牢固,自上而下重法治、促合规、强管理的良好局面逐步形成。第二,构建普法长效机制。近三年来,湖北联投坚持聚焦国企改革、主责主业、重大问题和法治热点,每月选择新城综合开发、房地产投资风控等不同主题按时开展教育培训,推动法治宣传教育制度化、常态化,使依法合规、守法诚信成为全体员工的自觉行为和基本准则。第三,打造法治联投品牌。湖北联投积极对标一流企业,学习先进法务合规管理经验,全力打造“四依四法”的“法治联投”品牌:公司层面,完善依法治理、严格依法决策、规范依法经营、强化依法管理;员工层面,强化法治理念,树立法治思维,运用法治方式,坚守法治底线。为实现法治联投建设目标,湖北联投谋划布局“法治联投”建设五年规划,确立了一个升级、两个融合、三个转变、四个转型、五个突破的“12345”分步实施路径。

三是优化完善企业经营管理。一方面,改进经营薄弱环节。任何法律纠纷案件源头上都是业务问题,通过案件可以反映出企业经营管理存在的问题和短板。湖北联投对于案件暴露的问题吃干榨尽,真正做到“以案促管”。第一,完善制度。将案件暴露的问题反馈至职能部门,并对相关制度进行法审评估,督促完善规章制度。第二,优化流程。对于案件暴露出的流程不畅、流程空档等问题,通过修改信息管理系统等方式及时堵漏洞。第三,加强检查。相关职能部门举一反三,对于案件多次暴露的问题,开展全面性、系统性检查,坚决不让同类问题“躺平”。湖北联投坚持“业法融合、价值创造”理念,以案件管理为切入点,不断完善优化业务流程,完善公司相关管理制度,实现案件反哺业务,提升企业管理水平。另一方面,服务企业改革发展。2022 年,“四企合一”后的湖北联投战略性抢占产业新赛道,先后开辟了城市运营、商贸物流、数字产业、保障租房、产业金融等五个新赛道。法务部门全程参与新赛道战略研讨,全面服务业态整合、资产整合、人员整合,揭示风险、提出对策、优化方案,从源头排除新赛道上可能出现的障碍,积极防范战略层面的风险。另外,针对重组过程中的集团与子公司之间资产划进划出,出资公司之间产权转让、企业增资、资产转让、人员安置等提供全过程法律服务,确保各项改革于法有据、不开倒车。

三、案件管理工作体会

湖北联投持续三年的“压存控增挽损”案件管理专项行动取得较好的效果,整体实现了案件审结数量保持较高水平、新发案件特别是新发重大案件增长态势有效遏制、大幅挽回经济损失的处置目标,为集团创利增效作出了贡献,充分彰显法律维权的经济价值。以2021年为例,湖北联投全年案件审结率同比提升39%,审结金额连续两年突破25亿元;重大案件数量新增同比下降47%,新增金额同比下降38%;全部案件减少经济损失13.41亿元,同比增长161%;员工代理案件超过100件,同比增长50%。《湖北日报》《楚天法治》《法治湖北》《湖北国资动态》等省级主流媒体多次大篇幅报道湖北联投案件管理的创新措施和工作成效。湖北联投受邀在全省国资国企法治建设培训班上介绍案件管理先进经验,树立起了案件管理的“联投样本”。

案件管理工作是一项系统性、全局性工作,其目标非朝夕可达,其作为非一日之功。近几年,湖北联投在提升案件管理的规范化、精细化、高效化、科学化、信息化水平上狠下功夫,形成了以下八点体会。

一是强化主体责任。思想认识到位才能行动到位。湖北联投党委高度重视案件管理工作,定期召开专题会议听取案件汇报,研究协调解决重大难题。老大难、老大难,老大重视就不难。集团和各级公司主要负责人积极落实法治建设第一责任人职责,全面压实各位分管领导和部门负责人法治建设职责,形成所有部门齐心协力共同防控风险、处置案件的整体局面,为案件管理提供坚强组织保障。

二是牢树法治思维。要善于运用法律手段解决问题和推动发展,将法治思维作为一条主线贯穿案件管理始终。做好案件管理,必须要敬重法律和制度,健全风险管理制度体系,规范案件处置流程,提升规范化、程序化、制度化水平。同时,坚持证据意识,讲求事实证据,日常工作中注重过程管理和履约留痕,规范档案管理,有理有据保障企业合法权益。

三是强化目标管理。欲求其上必求上上,欲求其中必求其上。要坚持目标导向,科学设置整体案件处置年度、季度、月度目标和个案具体目标,设置精细化考核评价标准,配套通报表彰、工作约谈等举措,有利于保障和提高案件处置质效。案件处置是经营管理的手段而不是目的。企业经营层要和代理律师有效沟通,理解诉讼目的和代理要求,切实增强工作的方向性,聚焦目标找到案件解决有效路径。

四是量化成本收益。案件管理应当坚持项目化管理,把每个案件当作一个项目全过程管理,积极管控成本和收益。根据案件的案由、涉案金额、重要程度等实行分级分类研究处置，区分主次和轻重缓急，精准发力，大幅提升案件处置质效。建立利益捆绑机制，更加充分激发代理人员的积极性和内在潜能。主业相关的一般案件由法务人员自办，坚持精神激励与物质激励并重，提高办案效率并节约成本。重大案件实行风险代理，让律所把企业案件当自己案件办理，增强律师的代理责任心，提高代理费用支出性价比。

五是科学优化策略。众人划桨开大船，众人拾柴火焰高。出资公司案发部门、法律事务机构、各级常法单位、案件代理律师与集团法务部、集团常法单位、库内律师应加强沟通，多方会商；职能部门参与案件处置工作讨论会议，群策群力。共同研究优化案件处置工作思路，形成案件处置合力，确保方案最全、路径最优、效果最好。重大疑难案件，需要充分发挥专家会诊作用，从法律、投资、财务、技术、资产评估、工程造价等角度寻找应对案件的答案，多维度、系统性完善案件策略。

六是实行多措并举。在法律允许范围内，统筹各类资源，综合运用行政、经济、法律等各类手段形成组合拳，探索谈判、和解、仲裁等多元化纠纷解决路径，加快案件处置工作，维护己方合法权益。争取地方政府、司法机关、仲裁机构合法支持，营造更好法治化营商环境，推动解决历史遗留问题，让企业放下包袱、砥砺前行。案件处置是解决问题的手段之一，但不一定是主要手段、唯一手段。以打促谈、引起重视，推动调解和解谈判、优化合作模式，有时更能高效解决问题、实现双赢。

七是强化数字支持。法务管理向信息化、数字化转型是现代企业治理必然的选择。建立并用好案件管理系统，对各类案件进行大数据分析，帮助办案人员有效识别、规避、防控纠纷案件各个阶段的风险，实时掌握案件最新进展，分析处置工作重点难点，优化案件处置策略，将极大提升案件管理效能。让数据辅助决策，更是案件大数据的价值所在。通过案件大数据，可以找到案件易发区、高发区以及重点问题所在，对于企业优化管理、防范风险具有很大价值。

八是注重举一反三。好了伤疤，不能忘疼。对于同类业务、同类项目、同样交易结构，前面爆发了一个案件，就有必要警觉同类案件发生，采取应对预案，参照前期处置经验教训应对类似案件。前事不忘，后事之师。重视事后复盘分析，开展典型案例教育，不断前移风险防控端口，及时优化合同示范文本，避免类似案件再次发生。健全以案促管长效机制，深刻剖析案发原因，关注案件背后反映的管理问题，及时完善制度，堵塞管理漏洞，提升案件管理附加值，为企业整体经营管理水平创造最大效益。

第二编　案件管理

以需求为导向的案件分类管理

谷海燕　张　喆　新浪集团诉讼团队

作者简介

谷海燕　新浪集团法务部总经理

张　喆　新浪集团法务部诉讼总监

新浪集团诉讼团队

企业简介

新浪集团是一家服务于中国及全球华人社群的领先网络媒体集团公司。新浪集团通过门户网站新浪网(SINA.com)、新浪移动(移动门户及移动应用)和社交媒体微博(Weibo.com)组成的数字媒体网络,帮助广大用户通过电脑和移动设备获得专业媒体和用户自生成的多媒体内容并与友人进行兴趣分享。

新浪集团通过主营业务及其他业务线向广大用户提供一系列网络媒体和社交媒体服务,为企业和广告客户创立与其目标客户高效联系和沟通的丰富渠道。

内容摘要

新浪集团法务部诉讼团队(以下简称新浪集团诉讼团队)基于互联网媒体的行业特点,以"创新+务实"的工作风格,在多年实践中形成了自己特有的案件管理模式。具体到日常案件管理工作中,诉讼团队并未将设置繁多的内部规章制度作为管理的基础,而是以需求为导向,从提升"工作专业度"和"工作效率"两个维度作为基本抓手,以"案件应诉""对外维权""境外纠纷"三个主题进行岗位设置及工作管理。随着公司的不断发展壮大,诉讼团队在不忘初心的同时,亦勇于拥抱变化,以"紧贴需求、务实创新、精于专业、追求卓越"作为案件管理的根本定位和出发点,始终以发展的眼光动态检视案件管理模式。随着近些年境内外法律环境的不断变化,上述案件管理模式经受起大量实战案件的考验,有效应对公司面临的各类风险。

关键词

法务案件管理　互联网诉讼　团队合作　需求导向

一、新浪集团案件管理以及诉讼团队建设基本情况介绍

新浪集团作为中国大陆第一家采取 VIE 架构赴美上市的互联网公司,见证了中国互联网在过去 20 多年的发展历程。身为亲历者,新浪集团本身即是乘着中国互联网兴起的大浪,通过自身不断的探索和创新,推动着互联网产品和传播技术的变革与跃迁。作为互联网经济发展的直接参与者,新浪集团诉讼团队亦感受到行业发展之于司法领域的影响。

新浪集团涉及的案件随着司法体制改革、新法新规出台、互联网行业发展、公司自身商业创新等变化,在不同历史时期呈现不同的样态。总体而言,公司所涉案件在数量及类型上呈现动态发展、逐步扩张的趋势。具体来看,案件管理及团队建设经历了三个重要发展阶段:初期管理阶段→深挖创新阶段→多法域管理阶段。

(一)初期管理阶段(2001 年至 2015 年)

从传统门户时期至社交媒体平台初期为初期管理阶段(2001 年至 2015 年)。

在传统门户时期,新浪集团主要的案件类型为著作权合同纠纷、著作权侵权纠纷,基本为门户网站中各个频道页面内容所引发的纠纷,以文字作品(小说、文章)为主。这一时期,由于自媒体、移动设备等新的内容生产方式及技术尚未出现,传播形式相对单一,整体案件数量不多。

随着博客的兴盛、微博的诞生,新浪集团开始拥有了社交媒体平台的属性。这一时期网络平台更加注重与用户之间进行互动,让用户从单纯被动的内容消费者转变为内容创造者。与此同时,随着移动互联网技术的进一步发展,网络中传播的各类信息内容也随着用户数量的增加得到了进一步的丰富和扩充,这也间接导致了互联网公司案件数量的增长。在向平台治理转型的初期,新浪集团面临的诉讼案件已经呈现下列趋势和特点:

1. 案件数量激增。从年收案件突破百件，到年对年增长翻倍，实现了这一阶段案件数量以十倍计的增长，并在2015年首次突破1000件。

2. 案件类型丰富。除案由种类的增加外，仅就著作权纠纷这一案由下的作品类型，相较之前单纯的文字作品，增加了摄影作品、美术作品、音乐作品、视听作品等。

3. 解决手段更加多元。调解制度开始适用，总体案件量和解率达50%。

（二）深挖创新阶段（2016年至2019年）

随着微博平台的发展壮大，新浪集团的社交平台属性逐步增强，案件管理模式开始进入深挖创新阶段（2016年至2019年），案件数量井喷式增长，并保持较快增速，在2018年迎来6000+件/年。主要案件类型涵盖了著作权侵权纠纷、商标权侵权纠纷、网络人格权纠纷、不正当竞争纠纷、广告合同纠纷以及服务合同纠纷。这对案件管理模式提出了更高的要求。与此同时，诉讼团队认识到主动维权的重要性，并于2016年开始建立新浪集团维权体系。这一时期案件管理呈现如下特点：

1. 增加团队成员。由于案件量激增的客观原因，团队从原有的3人扩展到8人，通过紧密的团队合作，对新入职的成员高效完成了专业技能培训，使其可以迅速独立开展工作并代理案件。

2. 引入外部律师。由于应诉案件的复杂程度不断提升，加之维权案件所涉法律问题较为新颖，很多情况下无例可循，需要引入优秀的外脑一起攻克难题，诉讼团队也从与外部律师的合作中识别、遴选出一批出众的合作伙伴，彼此增益。

3. 案件管理系统线上化、数字化。由于案件数量和种类激增，已经无法依靠手动录入的方式进行案件管理，诉讼团队与信息系统部一起开发了诉讼管理系统，完成了诉讼案件全流程的信息化管理，使案件统计、流转、重点节点提示更为高效便捷。

4. 注重团队培训。公司法务既需要懂专业，又需要了解公司的业务模式，还需面临层出不穷的新问题。诉讼团队通过开展团队培训及前沿问题研讨会，提升成员专业能力，加强成员对业务的熟悉了解，确保在处理案件时能够尽可能将商务问题和法律问题进行有机结合，妥善处理。

（三）多法域管理阶段（2019年至今）

随着我国综合国力增强，中国企业在全球许多领域已具有较强的竞争力，境外企业已经开始通过诉讼等手段与中国企业展开角逐。新浪集团也不例外，随着公司业务的进一步发展，新浪集团诉讼团队的案件管理迎来了多法域管理阶段（2019年至今）。除了应诉，公司也开始运用诉讼策略，与境外主体进行制衡与较量。跨境案件的出现和增长，给团队的案件管理提出了更高的要求。为了更好地响应和匹配需求，诉讼团队开始引入跨法域人才，建立涉外工作团队，学习和了解英美法系中必要的知识产权规则，完善知识储备，在预防跨境纠纷和处理跨境案件中与境外律师团队通力合作，达到公司的策略成效。

二、新浪集团案件管理的定位

(一)诉讼案件对公司的影响

作为公司法务,具体个案的处理方式可能因人而异,但站在公司整体利益的视角下看,需要寻找对公司负面影响更小、正面意义更大的最优解决方案。从这个角度而言,即使面对简单的个案,不同代理人的代理效果也会产生不同的影响。正如上文所述,作为具有媒体性质的平台企业,面对日常工作中的海量案件,诉讼团队都会站在公司的视角,秉承谨慎专业的态度进行案件的综合研判,谨防单起诉讼案件处理不当而导致的负面社会效应。"魔鬼藏在细节中",在公司法务眼中,任何一起案件的背后都寄托着公司付出的商业资源、技术研发投入,以及各个部门夜以继日的辛勤付出,一旦处理不当,不仅可能在法律层面导致整体商业模式的颠覆,还有可能影响公司的战略决策。正是基于上述原因,作为公司法务,在处理诉讼案件时,应当站在更高的视角审视案件本身。

(二)案件管理的必要性

案件管理的必要性体现在三个层面:

1. 基础性统计需求。如上所述,面对大量的诉讼案件,作为管理者的最基本的管理需求就是统计汇总案件的基本情况,从而跟进并了解案件的规模、类型、发展趋势以及结果,最终形成第一手总结资料,对内进行统计,对外进行汇报。

2. 类案处理方式的积淀。在数字经济时代,不仅业务、技术人员需要进行大数据统计分析,法务部门同样有必要从基础的案件数据背后进行深入剖析,从而发现案件输赢背后的密码,从而为类案争取高效的处理方式和良好的处理结果。

3. 业务反哺。纠纷不能仅结束于诉讼,在案件办理终结后,结合庭审情况、裁判结果和最新司法趋势,找寻到业务中的风险威胁点,向业务部门提出合规建议,从而实现通过诉讼反哺业务的效果,是案件管理的最大价值之一。

三、新浪集团案件管理的工作原则和具体做法

"需求"是制定管理模式的出发点,新浪集团诉讼团队对于诉讼案件的管理模式,正是紧贴需求进行的构设。基于案件属性和特点,诉讼团队以"案件应诉""对外维权""境外纠纷"作为三个主题进行岗位设置和工作管理。

(一)岗位设置

为了匹配公司日益增多的案件需求,加强案件管理反哺公司业务的实际效果,诉讼团队基于案件管理的实际情况及案件特点,设置了三类内部岗位:(1)诉前纠纷处理岗;(2)对外维权岗;(3)境外纠纷岗。结合每位团队成员的不同特点(工作经验、性格特点、办事效率等因素),诉讼团队会根据案件管理的实际需求匹配特定的成员对接

特定岗位。诉讼团队并未采取机械固定的方式，指定特定成员从事某一固定类型的案件，而是让每一位成员都有机会负责全类型案件，了解不同种类案件的处理流程和方法。

需要指出的是，相对于固定岗位的专业化管理模式，诉讼团队意识到采取全类案件触达方式对员工个人的全面成长是有益的，但可能会由于在特定领域的经验不足导致案件处理效果的差异。基于此，诉讼团队辅之以“资深法务辅导制度”的配套安排，从而在案件管理中形成“双保险”。对于重大疑难或可能导致公司担责的风险案件，诉讼团队也会结合实际情况，直接指派资深法务对接，并为其匹配初级法务承担基础性工作，这种紧密合作的团队工作制，也会让案件管理效率得到进一步提高。目前，在集团内部仅不到10%的案件会引入外部律师，以此达到所有成员都保持一线处理案件能力的目的。

（二）工作管理

1. 案件应诉

与传统行业的企业不同，基于互联网信息内容平台的特性，新浪集团每年会接收数万件法律纠纷与诉讼案件。作为企业法务，面对纠纷时的角色定位不仅是冲锋在前的战士，还需要是整体谋划的军师。在个案中争取最优结果、在类案中获取解决密钥、在模块上组织严密防线，是新浪集团诉讼团队追求的目标，基于公司特点及案件特性，诉讼团队在案件应诉中所设置的管理模式包括诉前纠纷处理、被诉案件应诉等板块。

（1）诉前纠纷处理

诉前纠纷处理是针对尚未进入诉讼、仲裁程序的法律纠纷所设置的工作板块。互联网平台中的各类信息内容纷繁复杂，新浪与微博中每日数亿活跃用户会产生海量信息内容，涉及著作权、商标权、人格权、不正当竞争等多类法律投诉纠纷。及时、正确处理诉前纠纷，是降低平台法律风险的必要举措，更是维护平台运营秩序、保护平台商业价值的重要方式。

诉前纠纷岗位需要较强的沟通能力、高效的协调能力和准确的法律判断力，新浪集团诉讼团队大部分成员均会经历诉前纠纷岗位的历练。

随互联网领域的立法日臻完善，诉讼团队会实时跟踪立法动态，对新浪网、微博平台的投诉处理机制进行设计和调整。2013 年《信息网络传播权保护条例》、2014 年最高人民法院《关于审理利用信息网络侵害人身权益民事纠纷案件适用法律若干问题的规定》、2020 年《民法典》……伴随几项重要法律法规的颁布与修订，诉讼团队及时协同公司业务部门，从产品设计、运营模式、人员配置等方面对投诉机制进行调整。特别是《民法典》明确并细化了关于侵权通知处置的规则，诉讼团队从“接收通知”“转通知”“反通知”“转反通知”等多个环节着手，根据《个人信息保护法》等合规要求，与业务部门迅速配合设计开发了贴合平台特性的新版线上投诉系统。新版系统契合了《民法典》的侵权通知处置规则，进一步加强维护平台的生态治理。

此外，诉讼团队还结合司法实践，发起设计了符合境外法律要求的“DMCA 系统”（见图 1－1 至图 1－3）、适合影视剧快捷处置的“线上影视剧权益投诉系统”（“线上影视剧权益投诉系统”现已更名为“知识产权投诉系统”，见图 2）、符合北京冬奥会投诉要求的“冬奥专项投诉系统”（见图 3）等特色投诉渠道，为不同类别的权利人提供了定制化通道，为知识产权保护做出积极贡献。

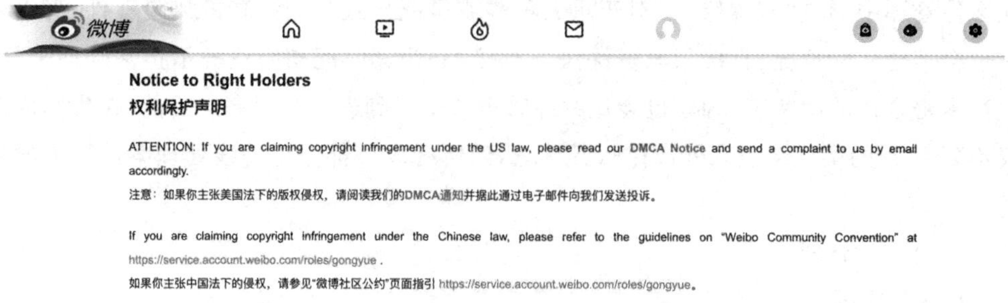

Notice to Right Holders

权利保护声明

ATTENTION: If you are claiming copyright infringement under the US law, please read our DMCA Notice and send a complaint to us by email accordingly.

注意：如果你主张美国法下的版权侵权，请阅读我们的DMCA通知并据此通过电子邮件向我们发送投诉。

If you are claiming copyright infringement under the Chinese law, please refer to the guidelines on "Weibo Community Convention" at https://service.account.weibo.com/roles/gongyue .

如果你主张中国法下的侵权，请参见"微博社区公约"页面指引 https://service.account.weibo.com/roles/gongyue。

图 1－1　DMCA 系统权利保护声明

DMCA Notice

DMCA通知

Because we respect artist and content owner rights, it is WEIBO's policy to respond to alleged infringement notices that comply with the Digital Millennium Copyright Act of 1998 (**"DMCA"**).

因为我们尊重艺术家以及内容所有者的权利，微博的政策是回应所有符合《1998年千禧年版权法》（下称"DMCA"）的指控侵权通知。

If you believe that your copyrighted work has been copied in a way that constitutes copyright infringement and is accessible via the Web Site, please download complaint form, fill out the required information (* indicates a required field), and then send the completed form to dmca@staff.weibo.com.

如果你认为你的版权作品以一种构成版权侵权的方式遭到复制，且可通过网站进行访问，请下载 投诉表格并填写必填内容（*指必填项）后将完成的表格通过邮件发送到dmca@staff.weibo.com。

UNDER FEDERAL LAW, IF YOU KNOWINGLY MISREPRESENT THAT ONLINE MATERIAL IS INFRINGING, YOU MAY BE SUBJECT TO CRIMINAL PROSECUTION FOR PERJURY AND CIVIL PENALTIES, INCLUDING MONETARY DAMAGES, COURT COSTS, AND ATTORNEYS' FEES.

根据美国联邦法，如果你故意对在线材料系侵权做虚假陈述，你可能会遭到伪证罪刑事检控以及民事处罚，包括货币损害赔偿金、法院费用以及律师费。

Please note that this procedure is exclusively for notifying WEIBO and its affiliates that your copyrighted material has been infringed. The preceding requirements are intended to comply with WEIBO's rights and obligations under the DMCA, including 17 U.S.C. §512(c), but do not constitute legal advice. It may be advisable to contact an attorney regarding your rights and obligations under the DMCA and other applicable laws.

请注意这个程序仅用于向微博及其关联实体通知你的版权材料遭到侵权。前述要求旨在遵守微博根据DMCA（包括美国第17卷第512(c)条款）的权利和义务，但不构成法律建议。就你根据DMCA以及其它适用法律的权利和义务联系一位律师可能是明智的。

In accordance with the DMCA and other applicable law, WEIBO has adopted a policy of terminating, in appropriate circumstances, Netizens who are deemed to be repeat infringers. WEIBO may also at its sole discretion limit access to the Web Site and/or terminate the accounts of any Netizens who infringe any intellectual property rights of others, whether or not there is any repeat infringement.

根据DMCA 以及其它适用法律，微博已经采取了一项在适当情况下封禁被视为反复侵权者的网民的政策。对于侵犯了他人的任何知识产权的任何网民，无论是否有重复侵权，微博可能也会完全自行斟酌决定限制对网站的访问，以及/或者封禁其账号。

图 1－2　DMCA 系统通知

Intellectual Property Complaint Form

知识产权投诉表格

Please fill out the required information below (* indicates a required field), and then send the completed form to dmca@staff.weibo.com.

请填写以下必填内容（*指必填项）后将完成的表格通过邮件发送到dmca@staff.weibo.com。

Your Contact Information:

你的联系信息：

1. Copyright/Trademark Owner Name (Company Name if applicable) *
   版权或商标所有人姓名（或公司名称）*
2. Your Full Legal Name*
   你的完整登记姓名/名称*
3. Your Title or Job Position*
   你的职位名称*
4. Phone Number*
   电话号码*
5. Fax Number
   传真号码
6. Street Address*
   街道地址*
7. City*
   城市*
8. State/Province*
   州/省*
9. Zip/Postal Code*
   邮政编码*
10. Country*
    国家*

Infringing Content Information

侵权内容信息

1. Description of the work(s) or trademark(s) allegedly infringed*
   主张遭到侵权的作品或商标描述*
2. Registration number(s) of the work(s) or trademark(s) allegedly infringed*
   主张遭到侵权的作品或商标的注册证号
3. URL or other description of location on the Web Site of the work(s) or trademark(s) allegedly infringing*
   主张侵权的作品或商标的URL链接或其它在微博网站上的位置描述*

Please read and check each statement below:

请阅读并打勾以下每项声明：

By checking the following boxes, I state under penalty of perjury that:

通过勾选以下选项，我声明（如不实愿受伪证罪处罚）：

□ I am the owner, or an agent authorized to act on behalf of the owner of an exclusive right that is allegedly infringed*;

我是主张遭到侵权的专有权利的所有人或其授权代理人*；

□ I have a good faith belief that the use of the material in the manner complained of is not authorized by the copyright or trademark owner, its agent, or the law*;

我诚实地认为按投诉的方式使用材料没有获得版权或商标所有人或其代理人或法律的授权*；

□ This notification is accurate*; and

本通知是真实的*；且

□ I acknowledge that under Section 512(f) of the DMCA, and/or other applicable laws, any person who knowingly misrepresents that material or activity is infringing may be subject to liability for damages*.

我承认根据DMCA第512(f)条及其他相关法律，任何在明知情况下作出材料或活动系侵权的不实陈述者可能承担赔偿责任*。

Typing your full name in this box will act as your digital signature*:

请在方框中输入你的姓名作为你的电子签名：* [ ]

UNDER FEDERAL LAW, IF YOU KNOWINGLY MISREPRESENT THAT ONLINE MATERIAL IS INFRINGING, YOU MAY BE SUBJECT TO CRIMINAL PROSECUTION FOR PERJURY AND CIVIL PENALTIES, INCLUDING MONETARY DAMAGES, COURT COSTS, AND ATTORNEYS' FEES.

根据美国联邦法，如果你故意对在线材料系侵权做虚假陈述，你可能会遭到伪证罪刑事检控以及民事处罚，包括货币损害赔偿金、法院费用以及律师费。

Please note that this procedure is exclusively for notifying WEIBO and its affiliates that your copyrighted and/or trademark protected material has been infringed. The preceding requirements are intended to comply with WEIBO's rights and obligations under the DMCA and/or the Lanham Act, including 17 U.S.C. §512(c) and/or 15 U.S.C. 1125, but do not constitute legal advice. It may be advisable to contact an attorney regarding your rights and obligations under the DMCA, Lanham Act, and other applicable laws.

请注意这个程序仅用于向微博及其关联实体通知你的受保护的版权及/或商标材料遭到侵权的情况。前述要求旨在遵守微博根据DMCA及/或Lanham Act（包括美国第17卷第512(c)条款及/或美国第15卷第1125条款）的权利和义务，但不构成法律建议。就你根据DMCA、Lanham Act以及其它适用法律的权利和义务联系一位律师可能是明智的。

In accordance with the DMCA and other applicable law, WEIBO has adopted a policy of terminating, in appropriate circumstances, Netizens who are deemed to be repeat infringers. WEIBO may also at its sole discretion limit access to the Web Site and/or terminate the accounts of any Netizens who infringe any intellectual property rights of others, whether or not there is any repeat infringement.

根据DMCA以及其它适用法律，微博已经采取了一项在适当情况下封禁被视为反复侵权者的网民的政策。对于侵犯了他人的任何知识产权的任何网民，无论是否有重复侵权，微博可能也会完全自行斟酌决定限制对网站的访问，以及/或者封禁其账号。

图1－3　DMCA系统版权投诉表格

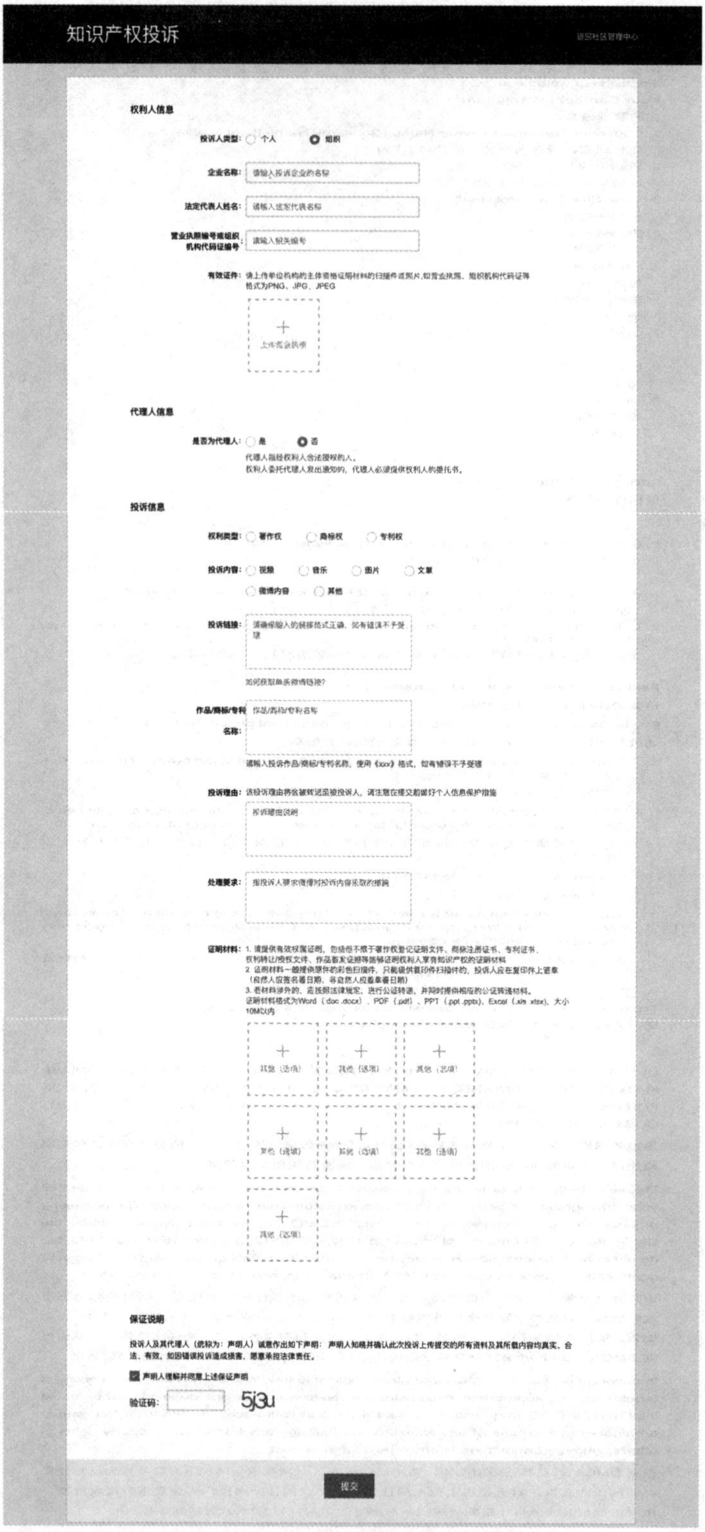
知识产权投诉
返回社区管理中心
权利人信息
投诉人类型： 个人 组织
企业名称： 请输入投诉企业的名称
法定代表人姓名： 请输入法定代表名称
营业执照编号或组织机构代码证编号： 请输入相关编号
有效证件： 请上传单位机构的主体资格证明材料的扫描件或照片,如营业执照、组织机构代码证等
格式为PNG、JPG、JPEG
上传营业执照
代理人信息
是否为代理人： 是 否
代理人指经权利人合法授权的人。
权利人委托代理人发出通知的，代理人必须提供权利人的委托书。
投诉信息
权利类型： 著作权 商标权 专利权
投诉内容： 视频 音乐 图片 文章
微博内容 其他
投诉链接： 请确保输入的链接格式正确，如有错误不予受理
如何获取单条微博链接？
作品/商标/专利名称： 作品/商标/专利名称
请输入投诉作品/商标/专利名称，使用《xxx》格式，如有错误不予受理
投诉理由： 该投诉理由将会被转送至被投诉人，请注意在提交前做好个人信息保护措施
投诉理由说明
处理要求： 指投诉人要求微博对投诉内容采取的措施
证明材料： 1. 请提供有效权属证明，包括但不限于著作权登记证明文件、商标注册证书、专利证书、权利转让/授权文件、作品首发证据等能够证明权利人享有知识产权的证明材料
2 证明材料一般提供原件的彩色扫描件，只能提供复印件扫描件的，投诉人应在复印件上签章（自然人应签名署日期、非自然人应盖章署日期）
3. 若材料涉外的，应按照法律规定，进行公证转递，并同时提供相应的公证转递材料。
证明材料格式为Word（.doc .docx）、PDF（.pdf）、PPT（.ppt .pptx）、Excel（.xls .xlsx）、大小10M以内
其他（选填）
其他（选填）
其他（选填）
其他（选填）
其他（选填）
其他（选填）
其他（选填）
保证说明
投诉人及其代理人（统称为：声明人）诚意作出如下声明：声明人知晓并确认此次投诉上传提交的所有资料及其所载内容均真实、合法、有效，如因错误投诉造成损害，愿意承担法律责任。
声明人理解并同意上述保证声明
验证码： 5j3u
提交

图2 知识产权投诉系统

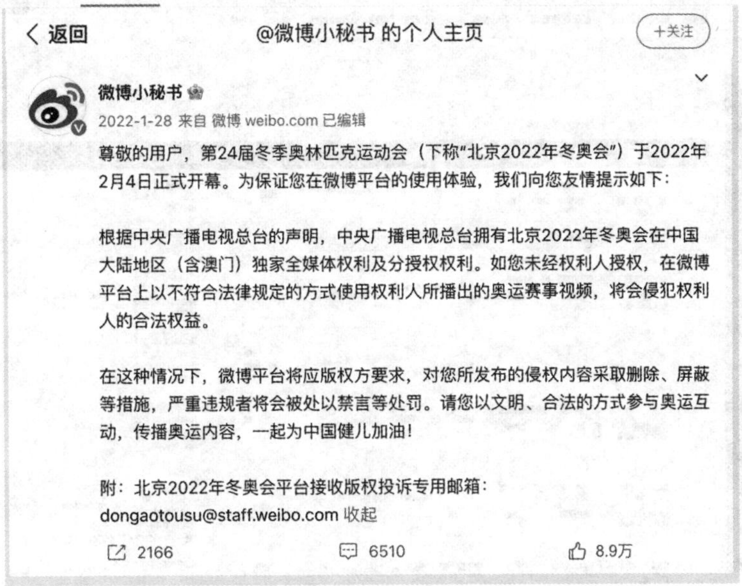

图3　冬奥专项投诉系统公告界面

（2）被诉案件应诉

"被诉案件应诉"是针对已经进入诉讼、仲裁程序的法律案件处理所设置的工作板块，这也是"案件应诉"的核心板块。与诉前纠纷相承，新浪集团的被诉案件以知识产权、人格权侵权为主，同时也有一定数量的合同争议、劳动争议。近年来不正当竞争、垄断等新类型案件也不断涌现。

被诉案件从案件接收、应诉准备到出庭应诉、案件执行，新浪集团诉讼团队全面把控和处理每一个重要环节。在有外部律师处理的案件中，除整体把控外，诉讼团队也会在案件策略制定、文件修订等环节深度参与，并在庭审中实时跟进响应。

案件数量大、类型多是新浪集团诉讼团队面临的难题。诉讼团队不以案件类型区分岗位职责，而是让团队成员均有机会代理各类案件。经过诉前纠纷处理工作的历练，再以各类诉讼案件进行"升级"，诉讼团队成员均积攒了较强的专业能力和案件管理能力。随着微博的发展以及法院立案登记制全面施行，被诉案件数量呈现逐年激增趋势，为更好地落实案件管理、跟进诉讼进程，诉讼团队与技术团队共同研发了"新浪集团诉讼管理平台"（见图4）。随着北京、杭州、广州互联网法院成立，互联网案件管辖出现较大变化，新浪集团诉讼团队按照法院、地域等因素，以"主负责制"划分团队成员职责，以点面结合的方式使被诉案件得以高效管理。

互联网行业发展日新月异，新类型疑难案件也给诉讼团队专业水准和案件管理能力带来了挑战。通过深挖争议案件并定期总结学习，团队成员不断提升应对新类型疑难案件的能力。

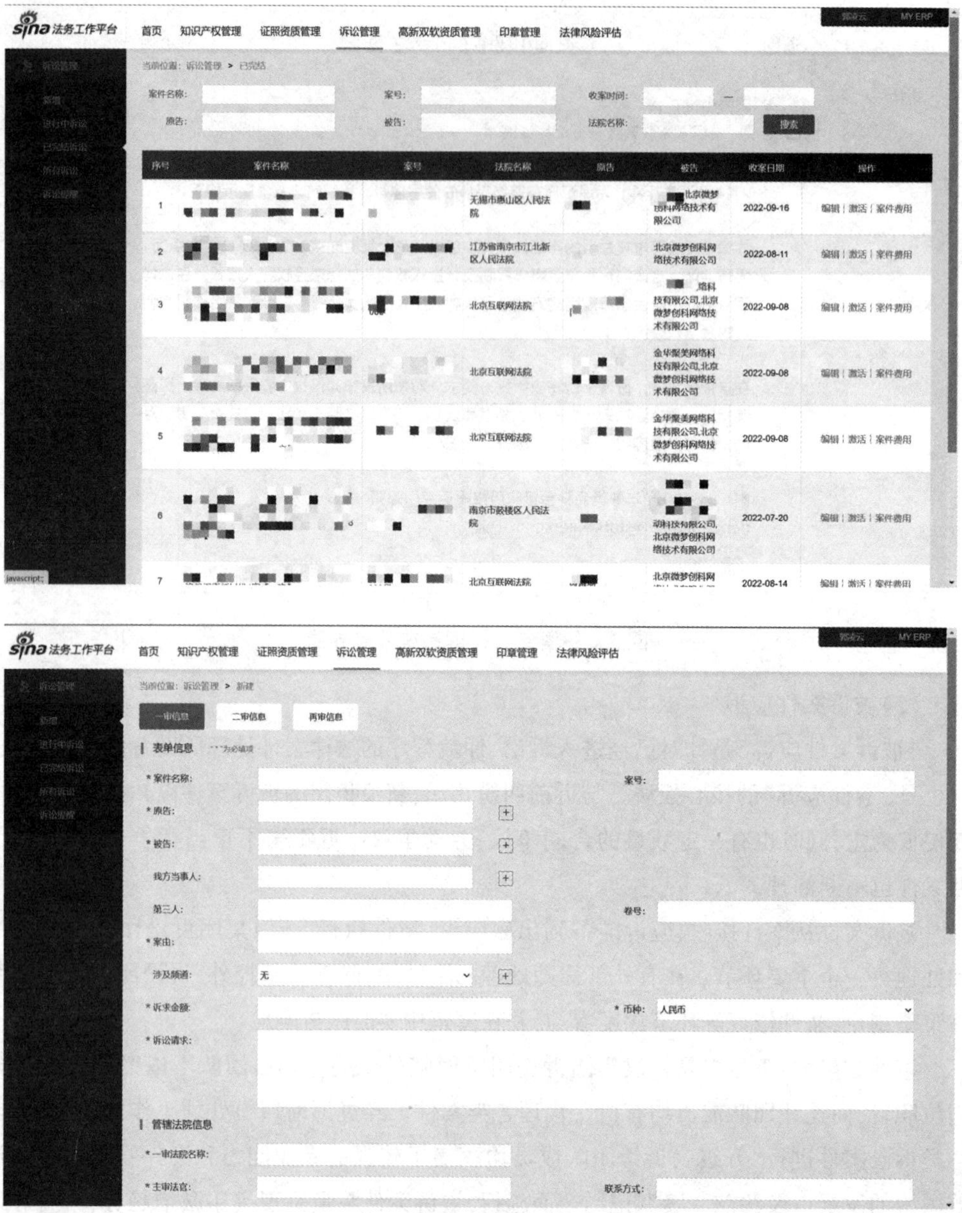

图 4　新浪集团诉讼管理平台

面对部分裁判结果有所争议且较为典型的案例，诉讼团队不甘于既有判决思路，以工匠精神深挖法理、探索本质。如一起新浪财经页面信息引发的网友错买股票案件，在一审、二审判决结果不利的情况下，虽然判赔额不高，但侵权因果关系问题存在争议，团队充分梳理案件事实及适用法律后提起再审，最终浙江省高级人民法院撤销原审判决，驳回对方全部诉求。

“不甘于既有判决结论”是诉讼团队一贯以来的工作准则。正如世上没有完全相同的两片树叶,处理案件也决不能因为“看起来差不多”,就直接适用以前的案件结论。如一起看似普通的图片著作权侵权案件,一审、二审均以惯常思路认定新浪公司具有过错,并承担责任。但对著作权授权要件问题存在争议,诉讼团队提起再审,最终北京市高级人民法院作出认定,驳回对方全部诉求。类似的案件还有很多起,尤其是在有“相似”在先判例的情况下,诉讼团队不放弃深挖机会,最终探索出更深层次的观点,取得良好效果。案件无论大小,能够做到最基本的“说清楚”是最难的第一步,所以即使通过上述的努力,案件没有获得改判的结果,也对团队成员的专业能力进行了有益的锻炼。

与此同时,新浪集团诉讼团队建立了定期总结学习机制,在总结学习会中,每位团队成员都会向其他成员分享汇报其在上一周期内处理的最具研究价值的案例,并接受其他成员的提问。通过总结复盘典型案件,研读学习新法规、创新案例及新类型问题等方式,进一步提升团队成员的专业能力。诉讼团队近年来代理的多起案件被各级法院、研究会、行业协会评为典型案例、优秀案例。

2. 对外维权

在妥善处理被诉案件的同时,新浪集团诉讼团队自 2016 年建立新浪集团维权体系,体系以最初的知识产权侵权、合同欠款维权,逐步扩展至数据不正当竞争、企业商誉维护、投资纠纷、独家主播违约、员工竞业限制等领域。在发掘和利用公司无形资产、巩固和加强新浪集团整体策略、维护新浪集团的竞争优势、追回大额欠款等层面发挥了重要作用,也切实为新浪集团获取了较高的维权收益。

新浪集团诉讼团队在对外维权主题所设置的管理模式主要包括维权监测、维权诉讼等板块。

(1)维权监测

维权监测是针对发掘维权线索、肃清侵权内容所设置的工作板块。新浪集团作为领先的门户网站和社交媒体平台,通过多年的自主技术研发和资金投入,在图文内容著作权、商标权、企业名称权等传统知识产权领域和平台数据权益等新兴领域拥有宝贵的无形资产。资产梳理是维权监测的基础,新浪集团诉讼团队以门户网站为起点,通过专门的监测团队进行每日全网监测,实时发现侵权内容并进行发函肃清,对侵权严重者及时完成证据固定。

在 2016 年之前,新浪集团并未对无形资产进行体系化的梳理和使用。为积极响应党和国家对于“知识产权强国”的号召,新浪集团通过维权监测,发现侵权线索,积累侵权证据,为维权诉讼积攒了筹码。维权监测机制的顺利推进,有效打击了盗用公司无形资产的行为,并起到遏制竞品不正当竞争、维护自身竞争优势的良好效果。

(2)维权诉讼

根据上述维权监测结果,我们会对其中较为严重的侵权行为展开维权诉讼。维权诉讼是针对打击严重侵权、实现公司战略等目标所设置的工作板块。新浪集团诉讼团队主要从以诉促和、规范秩序、配合公司策略等角度开展维权诉讼。

作为新浪网等门户网站的内容合作对象，报社等传统媒体往往也会以网站未经许可使用其内容起诉著作权侵权。诉讼团队在维权监测中发现，报社在新媒体转型所设立的网站中，也存在大量使用新浪原创内容的情形，采用以诉促和的创新方式，通过展开谈判，温和、高效化解纠纷。在以诉促和模式下，新浪集团与多家集团报业、传统媒体消除争议，减少公司支出的同时促进后续合作开展。

规范行业秩序是维权诉讼的重要目标。互联网行业法律规则相对滞后，诸多细分领域的秩序规范需要通过判决予以明确，数据领域即是其中之一。数据已成为数字经济时代的生产要素之一，在市场经济中承担越来越重要的角色，但数据领域的规范尚未完全确立。在维权诉讼之前，不当获取、使用微博数据的情形比比皆是，有的网站通过使用微博数据抢夺了微博的市场竞争优势；有的网站直接将微博数据作为支撑其产品内容的基础，依靠微博数据寄生。通过开展针对脉脉、超级星饭团、蚁坊、今日头条等网站的一系列维权诉讼，司法逐步明确了微博对于平台数据的合法权益，以及获取、使用微博数据的正当性判断标准，也认可了微博数据的商业价值，为微博保护数据安全、合法发挥数据价值奠定了基础。

涉“中超”体育赛事直播画面也是通过诉讼规范行业秩序的典型案例。在该纠纷案的再审中，证明体育赛事（直播）节目画面的独创性是案件的关键。为了解作者的创作意图及思路，诉讼团队和再审代理律师在案件再审期间多次前往比赛现场，与现场导播、场外摄影师进行当面探讨，从现场实地了解录制一场体育赛事所投入的个人独创性智力成果。当独创性论证的文件最终呈现在各位导播（创作者）面前时，我们看到了他们湿润的眼眶。同样是这个案件，为了证明导播在选取拍摄镜头和机位时，并不是机械地进行没有选择的流水线工作，诉讼团队和律师一起，在再审期间将涉案比赛的镜头切换逐一拆分，同时匹配机位数，自己制作计算工具，得出了近乎天文数字的选择次数，以此证明体育赛事的直播与转播，不仅不是没有选择的机械拍摄，反而是充分融入了每一位导演的智力创作成果。经过7年的不懈努力，在集团本身已不开展赛事直播业务的情况下，仍然坚持探索，最终获得北京市高级人民法院支持，并推动体育赛事节目直播画面纳入版权范畴，对中国体育产业影响深远。

新浪集团诉讼团队在制定维权诉讼策略时，会深入考量公司策略等方方面面因素。正是将维权诉讼与公司策略紧密贴合，才切实体现出公司法务的特有价值。

3. 境外纠纷

作为开展全球业务并在美国、香港等证券市场上市的企业，新浪集团不可避免地面临境外纠纷。与境内纠纷、诉讼不同，境外纠纷具有多法域、高成本、高赔偿等特点，国内企业在境外法院与仲裁机构也往往受到不公正待遇。面对复杂的局面，新浪集团诉讼团队设置了专门的境外纠纷小组,小组成员大多具有海外留学背景,设置的管理模式包括纠纷处理、案件应诉、比较法研究等板块。

(1)纠纷处理

吸取以往诉讼案件中平台既有“通知—删除”渠道不符合美国法律要求的经验①,新浪集团诉讼团队为新浪博客、新浪看点、微博等 UCG 平台设立了 DMCA 系统,用以适配美国法律的避风港规则,并与公司运营部门合作,为此配备了专门的处置流程和处置人员。同时新浪集团诉讼团队也与多个美国律师团队建立合作咨询,以应对投诉中的不同情形。建立 DMCA 系统后,已有效对接和处理来自境外的各类投诉数百件。

(2)案件应诉

基于境外案件的高成本特性,相同内容面临的赔偿额往往数十倍于境内案件,而用于应诉的聘请律师、证据开示等费用甚至会高于赔偿金额。新浪集团诉讼团队在面对境外诉讼时,以“成本消耗最小化”为原则,如果原告不能快速撤回起诉,就需要合理运用各类 motion 程序,②寻找最合适的应诉策略,以最小成本解决诉讼。

当面对无法和解,或对公司影响较大的境外诉讼案件时,诉讼团队也会主导对接境外律师团队充分应诉。同时,新浪集团诉讼团队还会积极使用发起境内平行诉讼等方式,为境外被诉案件提供支援、形成制衡。目前,新浪集团诉讼团队已有美国、英国、荷兰、中国香港等多法域的诉讼案件应诉经验。在对境外律师团队进行案件管理时,诉讼团队会运用“扬长避短”的工作方式,更强调对于案件基本事实准确度的把控输出,以及对案件整体策略决策的把控。

四、比较法研究

由于法律具有地域性,作为中国互联网公司的法务,在日常工作中积极组织比较法层面的学习研究,一方面,会对涉外案件办理经验及程序化事项流程进行及时总结,统一案

① 根据美国 DMCA 法案要求,为享受“避风港”待遇,微博作为网络信息存储空间服务提供者(storing/hosting)应当满足如下特殊要求:(1)在 U. S. Copyright Office 注册一位代理人用于接收用户投诉通知;(2)以英文进行投诉指引说明;(3)设置便捷的投诉入口。此外,投诉所需材料也与中国法律有差异,具体包括:(1)权利人或其授权代理人的签名;(2)被侵犯的受著作权法保护的原作品信息;(3)侵权作品信息(或指向侵权作品的链接);(4)权利人或其授权代理人的联系方式;(5)投诉通知主体对于侵权作品未获得合法授权的善意声明;(6)投诉通知主体同意承担伪证罪的合法性声明。

② 中文译为“动议”,即一方当事人书面请求法院作出某种命令、裁决或指示,系美国民事诉讼程序中的特有制度。由于美国民事诉讼程序主要由双方当事人(而非法院)引导推动,因此,双方当事人都有权在美国民事诉讼程序提交各类动议,以寻求法院对于己方动议的支持。对于被告而言,常见的动议有:送达瑕疵异议、属人管辖权异议、地域管辖权异议、缺少请求权基础异议等。通常来说,被告更希望在诉讼程序的初期,针对原告起诉状中暴露的弱点,通过提出各类动议引导美国法院对于案件形成对于己方有利的初步心证,争取在案件进入 discovery(证据开示)阶段前,就可以得到法院对于各类动议的支持(如管辖权异议类的动议),达到 dismissal(终结诉讼)的目标。由于美国诉讼程序成本高昂且旷日持久,对于作为外国被告的中国企业而言,如无特殊考量,在诉讼程序初期通过动议程序化解案件,通常符合公司的最大利益。

件流程及标准,为类案办理提供相应参考。另一方面,也会针对办案中涉及的英美法系独有的法律制度、法律程序进行内部调研。自境外纠纷小组成立以来,每年召开多次研讨会,就国外经典判例、涉外送达、证据保全、ADR 多元纠纷解决机制、一事不再理等数十个议题组织交流研讨并形成备忘录,成为团队的宝贵经验和素材储备。

五、效果与成绩

通过贯彻上述科学的案件管理机制,新浪集团诉讼团队在诉讼转化率、案件免责以及重大案件解决等层面取得了良好的效果,也取得了一些成绩。

在团队层面,新浪集团诉讼团队荣获了《商法》《知产力》《中国知识产权杂志》等评选机构颁发的各类优秀企业法务奖项,包括但不限于跨境争议解决领域年度卓越法务团队、中国优秀企业法务团队 TOP50、争议解决(仲裁)领域优秀法务团队、知识产权(商标及版权)领域优秀法务团队、互联网及电商行业优秀法务团队、媒体娱乐及体育行业优秀法务团队、数据保护领域优秀法务团队、中国杰出知识产权管理团队等。①

在典型案例层面,新浪集团诉讼团队处理的如下案件分别在不同案件评选中脱颖而出,部分案例甚至作为行业内的经典判例,引导了行业内的新规的创立,代表了前沿领域的司法裁判趋势:

1. 不正当竞争纠纷案件有:

微博"robots"协议禁止字节跳动"Toutiaospider"网络机器人不正当竞争纠纷案②;

超级星饭团 App 抓取并使用新浪微博数据案③;

鹰击系统抓取微博数据不正当竞争纠纷案④;

---

① 参见《商法》编辑部:《本届 CBLJ〈商法〉企业法务大奖结果公布!》,载微信公众号"商法 CBLJ"2022 年 6 月 6 日;知产力:《重磅发布 | 2021 年中国优秀企业法务团队 TOP50》,载微信公众号"知产力"2022 年 1 月 21 日;《商法》编辑部:《2020 年度 CBLJ〈商法〉企业法务大奖结果公布!》,载微信公众号"商法 CBLJ"2021 年 4 月 7 日;China IP:《颁奖盛典 | 2021 年度中国杰出企业知识产权管理团队》,载微信公众号"知识产权家"2022 年 10 月 2 日。

② 参见金线奖组委会:《微博"robots"协议禁止字节跳动"Toutiaospider"网络机器人不正当竞争纠纷案 | 第二届金线奖获奖作品展示》,载微信公众号"金线视野"2022 年 3 月 10 日;SHIPA 出品:《【重磅】"2021 年中国十大最具研究价值知识产权裁判案例"评选结果揭晓!》,载微信公众号"知识产权那点事"2022 年 4 月 11 日。

③ 参见京网法事:《全国法院 2021 年度优秀案例分析获奖名单揭晓,北京 51 篇获奖》,载微信公众号"京网法事"2021 年 12 月 29 日;知产力:《4·26 发布 | 北京海淀法院:十件新类型网络不正当竞争纠纷典型案例(附 2022 年度知识产权审判白皮书)》,载微信公众号"知产力"2022 年 4 月 20 日;知识产权那点事:《【重磅】"2020 年中国泛娱乐十大最具研究价值案例"评选结果揭晓!》,载微信公众号"知识产权那点事"2021 年 4 月 12 日。

④ 参见金线奖组委会:《鹰击系统抓取微博数据不正当竞争纠纷案 | 第二届金线奖获奖作品展示》,载微信公众号"金线视野"2022 年 3 月 17 日;京网法事:《获奖! 北京法院 2021 年这一百篇裁判文书脱颖而出》,载微信公众号"京网法事"2021 年 12 月 31 日;中传法学:《2021 年度中国网络治理十大司法案件》,载微信公众号"中传法学"2022 年 1 月 9 日;海淀法院民五庭:《海淀法院发布新类型网络不正当竞争纠纷典型案例》,载微信公众号"丹棱论坛"2022 年 4 月 26 日。

饭友 App 抓取微博数据不正当竞争纠纷案①；

“微博课堂网”商标及不正当竞争纠纷案②；

脉脉非法获取新浪微博用户信息不正当竞争纠纷案③。

2. 著作权纠纷案件有：

“中超联赛赛事节目”侵害著作权及不正当竞争纠纷案④；

广州带风诉北京微梦侵害作品信息网络传播权纠纷案⑤。

3. 名誉权纠纷案件有：

“走廊医生”兰某峰诉王某安、北京微梦创科网络技术有限公司名誉权纠纷案⑥。

四起案件入选 2013～2018 年北京市海淀区人民法院涉网络名誉权纠纷典型案件（共10 件）。

六、结语

新浪集团诉讼团队深知案件管理不止于案件。探究案件背后的事实问题及法律争议，在管理案件的同时最大限度地管控公司运作、产品运行中可能出现的风险，才是案件管理工作的要义。对于案件管理中发现的业务风险、法律观点，团队会及时结合实际情况向对应业务部门进行反馈，在基于专业向业务输出法律分析的同时，深入了解业务发展的需求及痛点，探讨适应发展的风险化解方法，强化业务合规建设。同时，新浪集团诉讼团队也会充分利用案件管理中发现的有限的机会，去创造维护企业利益的价值，并尽微薄之力，促进相关法律研究发展。

---

① 参见最高人民法院：《全国法院系统 2020 年度优秀案例分析评选活动获奖名单》，载微信公众号“最高人民法院”2020 年 12 月 8 日；金线：《首届金线奖完整获奖名单发布》，载微信公众号“金线视野”2021 年 1 月 4 日；京网法事：《发布|2019 年度北京市法院知识产权司法保护十大案例》，载微信公众号“京网法事”2020 年 4 月 21 日。

② 参见北京海淀法院：《海淀法院发布“互联网＋教育”知识产权典型案例》，载微信公众号“北京海淀法院”2020 年 4 月 16 日。

③ 参见北京海淀法院：《海淀法院网络不正当竞争纠纷十大典型案例》，载微信公众号“北京海淀法院”2018 年 4 月 19 日。

④ 参见京网法事：《发布|2020 年度北京法院知识产权司法保护十大案例》，载微信公众号“京网法事”2021 年 4 月 22 日；知识前沿：《2020 年度 AIPPI 中国分会十大版权热点案件发布，“新浪”中超赛事直播著作权案等》，载微信公众号“知产前沿”2020 年 12 月 17 日；金线：《首届金线奖完整获奖名单发布》，载微信公众号“金线视野”2021 年 1 月 4 日。

⑤ 参见《中国版权》编辑部：《广州带风诉北京微梦侵害作品信息网络传播权纠纷案》，载《2020 中国著作权典型判例司法评析专辑》2021 年第 1 期。

⑥ 参见李淼：《专家学者解析 2016 年度中国十大传媒法治事例》，载《中国新闻出版广电报》2017 年 1 月 17 日。

第二编　案 件 管 理

数字化转型构建智慧诉讼新业态

李　辉　马海燕

作者简介

李　辉　中国联合网络通信集团有限公司企业发展部/法律部、法律管理处经理

马海燕　中国联合网络通信有限公司济南市分公司办公室主管

企业简介

中国联合网络通信集团有限公司（以下简称中国联通）于2009年1月6日在原中国网通和原中国联通的基础上合并组建而成，是中国唯一一家在纽约、香港、上海三地同时上市的电信运营企业，连续多年入选“世界500强企业”。合规守法经营是维护企业持续良性发展的不可或缺的因素，中国联通始终以合规管理作为发展基石，提升企业合规管理水平，强化合规经营责任，健全合规管理体系，形成企业全员参与、职责清晰的合规管理格局和重视合规经营的企业氛围。

内容摘要

诉讼管理作为法务工作的重要业务线条，跟随企业数字化转型，在创新驱动中构建智慧化新型业态。全文结合大型央企的诉讼实务工作，从五个方面展开介绍诉讼数字化转型工作成果，萃取基层法务智慧。阐述数字化转型带动诉讼管理工作范式升级，运用法律科技工具提高工作效率。引入计算思维搭建诉讼业务处理模型，对外发挥连接效能保障企业与法官融洽沟通，对内优化诉讼业务技术向主动管理要效能。

《法治中国建设规划(2020－2025年)》首次提出，运用大数据、云计算、人工智能等现代科技手段，全面建设“智慧法治”，推进法治中国建设的数据化、网络化、智能化。这为企业法治建设搭乘数字化快车、实现加速发展带来新机遇。处理诉讼案件作为企业法务一项重要的法律业务，跟随企业数字化转型的节奏，也需要创新驱动，从法律事务向法律管理的转型，构建一种智慧化的新型诉讼工作业态。

关键词

诉讼管理　法律科技工具　诉讼业务处理　诉讼业务技术

一、数字化转型带动诉讼管理工作范式升级

(一)数字时代新要求冲击原有诉讼工作业态

《法治中国建设规划(2020－2025年)》《法治社会建设实施纲要(2020－2025年)》等中央文件对企业依法合规经营提出明确要求。《法治中国建设规划(2020－2025年)》首次提出，运用大数据、云计算、人工智能等现代科技手段，全面建设“智慧法治”，推进法治中国建设的数据化、网络化、智能化。在这样的时代背景下，2020年6月国务院国资委《关于开展对标世界一流管理提升行动的通知》(国资发改革〔2020〕39号)中提出“推进法律管理与经营管理深度融合，突出抓好规章制度、经济合同、重大决策的法律审核把关，切实加强案件管理，着力打造法治国企”。2021年11月，国务院国资委印发《关于进一步深化法治央企建设的意见》(国资发法规规〔2021〕80号)在总体目标中提出“‘十四五’时期，中央企业法治理念更加强化、治理机制更加完善、制度体系更加优化、组织机构更加健全、管理方式更加科学、作用发挥更加有效，法治建设取得更大进展”；“持续提升法治工作引领支撑能力、风险管控能力、涉外保障能力、主动维权能力和数字化管理能力”。具体到诉讼工作，其作为企业法务非常重要的一条专业线工作，如何在管理方式上改进，在服务效能上发力，是一个不得不面对的挑战。如何提升诉讼工作的主动维权能力和数字化管理能力，也是企业法务必须通过实际工作摸索出一套适应新工作场景的工作范式，采取可复用共享的作业工具提高团队实力，萃取可视化的工作成果证明业务价值。随着管理意识的增强，诉讼工作从诉讼处理扩大到诉讼管理，慢慢进入以管理的方法提高企业诉讼工作质量的阶段。

(二)对标世界一流锻造诉讼工作“软实力”

国务院国资委有关厅局负责人在《关于进一步深化法治央企建设的意见》(国资发法

规规〔2021〕80号)印发之后,曾接受记者采访,回答世界一流水平法治工作的标准问题。其中谈到中央企业需要拥有一流的法治工作“软实力”作为“硬实力”的支撑保障:建设一流的业务能力,拥有一支精法律、通业务、懂管理企业法务人员;进行一流的价值创造,法治工作与经营管理深度融合,全程参与企业改革,有效应对外部变革,确保改革发展各项任务依法合规进行。这些都对诉讼工作质量提升提出了方向性的指导意见。随着企业数字化转型推进,管理手段与业务场景都在发生变化,同时法律科技也对法务行业工作范式产生冲击,诉讼工作自身的数字化、智慧化迫在眉睫。

二、运用法律科技工具,借力多元法律服务提高工作效率

(一)专业特点细分,分离诉讼业务的专业组件

企业的诉讼工作围绕企业展开,具有行业影响下的企业特点,聚焦于企业的经营管理与业务发展,与单纯的法律专业学科分类不同。事实上当下法律行业的学术和实务分支并未充分融合,企业法务从事诉讼业务更应该着眼于实务。诉讼业务是企业法律业务的重要组成部分,随着企业的成长,很多任务变成了法务的例行工作,具有重复性和事务性,通过总结整合历史工作经验、将隐性的日常工作通过标准化的工作规范显性化,不断总结、分析、提炼和确认,逐步做好知识管理,可以很好地提高工作任务的运作效率。

诉讼业务在企业内部的处理流程中,涉及大量的准备工作,包括证据收集和效力辨别、相关法律规定检索与分析、在先案例裁判收集、主审法官的历史案例处理先例、诉讼策略……不同业务内容都可以梳理出不同的特征和重点,需要对应的业务技能和匹配的作业工具。诉讼程序启动后,转而进入司法程序,又是另外一个不同的工作场景,衍生不同的工作要求。天同律师事务所是一家著名的专攻诉讼业务的红圈所,蒋勇律师主编出版的《诉讼可视化》一书中,明确提出诉讼可视化的观点,诉讼可视化让律师工作可视化,使用诉讼技术保障办案质量,律所使用“案件事实图”与“法律关系图”两张图作为处理每个案件的基础工作方法。

(二)运用法律科技产品,提升诉讼业务效能

随着法律科技服务公司的出现,大量的新型法律科技产品层出不穷,从不同角度提供辅助工具,帮助企业法务获取最新法律知识,全面了解同类案件裁判先例,提高案件预判准确度。借助于先进的作业工作,企业法务可以更好地丰富知识储备、提升诉讼技巧、滋养诉讼修养。

1. 善用智能工具,提高业务质量

要全面熟悉重要的信息传播平台,主要包括图书、期刊、报纸等传统纸媒体,也包括网站、App等新媒体。传统纸媒体多是国家司法机关出版发行,在效力层级和范围上均具有权威性;手机App、网站等新媒体,依托大数据、信息技术等高科技应运而生,具有及时响应和便捷性特点。还有一些手机App、软件、平台等智能化工具,针对具体的诉讼专项工作内容提供服务,包括法律文书机器翻译、图文转换、债务催收解决方案、裁判要旨、法条释义、诉讼管理等。法务人员要充分运用各种工具的不同优势,在具体工作场景中组合应用。

2. 善用检索工具,提升工作效能

企业法务采取诉讼手段维护企业合法利益时,要对案件的处理结果做出预判,案件胜算概率直接影响诉讼策略及诉讼方案。类案判决是预判的主要依据。类案通常是指与待处理案件在基本事实、争议焦点、法律适用问题等方面具有相似性,且经人民法院裁判生效的案件。关于类似标准判断依据,法务人员主要从争议焦点相似、法律适用相同、法律关系相同、案由相同、基本案件事实相似度几个方面进行类案检索(见图1)。

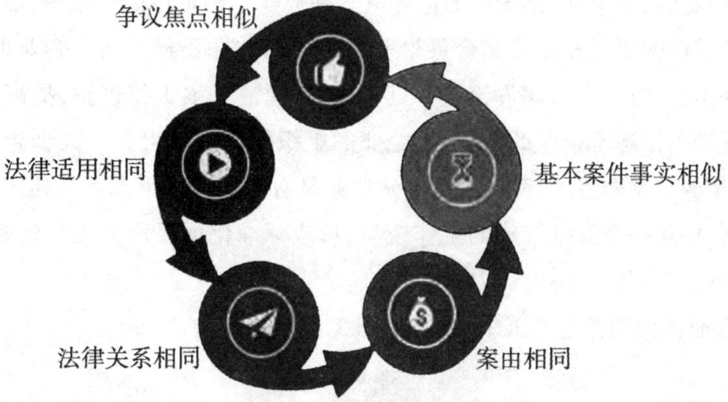

图1　法务类案检索要素

具体操作步骤分为五步:第一步,全面了解事实背景。第二步,明确检索目的。第三步,确定检索内容。第四步,选择检索工具。第五步,代入检索方法。通过以上五步就可以快速、准确、全面地检索出类案,为案件预判提供有力支撑(见图2)。如果法务可以获取使用高级检索工具,就能提高检索质量和效率。目前法律服务市场有大量的法律科技产品可利用,包括付费和非付费的。法务可选择适合自己工作习惯的产品,利用工具提高工作效能。

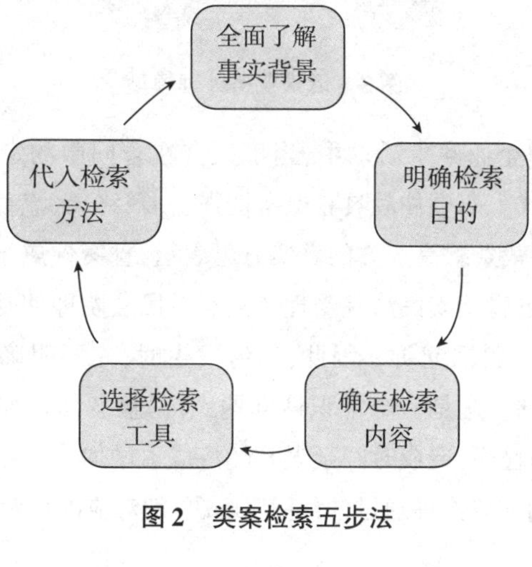

图2　类案检索五步法

三、搭建诉讼业务处理模型,厘清诉讼处理基本逻辑

(一)搭建诉讼业务处理模型,形成标准化工作规范

当下时代常被称为乌卡时代。登录百度百科,可以看到这样的词条解释——“乌卡时代(VUCA),是 volatile, uncertain, complex, ambiguous 的缩写。四个单词分别是易变不稳定、不确定、复杂和模糊的意思。乌卡时代是一个具有现代概念的词,是指我们正处于一个易变性、不确定性、复杂性、模糊性的世界里。”在充满不确定性的环境中,能否去探寻诉讼工作中可确定性的要素?能否结合诉讼业务提取出共性要素?结合企业诉讼实务,牟定诉讼业务基本面,尝试去搭建诉讼业务处理模型,厘清基本工作逻辑,提高通用工作抓手。企业的诉讼工作源于企业的业务,与企业的组织架构密不可分。大型企业具有业务同质化、组织架构分型配置的特点,因此诉讼业务具有同质化的形态。从抓牢诉讼业务基本面这个角度,搭建一个五维结构的工作模型,形成标准化可复用的工作规范,可以统一业务范式,提升法务团队的诉讼能力。

(二)诉讼业务处理模型的五维结构(见图3)

图3 诉讼业务处理模型

【维度一,归谁管?】企业商事活动中,当事人会在合同中约定争议解决条款,明确诉讼、仲裁等争议解决形式。商事仲裁具有保密性强、一裁终局、流程便捷的特点,成为一些企业的首选。只要该仲裁条款是双方的真实意思表示,且案件属于仲裁委的受理范围,必须通过仲裁委审理,不再属于人民法院受理范围。人民法院即使受理了案件,如果被告提异议,人民法院也会裁定驳回起诉。因此,纠纷发生时,先要明确管辖权,是由仲裁委管辖,还是由人民法院管辖。这是一个常识性问题,容易被忽略。如果没有处理好,会导致案件不能及时进入正确程序,造成时间延误和经济成本增加。

【维度二,归哪管?】明确案件通过仲裁程序解决,则对应的仲裁委基本就可以确定。案

件通过诉讼程序解决，情况就比较复杂。根据《民事诉讼法》的有关规定，合同纠纷由被告住所地或合同履行地人民法院管辖，且合同双方可以协商管辖法院。这意味着多家法院可能都拥有管辖权。这种情况下，该如何选择并确定管辖法院呢？如果双方在合同中已经比较明确约定，如“甲方所在地法院”“乙方所在地法院”等管辖法院，直接按照合同约定办理。如果合同约定了管辖法院但未能明确的，就要根据法律规定来选择对己方有利的法院。实际工作中会遇到这种情形，例如有这样一个案件，我方企业催缴IDC费用的合同纠纷，合同中明确载明了由合同签订地法院管辖，但合同文本中合同签订地点为空白，××人民法院以管辖权约定不明为由未予立案。我方企业联系××法院立案庭，表明观点，根据最高人民法院《关于适用〈中华人民共和国民事诉讼法〉的解释》，该案件属于合同纠纷且我方企业是接收货币一方，故企业所在地为合同履行地，××法院对本案具有管辖权。后续在××法院顺利立案，被告也没有提出管辖权异议。避免了异地起诉，很好地保护了企业利益。

【维度三，告谁？】根据《民事诉讼法》第122条规定，起诉要有明确的被告。一般情况下，合同签约各方当事人通常可以充当民事诉讼的原被告。确定了被告，还需要知道被告是否是适格的主体，是否存在合并、重新开立、注销等情形。如果是适格主体，可以参与诉讼；如果不是，则要根据法律规定追加承接其权利义务的其他民事主体作为被告。例如有这样一个案件，我方企业作为原告提起催缴欠款的合同纠纷诉讼，在核实合同相对方××公司主体资格时，发现该公司已被注销，即主体资格已经灭失。同时查明，杨某、刘某作为公司股东和清算组成员，在未通知公司申报债权的情形下解散了公司。根据《公司法》的相关规定，我方将杨某、刘某二人列为被告，要求其二人共同对其公司债务承担清偿责任。法院在审理中快速查明了案件事实，且两被告有可供执行的财产，为避免个人被列入失信黑名单，二被告积极与我方企业沟通，希望和解结案，最终在签订和解协议后3日内全额支付欠款，企业成功挽回损失。

【维度四，为什么告？】“以事实为依据、以法律为准绳”，这个原则人尽皆知。值得注意的是，这里的“事实”是有完整有效的证据支持的客观事实，充分完整真实的证据是保证胜诉的有力保障。企业要尽可能收集一切能够体现企业主张的事实作为证据，包括且不限于能够直接体现案件事实的直接证据和需要其他证据佐证的间接证据；要保障自身掌握的证据能够形成完整的证据链条，并符合真实性、合法性、关联性的证据要求。

【维度五，告什么？】“诉讼请求”是案件处理的核心事项，是最体现企业法务业务水准的重要要素。要求少了，企业自身的权益得不到保障；要求多了，法院不会支持，对应的诉讼费用还由企业承担。如何确定诉讼请求呢？有两点需要注意，一是审查证据，依据证据的充分程度明确对应的诉讼请求；二是综合考虑各种影响因素，包括合同条款效力问题、案件受理法院在处理此类案件时的历史裁判观点、对方当事人的实际情况等，统筹考虑诉讼请求的合理范畴。类似历史判例中法院不会支持的诉求，合同中约定违约金过高且对方无足够的可供执行的财产，在起诉时就应适当降低违约金金额，让违约金金额限定在法院支持的范围内，或者不再主张违约金。例如，有一个通信业务服务合同违约案件，合同约定:对方使用我方企业业务,违约需按照合同金额的日3‰承担违约责任。后对方违约,我方企业起诉要求承担违约金。经后台提取计费,发现对方需缴纳本金100余万元,违约金200余万元,违约金金额超过了本金。考虑到历史判例中法院通常不会支持类似合同中约定过高的违约金,对方又无足够的可供执行的财产,在起诉时就采取适当降低违约金额,让违约金金额限定在法院支持的范围内的策略(一般是按照全国银行间同业拆借中心公布的贷款市场报价利率简称LPR的四倍计算)。

(三)诉讼业务处理模型的实践应用

诉讼业务处理模型具体应用到每一个案件,都要从五个维度审视案件要素,厘清案情、分析案情,制定最优诉讼策略,最大化实现诉讼目标。下面通过一个案例具体介绍诉讼业务处理模型在实践中的应用。

案件案由:通信业务类合同纠纷

案件事实:A公司为某通信运营商(以下简称A公司),B公司为某科技有限公司(以下简称B公司),两公司于2017年5月签订了《合作协议》,合同第2.2.1条约定:A公司(原告)为B公司(被告)的网络设备及服务器提供网络端口、机架的机位空间以及CIP地址用以接入internet。第3条约定了端口租用费、机位租用费、IP地址等费用,双方约定在使用资源后的次月20日前缴纳费用。如B公司付款逾期,每逾期一日应按欠付金额的0.3%支付违约金。合同约定如出现争议,双方同意向合同签订地人民法院诉讼解决。

合同签订后,A公司按约履行了合同义务,但B公司自次年1月开始拒绝支付应付的费用,经A公司多次催要,B公司总以各种理由拒绝付款,且B公司的两名股东张某和李某在未通知经A公司申报债权的情况下于2020年将B公司办理了注销登记,张某和李某系B公司的股东及清算组成员。

A公司遂向其公司所在地的人民法院进行了起诉,请求判令支付合同款、违约金以及利息;案件诉讼费、财产保全费、财产保全保险费等费用由被告B公司承担。

在本案中,如何使用五维度进行剖析?具体适用如下:

维度一,分析归谁管?从双方签订的合同可以得知,该合同双方明确了"双方同意向合同签订地人民法院诉讼解决",因此,该案属于人民法院的管辖范围,仲裁机构不予受理。

维度二,判断归哪个法院管?该合同中明确载明了由合同签订地法院管辖,但具体到合同文本中的合同签订地点条款却发现为空白,没有写明具体地点。该种情况下,又属于约定不明确,如果直接向A公司所在地的人民法院进行立案,会存在法院以管辖权约定不明为由不予立案。这种情况下,就需要A公司积极联系法院立案庭表明观点,认为根据《民事诉讼法》相关司法解释规定,该案件属于合同纠纷且A公司是接收货币一方,故A公司所在地即为合同履行地,法院对案件具有管辖权,这样就能避免异地起诉的不利,很好地保护原告A公司的利益。

维度三,确定告公司还是股东?在该案件中,当核实合同相对方B公司的主体资格时，发现该公司已被注销，主体资格已经灭失，而两名股东张某和李某作为B公司股东和清算组成员，在未通知A公司申报债权的情形下即解散了公司，根据《公司法》的相关规定，A公司可以将张某和李某二人列为被告，要求其二人共同对其公司债务承担清偿责任。以其二人为被告可以快速查明案件事实，且为避免股东个人被列入失信黑名单，会积极促成和解结案，从而能够最大限度挽回A公司的损失。

维度四，为什么告？在该案件中，A公司要尽可能搜集一切能够体现其主张的事实作为证据，例如包括B公司每月欠费的明细、经B公司签字确认的流量使用情况、双方沟通的往来邮件、催缴文书等证据材料，以及如果进行诉前财产保全的就要进行资产情况的调查，为法院提供财产线索。证据收集是否充足翔实直接关系到后期的法院判决。

维度五，告什么？即A公司如何确定自己的诉讼请求，法院对于请求的支持范围是什么？这些都是需要通盘考虑的，具体到该案中对于违约金的约定就过高，甚至超过了本金的数额，这样就需要考虑受案法院类似判例中对于违约金的支持范围，同时需要考虑B公司的实际偿还能力，如果法院倾向于对于过高部分不予支持的，而B公司的债权人居多，公司在受偿上并不占优势的，就需要考虑进行适当的减免调整，以期能在减少诉讼成本的同时尽快收回欠款。

四、对外联接，保持企业与法官之间沟通渠道畅通

（一）诉讼过程分阶段设环节，做好全闭环沟通

案件进入诉讼流程，整个诉讼过程会经过立案审查、诉前调解、庭前准备、庭审、庭后补充等多个阶段，每个阶段都会接触法院，接触办案法官或者是法院工作人员。因此，有效畅通的沟通非常重要。建立以庭审时间线为轴的业务流程，设定环节递进，分别确定沟通要点，实现全闭环差异化沟通。诉讼过程五个阶段对应五个环节、有不同的工作目标（见图4）。

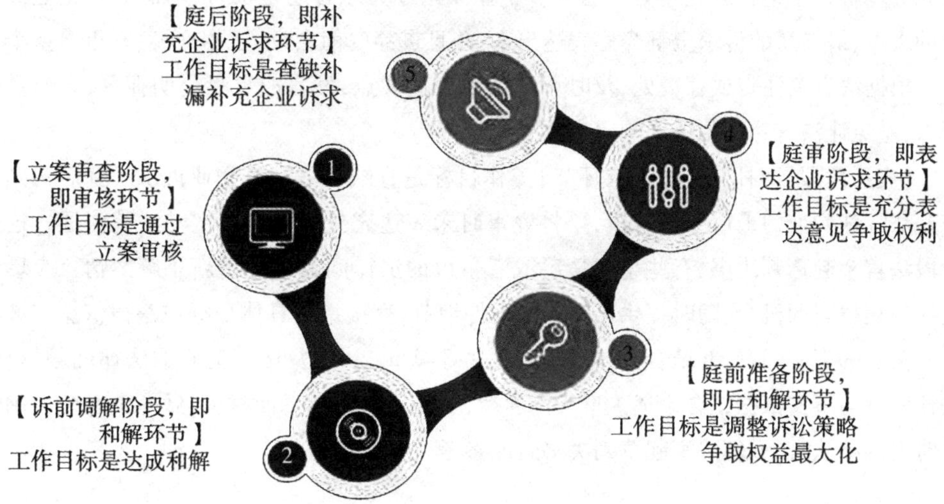

图4　诉讼过程五个阶段及工作目标

【立案审查阶段,即审核环节】工作目标是通过立案审核。立案审查阶段是诉讼流程开始的起点,我方企业作为原告时,目标是尽快通过立案审核。具体操作是在法院电子诉讼服务网提交立案材料,并及时跟进审核情况,这个阶段一般不会与立案法官交流案情,例外情形是立案审核不通过时,要主动与立案庭法官沟通,根据法官审核意见和修改要求完善立案材料。如果立案法官对诉状内容持不同意见,要向其详细阐述企业观点,按照立案法官要求完善材料。企业如果有需要补充变更的诉求,立案后可在后续诉讼程序中变更诉讼请求和事实理由。

【诉前调解阶段,即和解环节】工作目标是达成和解。诉前调解环节是进入诉讼程序后,法院对原被告双方进行的第一次调解,目的是在法院调解员的主持下促成和解。如果我方企业是原告,应尽量争取在该阶段实现全部诉求,有效节约时间和诉讼成本。如果我方企业是被告,且案件本身客观事实于企业不利,也应尽量争取在该阶段与原告达成一致,避免后续出现败诉判决,避免裁判文书网上公开,避免企业名誉受损。这个环节要主动和调解员保持密切联系,向调解员阐述我方企业的国企性质,着重从避免国有资产流失角度考虑,主动提供支撑这个观点的解决方案。

【庭前准备阶段,即后和解环节】工作目标是调整诉讼策略争取权益最大化。庭前准备环节,意味着诉讼流程正式进入法官团队审理。通常会根据法院安排或对方提交材料随时调整诉讼策略。这个环节要保持与法官和书记员的密切沟通,及时准确掌握案件最新进展,了解确认法院对案件的工作安排、对方提交材料情况、跟踪落实我方提交的相关申请以及法院的最终处理意见。如有新的调解意见,及时向法院反馈交流,尽量达成和解。

【庭审阶段,即表达企业诉求环节】工作目标是充分表达意见争取权利。庭审过程,法官作为居中裁判者,会充分听取各方的诉讼请求和答辩意见,是一个关键时间段,要让法官充分理解并采纳我方企业庭审意见。企业无论作为原告还是被告,均需要把企业最重要的观点、最在意的诉求全部当庭表达出来,并且贯穿庭前会议、证据交换、庭审等多个环节。根据法官关注点或存疑处,及时调整话术表达观点,发言应尽量简明扼要,突出重点要点,避免让法官感到困惑影响庭审效果。

【庭后阶段,即补充企业诉求环节】工作目标是查缺补漏补充企业诉求。庭后裁判环节是法院裁判前的最后一个阶段,要将庭审时未表达充分的观点再次与法院沟通。这个阶段法官会起草判决书,有些事实情况或者争议的法律问题需要重新了解案情。应珍惜庭后补充材料的机会,随时提供可核实的案件细节,直接指明具体证据或法律依据。涉及法官关心的事实问题,要结合具体证据对案件事实论述;涉及法官关心的法律问题,要将法律问题与事实依据结合论述。口头沟通后,要准备相应的书面材料,做一个系统性阐述及时提供给法官,方便法官起草判决书时能参考或直接引用。

(二)开辟多种工作通道,做好全方位沟通(见图5)

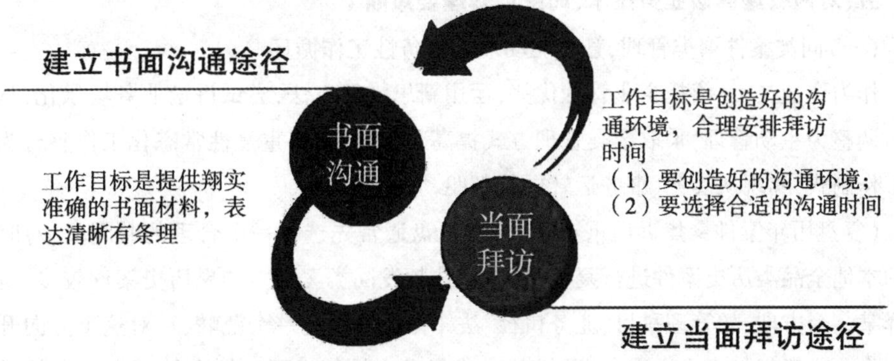

图5　全方位沟通

【建立书面沟通途径】工作目标是提供翔实准确的书面材料,表达清晰有条理。当下诉讼维权普遍化,法院人员少案件多,写判决让法官很头疼。如果案件证据繁多,法官的感受可想而知。我方企业要主动对证据材料进行梳理,将证据中反映出的案件事实、法律分析、法律论证进行有条理地归纳总结,如果条件允许,可以利用“金字塔”原则将我方的观点不重不漏地表达出来,用事实、用逻辑去说服法官,而不是观点对观点的硬碰,同时整理成电子文本,主动提交给法官,方便法官对案情全面了解。高质量的文本材料也为法官起草裁判文书提供直接参考,这为法官减负的同时,增加法官对我方企业的好感度。

【建立当面拜访途径】工作目标是创造好的沟通环境,合理安排拜访时间。办案法官作为一个有温度的个体,具有个人的喜好,即使在法院办公时间范围内,不同的法官工作习惯也不尽相同,且案件本身就需要法官付出一定的时间和精力才能全面了解掌握,所以,企业作为一方当事人要进一步表达自己的诉求就需要创造好的沟通环境,选择合适的沟通时间。一方面,要创造好的沟通环境。对于专业性较强、抽象不易理解的问题,例如通信行业的什么是IDC业务,服务方如何提供服务、如何计算流量、如何计费等专业性问题,在办案法官接触不多,对企业使用的业务话术理解有限的情况下,可以邀请办案法官到企业机房进行实地考察,了解什么是机柜、机架、计费、流量等,这样就能在更加真实、更加轻松的环境下交流一个相对复杂的事情,沟通会更有效。另一方面,要选择合适的沟通时间。要善用庭审公开网或者法院开庭公告排期这些公知渠道,避开办案人员已有开庭安排的工作时间;同时,可以直接与办案人员沟通确认其方便接待访客的时间。在办案法官最好的交流状态下,其更容易听进意见,而合适的时间窗口,能有效避免不合时宜地打扰,提高与法官的沟通质量。

五、对内打磨诉讼业务技术，向主动管理要效能

（一）同类案件聚类管理，管理驱动取代事务性工作循环

作为企业员工，依托企业管理优势，运用新思维新方法，尝试诉讼业务场景化，从被动应对调整为主动管理，采取聚类管理方式提高工作效率，将重复性常态化工作整合为标准化工作制式，实现从实务、事务运转向管理驱动转型。

【复盘历年案件聚焦诉讼重灾区】首次复盘通常先选择一个合理的时间段，对时间段内的本地全品类历史案件进行复盘，从中筛选频发同类案件。如果历史案件较多，也可以选择某一个方向，如管理科目、业务口径、法律专业等划定一个范畴，针对这个方向开展复盘工作。或者每年换一个方向，进行分布式复盘安排。也可以结合年度突发案件做阶段性复盘，及时总结新发案件的应对方案，紧急止损。

【同类案件聚类管理】针对筛选出来的频发同类案件，要做深入挖掘，分析案情发现管理漏洞，归纳诉讼业务技巧，提出管理建议，反哺前台部门规范业务发展，提升企业整体管理水平。例如，有一类通信业务涉及先免费后收费，就属于频发同类案件。调取分析这类案件的企业内部文件，发现其中蕴含大量同质化元素。首先，这类案件涉及的业务纠纷大都集中在是否免费上。根据客户提供的业务受理单等的相关材料，企业在为客户办理此业务时，对于是否收费、优惠期限没有明确约定、App 显示长久或者长时间段免费，导致众多客户认为是永久免费，后因企业变更营销政策，开始收取费用而产生纠纷。其次，企业变更营销政开始收取费用时，仅在营业厅张贴公告，而未发短信或电话告知用户，无法形成对用户的有效通知。企业在客户签订的入网服务协议中约定“享有单方调整资费”的条款入网服务协议第 2 条第 3 项约定“公司享有公告变更资费的权利”，该类条款是为了重复使用而预先拟定，未与对方协商，属于格式条款。公司如果尽到了提示、说明义务，则该条款可以作为合同的内容，如果未提示说明，则对方可以主张该条款不成为合同内容；该类案件中，法院认为公司未进行有效通知，存在不当限制用户议价权利、加重用户责任的情形，故为无效条款，存在较大的败诉风险。再次，具体案件的处理结果，大多选择调解结案方式。原因是这类案件涉及潜在用户数量多、引入专业团队制定诉讼策略、以组织化扩大诉讼规模，处置难度较大。具体表现在专业牵头人组建维权群，群内共享对联通该收费业务的投诉模板、起诉状模板，供群内人员下载使用。在我方企业证据上不占优势情况下，努力通过调解做通原告工作，尽量满足其合理诉求，尽力将处理结果控制在一定范围内，调解结案是对我方企业最有利的处置方式。最后，通过对案件案情延展性剖析，发现前端业务办理中存在不规范情形，因此向业务部门提出一些具体的管理建议。例如，在业务营销时应当统一宣传政策、广告用语等，避免产生不必要的歧义；统一业务受理单样式，严格规范内容，尤其是对于是否收费及收费期限进行清楚记载，避免前后矛盾；通知方式应合理有效，建议参考增值业务定制二次确认的有益经验，通过短信息、App 业务通知等

方式请客户确认定制业务、确认资费变更,尊重用户的知情权和选择权。同时,做好通知的证据保全工作,如确认的通知、手机 App 的系统日志等,证明公司已尽到有效通知义务;统一客户服务口径,规范回复术语,避免回答错误或歧义被消费者录音陷入被动;从技术上解决 App 上存在的应用漏洞。后面再遇到同类案件,直接复用前期的案情分析结果,主动调解结案。由于管理举措的落地优化,也从源头上杜绝了同类案件的引诉风险。

(二)解决痛点,主动管理有作为

企业的诉讼工作往往带有企业印记,诉讼类型相对集中,应诉技巧相对同质化。法务人员应当立足本职,夯实诉讼业务能力,同类问题聚类管理,使用管理的方法提高业务质量和工作效率。诉讼虽然是风险应对型的工作,企业处于被动地位,一事一处理,具象又琐碎。要梳理出同类案件中的同质化属性、对相对一致性的处理方式进行知识提取,团队共享,用高质量的知识产品拉升队伍的整体业务水平。法务人员要主动求变,主动作为,带入管理思维使用管理方法,以标准化的工作范式应对常规实务工作的循环。

(三)绘制个案诉讼线路图,做法务创新先行者(见图6)

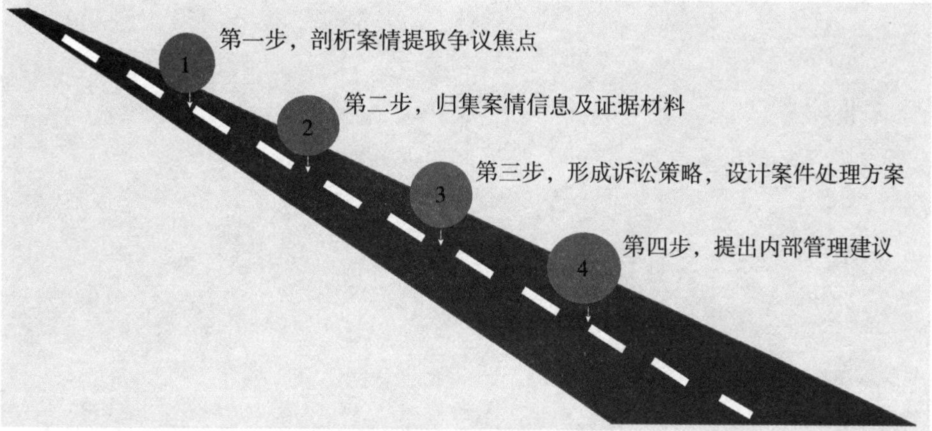

图6 个案诉讼线路

企业法务在诉讼实践中应当将注意将感性工作经验提炼为理性工作工具。绘制个案诉讼应对线路图就是提高诉讼质量的一个创新举措。第一步,剖析案情提取争议焦点。这是开启内部诉讼应对的起点,后续工作将围绕争议焦点开展证据收集工作。第二步,归集案情信息及证据材料。结合案件引发缘由、诉求、前期业务部门处理方式、后期处理关键点,按照企业内部不同部门的分工,组织各专业线一起沟通情况,熟悉案情共享信息,集合不同视角的工作见解汇总案情和证据材料。第三步,形成诉讼策略,设计案件处理方案。这既要着眼案件全局,又需关注细节;复用企业积淀的诉讼技巧,学习应用新的诉讼技巧,争取企业利益最大化。第四步,提出内部管理建议。结合外部信息,分析业务开展与诉讼风险的内在关联,挖掘内部管理漏洞,及时规范管理,从源头切断风险源。

企业数字化转型中,不断涌现业务发展新商业模式以及新业务风险,管理升级运营一体化将专业工作裹挟演进。诉讼工作要同步动态调整,将诉讼工作纳入企业的整体工作、法务智慧化演进过程中,将诉讼处理作为企业法务工作的核心业务能力指标,与时俱进,打破思维禁锢,利用新技术完善诉讼技巧、提升诉讼业务能力。最重要的是激发自身活力,发挥内驱动能,主动作为,为企业提供高质量的法律服务、实现企业法务的价值创造。

第二编 案件管理

企业案件管理之体系构建

赛尼尔法务智库企业案件管理课题组

作者简介

赛尼尔法务智库企业案件管理课题组，课题组成员包括中航油集团总法徐永建、北京粮食协会会长宋春伶、首农集团法律部副部长潘璇、原最高人民法院研究人员侯春雷、赛尼尔法务智库总裁叶小忠、赛尼尔法务智库高级顾问裴桂华等。

企业简介

赛尼尔法务智库成立于2008年，是一家以企业法律部门为主要服务对象，以法务管理咨询、法务管理培训、法务管理信息、法律合规风险测评、企业法务信息化、重大案件论证处理为主要服务领域的专业机构，在企业法务管理领域具有广泛的影响力。智库先后承担国务院国资委多项课题，为100余家国内外知名企业提供专业咨询服务，赛尼尔法务研修院十年来举办、承办法务培训班200余场，学员5万多人，赛尼尔法务管理公众号覆盖5000家企业，近10万专业阅读者。智库在天津、内蒙古、湖北、福建、广州、贵州等地设有分支机构，与中国法学会、法治日报、北京仲裁委多家知名机构结成战略合作关系，秉承“用管理的方法解决法律问题”的核心理念，努力打造企业法务生态圈。

内容摘要

本文立足企业案件管理及管理体系建设内容，首先从案件管理及管理体系的概念及构成要素、企业案件管理现状、企业关注案件管理的现实意义等方面对企业案件管理进行综合介绍；其次从企业案件管理体系的有效搭建，逐项讲解分析案件管理的组织架构、制度流程、评估奖惩、支撑保障等各方面要素；最后从整个流程的全过程管理来清晰地呈现企业应如何有效运行案件管理体系，以实现企业案件管理的前瞻性、及时性、有效性和可持续性。通过完善案件管理体系，真正让案件管理成为企业经营管理中既能创造经济价值、又能发现和提升企业其他各项管理水平和质量的有效方式。

关键词

企业案件　案件管理体系　全过程管理

一、当前企业案件管理的总体状况

企业案件管理是企业法务绕不开的工作，虽然案件管理的对象是具体的案件，但实际案件管理应该重在管理。赛尼尔法务智库作为企业法务部门的专业服务机构，针对该企业法务关注的问题，通过课题研究、问卷调查、法务沙龙等方式，对案件管理的现状进行了深入调查和研究。调研基本情况如下。

（一）调研强调维度全面、重点突出

1. 选择调研企业具有典型性和代表性。参与调研企业中，大、中、小型企业占比分别是60.58%、25%、12.5%；企业层级包括集团公司总部、二级、三级、四级及以下子公司占比分别是40.38%、33.65%、18.27%、6.73%；企业类型涵盖了国民经济行业分类中涉及企业的17个行业，包括制造业、房地产业、采矿业、批零业、金融业等。

2. 案件管理工作占比存在差异。超过87.5%的企业的案件管理工作占所有法律事务管理工作量的比例小于50%，其中有超过60%的企业占比小于25%，总体来看，企业案件管理的工作量不大；企业结合实际采取不同的案件管理模式，直管式、指导式、督办式各自占比为51.9%、25.96%、21.15%。

（二）调研问题立足管理、反馈问题

1. 企业案件管理的体系化、专业化差异明显。案件管理的专业化程度、管理制度是否完善、管理流程是否清晰可以反映一个企业对案件管理的重视程度。独立的法律部门、专职案管人员、专门的案管制度、外聘律师等反映了案件管理的专业化程度，而案件预警机制、案件报告流程、案件处理流程、明确的案件问责机制、案件管理考核制度、重大案件纳入危机处理机制、案件管理信息化等反映了企业案件管理制度的完善程度。涉及衡量专业化程度的部分，多数企业表现占优。但在制度和流程方面，仅“案件报告流程”和“案件处理流程”比例较高，而涉及预警、问责方面则缺乏重视和建设。

2. 外部律师管理逐步规范化。67.31%的企业在案件处理中仍主要依赖外部律师，但

律师管理规范性增强。这些企业制定有律师管理办法,选聘程序更公正。其中,律师的专业能力和执业经验仍是他们的核心竞争力。

3. 企业案件管理信息化建设逐步完善。63.46%的企业认为实现了案件管理信息化,50.96%的企业选择案件管理信息化系统独立于公司内部其他信息系统,64.42%的企业选择集团要求统一部署案件管理信息化系统建设;信息化建设起步较早,增速提高是在2017年以后;信息化建设普遍涉及各管理系统之间的数据关联程度、基础信息的精细化程度、统计查询等常规功能满足需求的程度等问题。

(三)企业案件数据和发案因素关联

1. 企业案件数量和标的对应企业规模及业务。年度20件以上的占47.12%,5件及以下的占30.77%,而个案涉案标的5000万元以上的占47.12%,100万元以下、100万～1000万元、1000万～5000万元占比相对均衡,在16%～18%;除此之外,案件类型中,69.23%的企业民事案件的比例要高于76%;争议解决方式中仍多选择诉讼,74%的企业选择仲裁方式的意愿仅在0～25%。

2. 案发因素中业务变化排在首位。企业案发因素中,企业业务和资源状况变化排在第一位,占57.69%,后续依次为利益相关者状况变化、外部法律环境变化、企业管理状况变化、重大事件发生等因素。

(四)企业案件管理存在的主要问题

根据前述调研分析,案发数量较多的企业,其在案件管理中存在的主要问题在于把案件当作单纯的法律事件,没有上升到危机管理的高度;只关注案件处理环节,没有形成完整的案件管理链条;案件处理随意性强,缺乏标准化的程序和做法;案件管理缺乏成熟理论支撑和有效的工具和方法。整个案件管理未能立足"管理",从体系建构的高度和要求去进行管理升级,从全流程控制的维度去强化举措落实,案件管理工作仍需各企业法务团队主观上重视、行动上细化。后文将从管理视角来深入和细化案件管理之问题应对。

二、何为企业案件管理

(一)企业案件管理之问题提出

企业作为从事生产、流通、服务等经济活动的营利性组织,在参与市场竞争过程中,发生案件在所难免。在面对具体个案时,企业不仅要关注案件输赢,更需关注该个案可能对企业相关业务、管理工作所带来的连锁影响,因此,企业案件,不仅在于一时的处理应对,更重要的是持续性管理,以管理避免风险、促进企业发展。

观点一:企业案件管理是具有自身特点的企业管理行为

企业案件管理是企业管理行为之一种,而管理行为是企业管理者通过计划、组织、领导、控制等方式,调动和协调组织中的他人行为,共同实现组织既定目标的活动过程。所以,案件管理亦需遵循企业管理的基本要求,即必须围绕预定目标来展开,追求企业利益和价值最优效果;管理活动由若干相互关联、循环往复的活动构成一个过程;管理行为需有效利用资源,实现成本最小产出最大的经营目标。

企业案件管理亦区别于其他管理行为,案件管理相对于企业其他管理行为,具有如下特点:一是专业性。案件管理需要专业的法律队伍,同时保持专业知识和能力实时更新;管理行为需立足企业所在行业特点,区分行业问题和风险实施不同的管理重点;需采取专业的管理方法和工具,通过项目管理、信息化和可视化等手段提高管理效率。二是复杂性。企业案件管理涉及内容复杂,包括参与管理的部门、人员、环节众多,因为企业新商业模式、外部监管空白等可能导致复杂的法律关系;合规经营氛围下自媒体对个案的舆情影响,监管手段多元等可能引发结果的极大不确定性。三是时效性。案件管理不仅需关注法律规定案件所处程序的时效性要求,诸如实体权利的行权时效、程序性权利的行权期间等,还需结合具体情况主动掌控时间对于案件处理的价值。

观点二:企业案件管理包含案件处理,但二者存在异同

企业案件就是企业作为案件一方主体,因约定或法定事由与其他案件当事人发生争议,而由权威机构裁判或者强制执行的事件。针对企业案件,企业在及时处理应对的同时,亦需落实对案件的全流程管理职能。那企业案件处理和企业案件管理有何联系和区别?

在企业中,案件处理和案件管理的区别在于:(1)二者内涵不同。案件处理是以案件发生为起点,从案情了解到案件执行的与权威机构处理个案法定或约定流程密切相关的全过程行为。比如,涉及的诉讼或仲裁案件,主要包括庭审前的团队组建、证据收集、风险评估和策略制定,庭审中的出庭应对、策略完善以及判决后的执行等一系列活动。案件管理则根据企业规模、管控模式等不同,其起点多数并非基于个案发生,而是应该从潜在纠纷的处理、案件的监测、报告及应对、裁决及执行,以及案后结果分析评估、案件反映管理问题反馈直至案件归档的全过程,管理范围不限于个案,其本质是企业内部管理行为。案件管理包含案件处理,其跨度和内涵均大于案件处理。(2)二者目标不同。案件处理更多是针对具体个案进行,其工作目标是个案胜诉或者在此过程中实现企业利益的最大化。而案件管理则是根据企业战略规划,通过对企业经营过程中潜在监管风险尤其是法律风险的日常监测、统筹应对等管理行为,服务企业日常经营管理,并提升企业风险管控能力和经营管理水平,为企业创造价值。案件处理的行为和目标均是一次性的,而案件管理的行为和目标则是持续性和逐步提升的。

案件处理和案件管理亦存在密切关联:(1)案件处理是案件管理的关键环节。以时间为逻辑轴,横向来看,可以将案件管理分为监测、报告、处理和改进四个环节。案件处理是案件管理中最为关键的一个环节,因为案件处理是案件管理的前端环节,处理结果直接关系企业合法权益的保护,企业风险防范和经验积累都要以案件处理为基础。

(2)案件管理是案件处理的延伸和提升。案件管理是案件处理在时间轴上的延伸,诉讼程序的终结可以说是案件处理的结束,但并不是案件管理的结束,案件管理既先于案件处理又不止于案件处理。案件管理是为解决案件处理中发现问题而在经营中进行的管理提升。

观点三:企业案件管理是一项系统性的管理工作

企业经营过程中充斥着各类管理行为,企业管理之目标就是让企业从机会式成长转向体系化成长。从管理者角度,所谓管理体系就是各类规则的集成。企业案件管理体系是指根据国家有关法律、法规规定,依据企业内部制度,并结合企业特点,为实现案件管理目标、在企业内部建立的案件监测、报告、处理、改进等全过程的管理制度和机制的总称。简单来说,即在企业内部为实施案件管理而建立的组织、制度、流程和机制。企业案件管理作为企业管理行为之一种,是融入整个企业管理体系之中的一部分,既有其单独运行之特点,也必须和整个体系密切融合、相互支撑。研究企业案件管理,不能脱离企业的场景限制,既需结合企业整体的实际情况,又需关注企业案件在整个经营管理中的重要性、管理目标以及通过案件管理促进企业持续经营水平提升的需求,立足于案件管理,但又不止于案件管理。

当前企业案件管理中存在以下主要问题:一是把案件当成单纯的法律事件,没有上升到危机管理的高度;二是只关注案件处理环节,仍以解决具体案件为目标,而没有形成完整的案件管理链条,缺乏整体性设计;三是案件处理随意性强,缺乏标准化的程序和做法,多数企业仍然采取一案一议的方式;四是案件管理缺乏成熟理论支撑和有效的工具和方法,与企业目标、成本要素等未能深度结合。

作为一项系统性管理工作,企业一方面需完善案件管理制度和机制,通过案件监测降低案件发生的概率,从源头防堵风险。案件发生后,快速反应,成立专业团队,科学制定应对策略,各部门通力协作,在法律实体和程序中实现企业利益的最大化,减轻案件对企业正常经营造成的影响。另一方面,需实现案件的全过程管控,探究案件发生背后的合同瑕疵、商业模式缺陷,或产品服务不合规等原因,通过全过程管理挖掘案件价值,促进企业管理制度流程完善,强化企业风险防控能力。

(二)企业案件管理体系建构

管理体系建构是在认同体系价值的前提下,针对管理需求设计出适当的工作流程和组织架构,因事设人,将要做的事与做事的人进行对应和关联。案件管理体系建构,第一层是结合企业案件管理涉及管理行为以及各管理行为之间的逻辑关系来设计组织结构,第二层是对应组织结构将具体且合适的人放到组织中,形成特定组织个体与最小组织单元的对接。

第一层面:体系建构之要素分析

任何企业在进行案件管理体系建设时,均需从价值锚点和实施方案两方面要素去考量,锚定体系建设必要性的价值,因时、因需去动态地建设组织和设计流程。案件管理体系的价值锚定,主要是通过体系中各要素的协同运行,实现对企业潜在案件风险的识别预防,实现对企业已发生个案的最佳解决,实现企业案件管理行为的持续性和结果的有效性。从体系必要性角度,可以认为体系建设是提升企业案件管理水平的重要前提,是发挥法务部门创造价值的有效手段,也是保障企业持续健康发展的客观需要。

在该环节中,第一步是梳理企业案件管理中各类管理行为及逻辑关系。要真正实现案件有效管理,解决企业案件管理中的问题,非一案一议、就案说案,而是需要将案件管理纳入企业日常管理机制之中,实行全过程管理,涉及管理环节一般包括监测、报告、处理、改进四个步骤。第二步是明确参与案件管理活动的各层级主体。因为企业体制、规模不同,涉及主体及层级亦有区别,简单来说,以集团型公司法人的案件管理参与主体为例,一般包括集团公司及涉案子企业两个层级的主要负责人、法务工作负责人、法务团队、涉案业务部门、其他综合部门以及外部律师团队。第三步是确定案件管理各参与主体的组织分工。组织分工既包括各主体岗位职责设定,也包括各实施管理行为主体需按照企业规章制度、工作流程等依规履职。第四步是确定企业案件管理工作流程。一般分为一级、二级、三级流程,其中法务管理应该是和财务管理、战略管理等并行的一级流程,而案件管理、法律审核等应属于法务管理一级流程项下的二级流程。

第二层面:企业案件管理体系建设之组织架构

1. 案件管理组织架构的基本定位

组织体系是案件管理体系的基础,它明确了案件管理过程中涉及各类人员的权责界限。第一,企业需结合案件管理需求决定组织的分工深度。案件管理的组织分工粗细,一方面要自上而下,既满足现阶段需求还需留出组织发展空间,确保组织管理行为可触达与案件管理相关的所有重要事项,亦不至于分工过细导致职能分散增加横向协调难度;另一方面需自下而上,随时保持组织分工的机动灵活性,以契合案件管理行为自带的偶发性、时效性、外部程序性、影响重大等特点。第二,企业需根据不同组织形态确定案件管理体系的具体定位。企业可根据其成立年限、规模设置适合的组织形态,如职能制、事业部制、矩阵制等。组织形态的设计,既需将管理价值嵌套进企业其他组织单元的价值之中,亦需在案件管理体系之中嵌入价值评价机制并将此固化进流程。

2. 案件管理组织的职位设置及基本职责

案件管理隶属于法务部门,参与案件管理的人员纵向层级及横向部门均比较多,所以需要画定案件管理组织的基本工作关系图(见图1)。组织单元主要包括五部分,企业领导涵盖上级、法务部门、涉案业务部门、其他职能部门及外部律师。法务人员从任职资格角度,主要是实现“事”与“人”的精准有效匹配,一般将具有法律教育背景或从事过法律实务工作作为法务人员的基本准入条件。

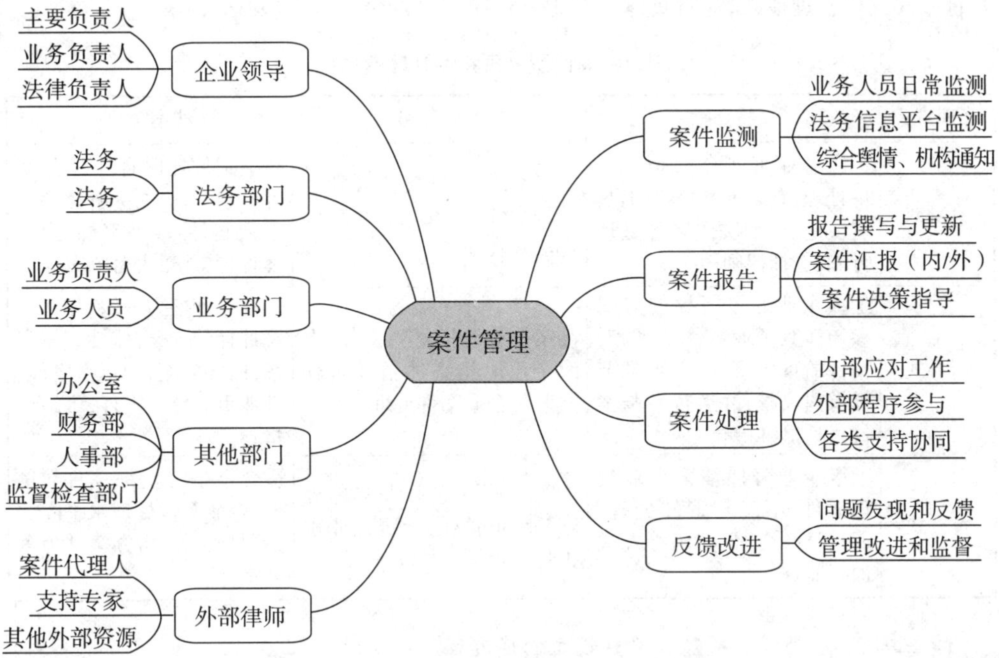

图1　案件管理组织的基本工作关系

企业领导层面，根据《党政主要负责人履行推进法治建设第一责任人职责规定》《中央企业主要负责人履行推进法治建设第一责任人职责规定》《中央企业重大法律纠纷案件管理暂行办法》等，均明确规定企业主要负责人承担法治建设第一责任人的职责，包括案件管理，同时通过法治建设考核评价、领导包案等方式推进履职。而总法律顾问需承担协调处理案件的策划、处理、执行、总结等工作。法务专职层面，明确由法律事务机构归口管理法律纠纷，包括对案件的分析研判、收集证据、制定应对策略与诉讼方案等。其优势上即利于发挥法务的专业优势、协调优势，统计汇总数据、总结反馈风险，案件管理因具有专业性和复杂性，是法务人员综合能力的体现。而涉案部门作为案件事实的制造者、提供者和最初评价者，在案件处理中需全面配合，其他部门则根据其职能范围提供办案中的配合。其他职能部门如财务部、办公室等，则需根据案件管理、案件处理需要提供协同支持和对接和证据支持。外部律师更多的是从案件处理专业角度，在应对具体个案的外部程序中提供外脑，更好地助力企业在已发生个案上取得最佳结果。

3. 企业案件管理模式及责任划分

对于集团型公司来说，企业不仅区分层级，也会区分不同业务版块，如何提高集团内部案件管理效率和质量，各企业可结合案件和组织实际采取不同管理模式。无论哪级企业发生案件，对集团整体都会产生影响，一般集团公司对案件管理的原则是“统一管理、分级负责”。统一管理有利于规范案件管理、统筹集团资源，而分级负责则利于实现权责一致、方便证据收集，并促进案发企业提升管理。在该原则之下，亦可划分为直管式、指导式和督办式三种管理模式,针对具体个案时三种模式也可交叉应用(见表1)。

表1　集团型公司案件管理模式

管理模式	特点	责任划分	涉案类型
直管式	上级企业直接介入企业案件处理,并在重大事项上具有决定权,如决定案件处理方案、选择律师团队等	上级企业承担案件管理和处理责任,案发企业承担外部法律责任	企业案件处理能力不足,案件一般标的大,为群体性或系列案件、涉外案件、刑事案件、其他重大影响案件
指导式	上级企业通过指导的方式参与涉案企业案件处理,对案件的重要事项、关键环节具有建议权,并通过参与案件讨论提供指导	涉案企业承担主要责任,上级企业承担案件指导责任并监督企业案件处理	企业处理能力一般,如涉及案件标的大、群体性或系列案件、涉外案件、刑事案件、其他重大影响案件,可给予指导
督办式	上级企业督促涉案企业处理案件,不参与案件处理,通过督办会、督办函等方式加强监督	涉案企业独立负责案件处理并承担责任,上级企业承担督办责任	适合企业数量多、案件数量多、企业案件处理水平高的集团型企业,督办案件为重大案件

第三层面:企业案件管理体系建设之制度流程

建立健全案件管理制度体系,是规范案件管理的重要基础,也是案件专业化管理的前提。多数企业的案件管理制度主要明确了案件报告流程和案件处理流程,但在案件监测、考核、问责等方面,关注程度不一、实际操作不一,仍存在较大探索完善空间。

1. 案件管理制度建设概要

案件管理体系中的制度和流程建设,属于企业内部的规范约束和流程约束,需要遵循实用性、动态性、协同性原则。在该原则之下,案件管理制度体系及流程建设,还需具备专业特点并满足特定管理需求。一般来说,企业案件管理制度规范类型包括:综合性案件管理办法,作为基础性制度,需确立案件管理的基本规范、工作原则、体系框架,并明确案件全过程管理各阶段管理要求;案件管理专项制度,如内部审批立案制度、案件报告制度、重大案件管理规范、案件管理奖惩制度、信息化管理制度等;案件管理辅助配套制度,如中介机构选聘制度;案件管理专业指引类规范,如企业涉及常发领域的办案指引等。

2. 案件管理制度主要内容(见表2)

表2　案件管理制度概览

	案件综合管理办法	案件专项管理办法
定位	基础性制度,一般规定案件管理的基本原则、组织机构、主要机制、权限安排,同时也会规定案件全过程管理中重要环节的具体流程和管理要求	针对案件管理过程中的特定事项,专门规定工作要求和流程,是对案件综合管理办法的补充和细化,也是重要管理机制或要求的规范化和流程化
特点	全面、原则、规范	主题单一、内容具体、可操作

续表

	案件综合管理办法	案件专项管理办法
主要内容/主要制度	界定法律纠纷案件; 明确管理办法适用范围; 明确案件管理基本要求,统一管理、独立负责、分类管理; 明确案件管理主要机制,如明确组织领导、工作机制、会商机制; 明确案件管理职责分工,明确管理组织体系和相关主体的具体职责; 明确案件管理具体要求,包括案件监测、报告、处理等内容; 规定案件监督检查和奖惩机制	《重大案件管理规定》,规定重大案件标准、上报要求、督办要求、协调机制等; 《案件上报管理规定》,规定案件上报基本内容、时限、材料要求等; 《案件处理协同机制》,规定企业内部协同、区域或企业间协同、外部协同等; 《案件分类管理办法》,针对不同案件类型制定的专项指引等

3. 案件管理工作流程

案件管理工作流程(见表3)是实现案件全过程管理时各项案件管理制度落地执行的配套操作规则。具体流程主要包括案发前的预警防范、案件过程中的规范处理以及案件终结后的总结提升或管理改进。工作流程主要依据案件管理的组织架构、制度规范进行设定。设定案件管理流程,一是为了使管理人员清晰了解具体管理行为和各阶段任务,二是方便检查监督工作人员实施管理行为时是否严格按流程推进。

表3 案件管理工作流程概览

进程	工作流程
事前预防:案件监测流程	监测主体:主要包括法务部门、业务部门、财务部门、纪检审计部门、办公室等
	监测客体:外部监测客体,主要包括法律法规政策变动、行业政策调整、司法或行政管理部门的管理动态、利益相关者情况、重大事件、客户投诉、媒体报道、特定事项等。 企业内部相关信息,主要包括企业文化、企业结构、企业资源、企业业务、企业管理,以及各方面的变化等
	监测机制:风险防范机制,定期支撑机制,监测研究机制,虚拟团队机制
事中控制:案件报告流程	案件信息从企业外部到企业内部的传递流程。明确法务部门为案件归口管理部门,及时对接外部案件信息传递
	案件信息从下级企业向上级企业(集团)的传递流程。比如,重大案件信息上报制度,规定上报时限、层级、范围、材料等
事中控制:案件处理流程	案件处理基本要求:强化项目管理,设立管理目标,建立工作机制,制定处理方案
	案件处理具体流程:一是启动处理流程,包括被动应诉和主动起诉两类流程;二是调查取证流程,内外部取证;三是制定应对方案,是否外聘律师、法规收集和案例研究、取证,制定诉讼方案;四是参加案件审理,出席庭审等

续表

进程	工作流程
事后改进:案件改进流程	持续改进提升。总结案件处理中的经验教训,持续改进完善企业工作流程
	堵塞管理漏洞。案件是查找企业管理疏漏的放大镜,发现问题予以改进
	严肃追究责任。分析案件成因、处理过程,采取措施减少损失,追究相关人员责任
	开展专题培训
	完善档案管理

第四层面:案件管理的评估奖惩

1. 案件管理的评估体系

案件管理是一项耗时长、专业度较高,需由企业法律专业人员承担并包含案件处理在内的综合性事务工作。一个案件从立案到结案,往往经历较长时间,复杂的案件可能会经历数年的时间。在企业案件管理办法中,一般会规定原则性的奖惩内容,但很少会对案件评估进行规定。多数企业对于案件管理评估体系较为粗放和随意,也缺乏考核评估案件管理工作绩效的标准和工具。案件评估工作的难点主要在于:案件类型众多,导致评估标准系统化、标准化难度较高;企业一般重视案件处理,案件评估尚未成为案件管理的必要环节;案件评估应当发生在案件处理后、案件奖惩前,如何合理运用评估结果,在企业管理中尚不明晰。

评估体系的建立虽然有诸多难点,但案件管理评估体系是联系案件处理与案件奖惩的关键环节。

(1)评估对象。评估对象是案件本身还是案件承办人员,是首先要明确的问题,评估对象不同,可能会导致评估结果运用范围的差异。确定评估对象时需注意,一是评估结果应当与评估对象的权责范围大体一致,即属于评估对象权责范围内可以调动的各项资源,可用以争取到的案件处理结果才应当归属于评估对象,而超出评估对象本身可以控制的因素导致的结果则不应当归属于评估对象。二是评估案件本身与评估案件承办人员,可能会得出不同的结论,甚至截然相反。不宜以案件结果"一刀切"的形式去评价案件处理人员,案件结果固然重要,但并不是案件评估的唯一标准。

(2)评估主体。由谁来负责进行案件评估,主要应结合评估的目的和追求的结果,常见的评估包括上级企业(集团)对下级企业的评估、上级法务部门对下级法务部门的评估、企业对法务部门的评估。无论何种形式的评估,其中案件管理的相关内容都是其中重要组成部分。上级企业对下级企业的评估主要着眼于整体考核,包括经营指标、关键绩效指标等,而案件管理评估是整体考核中的一部分,所以其评估指标特点是精简的。上级法务部门对下级法务部门的评估主要着眼于专业,个案是否处理得当。企业对法务部门的评估则体现了企业内部对法务工作特别是案件管理工作重视程度。

(3)评估标准。第一,评估标准必须区分通用评估标准和非通用评估标准,通用标准如结案时间、执行回款、是否胜诉等,而非通用标准是个性化标准。第二,评估标准必须兼顾法律标准和业务标准。第三,评估标准要统筹案件具体标准和企业整体指标,既要关注具体个案的案发背景、案发时间、处置人员、证据准备等方面的差别,又不能忽视案件整体数量、金额,新发案件的数量、金额,结案的数量、金额。

(4)评估形式和程序。企业内部案件管理评估主要可分为综合考核评估、专项考核评估(案件管理考核评估、个案管理考核评估)与其他法务考核评估三类。综合考核评估是上级企业对下级企业的考核,一般以年度为单位,把案件管理情况作为对下级企业经营班子整体考核的重要内容。案件专项考核评估主要指对案件的考核评估,根据考核评估的范围,具体又可以分为案件管理考核评估、个案考核评估,其中个案考核评估主要是对重大疑难案件的处理与管理进行考核。其他法务考核评估主要指法务系统中除案件考核外的其他考核中包含案件考核内容的情况,主要包括法治建设考核、总法律顾问工作考核、法务工作检查等。案件管理的各类考核评估主要遵照以下程序:首先,成立考核评估小组,小组组成人员除法务人员外,还应当包括业务人员、财务人员等相关人员;其次,在开始考核评估前,应当针对具体个案评估现有的非通用标准是否完全适用进行判断,如不适用应当进行调整,并形成本案的非通用标准;再次,明确案件考核评估程序,由企业根据通用标准和个案适用的非通用标准进行自评,然后由评估小组进行书面复核或现场复核;最后,根据考核评估小组讨论结果出具评估意见。

2. 案件管理的奖惩体系

实践工作中,因为奖惩涉及利益分配问题,所以案件奖惩体系在推行过程中遇到的问题比案件评估更为复杂。根据参与案件管理的主体不同,分别对企业管理层、案件承办人员、代理律师、涉案业务人员、其他相关人员的奖惩进行讨论。

第一,奖励机制。奖励可以分为精神奖励和物质奖励。精神奖励主要包括表彰、送锦旗、会议表扬等多种形式,物质奖励涉及经济利益,就必须有明确的奖励标准。但案件奖惩不是标准统一的工作,需要企业制定符合自身实际的标准,可以一案一策。

第二,惩罚机制。涉及案件管理的惩罚情形主要有:案件报告不及时,证据保管出现问题,越权聘请律师或疏于对律师管理导致出现重大失误,无合理理由放弃或怠于行权,违反保密规定,等等。一般惩罚职能不设在法务部门,主要由相关监督部门或上级确定。确定惩罚措施时,应当遵循“责权利一体”的原则。

(1)对案件代理律师的激励约束机制。对于律师的激励机制,大体分为两种,一种是对表现优秀的代理律师通过向其属地律协寄送表扬信、推荐信、向律所送锦旗、准予其使用企业名义对外宣传等方式；另一种就是通过更多推荐参与案件招标代理、采取不同风险代理方式等进行激励；对于律师的约束机制，包括加强代理案件中跟踪督促，通过一票否决制决定其是否续聘常法或代理其他案件、对存在问题的律师向律协反映等方式。

（2）对原企业管理层、涉案部门和人员的惩罚机制。对于企业与案件产生有直接责任的原管理层人员，一般应依据相关规定进行党纪和行政处分，同时还采取扣发、少发年薪等经济处罚。涉案部门与法务部门在企业内部通常为平级部门，法务部门无权限处理涉案部门和人员，但是法务部门可以在案件管理制度中设立处理机制，为管理层决策提供制度依据。

第五层面：案件管理的支撑保障

基于案件管理的复杂性特别是案件处理的专业性，案件管理不仅无法避免和外部机构打交道，常常要借助外部资源和力量，而且也需要借助技术发展建立信息化的案件管理系统，让智能技术和大数据分析替代人力的重复性劳动，提高效率。

1. 案件管理的信息化支撑

在案件管理中，信息化应用在两个方面起到重要作用，一是信息传递的及时性，二是信息内容的整合和分析。前者在案件的监测、报告和处理过程中至关重要，后者在案例信息、经验的共享和总结方面能够起到数据库分析以及提升案件管理整体水平的作用。

案件管理信息化的优势，主要体现在：（1）提高效率，信息化管理可以将数据录入、统计分析等工作通过专门的案件管理信息系统进行，而无须依赖表格等方式，减少了大量人工统计工作；（2）规范管理，信息化的一个重要功能即是将管理要求嵌入流程，可以通过设定节点的方式，促使案件管理流程化、规范化；（3）动态管控，有权管理者可通过案件信息系统实时掌握案件动态信息。

案件管理信息化的现状，主要表现为：案件管理系统功能不全，主要包括案件上报、案件归档、查询统计，方案会审、动态监控或风险预警，功能缺失或不足；案件管理系统与企业其他系统未能实现互联互通，常见问题即未能实现案件管理系统与企业内部的合同管理系统、法律风险管理系统、合规管理系统、业务管理系统等进行关联，而且系统中数据覆盖不全面。

案件管理信息化的主要功能中比较成熟的功能包括：案件上报功能；案件归档功能；查询统计分析功能，通过统计可以知道同期对比或生成可视化图表；法规查询功能；风险预警功能，当出现合同违约、付款不及时等情况时，业务系统可将信息反馈至案件管理系统，并提示风险；案件闭环管理功能；非诉案件管理功能，如可对协助执行、行政处罚、调查函等非诉案件进行管理。

案件管理信息化系统功能框架,如图 2 所示:

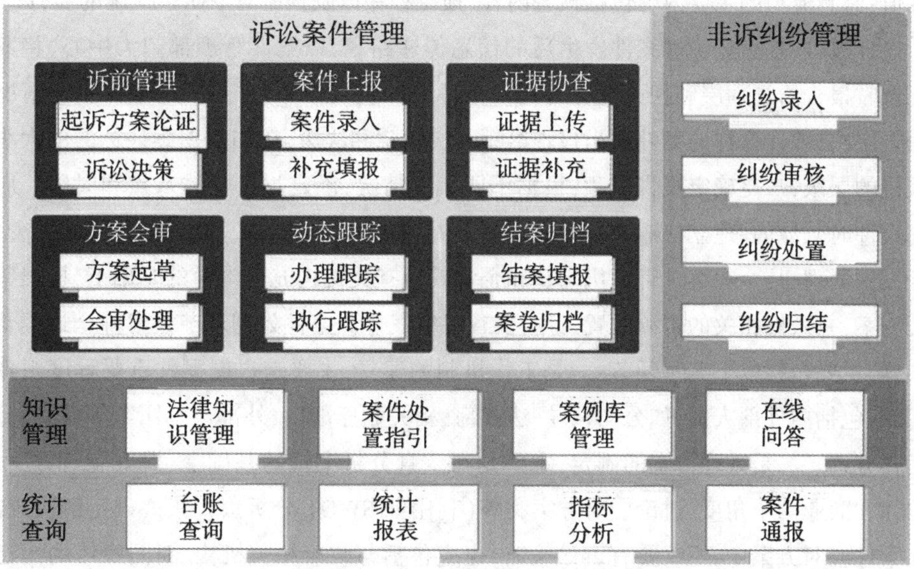

图 2　案件管理模块功能架构

2. 外部律师服务支撑

在案件管理过程中,企业会根据案件情况选择法务人员出庭或聘请律师代理。对一些重大疑难案件,通常会选择外部律师代理或者由律师与企业法务人员共同代理。律师是处理这类案件的关键成员,因此律师资源是案件管理支撑保障体系中的重要组成部分。

外部律师在案件处理环节可发挥专业支撑作用。企业法务要充分利用内外部法律资源,实现优势互补,通过制订外部律师管理办法,明确律所的准入条件与遴选流程,规定外部律师选聘的方法和程序,可对律师资源实现统一规范管理;通过建立律师服务平台,将全系统内律所进行统一管理,可以在系统内实现资源共享。

企业根据需要建立律师库。律师库的建设需要根据企业所在行业、规模、专业需求领域的不同,按照一定原则建库,既有准入标准,也需设置禁入名录。同时对于律师库内律师资源实施日常管理和考核,建立律师入库备案机制,入库机构年度评价考核机制等。考核既包括服务质量,也需考虑服务成本。

第六层面:企业案件全过程管理

法律案件管理系统的建设意义深远,主要实现了三个转变:由被动处理到主动管理,由专业观到全局观,由单纯法律视角到法商结合视角。企业案件的全过程管理,是指对纳入企业案件范围的各类案件通过监测、报告、处理、改进四大环节进行系统、科学、规范的管理。

1. 全过程管理各环节内容

案件监测,是企业对可能会引发案件各种要素状况进行日常有效监控,并在相关指标超出正常范围后及时发出预警,督促企业采取防范措施。该环节重点需要的是建立监测模型和确定预警流程,其中监测模型的主要任务有:确定监测指标、建立函数关系、明确预警界值;监测流程的主要内容包括预警内容、预警程序以及预警对象防范措施的实行。

案件报告,是企业明确案件发生后的信息传递路径,以案件管理部门为中心,将案件情况及时报告给管理层和相关业务部门。该环节的主要任务包括:一是根据企业情况确定报告层次,即什么样的案件应当报告给哪一层知晓和决策,比如根据案件标的的大小决定报告的层级;二是确定报告流程,根据不同案件情况,确定报告具体节点和时限。应该考虑案件时效原因,建立快速的报告机制。

案件处理,是企业案件管理机构在和企业其他有关机构充分沟通的基础上,提出案件处理方案,并做好相关的资源配置工作,妥善解决案件。案件处理环节是案件全过程管理的关键,主要包括以下三个环节:一是工作机制的建立,主要是根据案件重要程度组建工作团队,包括内外部人员,如公司领导、法律部、相关业务部门、外部律师团队等,明确分工和工作方式。二是处理方案的制定,主要是在认真分析案情的基础上,提出应对方案,并从法律和商业两个角度,讨论应对方案利弊(利用如 SWOT 分析法),最终确定解决方案。重大案件应对方案中,不仅要有诉讼策略,也应包括与政府相关机构、新闻媒体的沟通机制。三是项目管理,利用项目管理工具,从时间管理、成本管理、绩效管理角度,研究如何管理费用、律师团队,有效把控案件处理过程。

案件改进,是企业在案件处理过程或结束后,分析研究引起案件发生的管理、业务原因,提出具体改进方案并予以实施。该环节的主要任务有两个,一是建立责任追究制度,根据案件发生的原因、案件处理的过程和结果,对相关责任人进行追究,形成有效的奖惩机制;二是建立业务和管理改进机制。任何法律争议背后都是业务和管理问题,要认真分析案件背后导致案件发生的业务和管理原因,提出改进建议,并形成有效的落实机制。

2. 案件全过程管理各环节之间关系

案件全过程管理涉及监测、报告、处理和改进四个环节,相互之间既有顺位关系,同时也相互关联、相互影响。案件全过程管理不同于一般的案件处理,它强调案件管理要渗透到企业日常经营的方方面面,将案件处理与经营管理中的风险防控联系起来,形成一个从业务中来、到业务中去的闭环,真正将案件管理融入企业整体战略管理中。案件全过程管理的四个环节环环相扣,紧密联系,完整构成案件管理的全部要素。科学地设计四个环节所涉及的管理内容和机制,对于案件管理水平的提升具有重要作用。具体关系(见图3)。

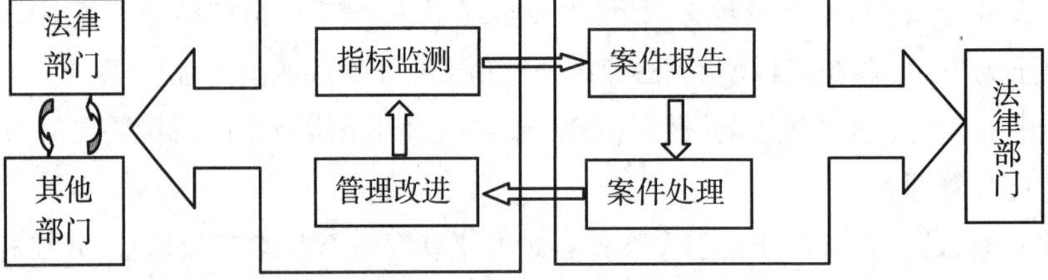

图3　案件全过程管理各环节之间关系

企业在实施案件全过程管理时,法律部门首先根据案件发生情况进行风险测评,与其他部门一道共同建立一套完整的案件风险监测系统,包括设置风险监测点、设立不同等级风险的预警和处置机制等,及时、有效、全面、客观、动态地对企业内部和外部的风险进行监测。监测环节中,监测主体重点是各业务部门、法务部门,但公司其他管理部门亦会结合实际风险承担部分监测任务。

在案件出现后,企业需立即启动案件报告程序,由首先获得案件相关信息的业务部门相关人员、负责收发文的办公室人员、法务部门人员等按程序报本部门负责人后,负责人需按照规定将案件信息准确、快速传达给法务部门。法务部门收到相关案件信息后,需根据企业案件管理办法,按层级向公司领导、上级公司法务部门等汇报,并及时反馈至涉案部门,通知收集汇总案件相关信息和证据材料等。

随后即进入案件处理程序,包括选择争议解决方案、组建团队、制定诉讼策略、准备诉讼材料、行使程序性权利、处理裁判文书等。案件处理程序主要是企业负责案件处理的团队,通过各种措施有效应对外部诉讼或仲裁等法定程序,确保企业在案件处理中利益最大化。对于个案来说,案件处理就是企业作为当事人参与到法律规定的争议解决之外部程序中,外部程序的起始全过程就是个案处理的全过程。但对于实施案件全过程管理的企业来说,案件处理仅是管理行为的一环,既要重视案件处理,也不能忽视案件管理的其他环节。

案件结束后,法律部门对案件中反映出的问题进行梳理和总结,识别问题发生的原因或其中显现的企业管理中的风险,然后与业务部门、其他综合管理部门一起协商制定和实施风险控制措施,将相关措施纳入企业管理流程,完善内部控制体系,定期或随机监督措施落地执行情况及案件管理的改进情况。

通过以上各环节的有序推进,形成针对案件的闭环式全流程管理。虽然案件管理是一项专业性比较强的工作,但案件管理并不仅仅是法务部门自己的事,有的企业案件牵扯利益大、企业业务关系复杂,有时案件不仅涉及法律专业知识,更多地涉及企业业务战略、业务模式、经营行为、管理举措等,所以相关业务部门、职能部门均需参与到案件管理工作之中。更重要的是企业领导也应重视案件管理,并参与到案件处理和全过程管理之中。在案件监测和改进环节,需要法律部门和其他相关部门通力协作、密切配合,各自承担相应的责任;在报告和处理环节,一般以法律部门为主导,负主要责任,涉案部门积极参与和支持,其他相关部门根据需要予以配合。监测和改进环节更偏重内部管理,属于持续性的常规工作,报告和处理更具外向性,个案性和时效性更强。

第三编　公司治理

第三编 公司治理

重塑企业规章制度运行体系，实现从制度优势向治理效能的转化

单海杰　谭　曲　许文韬

作者简介

单海杰　中国航油集团公司法律风险管控部总经理

谭　曲　中国航油集团公司法律风险管控部高级业务经理

许文韬　中国航油集团公司法律风险管控部助理

企业简介

中国航空油料集团有限公司(以下简称中国航油)是国务院国资委管理的国有大型中央企业,承担着国家航油供应保障任务,是集航空油品采购、运输、储存、检测、销售、加注为一体的航空运输服务保障企业,业务涵盖航油供应、成品油销售、物流仓储、国际贸易和通航保障五大板块。中国航油构建了遍布全国的航油、成品油销售网络和完备的油品物流配送体系,在全球280多个机场为460多家航空客户提供航油加注服务,在20多个省、自治区、直辖市为民航及社会车辆提供汽柴油及石化产品的批发、零售、仓储、配送服务。在国资委经营业绩考核中连续4年获评A级企业,是亚洲最大的航油供应商,连续10年进入世界500强,是世界航油供应服务标准制定的参与者、国内航油供应服务标准的制定者。

内容摘要

规章制度体系建设是企业规范化管理的基础,是法治央企建设的重要抓手,也是提高企业运营效率和经营效益的关键因素。本文以规章制度体系建设为主题,在分析国有企业加强规章制度体系建设背景和意义的基础上,总结探索中国航油构建规范清晰的规章制度体系实践经验,并对新发展阶段国有企业如何推动规章制度体系建设走深走实提出思考和展望。

关键词

制度管理 体系建设 法治央企

不以规矩,不能成方圆。规章制度是企业内部"法律",是企业管理和运行的准则。科学完备、行之有效的规章制度体系是规范企业行为、提升管理效率的重要基础,也是企业治理体系和治理能力现代化的重要体现,是国有企业对标世界一流管理能力的重要指标,在企业管理中发挥着重要作用。中国航油始终坚持以习近平新时代中国特色社会主义思想为指导,深入践行"两个一以贯之",聚焦国企改革三年行动,坚持以规章制度建设为抓手,巩固深化改革成果,持续推动制度优势转化为治理效能,为企业高质量发展提供重要保障。

一、正确认识规章制度体系建设的现实意义

(一)规章制度体系建设是全面依法治国战略的重要组成部分

党的十八大以来,党中央明确提出全面依法治国,并将其纳入"四个全面"战略布局予以有力推进。习近平总书记指出,法律是治国之重器,法治是国家治理体系和治理能力的重要依托。国有企业作为中国特色社会主义的重要物质基础和政治基础,是中国特色社会主义经济的重要支柱,必须在落实全面依法治国战略部署上走在前列、做出表率。对国有企业而言,贯彻落实全面依法治国战略最首要的就是要全面推进依法治企。科学完备的规章制度体系贯穿企业经营管理的各个环节,是规范管理的基础,是依法治企不可或缺的重要保障。国有企业必须以习近平法治思想为指导,立足新发展阶段,贯彻新发展理念,构建新发展格局,把全面推进依法治企作为贯彻落实全面依法治国基本方略的重要举措,通过建立健全规章制度体系,对外依法经营,对内依法治理,努力夯实法治社会基础。

(二)规章制度体系建设是法治央企建设的重要抓手

2021 年,国务院国资委印发《关于进一步深化法治央企建设的意见》,明确要求着力健全规章制度体系,落实法务管理机构对制度的归口管理职责,定期梳理、及时修订,努力形成系统完备、层次清晰、相互衔接、务实管用的规章制度体系,加强对制度的全生命周期管理,健全规章制度制定、执行、评估、改进、监督等工作机制,打造完整管理闭环。新发展

阶段持续深化法治央企建设，要求中央企业必须把构建高质量规章制度体系作为深化法治央企建设的重要抓手，必须统筹谋划、抓实抓好、抓出成效，成为中央企业全面深化改革坚强的法治保障。

（三）规章制度体系建设是企业高质量发展的重要保障

“十四五”时期，我国将开启全面建设社会主义现代化国家新征程，国有企业面临的外部环境更加复杂，改革发展的任务更加艰巨，对法治工作的需求也更加迫切。科学完备成熟的规章制度体系既是保障企业持续健康发展的根本之策和长远之策，更是引导和推进企业高质量发展的坚实基础和重要保障。国有企业必须坚持和完善规章制度体系建设，推进企业管理水平提升，将既有资源优势、能力优势持续转化为现实竞争力和治理效能，为企业实现高质量发展保驾护航。

（四）规章制度体系建设中存在的问题

由于自身历史、文化等因素，现阶段国有企业在规章制度体系建设中依然存在一些问题亟待解决，主要表现在：一是规章制度体系化不足，分层分类不明晰，制度间逻辑关系不明，存在交叉重叠、缺位错位、相互矛盾的情形；二是制度的适用性有待提高，部分制度内容陈旧，既与企业发展的实际需求存在偏差，也与外部不断更新的监管规定缺乏及时有效的衔接；三是制度的覆盖性需要进一步厘清，制度权责边界不清，主责部门缺位、多头管理的情况时有发生；四是制度建设注重实体内容轻程序控制，重制度规范制定轻宣贯落实，导致制度的可操作性降低；五是制度建设尚未形成有效闭环管理，缺乏对执行情况的评估检查、修订完善机制；六是制度流程化管理机制缺失，使制度执行混乱、不全面不彻底的现象时有发生。种种问题降低了制度的权威性和可行性，也给企业的运营管理带来风险。因此，正确辨识规章制度体系运行中存在的问题，全面掌握企业发展方向和业务需求，是建设完善规章制度体系的前提和基础。

二、中国航油规章制度体系建设的实践

中国航油本着“于法周延、于事有效”的原则，从公司业务需求和特点出发，科学全面地构筑起体系完备、层次清晰、内容规范、操作性强的规章制度体系，既符合中国航油改革发展的新形势新任务新要求，体现稳定性和先进性相统一，又提高了制度的有效性和科学性，真正实现了制度优势向治理效能的转化，确保企业的各项工作真正落到实处。

（一）注重顶层设计，重塑规章制度体系框架

中国航油从顶层设计出发，采取纵向到底、横向到边的方式对全系统各层级的规章制度进行全面梳理和调研，厘清各类制度内在的逻辑和脉络，结合企业实际和发展需要，研究制定《规章制度管理规定》，明确规章制度分级标准，为构建以公司章程为核心的分级分类规章制度体系把方向、定规则。

1. 制度层级标准

为厘清和明晰制度效力等级，中国航油按决策层级将公司制度纵向划分为基本制度、一般性制度规章和具体规章三个层级（见表1）。

表1 中国航油规章制度等级

制度等级	名称	定义	主要涉及范围	审批机构
第一级	1. 集团公司章程 2. 董事会运作的相关规章制度 3. 公司基本制度	1. 章程是指规范集团公司组织及活动基本规则的法律文件 2. 董事会运作相关制度是指针对集团公司董事会及其专门委员会工作职责、流程、议事机制等事项的相关规定 3. 公司基本制度是指根据集团公司章程，为规范集团公司相关重要管理领域事项而制定的，关系集团公司全局的重要规章制度	1. 章程及章程修订案 2. 董事会及其专门委员会工作制度 3. 涉及战略、投资、财务、运营、风控与审计等方面的基本制度	国资委/董事会
第二级	一般性制度	是指除基本制度以外的公司专项制度	涉及行政、资产及资金、劳资、业绩考核等方面的具体制度	公司经营管理层决策会议
第三级	具体规章	各部门在基本制度和一般性制度框架下制定的，为细化、强化及优化某些条款的执行而制订的专项制度安排	基本制度和一般性制度下实施细则	总经理

（1）第一层级：基本制度

由董事会制定、批准，或者由国家国有资产监督管理部门审核、批准的制度。基本制度主要反映公司基本行为准则的全面性、原则性、基础性制度及专项重要制度，包括不限于集团公司章程；涉及集团公司董事会运作的相关规章制度，包括《董事会工作制度》《董事会专门委员会议事规则》《董事会秘书工作制度》等；或者根据集团公司章程，为规范集团公司相关重要管理领域事项而制定的，关系集团公司全局的规章制度，涉及战略、投资、财务、运营、风控与审计等方面的基本制度；董事会认为需要审核、批准的其他基本制度。

（2）第二层级：一般性制度规章

由公司经营管理层决策会议审核、批准的一般性制度，即除上述基本制度以外的公司专项制度，该类规章制度主要包括行政、资产及资金、劳资、业绩考核等某一方面的具体规范。

（3）第三层级：具体规章

由总经理审核、批准的具体规章，各部门在基本制度和一般性制度框架下制定的，为细化、强化及优化某些内容及条款的执行而制定的专项制度安排及实施细则等。

2. 制度类型标准

中国航油按照制度性质不同,将制度区分行政类制度和党团类制度。党团类制度的管理参考党内法规体系,由党内法规归口管理部门依照国资委有关要求对党团类制度进行分级分类管理。工会和民主管理的内容纳入行政类制度分级分类的范围内。

中国航油以业务性质为主线,综合考虑部门职能和业务功能,将行政类制度横向按照细分的业务模块进行分类。根据国资委法治央企建设要求达到的“治理完善、经营合规、管理规范、守法诚信”目标,将公司制度主要划分为公司治理、生产运营和综合管理三个大类,建立业务子类别,保持子类别制度的相对独立和清晰。通过细化分类标准、理顺制度内在逻辑,最终搭建起了 3 大类 29 子类的制度架构,形成了相对完备、稳定的分级分类制度体系,实现规章制度体系对经营管理和业务活动的全面覆盖,保障上下层级规章制度之间的一致性、协调性(见图 1)。

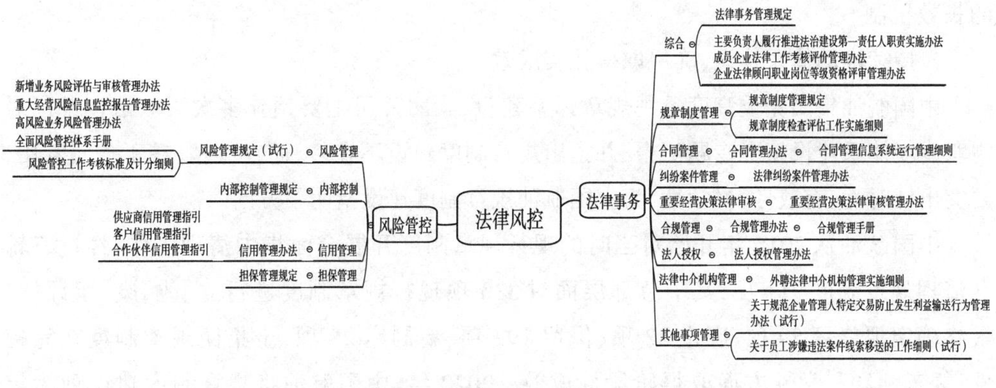

图 1　中国航油规章制度体系(以法律风控模块为例)

通过构建分级分类的规章制度框架体系,明确制度层级标准,对各层级制度内容和业务进行规范,进一步明确了各层级的管理职责与制度之间的关联;通过明确制度分类标准,打破部门业务之间的壁垒,把制度真正放入全流程的业务管理条线之中,强化各部门工作联动,实现规章制度的针对性、有效性、可操作性和可移植性,使制度规范由粗到细、由原则到实施,避免出现制度与业务“两张皮”的现象,实现制度与业务紧密融合,提高了规章制度的科学性和成熟度,提升企业的治理效能。

(二)强化归口管理,确保规章制度落地见效

1. 落实归口管理职责,统筹推进制度建设

规章制度管理是依法依规治理的基本要素,只有由法务管理机构进行归口管理,方能规避规章制度制定各部门的本位主义,贯通规章制度制定、执行、评估、改进的全生命周期流程。中国航油通过的《规章制度管理规定》确立制度计划、起草、评审、审议批准、公布、清理、修订、废止一系列工作流程;建立了规章制度归口管理工作机制和程序,明确了集团总部及下属企业法律部门作为归口管理部门。各级企业的法律部门在制度管理上逐步从

会签审核向统筹组织转变，从被动把关向主动管理转变，从专项管理向全生命周期管理的转变。

一是在制度立项阶段，法律部门定期组织各职能部门根据业务需求提出年度制度修编计划，汇总形成制度计划清单后统一发布，做到年度“立改废”计划数量、内容心中有数；在实施过程中加强监督管理，确保规章制度建设按计划落实。二是在制度评审阶段，建立起制度初审—集中评审—决策会审议三道审查机制，法律部门对制度起草、评审全程统筹把关，规范制度审批程序，确保制度出台的严肃性和规范性。三是在制度审核阶段，法律部门在制度合法合规性审查的基础上，对制度层级和格式的规范性，内容协调性、可操作性，评审程序完整性进行全面把关，提升评审制度质量。四是在制度执行评估阶段，法律部门统一组织开展制度清理优化、制度实施评估、制度更新废止等专项活动，对下属企业规章制度建设开展指导、监督和考核，逐步建立规章制度动态清理的长效机制。

2. 持续推动体系建设，确保取得扎实成效

中国航油集团党委高度重视规章体系建设，集团公司主要领导多次听取法律部门对规章制度体系建设情况专题汇报，并指出规章制度建设不在多，而在于精，在于务实管用，要突出针对性、有效性、科学性，为中国航油规章制度建设指明了方向。

中国航油从2015年开始对当时的现行规章制度开展全面集中清理工作，经过三轮共清理规章制度911项，其中总部层面对333项现行规章制度进行立、改、废、留评估，最终确定拟修订59项、废止22项、保留192项、新制定28项，全集团规章制度在完备性、规范性和科学性方面取得阶段性成效。2020年，中国航油将规章制度建设列为年度重点工作，开展“制度建设年”活动，集团公司制定统一方案，明确规章制度建设内容、进度和要求，全面开展制度全面清理优化工作并要求下属企业同步开展制度全面、深度梳理。

一是明确规章制度的留、废、改、立标准。“留”是指制度符合相关法律法规要求，与企业改革和发展要求一致，适合经营管理实际，应当保留继续执行。“废”是指与企业改革发展要求不符，或与现行相关法律法规不符，或因制度修订而不再执行的，要明确废止执行。“改”是指制度本身总体仍然需要执行，但因部分内容不合时宜或与上级要求不一致，或存在需要完善的情形，应予以修改、完善。“立”是指制度整体上已不适应当前经营管理需要，需废止后重新制定，或由于出现了新情况、新问题、新要求、新业务，实际工作需要填补制度空白的，应重新制定规章制度。

二是遵循“谁制定、谁负责”的原则，开展集团总部规章制度梳理和制度修编清单编制工作。以开展制度专题研讨、归口部门和主办部门点对点沟通梳理、交叉业务职能共商优化等方式对集团总部320项行政类制度和82项党团类制度进行深度自查，形成现有规章制度汇总清单，每个职能部门对照法律法规以及监管要求对集团制度进行自查，并制定完

善了集团总部制度年度修编计划。

2020年，中国航油集团总部层面共组织评审会17次，对137项规章制度进行了集中评审，废止数项已不适用的制度，重新制定或修订了内控、审计、投资、财务、担保、薪酬、产权管理等方面基本制度，有效解决存在交叉、空白的业务职能归属问题，从实质上提升了公司制度的合理性、适用性、可操作性，有力保障了规章制度的与时俱进。中国航油各下属企业通过清理优化专项活动，共计完成制度“立改废”4987项，成为近年来公司最大规模的一次制度体系系统整合，规章制度动态清理机制有序运行（见表2）。

表2　中国航油2020年规章制度修编计划统计（部分）

<table>
<tr><th rowspan="2">序号</th><th rowspan="2">制度名称及文号（如有）</th><th rowspan="2">制度等级</th><th colspan="3">修编方式（划“✓”）</th><th rowspan="2">拟完成时间</th><th rowspan="2">备注</th></tr>
<tr><th>废止</th><th>修改</th><th>新订</th></tr>
<tr><td>1</td><td>《中国航空油料集团公司工作规则》（中国航油发〔2014〕303号）</td><td>二级</td><td>✓</td><td></td><td></td><td>2020年7月</td><td>过时废止</td></tr>
<tr><td>2</td><td>《中国航空油料集团公司机关公务车辆使用管理办法》（中国航油发〔2013〕432号）</td><td>二级</td><td>✓</td><td></td><td></td><td>2020年7月</td><td>过时废止</td></tr>
<tr><td>3</td><td>《中国航空油料集团公司密件保密规定》（中国航油发〔2008〕394号）</td><td>二级</td><td>√</td><td></td><td></td><td>2020年12月</td><td rowspan="2">制度内容整合至《保密管理办法》</td></tr>
<tr><td>4</td><td>《中国航空油料集团公司机关涉密计算机使用管理规定》（中国航油发〔2009〕126号）</td><td>二级</td><td>√</td><td></td><td></td><td>2020年12月</td></tr>
<tr><td>5</td><td>《中国航空油料集团有限公司非涉密公文运行细则》（中国航油发〔2018〕241号）</td><td>三级</td><td>√</td><td></td><td></td><td>2020年12月</td><td>制度内容整合至《公文处理办法》</td></tr>
<tr><td>6</td><td>《中国航空油料集团有限公司公务接待管理办法》（中国航油发〔2020〕97号）</td><td>二级</td><td></td><td>√</td><td></td><td>2020年4月</td><td>已完成</td></tr>
<tr><td>7</td><td>《中国航空油料集团公司外事管理办法》</td><td>二级</td><td></td><td>√</td><td></td><td>2020年6月</td><td>已完成</td></tr>
</table>

（三）建立动态长效机制，实现全生命周期闭环管理

1.建立定期清理评估机制

规章制度建设不能一劳永逸，要随着外部监管要求和营商环境以及企业内部经营管理需求的不断变化及时作出调整。只有建立起规章制度体系的专项清理评估机制，定期确认制度状态，动态评估制度执行效果，并不断提出制度修订计划，才能促进制度质量不断提升，推动规章制度体系的持续优化。

中国航油推动定期清理评估规章制度，加快开展核心、重要制度的动态修订完善工

作,坚持科学立制,完善征求意见、制度初审、集中评审、制度发布等各环节的标准和要求,对涉及投资、资金、人事、安全生产、内控等一批核心制度安排集中评审和修订,实现集团规章制度的全面系统更新。2021年,中国航油集团总部开展制度专项清理评估工作,针对总部现有执行10年以上规章制度组织开展专项评估和清理,集中梳理10年以上制度103项,试行制度60项,对接职能部门逐项提出“立改废”意见62项,规章制度的针对性和实效性进一步增强。聚焦财务、人事、采购、安全等重点领域业务制度的体系化建设,开展制度流程化梳理,组织开展12次制度评审会,修订完善重点业务领域57项管理制度,协助职能部门建立层次分明、流程清晰、内容合理的核心制度架构,有效解决业务管理部门职能交叉和缺失问题。

2. 建立制度监督评价机制

制度的生命在于执行落地,制度只有得到坚决贯彻,才能发挥其应有的功效。对制度建设实施定期监督评价能够检验制度执行效果,发现存在的问题,并能有效促进规章制度的改进完善。中国航油制定了《规章制度检查评估实施细则》《规章制度评审实施细则》等文件,进一步规范制度评审、实施评估工作机制和操作流程,严格制度合规性、规范性审查。通过定期开展制度执行评价,强化制度执行全过程的动态管控和监督,针对发现的问题深入分析原因,督促相关部门和单位整改,助力公司内部治理系统化、规范化、制度化。

监督评价从合法性、协调性、合理性、可操作性、规范性、实效性六个维度对制度本身及执行情况进行全面科学评估。由主办部门联合相关职能部门按照程序和标准,对已经实施的规章制度的条款内容、执行情况、实施效果、存在问题及其影响因素等进行调查分析和综合评价,在科学评估的基础上查找问题,提出进一步改进完善的建议和措施,并由规章制度归口管理部门负责督促落实。通过监督评价有利于进一步发现制度执行的堵点,有利于增强制度的体系化、协同化,有利于提高规章制度运行管理效率。

3. 建立规章制度PDCA闭环管理机制

规章制度建设是一个制定制度、执行制度并在实践中检验和完善制度的长期的、动态的过程。制度没有“最好”,只有“更好”。随着企业经营业务不断发展,现行制度体系势必会不同程度地出现与企业发展阶段和经营管理需要不相适应的问题。

中国航油坚持“问题导向”,不断健全制定、执行、评估和改进工作机制,全面了解排查各层级各部门制度执行效果及所存在的问题,利用“PDCA”闭环管理思维(计划、执行、评估、改进),分析问题原因、确定整改措施、跟踪整改效果,稳步建立起常态化监督评价和动态跟踪落实长效机制。通过建立问题清单、整改计划、验收清单,并将监督评价和整改落实纳入绩效考核,督促各部门持续推进规章制度完善,充分识别制度体系的盲点和缺失,聚焦运行效率提升,持续优化改进,推动规章制度有效执行、落到实处。逐步建立科学严谨的规章制度和规范有序的管理体系，使企业各层级知其然、知其所以然、知其所以必然，推动企业经营管理走向系统，走向精细，是构建中国特色现代企业制度的题中应有之义。

三、中国航油规章制度体系建设的成效

一是制度持续优化完善，实现业务管理领域全覆盖。中国航油通过近几年持续推动规章制度体系建设，在内部治理、投资管理、财务资金、绩效考核、反腐问责、重要物资和服务采购、信息网络安全、工程管理等重要领域已经全面建立有效的规章制度。制度的科学性、有效性、适用性得到显著增强。企业用制度管人、用制度管事的内部管理机制持续完善，公司治理体系和治理能力现代化水平得到进一步提升。“十三五”期间，中国航油实现综合业务量同比增长60%，航油销量同比增长50.8%，销售收入同比增长3.6%，净利润同比增长119.4%，经济效益显著提升。

二是形成稳定的公司内部规章制度体系架构。通过规章制度清理和分类分级工作形成规章制度体系的“逻辑树”，基本形成科学完备、层次清晰、运行有序的内部规章制度体系，为企业内部明确规章制度层级、内在逻辑以及衔接关系夯实了基础，为企业的依法合规经营提供了重要保障。

三是公司内部职能权责分工进一步清晰。在对规章制度梳理过程中，发现存在部分管理事项业务线条不清晰，部门职责重叠、交叉，业务范围及关键控制环节存在空白、缺项等情形，通过深入研讨和科学剖析，形成问题清单提出建议，对总部部门职能进行重新分工和优化，彻底解决了困扰多年的部门业务职能重叠、交叉、空白等问题，公司业务开展和内部管理更加顺畅（见表3）。

表3　部门职责交叉点及优化建议清单（部分）

序号	业务事项	问题描述	涉及部门	涉及职责	涉及制度	优化建议
1	土地管理	目前集团缺乏对于土地管理的统一部门，规划部门负责土地的变性及处置，财务部门负责集团公司土地证照保管、出具产权证明文件以及账务管理，但对于土地资产的基础管理及维护、土地出租尚未有清晰职责界定	规划发展部 财务金融部	规划部：负责集团公司闲置土地的利用、盘活、处置及土地证照办理等 财务部：负责集团公司总部土地证照的保管工作	《土地、房产管理办法》［（2009）162号］	建议规划发展部对集团公司土地进行统一管理，包括维护看管、出租利用、盘活、处置及证照办理等；财务金融部负责集团公司土地证照保管、价值评估、账务管理等

续表

序号	业务事项	问题描述	涉及部门	涉及职责	涉及制度	优化建议
2	产权管理	产权管理工作包括产权登记、产权交易、产权评估等方面。规划部负责新增产权取得、变动及注销登记,经营管理部负责现有产权工商登记及产权变动的日常管理,财务部负责产权登记系统账户管理、资产评估审核备案以及年度产权管理报告的汇总和起草工作,但目前实际的产权形成及日常管理均不在产权登记部门,产权管理工作在部门职责和制度上无明确分工,部门间的工作职责和流程不清晰,造成产权登记工作脱节	规划发展部 财务金融部 经营管理部	规划部:负责审核、批准集团公司和成员企业新设企业、增资扩股、对外收购、兼并及合资合作项目等 财务部:负责集团公司产权管理相关的资产评估,牵头组织集团公司产权登记的管理工作 经营管理部:负责对控股、参股公司实施股权(产权)管理	《国家出资企业产权登记管理办法》[(2013)264号] 《资产评估管理办法》[(2011)91号] 《资产与产权变动档案管理办法》[(2019)162号]	建议根据2017年专题会议精神,明确三部门的分工职责,新设立产权由规划部门负责登记、存量产权由经营管理部负责登记,财务负责牵头组织产权登记管理工作,并据此修改产权登记管理制度

四是公司规章制度体系与时俱进。为了适应新时代、新形势、新发展的需要,建立起规章制度动态梳理的长效机制,积极应对各类合规风险与挑战,不断提升防范化解重大风险的能力,确保规章制度体系与时俱进,为企业未来长远发展夯实了坚定的基础。

五是公司制度执行力持续提升。通过建立健全制度监督评价机制,抓实各类检查,查短板、找瓶颈,实现闭环管理,强化制度执行,夯实企业管理的基础,充分发挥法治固根本、稳预期、利长远的作用,为建设一流航油企业提供了有力支撑。

四、国有企业规章制度体系建设的思考与展望

新时代有新任务,新形势有新要求。“十四五”时期,法治央企建设进入新阶段,规章制度管理的重点逐步由“建章立制”向“推深做实”转变。国有企业要在新起点上实现新发展,规章制度体系建设任重道远。古人云“徒法不足以自行”,充分说明了规章制度体系建设是一项长期性、系统性工程,关键在于持续完善,在于学用结合,在于联系实际,在于与时俱进。只有持续高质量全方位推进,注重制度执行文化的培育,推进制度体系流程化建设,推动制度管理数字化转型,方能为企业高质量发展提供更加坚实的法治保障。

(一)注重制度执行文化的培育

制度建立的初衷在于被遵守、被执行。执行力源于强制、源于监督、源于发自内心的文化。执行文化的培育关键在于让企业各层级对制度制定的本意、要求、权威性达成共

识，避免出现有章不循、执章不严等现象。为进一步巩固规章制度体系建设成果，推动全体员工增强制度执行意识和观念，充分掌握制度内核与要义，自觉按照制度开展业务和约束行为，真正做到用制度管权管事管人，加强培育制度执行文化势在必行。一是要建立尊法、学法、守法、用法的文化氛围，将制度执行文化建设融入日常生产经营和合规管理实践。要推动规章制度体系宣贯的定期化和常态化，对新颁布的规章制度，应该及时利用门户网站发布、下发员工使用手册、组织专题会议等多种形式开展宣贯传播，全方位、多渠道增强规章制度宣传教育的吸引力、感染力、渗透力，产生规章制度内化于心、外化于行的良好效果。二是应该坚持把规章制度学习作为各级领导干部理论学习中心组和干部培训班的重要内容，充分利用各级各类学习培训，培育制度执行文化，树立底线思维、红线意识。三是全面落实“谁的业务谁普法”责任制，发挥专业部门优势，组织专项业务普法、专业领域学法。有针对性地开展规章制度专题培训，并将培训要求纳入考核，不断增强员工了解制度、认同制度、遵守制度的自觉性。

（二）推进制度体系流程化建设

流程是保障规章制度落实的具体体现，是包括业务活动所应遵守的法律法规、规章制度、关键岗位要求、操作权限、评价标准等等在内的规范性、标准化文件，对业务活动的实施具有约束力和强制性。规章制度体系流程化建设，是提高企业执行力、增强管理效能，确保企业各项工作有机整体运转的重要手段。当前，大多数企业都构建起了一整套规章制度体系，但在对操作具有现实指导意义的流程建设上往往滞后，普遍存在重制度、轻流程的现象。因此，制度流程化是未来的重点，制度做减法、流程做加法是未来规章制度建设的趋势。因此，要大力推进制度体系流程化建设，一是要正确辨识制度和流程联系与区别；二是要在规章制度建设过程中要对各管理主体、管理对象解构，明确岗位职责；三是在制度体系流程化过程中把规章制度规定的权利、义务、责任和要求，细化到岗位，固化到流程。

（三）推进制度管理数字化转型

数字化、信息化是当前科技发展的主旋律，也是未来提升企业治理能力现代化的重要方向。面对信息革命对法治建设提出的挑战，国有企业更需要以数字化、信息化建设助力规章制度管理体系升级。充分运用大数据、区块链、云计算、人工智能等新技术新手段，推进规章制度管理数字化运行，构建全流程一体化在线服务平台，建立起规章制度的全量数据库，实现制度的类别化和关联性检索，彻底改变“粗放式”的规章制度管理模式，推动规章制度运行由“人控”到“智控”转变，有效提升国有企业的规章制度管理效率。

规章制度建设不可能一蹴而就，必须常抓不懈，久久为功。“十四五”期间，随着规章制度管理机制逐步完善和有效运行，中国航油将继续巩固和提升制度建设水平，充分发挥规章制度体系在法律、风控、内控、合规“四位一体”协同运作中的基石作用，将制度优势转化为依法治企的竞争力和软实力，以高质量的法治体系和依法治企能力护航企业行稳致远。

第三编　公司法治

以公司治理为重点，全面开展企业制度建设

——中文发集团的实践与思考

王怀远　陈兆旺　王思懿

作者简介

王怀远　中国文化产业发展集团有限公司法律风控部总经理

陈兆旺　中国文化产业发展集团有限公司法律风控部副总经理

王思懿　中国文化产业发展集团有限公司法律风控部职员

企业简介

中国文化产业发展集团有限公司(以下简称中文发集团)是国务院国有资产监督管理委员会直属中国国新控股有限责任公司的全资子公司，前身“中国印刷集团”，是一家有着光荣历史的企业，为服务新中国建设作出了积极贡献。近年来在文化教育领域积极探索，目前基本形成了文化教育、文化园区、文化传媒、文化金融四大业务板块，稳步打造贯彻文化教育方针政策的重要阵地、国有文化资本保值增值的重要力量、传播主流文化与助力社会文教素质提升的重要平台。

内容摘要

在国企改革三年行动和深化央企法治建设的背景下,中文发集团强化组织领导,统筹制度“废改立”工作,聚焦公司治理结构,以制度建设为基础不断促进公司治理水平提升,推动企业经营管理在现代化法治轨道上有序开展。在制度建设过程中,制度的衔接、执行与评价工作仍有待持续完善。

关键词

国企改革　公司治理　制度建设

引　言

改革开放40多年来,国有企业改革一直处于中国经济体制变革的中心环节。纵观国企改革“市场化”“公司化”“规范化”“多元化”等不同阶段和主题,始终不离所有权变革、公司化治理与效率提升等主线,而公司治理机制的演变与制度化在其中居于关键位置。国有企业在市场化方向和公司化道路上迈步向前,还需要在法治与制度的框架和支撑下,不断完善公司治理机制,提升公司治理水平。

一、制度建设背景

2012年,经主管部门批准,原国家工商总局核准,中国印刷集团公司正式更名为中国文化产业发展集团公司,并作为国务院国有资产监督管理委员会(以下简称国资委)中国国新控股有限责任公司的全资子公司。此次更名标志着中国印刷集团公司从唯一从事印刷及相关业务的中央企业,向文化产业转型升级之路迈入了新的历史阶段。

2020年,中央全面深化改革委员会第十四次会议审议通过《国企改革三年行动方案(2020-2022年)》,推动国有企业改革向纵深发展。中文发集团加入中国国新后,针对股东、战略、业务及市场等各种变化,在各治理主体职权分配、董事会建设、子企业管理等方面作了大量适应性调整,但随着内外部环境的不断变化,企业转型升级和高质量发展的需求日益迫切,中文发集团以入选国资委第一批“双百企业”为契机,积极探索、勇于进取,研究制定了企业《深化“双百”行动综合改革方案》并报股东会批准实施。改革方案以完善公司治理、加强董事会建设为重点任务,列明了推动党的领导融入公司治理、落实董事会职权、完善管理体系、经营层市场化管理等60项改革举措。

2021年,国资委《关于进一步深化法治央企建设的意见》要求围绕“实现一个目标,健全五个体系,提升五种能力”总体思路,提出从健全领导责任体系、依法治理体系、规章制度体系、合规管理体系、工作组织体系五个方面,进一步推进中央企业法治建设,提升依法治企能力水平。规章制度体系是企业法治工作体系的重要组成部分,着力健全规章体系,有利于更好发挥法治工作对“十四五”时期中央企业改革发展的支撑保障作用。

改革和法治如鸟之两翼、车之两轮,[1]改革的特点是变,立法的特点是定,二者需一体前行。[2] 为规范化推进改革、不断深化和巩固改革成果,改革任务多数以制度为体现。为确保改革目标顺利实现,经公司党委、董事会审议通过,中文发集团制定了为期 3 年的制度建设计划,涉及制度"废改立"数量 465 项,内容涵盖了企业经营管理的方方面面。作为制度建设的重点内容,共涉及公司治理类制度 85 项。

二、制度建设实践

(一)强化组织领导,明确工作责任

公司制度建设工作得到了企业领导的高度重视,将其视为推进企业改革发展和完善公司治理结构、提升企业管理水平的重要保障。在制度建设方案中明确目标、措施,并压实公司领导班子的责任,建立了考核、问责机制。法律风控部作为归口管理部门,牵头制度建设工作,协调解决总部及所出资企业在制度建设中的具体问题;总部各部门和各级所出资企业是制度建设的具体责任单位,主要负责人负责制度建设的组织实施,制定本单位职责范围内的规制制度,推动制度建设方案的落实,确保相关工作有序开展。

(二)加强制度建设保障,统筹推进制度"废改立"

1. 强化顶层制度设计,实现制度管理有效约束。为提升规章制度管理的系统化、规范化,中文发集团适时修订了制度管理办法,明确了从起草、征求意见、法律审核到议题审批审议、印发归档的制度建设全流程(见图 1)。特别强调在征求意见环节,应当充分发扬民主,主办部门必须主动向各部室、各所出资企业征求意见;在上会决策前要通过 OA 进行内部公示,公示期至少为 3 天;对于基础性、重要性制度(指提交董事会、股东会决议的制度)应咨询外部专业机构意见,其他重要制度根据需要征求常年法律顾问意见;等等。

2. 加强规章制度审核,确保各项制度依法依规。中文发集团规章制度审核聚焦主体合法、内容合法、程序合法三个方面。主体合法要求规章制度的制定主体必须是有权部门,对涉及技术和业务性较强的制度,必要时可以邀请或者委托有关组织和专家参与起草工作;程序合法要求规章制度的制定须符合公司内部流程及法律法规要求,如需经过职代会或职工大会同意才能通过的,必须履行相应民主程序;内容合法要求规章制度的内容不能与法律法规、监管要求及上级单位规章制度等上位规范相违背,也不能与平级其他相关规章制度相冲突,需做好衔接协调工作。中文发集团规定规章制度审核期限一般不得超过 3 日。

---

① 参见习近平:《在庆祝中国共产党成立 95 周年大会上的讲话》,载求是网,http://www.qstheory.cn/dukan/qs/2021-04/15/c_1127330615.htm。

② 参见许安标:《改革和法治如鸟之两翼车之两轮　要一体前行》,载新华网,http://www.xinhuanet.com//politics/2017lh/2017-03/09/c_129505414.htm。

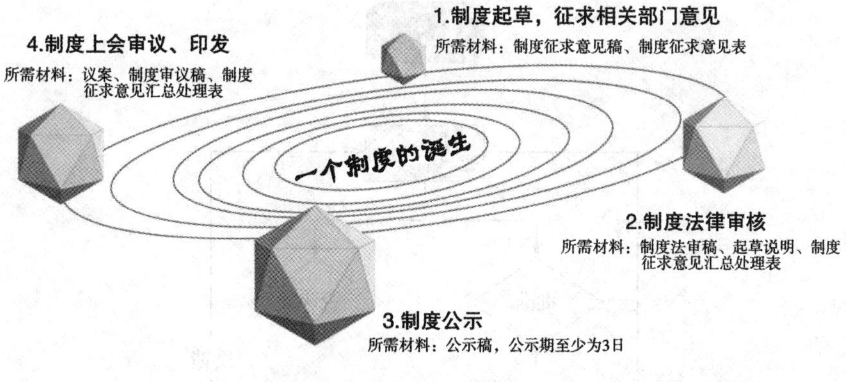

图1　制度制定流程

3. 利用信息化手段，提高制度建设规范性。公司在办公 OA 中配置了规章制度法律审核模块、公示模块、议题审核模块和印发查询板块。OA 法律审核模块要求主办部门上传制度起草说明、制度文本和制度汇总意见处理表，对制度涉及的法律风险进行摘要简述和分析评估，对规章制度的审核要素进行了固化。制度在上会审议前，需通过法律审核模块、公示模板、议题审核模块履行相应流程，未经法律审核、公示、议题审批不得上会审议表决，通过信息化手段规范制度建设流程。

中文发集团通过修订制度管理办法，明确制度审核重点和时限，利用信息化手段加强制度建设管理，持续督导推进涉及 465 项制度的“废改立”三年工作计划，正在探索形成以公司章程为统领，涵盖基础管理制度、指引类制度、清单类制度三层，公司治理、职能管理、业务管理和党建工作四类的“三层四类”制度体系。

（三）聚焦公司治理结构，完善配套制度建设

1. 推动党的领导融入公司治理各环节制度化、规范化、程序化

章程在一个公司内部具有“宪法”地位。中文发集团将“坚持和加强党的全面领导”列入《公司章程》制定目的，并在《公司章程》中设有“党委”专章，明确了党委在公司治理中发挥“把方向、管大局、促落实”的领导作用，依照规定讨论和决定公司重大事项。

中文发集团于 2021 年年底组织修订《党委会议事规则》，在制度文本中明确了 9 项公司党委决定的重大事项和 19 项公司党委前置研究讨论的重大经营管理事项，以“类型”“主要内容”“具体事项”“文件依据”为表头梳理形成了《中文发集团党委决定党的建设等方面的重大事项清单》和《中文发集团党委前置研究讨论的重大经营管理事项清单》，分别详细陈列了 29 件和 61 件事项，明确了决策流程（见图 2），推动公司党委决策民主化、科学化、规范化，切实参与公司治理。

党委在“三重一大”集体决策全流程中发挥着重要作用。中文发集团修订完善“三重一大”制度，明确董事会、总经理办公会等审议“三重一大”事项时，需事先听取党委意见。特别是涉及重要干部选聘时，必须坚持党管干部原则，发挥公司党委领导和把关作用。进

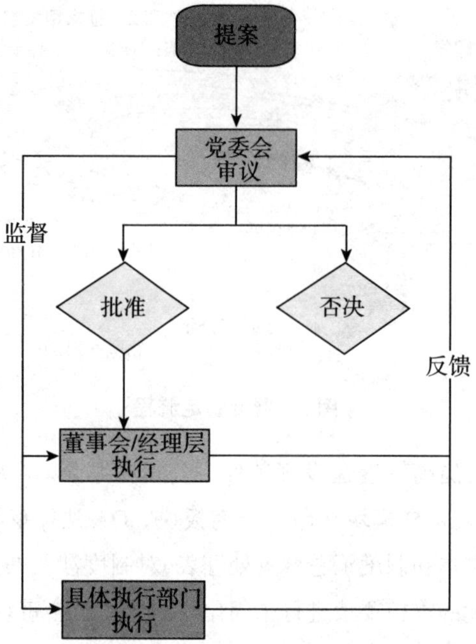

图2　党委行使决定权的决策流程

入董事会、经理层的党委成员要充分反映党委的意见和建议，保证党委的意见得到充分尊重和体现。董事会、总办会行使决策权后，应当及时向党委通报决策结果。在决策执行环节，党委应当团结带领全体党员和干部职工推动决策实施，并负有监督报告职责。中文发集团以清单形式建立了《"三重一大"决策事项目录》，针对某一具体事项，党委会等决策机构主体在其中的权限一目了然。这有利于为公司把牢正确改革方向，使企业发展与党和国家大政方针有机融合。

同时，中文发集团在所属企业层面探索党支部对企业重大事项进行集体研究把关的有关方式，7家独立法人企业党支部均制定了重大事项议事规则，明确了议事清单。

2. 加强董事会建设，落实董事会职权

习近平总书记强调，坚持党对国有企业的领导是重大政治原则，必须一以贯之；建立现代企业制度是国有企业改革的方向，也必须一以贯之。两个一以贯之要求国有企业既要推动党的领导融入公司治理各环节，又要加强董事会建设。

董事会在公司治理中发挥着"定战略、作决策、防风险"的作用，是公司治理结构中的"最强大脑"，是国有企业建立健全中国特色现代企业制度的重要一环。加强董事会建设，落实董事会职权，对于切实提升自主经营决策能力，强化企业独立市场主体地位具有重要作用。

中文发集团根据国资委及中国国新有关工作部署，制定了《关于落实董事会职权的实施方案》及相应的工作任务分解表，有序推进中长期发展决策权、经理层成员选聘权、经理层成员业绩考核权、经理层成员薪酬管理权、职工工资分配管理权、重大财务事项管理权6项重点职权落地。

中文发集团在2021年年底组织修订《董事会议事规则》,明确了董事会"做强做优做大国有资本和国有企业"的职责,强调了董事会应当维护党委在公司治理中的领导作用,优化了董事会的组成结构,落实了董事会的职权和义务,调整了董事会成员的职责、权利和义务,严格落实总经理对董事会负责、向董事会报告的工作机制等,特别是增加了董事会授权管理专章,为构建科学高效的董事会决策机制,丰富完善公司治理机制打下良好基础。

为承接《董事会议事规则》,中文发集团另外制定了《董事会授权管理办法(试行)》和《外部董事履职支撑保障方案》,在规范董事会授权管理行为及被授权人职责、增强外部董事履职保障工作力量方面迈出了坚实的步伐。

同时,中文发集团推动董事会应建尽建、配齐建强、规范运作、落实职权等要求向基层企业延伸落地,截至2021年年底,纳入应建范围的7家子企业已全部建立董事会并实现外部董事占多数。

3. 规范管理层运作,健全市场化经营机制

经理层是企业决策的落实者,是企业战略的执行者,在公司治理中发挥着"谋经营、抓落实、强管理"的作用。中文发集团结合董事会相关制度建设工作,着力完善经理层被授权原则、管理机制、事项范围、权限条件等。制定印发《中文发集团关于深入贯彻落实国企改革三年行动　扎实推进经理层成员任期制和契约化管理工作方案》,共完成各级次37位经理层成员"一人一岗"聘任协议书、"一人一书"年度责任书的签订,集团系统经理层成员100%实现任期制和契约化管理。按照上级单位要求,结合公司实际,制定印发《中文发集团关于推行职业经理人制度的工作方案》,推行职业经理人制度。该工作方案明确了职业经理人选聘、契约化管理、差异化薪酬和市场化退出4项工作重点,同时对职业经理人的组织人事管理、出国(境)管理、培养发展等方面也作了明确规定,全面加强职业经理人管理。另外,对在所出资企业建立职业经理人制度的可行性进行了充分研究,并做好各项基础准备工作,下一步将在具备条件的子企业逐步推行。

4. 积极完善上下贯通的公司治理体系

国企改革三年行动要求中文发集团持续落实"总部机关化"专项治理要求,进一步明晰总部职能定位和管控模式,优化组织体系。中文发集团按照权责匹配、风险可控、运行高效的要求,根据制度建设的最新成果,组织制定了《内部管理授权手册》《总部权责事项清单》《总部授权放权事项清单》等文件,阶段性统筹固化制度要求,探索法人层级治理路径。

《内部管理授权手册》涵盖了公司421项业务流程和1702个审批节点,并逐年修订,以求切实体现公司制度建设与管理提升工作的最新要求,加强重点领域和重点岗位的监

督管理。《总部权责事项清单》梳理明确了分属 12 个大类的 29 项总部权责事项(见图 3),《总部授权放权事项清单》梳理明确了分属 5 个大类的 13 项授权放权事项,进一步明确了公司总部和所出资企业的权责边界,努力做大"放活"与"管好"相统一,为公司高质量发展打下坚实基础。

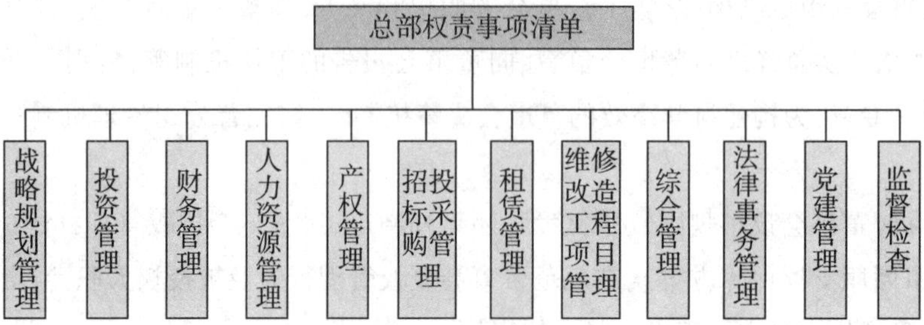

图 3　《总部权责事项清单》大类

为充分发挥股东职责,加强总部与所出资企业治理体系的延续性、一贯性,中文发集团制定实施了《所出资企业章程指引》和《控股企业章程指引》,有力指导所出资企业建立完善规范的公司治理体系。同时,根据企业规模、战略规划、人员构成等因素,注重对所出资企业建立实施更为符合实际的治理结构,配套专职董监事人员。

三、制度建设效果

坚持党的领导,加强党的建设,是国有企业的"根"和"魂"①;另外,实现政企分离,推动董事会成为经营决策核心是建设中国特色现代企业制度的必然之举。国企改革"三年行动"实施以来,中文发集团以制度建设为基础,推动保障改革要求逐一落实,在完善公司治理结构、健全规章制度体系方面取得了显著进步,中文发集团通过制度建设,促使党的领导融入公司治理各环节,董事会切实尽职履责,公司面貌焕然一新,治理水平得以提升。更重要的是,通过制度的起草、征求意见、公示、法律审核和上会印发这一整套制度建设流程的反复洗礼,面对制度建设确立的一套新的权与责的规范,中文发集团上下对"改革"二字有了更深切的感知,充分地认识到企业必须在转型压力中开辟出一条新的道路。

制度文本是"死"的,而制度的效用源自"活"起来。按照国资委等上级单位要求建章立制并不困难,困难之处在于让制度有效运转起来,实现制度制定的初心。特别是在企业资源有限的情况下,如何让制度不流于纸面,令其真正服务于企业经营发展的需要是值得反思的问题。

---

① 参见习近平:《坚持党对国有企业的领导不动摇》,载央广网,http://china.cnr.cn/news/20161012/t20161012_523190808.shtml。

四、制度建设效果的反思

(一)制度的衔接

制度建设不仅需要立足自身实际,还需要做到"承上启下"。"承上"要求企业制定制度时充分了解相关外部规范并予以吸收,守好合规底线;承继上级单位相关要求,特别是在事项权限方面做好衔接,避免出现权力真空或覆盖情况。"启下"要求根据制度目的,综合考虑系统内企业实际,合理确定制度适用范围,明确职责定位和权责边界,做到放活与管好相统一。

央企控股上市公司的管理对制度衔接提出了挑战。该类上市公司既是国有控股,需要遵守国资监管规定,承担国有资产保值增值的责任;又是公众公司,需要遵守证券监管规定,做好中小股东权利保护等工作。其中,厘清国有股东对上市公司的管理边界,切实维护控股上市公司独立性是重点。国有股东可以从以下角度出发梳理控股上市公司管理思路:一是从党组织角度讲,控股上市公司的党组织作为下级党组织应当接受上级党组织的领导。国有股东党组织的制度要求应当适用于控股上市公司。二是从控股股东的身份出发,国有控股股东当然地可以通过股东大会、董事会等路径参与上市公司治理,保障自身合法权益。三是从控股上市公司作为国有资产经营者的角度出发,上市公司应当遵守国有资产管理方面的强制性要求,接受国有控股股东在职能方面的管理。

(二)制度的执行

随着制度建设工作的推进,制度的数量不断增加,内容愈加复杂,相应地,每一位员工了解并应用制度的难度上升,公司应当建立一套工作机制,落实制度的执行。首先,制度应当是面向公司全体员工发布并且可查询的。若没有特殊要求,制度不应只面向决策层和经理层成员,或相应部门员工发布,而是应抄送全体员工。同时,应当建立一套不受入职时间影响,相对独立的制度查询系统,通过分门别类、关键词提取、起草说明等功能建设,便于员工在有需要时搜索查阅。

其次,根据规范的性质开展宣贯活动。对于流程性制度要求,可以考虑通过动画或流程图形式予以可视化处理,一并呈现于制度查询系统,降低员工的学习沟通成本,避免流程的反复与修改。对于非流程性,存在解释空间的制度要求,如应用涉及范围广,频率高,或直接关系职工利益,那么应当召开专门的制度宣贯会加以说明,会议内容记录应当同制度本身一并呈现于制度查询系统。

最后,定期总结制度执行中的实践经验。制度文本内容不可能面面俱到,在面对一个具体问题时,为其寻找准确的适用要求,提供符合企业经营管理要求的阐释是制度应用中无法回避的问题。举例而言,当公司重要规章制度被列入"三重一大"审议事项,该如何理解"重要"一词?除了回答某一制度是否属于"三重一大"事项这一具体问题,更重要的是建立一套相对客观且具可操作性的规则,明确制度的分级标准。制度制定时,起草部门往往无法充分预见实践中可能存在的问题，但随着制度的发布应用，相关问题会不断积累，制度的解释部门应定期总结实践经验，并将之公布于众，提高公司治理和管理的有序性。

（三）制度的评价

公司应当建立制度全流程评价机制。首先，科学制定制度建设计划，评估制度制定的必要性。一个制度应当为企业经营管理的某一切口提供操作指引，与企业实际相适应，如果实践无制度规范需要，那么便不应出于其他考量将其列入制度建设计划。

其次，评价制度要求的落实程度，若未落实应当查找原因并进行整改。确立牵头部门，定期对制度落实情况开展体检调研。若是制度本身不合理便应修订或废止制度，若是相关员工制度合规意识淡薄便应加强教育，最大限度激活制度，避免其沉睡。

最后，评价制度条文效用，提高制度起草能力。有的制度存在大而疏，粗而漏的弊病，制定出来却依然无法满足企业经营管理需要，在面对具体问题时往往存在"无法可依"，有法胜似无法的尴尬境地。法律部门开展合规性审查，却无法超过制度起草部门对相关业务领域的掌握程度，直接替代其制定制度。公司内部应当制定制度起草指引，引导制度起草部门内部完成制度起草、初步审核、评估反馈流程，在立足实际的基础上，大胆创设规则，直面现实痛点问题，提供具有可操作性的规范。

结　语

国务院国资委《关于开展对标世界一流管理提升行动的通知》中提出，到2022年部分国有重点企业管理达到或接近世界一流水平。除了一流的技术、一流的产品这种"硬实力"，也要有一流的法治工作这样的"软实力"作为支撑保障。其中，一流的治理机制必不可少，企业的治理结构应当更加规范，管理制度体系应当更加完善。[①] 中文发集团以制度建设为保障，推动企业经营管理在法治轨道上有序开展，但还需要通过时间的沉淀，在实践中磨合出一套真正高效灵活的制度体系和治理体系，朝着打造"一流的国有文化资本投资运营集团"的目标不断迈进。

---

① 参见法规局：《国务院国资委有关厅局负责人就〈关于进一步深化法治央企建设的意见〉答记者问》，载国资委网站2021年11月1日，http://www.sasac.gov.cn/n2588020/n2588072/n2590860/n2590862/c21487597/content.html。

第三编　公 司 治 理

国有企业公司治理影响要素及完善举措

王　娜

作者简介

王　娜　中化能源股份有限公司法律合规部总经理

企业简介

中化能源股份有限公司(以下简称中化能源)是一家科技驱动、创新成长、卓越管理的石油石化产业运营商及综合服务商。公司通过扩展炼化产业链、垂直延伸产品链,提升核心资产竞争实力;持续扩大石化产品经销网络及仓储物流网络的规模,为内外部客户提供综合服务。公司通过自主研发的基于互联网技术的全新石油石化产品经营平台,切实地拥抱数字化浪潮,持续实现产业数字化升级。中化能源致力于成为中国能源化工行业高质量、可持续发展的践行者。

内容摘要

公司治理发端于经济范畴并为商事法律所重视，虽有狭义和广义的不同定义，但都旨在通过各种制度设置以协同相关者利益。国有企业公司治理有独特的历史意义，不仅关系国有经济的高质量发展，也是国企深化改革之路，更是社会责任法定化的必然趋势。国有企业党组织作为治理主体之一发挥了核心作用。国企公司治理应以习近平法治思想为引领，遵守各项法律法规和国企集团的核心制度，顶层设计国有企业治理的良好标准，按照国企不同功能定位确定公司治理范本，同时应加强海外国企公司治理，加强对公司章程自治条款的研究，进一步规范三会一层，保护和激励董监高，培养公司治理的人才，培育中国特色治理机关，夯实企业社会责任制度。

关键词

国有企业　治理因素　治理措施

“十三五”以来，国企公司治理工作成效卓著，制度持续创新带给国企发展源源不断的动力。本文从实务角度回顾公司治理的一般范式，系统梳理有关法律依据，同时立足经营管理实践分析影响提升治理效能的因素，期望为国企公司治理实务增益。

一、研究国企公司治理的重要性

相较其他公司，加强国有企业公司治理有其独特的重要性。这是由国有企业的经济地位决定的，也是国企高质量发展的必然要求。2021 年 1 ~ 11 月规模以上工业企业主要财务指标中，营业收入 1, 143, 083. 8 亿元中，国有控股企业为 296, 468. 8 亿元，私营企业为 451, 492. 1 亿元；但在总额为 79, 750. 1 亿元的利润中，国有控股企业达到了 23, 638. 1 亿元，与私营企业的 24, 984. 3 亿元基本持平。[①] 从以上数据可以看出，国有企业的经济存在无论在规模总量、提供利税，还是涉及行业的广泛性、履行社会责任等角度都具有支柱地位。

对于国家而言，加强国有企业的公司治理有助于优化投资环境、吸引更多合作主体、扩大国民经济的整体规模、提升国民经济高质量发展。对于利益相关方而言，由于大多数国企关系国计民生，大家乐见国企治理走上透明、规范的路径，以提高社会资源的运作效率和百姓生活福祉。同时，出资人从公司治理角度参与或管控国有资本和国有资产的运作才是符合法制精神的大道；国有企业良好治理的示范效应是市场扛鼎，是出资人在践行公司法等商事法律的过程中提供中国特色公司治理方案的根本抓手。另外，国有企业本身以及混合所有制改革后与私企和外企的合作能够持续吸收高水平就业、涵养积淀治理文化，为社会培养公司治理和管理实践的高层次人才。

---

① 参见国家统计局：《2021 年 1—11 月份全国规模以上工业企业利润同比增长 38. 0%　两年平均增长 18. 9%》，载国家统计局网，http://www. stats. gov. cn/tjsj/zxfb/202112/t20211227_1825666. html。

二、公司治理的内容、目标和标准

公司治理本是经济学的概念,特别是制度经济学家的研究重点。著名经济学家哈耶克认为"……和平、自由与公正,非来自人们的善良品行,而是来自制度——这一制度使得即使是坏人,在他们追逐各种事务以满足自己的私欲时,也为公共的好处做了事"。中国公司治理理论上的博兴也大都源于很多耳熟能详的经济学家对提高市场经济主体效率、减少内部人代理成本的制度思考。

狭义的公司治理,是指所有者(主要是股东)对经营者的一种监督与制衡机制。其主要特点是通过股东大会、董事会、监事会及管理层所构成的公司治理结构的内部治理;广义的公司治理则是通过一套包括正式或非正式的内部或外部的制度或机制来协调公司与所有利益相关者(股东、债权人、供应者、雇员、政府、社区)之间的利益关系。在中国法律语境中,《公司法》等并未对"公司治理"进行定义,各有权机关发布的文件有关解释都不同。分析来看,主要有以下特点。

1."公司治理"内容有狭义也有广义,越来越多地采用广义的理解。公司治理涉及的主体从董监高和公司再到各利益相关方,涵盖激励约束机制、内控和内审、ESG 报告程序,更大有继续拓展之势。

早在 2002 年 1 月 7 日原国家经济贸易委员会《上市公司治理准则》中即开宗明义"为推动上市公司建立和完善现代企业制度,规范上市公司运作,促进我国证券市场健康发展,根据《公司法》、《证券法》及其他相关法律、法规确定的基本原则,并参照国外公司治理实践中普遍认同的标准,制订本准则"。此版治理规则主要局限在狭义治理的范畴,较为细致地规定了股东与股东大会、控股股东与上市公司、董事会与董事会、监事与监事会、绩效评价与激励约束机制、信息披露与透明度,但在第 81 条"利益相关者"中也泛泛提到了上市公司应尊重银行及其他债权人、职工、消费者、供应商、社区等利益相关者的合法权利。

时间较近的如 2018 年 9 月 30 日《上市公司治理准则》第 4 条规定,"上市公司股东、实际控制人、董事、监事、高级管理人员,应当依照法律、行政法规、部门规章、规范性文件和自律规则行使权利、履行义务,维护上市公司利益。董事、监事、高级管理人员应当持续学习,不断提高履职能力,忠实、勤勉、谨慎履职"。同样地,第八章第 83 ~ 87 条也涉及利益相关者、环境保护与社会责任等合法权利。

再如,保险业《公司治理报告范本》第一部分公司治理运作仅仅包括传统内容,但第五部分总结又将激励约束机制、内控和内审放在一起作为公司治理的一部分内容进行总体评价。①

---

① 第一部分　公司治理运作。1. 公司基本信息,2. 股东结构与股权变更情况,3. 董事、监事、高级管理人员情况,4. 三会运作情况,5. 独立董事履职情况,6. 信息披露情况,7. 关联交易情况,8. 违规情况,9. 社会责任,10. 公司治理创新做法。第二部分　激励约束机制。1. 非执行董事、独立董事、监事薪酬(津贴)情况,2. 执行董事、高管人员、关键岗位人员薪酬情况,3. 执行董事、高管人员、关键岗位人员业绩考核情况,4. 董事、监事、高管人员受处罚情况,5. 董事、监事、高管人员持股情况,6. 股权激励和员工持股情况。第三部分　内部控制评估。1. 内部控制评价结果,2. 本公司内部控制评估工作情况,3. 本公司内部控制体系的工作情况,4. 本公司内部控制的基本框架和主要政策,5. 本公司内部控制缺陷的整改情况。第四部分　内部审计。1. 内部审计组织体系建设,2. 内部审计工作开展情况。第五部分　公司治理评价。

2. 公司治理的目的也较为很清晰，主要为了保护特定法律主体的利益。

例如，2007 年 1 月 22 日原中国银行业监督管理委员会《信托公司治理指引》（银监发〔2007〕4 号）第 2 条规定，“信托公司治理应当体现受益人利益最大化的基本原则。股东（大）会、董事会、监事会、高级管理层等组织架构的建立和运作，应当以受益人利益为根本出发点。公司、股东以及公司员工的利益与受益人利益发生冲突时，应当优先保障受益人的利益”。

2006 年 6 月 15 日中国证券监督管理委员会《证券投资基金管理公司治理准则（试行）》（证监基金字〔2006〕122 号）第 2 条规定，“公司治理应当遵循基金份额持有人利益优先的基本原则。公司章程、规章制度、工作流程、议事规则等的制定，公司各级组织机构的职权行使和公司员工的从业行为，都应当以保护基金份额持有人利益为根本出发点。公司、股东以及公司员工的利益与基金份额持有人的利益发生冲突时，应当优先保障基金份额持有人的利益”。2018 年 9 月 30 日《上市公司治理准则》第 4 条指出应保护上市公司利益。

3. 有关法律和规范性文件大都未规定良好公司治理的标准。

《民法典》《公司法》及其相关司法解释并未规定良好公司治理的标准。检索法律数据网站，可以发现行政法规、部门规章、规范性文件和自律规则也未有提及，只偶有规则明确。比如，2021 年 6 月 2 日中国银保监会《关于印发银行保险机构公司治理准则的通知》（银保监发〔2021〕14 号）银行保险机构应当按照《公司法》、本准则等法律法规及监管规定，建立包括股东大会、董事会、监事会、高级管理层等治理主体在内的公司治理架构，明确各治理主体的职责边界、履职要求，完善风险管控、制衡监督及激励约束机制，不断提升公司治理水平。其中，第 4 条规定，“银行保险机构应当持续提升公司治理水平，逐步达到良好公司治理标准。良好公司治理包括但不限于以下内容：（一）清晰的股权结构；（二）健全的组织架构；（三）明确的职责边界；（四）科学的发展战略；（五）高标准的职业道德准则；（六）有效的风险管理与内部控制；（七）健全的信息披露机制；（八）合理的激励约束机制；（九）良好的利益相关者保护机制；（十）较强的社会责任意识”。可以看出，相关治理规则的内容是公司治理的根本准则，但能否做到良法善治需要考虑的不仅有法律因素还包括更多的经济和社会因素；公司治理不仅需要依据普适性的规则，更要结合企业或公司特殊使命和目的。

从国资委网站“政策公开”一栏检索，有关中国国有企业公司治理目标、内容和标准的演进规律也与中国法语境下一般公司治理的情况类似。

国务院曾要求 20 世纪末国有大中型骨干企业初步建立现代企业制度。党的十四届三中全会把现代企业制度的基本特征概括为“产权清晰、权责明确、政企分开、管理科学”十六个字。1999 年 9 月党的十五届四中全会再次强调要建立和完善现代企业制度，并重申了对现代企业制度基本特征“十六字”的总体要求。2016 年习近平总书记在全国国有企业党的建设工作会议上指出，坚持党对国有企业的领导是重大政治原则，必须一以贯之；建立现代企业制度是国有企业改革的方向，也必须一以贯之。

国有企业公司治理的内容最早强调所有者(政府)和经营者(企业)之间权利区分和企业的自主经营。如1999年《关于贯彻落实中共中央办公厅、国务院办公厅〈关于在国有企业、集体企业及其控股企业深入实行厂务公开制度的通知〉的意见》指出“……但政府与企业的关系还没有真正转到适合市场经济要求的轨道上来，各负其责、协调运转、有效制衡的公司治理结构还没有真正形成”。1993年《公司法》生效后，公司治理朝向公司法明确的架构转型。1999年原国家经贸委公布的《国有大中型企业建立现代企业制度和加强管理的基本规范(试行)》规定：“一、政企分开与法人治理结构。(一)政企分开。政府……行使所有者职能，不干预企业的日常经营活动……(二)明确政府与企业的责任……(五)国有资产实行授权经营……(七)建立规范的法人治理结构。要求依照《公司法》明确股东会或股东大会、董事会、监事会和经理层的职责，并规范运作……”随着改革的深入和国资委的成立，国企公司治理的内容和目标重点在于“指导推进国有企业改革和重组，推进国有企业的现代企业制度建设，完善公司治理结构，推动国有经济布局和结构的战略性调整”，同时承担“监督所监管企业国有资产保值增值的责任”。2004年国资委主任的讲话中，重点提到“规范国有企业公司股东会、董事会、监事会和经营管理者的权责，建立完善的公司法人治理结构”，减少董事在经理层的兼职。同年，国务院国资委《关于国有独资公司董事会建设的指导意见(试行)》中，明确董事会履行以下义务：(1)执行国资委的决定，对国资委负责……(7)确保国家有关法律法规和国资委规章在公司的贯彻执行……2017年7月国务院办公厅印发了《中央企业公司制改制工作实施方案》，国有企业的公司治理的时间目标相对更具体，要求2020年全民所有制企业改制工作基本结束。至此，国有企业治理全面转向国有公司治理。国有企业从企业治理过渡到公司治理，虽然治理相关法律主体不同，但都是随着现代企业制度的进程演进和迭代。

国有企业逐步开始重视企业的社会责任和利益相关者，使公司治理的内容有了更广泛的外延。标志性的文件如2008年1月4日国务院国资委出台《关于中央企业履行社会责任的指导意见》(国资发研究〔2008〕1号)，要求“在追求经济效益的同时，对利益相关者和环境负责，实现企业发展与社会、环境的协调统一”，将社会责任融入公司发展战略、生产经营和企业文化，履行社会责任的内容包括依法经营、诚实守信，提供持续盈利能力，产品质量和服务水平，加强资源节约和环境保护，推进自主创新和技术进步，保障生产安全，维护职工合法权益，参与社会公益事业八项内容，而提供持续盈利能力的主要工作内容就是继续深化公司治理。在《关于成立国资委中央企业社会责任指导委员会的通知》(国资厅发研究〔2012〕49号)中决定成立国资委中央企业社会责任指导委员会，其主要职责是“研究审议国资委及中央企业社会责任工作的重大问题和事项；研究制定国资委推进社会责任工作的政策措施；研究制定国资委推进中央企业社会责任工作的战略、规划和年度计划;指导中央企业建立完善社会责任工作体制和制度"。2021年,国有企业社会责任发展指数为55.4分,领先于民营企业的33.7分和外资企业的19.1分。其中,超八成国有企业社会责任发展指数处于中等以上水平,中央企业社会责任发展指数领先于其他国有企业。[①] 2022年3月,国资委成立社会责任局,更好推动国有企业履行社会责任,实现高质量发展。

有关良好国有企业公司治理的标准问题,自2018年8月国务院国企改革领导小组宣布国企改革"双百行动"正式启动,到2022年2月国务院国资委印发了《关于印发国有企业公司治理示范企业名单的通知》(国资厅发改革〔2022〕3号,以下简称国资厅发改革〔2022〕3号文),国资委一直在积极探索。2020年12月30日,中央全面深化改革委员会第十七次会议上通过的《关于中央企业党的领导融入公司治理的若干意见(试行)》提出了建立"权责法定、权责透明、协调运转、有效制衡的国有公司治理机制"。正如国资厅发改革〔2022〕3号文所说,"为加快推进中国特色现代企业制度建设,国务院国资委组织中央企业和地方国资委认真开展国有企业公司治理示范企业创建活动……适时开展总结评估,加大对典型经验的宣传推广力度,持续打造公司治理标杆示范,促进企业不断增强改革发展的内生动力,加快实现高质量发展"。

与其他所有制企业相比,国有企业公司治理最显著的特点是,坚持党的领导加强党的建设是国有企业的"根和魂",也是国企公司治理的根本遵循。按照2015年中共中央和国务院《关于深化国有企业改革的意见》"1+N"文件的精神,国资委通过"四项改革"、"十项试点"、"双百行动"和《国企改革三年行动方案(2020-2022年)》等行动方案对国企改革进行了探索。从最初"1+N"文件提到的"完善现代企业制度,健全法人治理结构,深入推进公司制股份制改革",到四项改革、"十项试点"中逐步拓展的董事会职权、业绩考核和薪酬管理职权试点、混合所有制改革等,再到"双百企业"和三年行动方案的更多主体更大范围的参与,加强和改进党对国有企业的领导始终是夯基固本的主旋律。党组织写进了公司章程,作为国有公司内部的治理架构,权力被法定化。同时,按照党内规章制度,党组织对三重一大事项的审查得到强化、审查内容也逐渐细化,与之匹配的违规追责等制度也逐渐健全。这些都不是其他所有制形式的公司所能具备的。在某种意义上说,理顺了党组织和其他法定治理主体的关系,明确了党组织和三会一层的权责边界,国有企业的公司治理工作就完成了一大半。

三、国企公司治理的法律依据

1.以"十一个坚持"为统领的习近平法治思想是国企公司治理的根本遵循和行动指南。党的十九大后,党中央专门成立中央全面依法治国委员会,首次召开中央全面依法治

---

① 人民日报海外版:《中国社科院课题组蓝皮书显示国企社会责任发展水平继续领跑》,载国务院国有资产监督管理委员会网2021年12月13日,http://www.sasac.gov.cn/n2588025/n2588139/c22156422/content.html。

国工作会议，明确提出习近平法治思想。这些创世纪的举措将全面依法治国提升到前所未有的新高度。2020年12月，中共中央印发《法治社会建设实施纲要(2020－2025年)》，从推动全社会增强法治观念、健全社会领域制度规范、加强权利保护、推进社会治理法治化等7个方面提出要求。2021年1月，中共中央印发《法治中国建设规划(2020－2025年)》从指导思想、总体目标、六个坚持、九个重点、八个必须等方面，描绘了推进法治中国建设的总蓝图。这些都将"法治"在中国提到了前所未有的高度，为国企公司治理提供了坚实的理论指导和文化支撑。国有企业是中国经济社会的重要组织，企业发展关系千万家庭和社会稳定，打造国企公司治理体系更是落实习近平法治思想特别是落实推进国家治理体系和治理能力现代化的必经之路。

2.法律法规，特别是《民法典》《公司法》《证券法》《物权法》《国有资产法》等为国企公司治理提供了基础法律依据。《民法典》总则编第58～86条关于法人的新规则概括规定了法人权利义务和责任的基础。特别值得一提的是，《民法典》总则编第79条规定"设立营利法人应当依法制定法人章程"，扩大了应当制定章程的主体范围，有助于各类国有企业交易秩序的正常运作。《公司法》作为专门法，详尽阐述了有关公司法人的治理机制。《企业国有资产法》规定的"国务院代表国家行使出资人职责，行使出资人权益""国务院和地方人民政府应当按照政企分开、社会公共管理职能与国有资产出资人职能分开、不干预企业依法自主经营的原则，依法履行出资人职责"等是国企治理顶层设计的渊源。同时，国有企业也应遵循包括上市公司监管、行业监管等相关要求，国有上市公司应当遵循证监会和交易所有关上市公司的各项规定，国有金融企业应严格执行银保监会有关行业和产品等监管要求，国有企业的财务工作也应按照《会计准则》开展。

3.党内法规为党组织和相关主体参与国企治理提供了支持。《中国共产党章程》是党组织成为治理主体的党内基本遵循，尤其是第33条"国有企业党委(党组)发挥领导作用，把方向、管大局、保落实，依照规定讨论和决定企业重大事项。国有企业和集体企业中党的基层组织，围绕企业生产经营开展工作保证监督党和国家的方针、政策在本企业的贯彻执行；支持股东会、董事会、监事会和经理(厂长)依法行使职权；全心全意依靠职工群众，支持职工代表大会开展工作；参与企业重大问题的决策……"中共中央印发的系列文件是落实各类治理主体权责边界的抓手，与国企管理实践密切相关的文件包括2010年7月中共中央办公厅、国务院办公厅《关于进一步推进国有企业贯彻落实"三重一大"决策制度的意见》，2019年12月30日中共中央印发的《中国共产党国有企业基层组织工作条例(试行)》，2020年1月印发的《中国共产党国有企业基层组织工作条例(试行)》，2021年3月25日中共中央办公厅印发的《关于中央企业在完善公司治理中加强党的领导的意见》(以下简称20号文)。特别是2020年12月30日中央全面深化改革委员会第十七次会议上通过的《关于中央企业党的领导融入公司治理的若干意见(试行)》提出了建立"权责法定、权责透明、协调运转、有效制衡的国有公司治理机制"。如此密集的发文，彰显党中央对国企现代企业制度建设方面的无比坚定的意志和勇于创新中国特色公司治理的决心，为党基层组织在公司治理中显微知著指明了方向。

4. 国家部委特别是国资委的部门规章和配套制度，则为央企法治建设提供了丰富的实践指导。2004年10月31日中组部、国资委党委《关于加强和改进中央企业党建工作的意见》、国企改革三年行动和中央企业"十四五"发展规划，国务院办公厅《关于进一步完善国有企业法人治理结构的指导意见》（国办发〔2017〕36号）等文件是央企法治建设的重要制度规范。2020年发布的《国企改革三年行动方案》中，将完善中国特色现代企业制度，形成科学有效的公司治理机制作为八大重点任务的第一项。2021年2月26日，国资委、财政部联合下发《国有企业公司章程制定管理办法》。2021年4月30日，中组部、国资委党委联合印发《中央企业党委（党组）前置研究讨论重大经营管理事项清单示范文本（试行）》（以下简称54号文）。2021年9月8日，为配套20号文和54号文，国务院国资委印发《中央企业董事会工作规则（试行）》。2021年10月17日国务院国资委《关于进一步深化法治央企建设的意见》（国资发法规规〔2021〕80号）指出，法治央企建设原则要"坚持完善制度、夯基固本"，总体目标是在"十四五"时期"……中央企业……治理机制更加完善、制度体系更加优化……"

5. 国企集团公司的规章制度为下属各业务单位的治理划定了护城河。以中国中化集团为例，中国中化集团"以生命科学和材料科学为引领，以石油化工为支撑，以环境科学为保障，科学技术驱动的世界一流综合性化工企业"的总体战略定位，形成生命科学、材料科学、石油化工、环境科学、橡胶轮胎、机械装备、城市运营、产业金融八大业务板块，打造若干个具有全球影响力的行业龙头企业。2017年集团总部改革后充分下放权限，对权责事项进行了全面梳理。通过厘清权责边界、明确决策流程，进一步推进公司治理体系不断完善并优化，内容涵盖综合办公、战略发展和执行、审计合规等58类和405个事项。以"事权"为主线，厘清了事业部、总部各部门、经理层、各专业委员会、党组会、总经理办公会、董事会等权责关系，党组会发挥把方向、管大局、保落实的领导作用，董事会发挥战略引领、经营决策、风险防控的决策作用、总经理办公会发挥拟定经营战略、执行决策决议、抓好运营管理的经营管理作用。集团梳理完毕权责事项之后，一直在推动事业部按图索骥修订各自权责内容，各事业部陆续形成与集团上下贯通、衔接有序的权责体系。①

四、影响国企治理的内外部因素

1. 法律的变更直接影响国企公司治理的走向

以2021年为例，我国生效的新增和修订法律有十部之多。这些都会对公司治理带来或多或少的影响（见表1）。

---

① 《一图看懂！中化集团权责手册来了》，载微信公众号中国中化2020年2月28日。

表1　我国生效的新增和修订法律

法律名称	新增/修订	生效时间
《民法典》	新增	2021年1月1日
《刑法修正案》	新增	2021年3月1日
《档案法》	修订	2021年3月1日
《数据安全法》	新增	2021年9月1日
《个人信息保护法》	新增	2021年11月1日
《行政处罚法》	修订	2021年7月15日
《专利法》	修订	2021年6月1日
《海上交通安全法》	修订	2021年9月1日
《安全生产法》	新增	2021年9月1日
《审计法》	修订	2022年1月1日

《民法典》新增了很多有关法人的规定,比如,前文提及第62条第2款①、侵权责任编第1191条第1款②、总则编第79条③规定等条文都对有关公司和其法定代表人及其工作人员的权责边界有了新的思考。此前的《全国法院民商事审判工作会议纪要》已经对公司的人格否认、越权担保等问题作出较为详细的阐释,国企公司治理必然在信息披露、投资者保护方面做出更多的工作。《公司法》也在酝酿新的修改,从法律层面规定党组织融入公司治理,以呼应党章第33条第2款规定——国有企业党委(党组)发挥领导作用,把方向、管大局、保落实,依照规定讨论和决定企业重大事项、"参与企业重大问题的决策"、"支持股东会、董事会、监事会和经理(厂长)依法行使职权"。但需要进一步研究的问题是,公司法对公司治理各主体——董事会、经理层、甚至股东都有相关任职资格、履职要求、法律责任等规定,公司法的修改是否也应该涉及党委委员参与公司治理的相关责任?又如,《企业国有资产法》是否更应该修改,以加入党组织融入公司治理的章节?《证券法》的二次修订于2020年3月1日起正式实施。新《证券法》明确了控股股东、实际控制人、董监高等不履行公开承诺的民事赔偿责任。2021年11月,国内首例集体诉讼——康美药业证券虚假陈述责任纠纷案件一审宣判,一共5万多名原告获得赔偿总额近25亿元。这在公司治理层面提出了新的问题,实践中依照民主集中制原则决策的国有上市公司的董监高应当履行何种义务,才能避免被中小股东起诉?公司党组织

① 《民法典》总则编第62条第2款规定:"法人承担民事责任后,依照法律或者公司章程的规定,可以向有过错的法定代表人追偿。"

② 《民法典》侵权责任编第1191条第1款规定:"用人单位的工作人员因执行工作任务造成他人损害的,由用人单位承担侵权责任。用人单位承担侵权责任后,可以向有故意或重大过失的工作人员追偿。"

③ 《民法典》总则编第79条规定:"设立营利法人应当依法制定法人章程。"

作为前置研究的机关,有时党委委员同时也是股东代表、董事或者兼任管理层,在落实党组织前置研究意见时,在公司治理中是否应该承担或者如何认定其《公司法》和《证券法》下的法律责任?

2. 实现自身战略、服务客户是国企公司治理的目的

海尔张瑞敏曾经说过“战略从属于时代,组织从属于战略”,可以在后面再加一句“治理也从属于时代和战略”。企业战略需要提交股东会审批同意,它的制定应该考虑公司的客户诉求、所处的竞争环境、公司设立的使命、愿景以及公司的独特竞争力,它是公司存在的意义。国企的公司治理应当按照各自不同的公司战略来架构不同的公司治理模式。如果国企需要设立初创产业的公司,需要大力创新、深谙客户和维持市场份额以图安身立命,公司的股东应该更多地尊重董事会和管理层的意见,做出授权,让听得见炮火的人做出决策。很难想象,大事小情都提交股东会审议,那么由于市场瞬息万变机会稍纵即逝。相反,如果一家公司的战略只是为了成为平稳存续的特定目的公司,那董事会或者股东会可以纵向到底、横向到边地管理,就像很多的离岸公司,其实并无严格意义的经理层。法理上可以理解,公司权力之源在于出资人和股东,出资人和股东自然可以决定向管理层授权或不授权。现实中,部分国有企业“等靠要”思想仍然存在,由于股东、董事和管理层对客户诉求了解不准确,对公司战略未有共识,再加上从集团到 BU 的专业和条块化的管理模式很容易使企业困顿在一城一池的得失。纵然企业叠床架屋成立各种委员会,但对战略和治理的关系缺乏深刻理解,企业工作人员很容易要么教条式引用规章制度陷入过度管理的僵化,要么以创新的名义自由发挥招致盲目突围的教训。

3. 国有资产管理规范是国企公司治理的必要遵从

国有企业必然要遵从国资委国有资产管理的相关规范,这也是 2021 年 10 月国资委《关于进一步深化法治央企建设的意见》第五点“着力健全依法治理体系”的要求“……多元投资主体企业严格依据法律法规、国有资产监管规定和公司章程,明确股东权利义务、股东会定位与职权,规范议事决策方式和程序,完善运作制度机制,强化决议执行和监督,切实维护股东合法权益”。由于出资人在国企监管过程中要求各类资料和信息的报送,使其实际上参与日常管理的深度与广度与一般股东不同。如果国有公司上市成为公开公司,优先得到财务数据、决策细节等的股东,会面临很多投资人对公司股票同股不同权的质疑。遵从法律法规和相关政策文件,国有公司应责无旁贷建设好国有股东的期望,从股东和公司利益最大化出发,“不唯书、不唯上、只唯实”。一是国有股东自身对管理投资公司的方式方法要有规范的定位,并要一以贯之;二是国有公司管理层要有切实的举措来落实《公司法》和国资委的政策以及文件。由于国家部委文件都比较宏观灵活,以便适应各行各业的不同企业,但作为执行层面的国企不能望文生义,应当认真斟酌管理初衷,及时结合企业实际拿出讨论方案,开诚布公地与国资委相关司局沟通,合作共赢提升公司治理的效率。

4. 公司治理人才的成熟度是影响国企公司治理的关键因素

正如彼得克鲁克所言“使命是要做事的目的,治理是如何去做的一部分”。员工是“如何去做”的主体,他们的文化理念、思维模式、对法律遵循和业务边界的熟悉和理解程度决定了公司治理管理实践有效有否、决定了距离实现公司的战略是越来越近抑或南辕北辙。国企新中化曾经提出过“创新三角”的管理理念,认为创新的主体、创新的路径、创新的文化入手,改变评价体系,改变组织结构,改变用人模式,还要保持企业不断营利发展,整个过程是不断调整改变的过程,①因为国企本身拥有者就是员工②。良好的公司治理应有利于公司员工快速接收外部信息、查明合理预期并按照公司战略分解确定岗位可行目标,从而准确应答客户诉求。另外,良好的公司治理应有利于向员工赋能内部工具揭示成长路径,使其更好地安排工作做好风险防控。科斯《企业的本质》中认为企业的产生在一定程度上能够降低市场运行的成本,就是交易费用的减少。如果公司人才的知识和能力不够,办事僵化,内部交易成本必然巨大,企业在所谓治理制度的遮蔽中互相推诿而实质不作为或乱作为,这些企业治理“失灵”都将对国有企业的存续提出极大的挑战,遑论科学决策决战市场了。同时需要特别强调,公司治理成熟度应指每一位员工的眼界和方法的成熟,而非专指做规章制度设计或三会一层管理的个别部门和岗位的熟练工作。公司治理,特别是国企职工的民主参与,不仅仅是落实《中国共产党国有企业基层党组织工作条例》第17条“健全以职工代表大会为基本形式的民主管理制度……”的要求,也应当从保健因素转向激励因素,顺应全民创业、万众创新的发展趋势,让国有企业成为孵化先进产能、共建制度优势、提高治理效能的平台。

五、国企公司治理的路径建议

企业终究是经济社会的存在,是营利法人,国企公司治理只能依据法律法规和利用内外部各种因素的影响,走出符合市场规律的道路。

(一)遵法建制、顶层设计国有企业公司治理的良好标准

由于法律对公司治理的内涵、外延和标准都未有明确规定而交由治理实践自由确认,国有企业的公司治理反倒可以有极大作为的空间。有关机构可以根据法律、党内法规、结合国企深化改革实际情况和国资监管底线提出较为明确的标准和目标。这首先是国企全面转向公司治理的新阶段的新任务,也是国企深化改革的内在要求,同时是国有企业与市场经济结合必须选择的道路。明确的治理标准和目标也有助于出资人统筹管理国有企

① 宁高宁:《“创新三角”推动中化集团向科技驱动的创新型企业转型》,载国务院新闻办公室网2020年9月2日,http://www.scio.gov.cn/xwfbh/xwbfbh/wqfbh/42311/43547/zy43551/Document/1686420/1686420.htm。

② 宁高宁:《国企本身的拥有者就是员工,没什么级别之分》,载抖音网2022年1月14日,https://www.douyin.com/video/7053022635466231054。

业,在国资管理领域将社会主义的制度优势系统地转为治理效能。据了解,国资委企业党建工作局、改革局、法规局等都有有关公司治理的相关规定和要求,也有深改三年行动重点任务考核指标要求,有基础进一步统领各职能条块管理,加强顶层设计,“一揽子”梳理国企公司治理的主要“瓶颈”、提出总纲、整体谋篇布局国企公司治理。其次,设定明确清晰的治理标准有利于纾解国企海外业务拓展带来的压力。国际社会对中国国有企业“另眼相看”由来已久,特别是在海外的反垄断审查、国家安全审查、是否给予市场经济企业标准方面,中国国企在应对审查要求、提交材料时缺乏理念指导,莫衷一是、一案一法,都是从各自企业利益出发自行发挥,更让西方社会的有色眼镜对国企的治理合规性加深了怀疑。高屋建瓴的制度设计对内不仅能够使国企治理开理念之新阶段,对外也有理论指导和依据,有助于维护中国国企健康的市场主体形象、增加其制度竞争力、给予投资人和合作伙伴更强的信心。可在现代企业制度“十六字”方针的基础上,结合《关于进一步深化法治央企建设的意见》,予以细化和持续分解落实良好国企治理的标准和模板。

(二)按照国企的不同功能/战略分类确定不同的公司治理范本

近年来,国资委全面完成中央企业集团功能界定与分类,将有关企业分为商业一类、商业二类和公益类三个类别。可继续按照此分类精确画像不同类别的公司治理范式。对于主业处于充分竞争行业和领域的商业一类中央企业,由于考核应以增强国有经济活力、放大国有资本功能、实现国有资本保值增值为导向,重点考核企业经济效益、资本回报水平和市场竞争能力,引导企业提高资本运营效率,提升价值创造能力。[①] 公司治理也应该完全市场化、打造独具特色的治理模板,重视董事会的“定战略、作决策、防风险”的职能,提升经理层的管理素质,加大经理层市场化选聘并增加对其授权,减少大股东日常对此类企业的信息诉求,以三会形式透明公开地进行公司重大事项管理。如果是主业处于关系国家安全、国民经济命脉的重要行业和关键领域、主要承担重大专项任务的商业二类和公益类的中央企业,以支持企业可持续发展和服务国家战略为导向,在保证合理回报和国有资本保值增值的基础上,加强对服务国家战略、保障国家安全和国民经济运行、发展前瞻性战略性产业以及完成重大专项任务情况的考核,可加大股东会的权限,可把国资委的专项考核通过股东会完全落实到年度计划和绩效当中,国资委可考虑向集团公司派驻常任股东代表,扩充董事会权限,常任股东代表和股东方董事有权参与到公司管理中,对于股东会和董事会权限事宜,股东代表和董事均可提前列席投资委员会、经办会等。也可考虑要求集团公司通过专职董事和监事,在下属公司中落实国资管理各项要求,在此前提下,国资委和国企集团可重点考虑专职股东代表和董事的培训和管理。

---

① 《企业国有资产法》第7条规定:“国家采取措施,推动国有资本向关系国民经济命脉和国家安全的重要行业和关键领域集中,优化国有经济布局和结构,推进国有企业的改革和发展,提高国有经济的整体素质,增强国有经济的控制力和影响力。”

（三）按照母子公司的不同定位和市场竞争态势，由各国企集团打造各有侧重的治理模式

建议国企集团总部按照参股、控股等不同，打造不同的治理架构，并形成模板在集团内推广，以规范对子企业的治理。很多国企集团的规章制度都要求参股企业参照执行本集团规定，如果公司股东都是国企但都不构成控制关系，公司到底应该适用哪一家股东的规章制度？实际上还是应当从出资人创立公司的初心和公司战略出发，经股东会议定授权内容后交由董事会确定具体管控方式再由经理层落实，在治理架构上，出资人应小心谦抑一股独大的意愿，各股东应当心平气和从共赢处着手议定程序。对于控股公司，应处理好子公司与控股股东和实际控制人的关系，切实维护上市子公司在人员、资产、财务、机构和业务方面的独立性。虽然实控人的实力和市场地位在某种程度上有利于上市公司品牌打造，也是充裕资金的一定保证，但在知情权上不应一股独大。2018 年《上市公司章程指引》第 72 条规定，“控股股东、实际控制人及其内部机构与上市公司及其内部机构之间没有上下级关系”，实际上不少国有控股上市公司和集团公司还以请示、报告形式往来，这些与相关规定都有偏离。随着新《证券法》出台，特别代表人诉讼制度进一步成熟，实际控制人过多地参与可能会带来相关诉讼风险。其实 2018 年《上市公司章程指引》第 80 条早就鼓励机构投资者公开其参与上市公司治理的目标与原则、表决权行使的策略、股东权利行使的情况及效果；第 82 条规定，中小投资者保护机构应当在上市公司治理中发挥积极作用、通过持股行权等方式多渠道保护中小投资者合法权益，康美案不过是再次敲响了警钟。国有实际控制人要尽早调整管理模式，避免不必要的讼累。

1. 加强对国有海外资产的公司治理

现在中国国企的海外资产体量巨大，相关法律行为主要适用国资委《中央企业境外国有资产监督管理暂行办法》、《中央企业境外国有产权管理暂行办法》、发改委《企业境外投资管理办法》、商务部《境外投资管理办法》等。这些办法重在规范国资出海投资审批和产权转让，对公司治理要求不多。按照当地法律要求，涉外投资有部分按照合资公司章程等治理；有部分属于税务筹划而设立的全资或控股的特殊目的公司，有秘书公司协助办理必要的年检和注册服务。对于合资公司，除当地公司法强制事项外，可将如投资、担保等事项按照一定标准提升至股东会层面审议；如果需要提高当地效率，需要给予董事会和经理层足够授权。对于特殊目的公司，随着欧盟和美国加大全球税收管辖力度，公司实质性管理的要求也会越来越强，国企应当尽可能充实此类公司的财务、人员和三会管理，以实现设立目的，完成项目运营。按照 2010 年中共中央办公厅、国务院办公厅印发《关于进一步推进国有企业贯彻落实“三重一大”决策制度的意见》向控股和参股企业委派股东代表，推荐董事会、监事会成员和经理、财务负责人属于“三重一大”事项，可以继续在此次党委会前置研究清单中明确作为一项审议事项，以规范海外关键人员的管理实现治理意图。

2. 国有企业应重视公司章程自治条款

《公司章程》不适当的记载会对法人运营带来障碍，但现实中，很多国企的公司章程都

是照抄工商登记的模板，好处是提高了公司注册的效率，不利之处在于很多焦点没有细想就匆忙签约，为之后争端埋下伏笔。按照公司的使命、战略，并根据法律基本要求，公司章程可以在表决权、法定代表人、对外担保、对外转让、分红等进行自由约定。另一个有趣的现象是，各投资人宁愿花很多时间争取副董事长的归属，也很少讨论公司法定代表人的任命。按照2017年5月国务院办公厅《关于进一步完善国有企业法人治理结构的指导意见》要求，国有独资公司的董事长作为企业法定代表人，对企业改革发展负首要责任，要及时向董事会和国有股东报告重大经营问题和经营风险。很多国有集团公司重要下属单位董事长由集团公司领导兼任，由于工作繁忙，其作为下属企业法定代表人会多有不便；而总经理以执行董事会相关决策为己任，需要日常签署各类合同和法律文件，更适合作为法定代表人。这些讨论在现在国企更多由人力资源专业主导，很少参考治理的思路，可望在企业实践中进一步修正。对于上市公司而言，大家普遍认为董事长或者总经理人选和任职资格不透明，可结合企业具体情况在一定程度上厘定规章、修复市场的信心，形成制度的红利。

3. 进一步规范党委会、股东会、董事会和管理层的权限

党委会的议事范围，一是由党委会工作规则规定，二是来自各专业制度和权责手册审核流程的规定。党委会工作规则的规定，首先来自上级党委的要求，特别是最近2022年中共中央印发的《中国共产党国有企业基层组织工作条例（试行）》、20号文等规定，其次为落实国资委《中央企业党委（党组）前置研究讨论重大经营管理事项清单示范文本（试行）的通知》要求。实际工作整合时，由于以上三个文件在细节上的用语不同，比如，党委会职能从“把、管、保”改为“把、管、促”，实际上“促”什么、如何“促”、企业党委会职权和经办会职权以及与“三重一大”制度的关系与界限仍需深入探讨。2021年国资委印发的《关于中央企业落实子企业董事会职权有关事项的通知》要求进一步提升董事会行权履职能力。之前中央企业曾经按照要求将一部分不必要设置的董事会的企业改为执行董事。国资委的安排是符合市场规律的，对于全资由央企控股或者非主业经营的小微企业，的确没有必要设置董事会，况且董事会也很少正式履职过。但对于设置董事会的国有企业，还应重点完善董事会的建设，尽量减少以办公系统流转请示的方法，应当以董事会专门委员会会议审议的形式议事。有关经办会应当进一步理顺决策和议事规则。由于按照《中国共产党国有企业基层组织管理条例》第14条规定，进入董事会、监事会、经理层的党组织领导班子成员必须落实党组织规定，兼任董事、监事和经理层的党委委员负有执行党委会决议的责任，应当摒弃个人意见。有些国企的总经理办公会议事规则也如是规定。但按照《公司法》第112条规定，如决议违反相应法律、章程或决议等致使公司遭受严重损失的，参与决议的董事对公司负有赔偿责任，只有提过异议并记录在案的董事才能免责。如果董监高对审议事项与党组织决定不同，根据党内法规他不能如是表态，这两种规定的冲突造成了执行中的困惑，留待深入实践的继续探讨。

（四）加强对董事监事高管的激励，重视对其制度上的保护

1. 加强薪酬激励，对于无限接近市场化的企业应采用无限接近市场化的薪酬水平，特别是对独立董事，可以对照 H 股、美股、A 股情况，按照个人贡献可灵活就高或就低；提升差旅和会议等履职待遇，方便其参与议事。加强精神激励，对于履职突出的独董和董事，可以给予公司的荣誉。集团内部人员在固定一定比例的基础上，公平地与社会人员竞争，合理取酬。同时应呼吁立法界，加强对于董事、经理层的制度保护。经济学上有理性人的假设，建议《公司法》也应向英美法学习，引入并细化《公司法》有关"商业判断"的规定，以商业判断来确定董事和高管是否尽了合理努力做了商业判断，以确实是否履职免责。该判断可以被出资人借鉴，作为完善《中央企业违规经营投资责任追究实施办法（试行）》各类投资项目追责的参考，以杜绝万事不担当，反而各项考评靠前，勇于尝试创业失败的，在唯结果论的各类巡视、整改当中反而居于不利。追责当然应该看有无违反法律法规和制度，但也可考虑首先评价企业制度是否符合法律法规、是否有利于促进企业健康运营和成长。在此方面可考虑引入专家证人机制，邀请业内资深企业家和实务专家论证某项责任事件是否属于正常的"商业判断"。

2. 培养治理人才，加强中国特色治理机关的培育。自《全民所有制工业企业职工代表大会条例》规定了职工代表大会的职能，党内法规和国资委相关文件也都进一步要求落实职工代表大会的职能。但现实中，职工代表大会的地位不突出，很多职工代表的遴选标准、议事程序都不清晰，它与工会的关系、集团内部各层级职代会的关系至今都是实务中探讨的焦点。2006 年 3 月 3 日《国有独资公司董事会试点企业职工董事管理办法（试行）》第 12 条规定"董事会研究决定公司重大问题，职工董事发表意见时要充分考虑出资人、公司和职工的利益关系"。2007 年 7 月 22 日国资委党委、国资委《关于建立和完善中央企业职工代表大会制度的指导意见》也给出了具体指导，建议进一步发挥中国特色治理架构的作用。如职工代表大会讨论有关涉及职工利益的事项时，要求职工董事必须出席并发表意见；职工代表大会应当就公司规章制度、薪酬分配、涉及员工福利的重大项目运营等进行审议；为了培养职工监事和职工董事的履职能力，加强职工董监事和工会代表的沟通，提高他们代表参政议事能力，允许职工代表参与公司管理的月度会、年中会、年度会、专委会等增加其知情权；为督促职工董监事履职，每年可考虑请其提交履职报告；可以考虑担任过职工董事并能建设性履职的人员优先在企业内部的专业通道、管理序列中更快地进步。

3. 深化治理内涵夯实企业社会责任制度。企业的社会责任最早起源于第二次世界大战，美国工业为胜利提供了大量物质，赢得了民众的尊重。随着环境污染加剧、世界贫困人口增加，企业的社会责任越来越大。OECD 组织近几年也专文调研亚洲各国国企社会责任承担情况并对照欧洲国家实践给予建议。[①] 虽然 OECD 称为"负责任的商业行为"

---

① 《经合组织国有企业公司治理指引：2015 年版》，载 OECD iLibrary，https://www.oecd-ilibrary.org/governance/oecd-guidelines-on-corporate-governance-of-state-owned-enterprises-2015-edition_9789264263642-zh。

(Responsible Business Conducts,RBC),内容扩展至包括人权、劳工、环保、税务、反腐败等问题,OECD 同时承认大部分内容源于传统的社会责任(CSR)。中国国企在抗击自然灾害、扶贫救危、环境保护、提高就业、带动地方发展等方面做了大量不可替代的工作。国资委、发改委、商务部都有文件不同程度提到并要求国企做好环境保护、尊重所在国法律、履行好社会责任。目前国企内部社会责任大都由党群部门负责,上市公司部分工作由投资者关系和品牌宣传负责,前者的社会责任报告按照国资委的基本要求提供,后者也有市场惯例可循,公司治理的理念较少。国企也要求超过一定额度的捐赠必须提交党委会前置审议。但实践中,企业内部对“捐赠”的理解仍是不得要领,无偿的捐助不容易引发争议,略有对价的赞助合作常常引发争论。经过八年持续奋斗,2021 年我国如期完成了新时代脱贫攻坚目标任务,现行标准下农村贫困人口全部脱贫,为世界减贫做出了卓越的贡献。但这一伟大壮举却遭到了一些国家别有用心的指责,指责中国对人权、劳工等基本权利的践踏,并非法采取制裁行动。下一步的国企社会责任应重点考虑如何有效做好基础工作,合规应对不当调研并及时采取反制裁行动。随着社会责任越来越成为企业宣传的名片、提高客户忠诚度的黏合剂,中国国企在传播中国故事方面需要加大投入和研发。考虑公司治理的目的,国企内部应在规章制度方面继续细分如何结合公司战略使社会责任张弛有度地落地。正如 OECD 提示,国企的社会责任应多注重平衡商业性和非商业性,为提供的社会责任得到必要的补偿,但也不能因此而得到国家的补贴,因为后者将成为国企进入国际市场引发不正当竞争猜测的把柄。

常怀“国之大者”,国企的公司治理仍是任重道远。正如 2021 年中央经济工作会议精神所言“必须尊重客观实际和群众需求,必须有系统思维、科学谋划”,每一位国企法律合规工作者都应在“十四五”期间立足本职岗位,积极献言献策,为将制度优势转化为治理效能、建立现代企业制度笃行创新。

第三编　公司法治

充分运用法律手段确保海外公司有效管理

——中广核韩国公司专项治理案例分析

蔡午江　马　永

作者简介

蔡午江　中国广核集团有限公司审计法务部副主任

马　永　中国广核集团有限公司审计法务部法律顾问

企业简介

中国广核集团（以下简称中广核，英文缩写CGN），是由国务院国有资产监督管理委员会控股，伴随我国改革开放和核电事业发展逐步成长壮大起来的中央企业，以“发展清洁能源，造福人类社会”为使命，经过40余年的发展，构建了“6+1”产业体系，业务已覆盖核能、核燃料、新能源、非动力核技术、数字化、科技型环保、产业金融等领域，拥有2个内地上市平台及3个香港上市平台。中广核是中国最大、全球第三大核电企业，居中国企业500强第200位、中国跨国公司100强第19位。

内容摘要

本文以中广核韩国公司专项治理工作为例,介绍了中广核认真践行习近平法治思想,坚持用国际规则说话、依法合规行使股东权利的具体实践。相关经验做法或可对海外公司治理管控具有一定的借鉴意义。

关键词

依法　合规　海外　治理

引　言

当前,百年变局和世纪疫情交织叠加,世界进入动荡变革期,不稳定性、不确定性显著上升。中央企业在"走出去"的进程中也面临更加复杂多变的国际环境,在理解和运用国际规则中面临各类风险叠加的重大挑战。

中国广核能源国际控股有限公司(以下简称中广核能源国际)作为中国广核集团全资子公司,定位为中广核境外非核清洁能源开发、投融资和资产管理的全球唯一平台,承担着中广核境外清洁能源项目投资经营的使命,同时肩负着保障中央企业海外重大项目和人员、机构安全,有效维护国家主权、尊严和核心利益的使命。

在复杂的国际形势以及日趋严格的境外监管环境下,面对不同的法系,千差万别的属地环境要求、劳工标准、风俗习惯、宗教信仰,以及来自美国的"长臂管辖"等风险和挑战,中央企业的境外经营面临着更为复杂和严峻的调整。中广核能源国际积极践行习近平法治思想,运用法治思维,强化国际契约精神,通过国际通用的法律语言,积极应对挑战、防范化解境外企业经营过程中的重大风险,将国务院国资委有关境外资产的管理要求和股东管控意志依法合规延伸至境外,坚决维护海外资产合法权益。

本文聚焦中广核能源国际下属韩国公司专项治理工作,是近年中韩关系波动导致韩国民众对华负面情绪抬头背景下,在相关工作涉及高管解聘、能源安全、外资、工会等敏感话题等重大挑战下的一次有益尝试。现提炼有关经验做法,以供参考。

一、中广核能源国际下属韩国公司专项治理工作概述

中广核能源国际下属韩国公司现有员工 200 余人,经营管理燃气发电、燃油发电、生物质发电、燃料电池 4 种不同业态的 5 个发电项目,总装机规模达 210 万千瓦,是中国企业在韩国最大的独立发电投资项目。自 2010 年收购以来,韩国公司立足韩国市场,总资产从 30 亿元增长至近 100 亿元。然而,在韩国公司治理过程中,原属地负责人长期人为阻断和阻碍股东依法行权,包括抗拒分红、拒绝参加董事会、拒不执行中广核能源国际的合规管理要求,导致公司存在较大的"内部人控制"风险。如何通过专项治理工作确保在韩国有资产的安全,怎样实现公司的健康、可持续发展,成为一个重大的现实问题。

为严格贯彻落实国务院国资委关于加强境外资产管理的要求,切实维护海外资产安

全，在中国广核集团党委的坚强领导下，中广核能源国际成立由时任总法律顾问蔡午江为组长的专项工作组，深入研究韩国属地法律，细化行动路径，会同中韩外部律师准备各类法律文件，夯实依法治理基础，做好法律风险应对，积极运用法律武器，通过修改公司章程并调整授权、优化公司治理结构、稳定并重组属地高管团队等方式，坚决维护公司在韩合法权益。经过近一年的周密计划和5个月的艰苦斗争，专项治理工作取得重大阶段性胜利，“内部人控制”风险彻底消除，成功取得了韩国公司的治理管控权，为中广核能源国际在韩国的可持续发展奠定了良好的基础，也得到了国务院国资委等部委的高度肯定。

二、策划阶段：做好战略策划，谋定而后动

（一）坚持党的领导，强化政治引领，提供可靠政治保障

中国广核集团党委和中广核能源国际党委高度重视，在专项工作推进过程中始终坚持党的领导，坚决贯彻两个一以贯之。集团公司主要领导和分管领导亲自谋划、亲自部署，成立了跨公司跨部门的领导小组，多次召开专题会议，统一思想认识，统筹谋划推进相关工作。特别是在专项行动实施前夕，集团公司党委书记、董事长杨长利专门听取汇报并给予具体指导，为专项工作明确工作方向，奠定坚实后盾。参与专项工作的所有党员同志始终服从大局、忠诚担当，秉持高度的组织观念和纪律意识、强烈的使命感和责任感，不惧疫情风险，不计个人得失，发挥了模范表率作用。

（二）坚持敢为人先，迎难而上，做好斗争准备

韩国专项工作复杂敏感，信息少、阻力大，没有成熟的经验可资借鉴。前方执行小组敢于“吃螃蟹”“啃硬骨头”，对可能发生的各种对抗斗争都做了充分的思想和技术准备。

1. 第一时间夺回重要资料和印章的控制权

基于前期协同专业团队开展的专业论证与分析，现场工作组确定进驻韩国公司现场后的首要任务是第一时间夺回重要资料和印章控制权，现场工作组进驻一周内在韩国公司首尔办公室通宵值守，维护中广核能源国际在韩资产安全以及避免公司重要资料被人为损毁。

2. 针对突发状况及时采取针对性措施，稳定人员

面对原属地负责人拒不交出印章和重要资料并在谈判中百般狡辩，否认违法违规行为甚至威胁股东代表的极端情形，项目组敢于斗争、善于斗争，坚持既定谈判目标和节奏，用事实和证据予以坚决驳斥，对其保持高压态势，迫使其知难而退。

针对韩方高管集体辞职这一重大突发情况，沉着应对，通过分析高管性格及相互人际关系，打谈并举、恩威并施，区别对待、分化瓦解，最终迫使其承认自身管理失误并主动撤回辞职，有力地维护了公司队伍稳定。

（三）坚持底线思维，充分考虑现实情况复杂性，准备多套应对方案

专项工作组践行“严慎细实”的工作作风，召开工作会议60余次，和外部律师进行多

次沙盘推演，不断完善行动方案，历经20余稿，最终形成了主线方案、副线路径并行的完整策略方案。针对可能出现的肢体对抗、劳动诉讼、工会斗争、负面舆情等各种复杂情况，均制定了相应预案。优选韩国属地法律、劳务、公关团队签署合同获取专业服务，动用一切资源同使领馆、警察消防部门、当地官员等建立联系并争取支持，做最坏的打算、做最全的准备。事实证明，沙盘推演时预判的很多问题实际都发生了，正因为有预案在手，应对处理时就能事半功倍。

（四）坚持依法合规，尊重属地法律，也要为我所用

专项工作组深入研究属地法律，组织律师对韩国商法、劳动法、公司法、税法等本次专项治理工作可能涉及的属地法律均进行了结合韩国公司实际的充分研究，做好法律风险应对，会同中韩外部律师准备各类法律文件300余份，确保依法合规、有据可查，避免授人以柄。及时修改韩国公司章程并调整授权，夯实依法治理基础。通过过渡期转授权方式，方便日常业务开展，获得韩方员工认可。

依据属地法律，结合其他中企在韩属地治理实践，创新设计共同代表董事制度，创设性地对公司法定代表董事、会长、CEO等的权利进行了重新分配，并实现有效制衡。

此外，会同韩国律师团队对公司治理结构和人员调整进行反复论证，将商法、公司法、劳动法、税法等法律风险降缓释至最低。接管之后，专门在韩国公司新设法律合规部，强化法务流程及合规管理，全面落实国资委和集团管控要求。

（五）坚持辩证思考，处理好战略和战术、短利与长效等关系

专项工作推进过程中，面临各种辩证关系的处理：落实治理管控要求和保持生产经营稳定、抓好防疫和提升业绩、推进重要项目时的程序合规和工作效率、调整组织架构时的保持组织稳定和未来发展需要、与原负责人谈判时的高压策略和妥善解决目标、与韩籍高管共事时的斗争和合作等。从工作实践上看，把这些关系对立起来或偏废任何一边都是不行的，需要把握平衡、统筹兼顾。

按照中广核能源国际总部要求理顺治理关系时，总体上将职能部门人员劳动关系大部分转移到控股公司、把电厂弱化成生产单位，同时考虑到韩国国情社情，保留了人事、安健环领域在电厂的个人接口人员，保障现阶段工会应对和安全生产工作需要，有效降低法律风险。

三、准备阶段：做好战术准备，审时而度势

在进入具体实施阶段之前，专项工作组按照既定战略和方案做好战术准备，把握天时、地利、人和，为具体行动营造有利环境，提供全面保障，争取最佳效果。

（一）竭尽所能掌握全面的信息资料

由于长期人为阻断，信息严重缺失和不对称成为专项工作的首要难点。专项工作组通过前后方各种渠道尽可能全面收集有用信息，力求知己知彼。通过了解把握原负责人

的性格和心理行为习惯，利用其看重个人名声和经济利益以及回避法律风险的特点，两次发布待岗命令使其放弃对抗翻盘的侥幸心理，深入调查取证对其保持法律追责压力，有针对性地把握谈判节奏，最终成功地以最小经济代价与其解除劳动关系。

（二）制定周密完善的行动计划

前方执行小组进入韩国后，按照既定方案，会同属地法律、劳务、公关等工作团队，制定指导具体行动的详细计划，列出时间表、路线图、任务书，结合不断更新的信息和实际情况，反复推敲细节，梳理风险漏洞，补充应对预案，力求万无一失，经过10余次调整完善并经能源国际总部批准后正式付诸实施。

（三）充分争取必要外部指导和支持

专项工作组组长带队多次拜访外交部、商务部、国资委等国家部委，相关部委领导对专项工作多次给予针对性的指导和具体工作建议。赴韩后第一时间拜会中国驻韩大使、公参等，听取使馆工作建议和双边关系指导，就行动方案达成共识，在方针政策、策略选择、人员遴选、舆论应对等方面获得最为权威的指导，获取使馆资源的支持，为后续政治外交层面的行动做好铺垫准备。

（四）组建坚定有力的前方执行小组

韩国专项工作的特殊性和艰巨性对执行人员的背景资历、专业技能提出了非常高的要求。经多渠道协调遴选，前方执行小组三名成员各有所长、互为补充，进驻后最短时间内取得了韩国公司高管员工的认可，有力保障了专项工作取得成果。新聘任的韩国公司共同代表董事兼副会长曾担任韩国产业通商资源部高级官员，在韩电力行业有一定声望和资源，通过“以韩治韩”，有效缓和属地员工民族情绪，助力韩国公司业务发展。中广核能源国际韩国事务战略联络官兼韩国公司董事会秘书曾任商务部亚洲司处长，长期从事对韩经贸工作，精通韩语、熟悉韩国文化，多年在驻韩使馆工作，有效加强了总部对韩国公司的沟通和监督，保障了过渡期韩国公司安全生产和经营稳定。担任中广核能源国际高级法务经理的中国律师精通韩语，同属地法律团队和韩国高管的即时沟通十分顺畅，在调整组织架构、组建法律合规部、修改规章制度方面发挥了重要作用。

（五）选择最有利的行动时机

通过与国家部委进行深入沟通，结合中韩双边关系大局，避开高层访问等中韩双边重要政治议程，合理确定行动时机和各项重要步骤的时间节点，最终选择在韩国2022年总统大选造势尚未开启之前，果断启动本次行动，确保专项行动低调稳妥，最大限度避免负面舆情和对双边关系的影响。

（六）提供稳定可靠的工作保障

充分发挥大团队的优势，积极协调集团内部公司提供大量重要信息资料，在前置审批、引进专项人员等方面提供协助。推动综管、人资、财务、法律等各条战线抽调精干力量参与配合专项工作，形成合力，在人员入职、工作经费、法务支持、护照签证、防疫隔离、办公场所和设备租赁等各方面提供及时高效服务,有力保障专项工作的顺利开展。

四、实施阶段:做好统筹兼顾,因势而利导

(一)坚持系统思维,统筹推进重点任务和关键节点的处理工作

专项工作全面铺开后,对原负责人的处理、工会应对、公司架构和人事调整、新业务开发等任务彼此关联和相互影响,一招不慎就可能导致连锁反应,满盘皆输。前方执行小组坚决避免就事论事,高度关注工作的系统性、整体性、协同性,将各相关任务作为一个整体来系统谋划和推进,取得良好结果。

(二)坚持必要授权,对前方执行小组给予充分信任和决策权限

在处理原高管团队集体辞职等紧急突发状况,开展与原负责人离职谈判等需要临场应变的工作时,得益于总部的信任和授权。按照总部提出的原则和底线,前方工作小组通过与专业团队的分工合作,进行了及时高效的应对,确保了工作效果。

(三)坚持因地制宜,因利制权,精准施策

韩国有其特殊的企业和社会文化,治理管控需兼顾属地国情社情。韩国工会强势并受政治裹挟,此前国内某汽车公司收购韩国双龙汽车等中国在韩大型投资项目多因工会问题被迫退出。专项工作组提前同韩国专业劳务师建立合作进行早期关注,针对电厂工会成立专班、专人专费,依托韩方高管和专业人员,建立长效机制进行常态化应对。韩国的医疗卫生体系与中国有很大不同,韩国人强调个人权利和自由,对执行超出韩国政府要求的防疫措施抵触情绪较重,前方执行小组强化韩方高管防疫认知、压实责任,通过韩方员工易于接受的语言和措施实现总部防疫要求。

(四)坚持结果导向,因势利导,顺势而为

由于长期阻隔,韩方员工对于总部的管理和工作方式不适应、不认同,矫正员工对总部的认知、落实治理管控要求是一个循序渐进的过程。所有措施的目的都是取得良好效果,如操之过急,短时间内过于集中或生硬机械地落实,反而容易招致抵触、对立情绪,适得其反。前方执行小组集合安全生产月活动、总部领导访韩等契机,自然地宣贯股东企业文化,落实安全生产要求,员工接受度较过去显著提升。

(五)坚持关口前移,未雨绸缪,防微杜渐

韩国历来排斥外资,中韩关系近年时有波动,专项工作涉及高管解聘、能源安全、外资、工会等敏感话题,一旦形成舆论并遭媒体炒作,负面影响将难以控制。前方执行小组将预防舆情作为重要工作目标,一方面,聘用韩国专业公关团队对网络、报纸、电视等媒体以及电厂所在地市媒体信息进行实时关注,并同大使馆建立工作机制,确保应对资源。另一方面,主动同韩方员工多沟通、交朋友,关注其情绪变化,多次下电厂面对面座谈,增信释疑,抓住关键少数骨干,以点带面稳住一线员工队伍基本盘。由于控制与引导得当,专项工作期间未发生群体事件和负面舆情事件。

五、巩固阶段：践行严慎细实，厚积而薄发

总体来看，专项工作已取得阶段性重大进展，也积累了一些有效的经验做法，但韩国公司长期积压的一些内部矛盾和问题仍亟待解决，长期人为阻隔造成的属地员工对股东的不了解、不信任、不认同短期内无法彻底消除，外部形势和内部状态还在不断变化发展，依法治理管控工作仍然任重而道远。

（一）“逆行”赴韩，展示股东诚意

2021年8月至9月，专项工作组组长蔡午江带队，在韩国单日新增病例达到2020年以来的最高峰值时刻“逆行”赴韩，看望慰问韩国公司三大电厂全体员工，与高管团队和广大干部员工进行了深入的座谈交流，积极释放中广核的股东诚意。专项工作组实地了解了专项工作成效与过渡期内韩国公司管控结构现状，并着力推动解决辞退韩国公司原负责人的棘手难题，进一步巩固了韩国公司依法治理专项工作的阶段成果。

（二）实地调研，了解经营难题

蔡午江带队赴三大电厂等基层一线，对经营发展、安全生产以及疫情防控等开展实地考察和深入调研，获得第一手信息资料，韩国公司面临的情况非常复杂，既面临绿证价格下降导致生物质项目投产即亏损的窘境，也面临电力市场规划调整导致容量电费逐年下降的压力；由于电网改造，电厂可用率将在未来几年大幅下降，而且有周边民间组织与环保团体不定期地上访和抗议，以及工会组织制造的劳资关系紧张情绪，都给电厂的后续经营带来了巨大挑战。

（三）统一思想，奠定发展基础

在韩期间，蔡午江先后拜访了中国驻韩国使馆全权特命大使、公使衔参赞，中国银行首尔分行行长，韩国电力交易所董事长兼CEO等韩国各界重要相关人士，进一步了解韩国政治环境、经贸形势、电力市场、资本市场以及韩国企业法治环境，为助力韩国公司后续健康稳定发展获取外部支持资源。

六、再接再厉，巩固工作成果

面对韩国公司后续经营发展困境，为切实巩固来之不易的治理专项工作成果，需要深入践行“严慎细实”的工作作风，迎难而上，积极采取各种措施有效应对。

一是物色培养属地高管团队继任者，确保韩国公司新老管理团队的平稳交接，同时进一步选派优秀党员干部，充实韩国公司管理团队实力。二是进一步加强韩国公司与中广核能源国际总部以及各区域公司间的交流，有针对性地开展系列文化融合活动，充实韩国公司管理团队实力。三是积极应对工会谈判，并争取妥善解决经营发展难题。四是全面加强各电厂精益化管理水平，做好存量资产管理，稳步推进新项目的建设与运营。同时积极扩展清洁能源领域，深耕韩国市场。五是保持开放心态，建立战略联盟、打造产业生态

圈，弥补发展短板，利用"第三方合作"政策，推进东南亚以及中东地区清洁能源市场的开发与投资。六是加强企业文化建设，坚持以人为本、尊重差异、寻求共识、增进互信，实现员工发展与公司发展的和谐统一。

结　语

目前我国已进入新发展阶段，在构建以国内大循环为主体、国内国际双循环相互促进的新发展格局过程中，迫切需要运用法治方式推动建设更高水平的开放型经济新体制。在此背景下，中央企业作为"走出去"涉外法治建设的排头兵和先锋队，应当不断增强"四个意识"、坚定"四个自信"、做到"两个维护"，切实承担起国际规则的实践者与国际治理经验的创新者职责。

下一步，中广核能源国际将继续深入践行习近平法治思想，坚持用国际规则说话、靠法律规则行事，依法合规行权，坚定维护海外合法权益，有效管控"内部人控制风险"，在国际化经营中迎来更高质量的发展契机，为国资央企维护海外资产安全，促进国际业务持续稳定发展提供中广核能源国际解决方案。

第四编　法务创新

第四编　法务创新

“法治中粮”的CIS矩阵管理模式

周　多

作者简介

周　多　中粮集团有限公司法律部副总经理　法学博士　高级经济师

企业简介

中粮(COFCO)集团有限公司(以下简称中粮集团)是与新中国同龄的中央直属大型国有企业,中国农粮行业领军者,全球布局、全产业链的国际化大粮商,也是优质食品的生产者,优质品牌的创造者。已连续27年入围《财富》“世界500强”。中粮集团以农粮为核心主业,聚焦粮、油、糖、棉、肉、乳等品类,同时涉及食品、金融、地产领域。截至2021年年底,集团资产总额6860亿元,2021年度,集团整体营业总收入6649亿元,利润总额238亿元。中粮集团正不断完善农粮主业资产布局,推动拓展海外布局,持续提升大宗农产品经营能力,以市场化的方式高效保障粮油食品供应。

内容摘要

CIS 矩阵法律管理模式的主旨是实现法律管理与业务运营的有效融合。它要求集团法律系统围绕全产业链战略，以集团总部的整体设计和系统平台支持为基础，横向上按照产业链条配置法律资源，实现法律职能对各链条关键节点的全方位、全过程管理；纵向上建立自上而下的法律专业职能管理体系，实现法律合规风险管控职能从集团到各级业务单位的全线贯通。我们通过这种横纵结合的方式，在控制管理成本的前提下不断强化集团总部管控，与此同时，鼓励各级经营单位法律部门灵活运用 CIS 矩阵管理模式，从服务全产业链大局出发，合理配置法律资源，明确工作重点，不断提升法律与业务的一体化运作水平。

关键词

CIS　产业链　横向　纵向　法务创新

中粮集团的“全产业链”业务模式是以客户需求为导向，市场化为方向，通过产业布局，打通种植、收储、物流、贸易、加工、养殖屠宰、食品制造与品牌营销等多业态，从田间到餐桌，从大宗农产品到终端品牌消费品，形成农粮食品上中下游产业有机融合，充分发挥集团资源整合优势，打造“产业链　好产品”（见图 1），用心守护国人餐桌幸福。

图 1　产业链　好产品

围绕主责主业，中粮集团一方面为农业发展提供金融支持，发展信托、期货、保险、基金等金融业务链，产融结合、服务“三农”；另一方面，依托旗下大悦城，“大悦中国，赋美生活”，以“创造城市永续价值，追求可持续性幸福”为使命担当，为中粮高质量发展添能蓄力。

CIS 矩阵法律管理模式(见图 2)要求中粮法律团队 400 余人,在总法律顾问领导下立足大宗农粮、品牌消费品、金融、地产四大业务板块,致力“业法融合”,在总结各产业链法律管理、专业化法律管理和系统平台建设经验基础上,彰显法务价值,为业务赋能,不断提升法律管理水平和法律服务能力。

CIS 中,C(Chain):指产业链,即横向业务链条,按照产业链条的业务特性配置法律资源,实现法务对各链条关键节点的全方位、全过程管理。I(Inter-function):指专业职能,即纵向专业链条,建立自上而下的法律专业职能管理体系,实现法律风险管控职能从集团总部到专业化公司再到各级业务单位的全线贯通。S(System):指系统平台,即法律基础管理,主要包括“忠良数字化法务平台”和法律队伍专业能力建设。CIS 模式,可以简单概括为“两条主线贯穿、一个平台支撑”。中粮集团法律系统利用 20 年时间围绕这一模型,紧密结合产业链布局,通过建体系、强合规、防风险、求创新、压“控清”,在横向、纵向和系统平台建设工作上全面推进,促进了具有中粮特色、符合中粮业务实际的 CIS 矩阵法律管理模式落地生根。

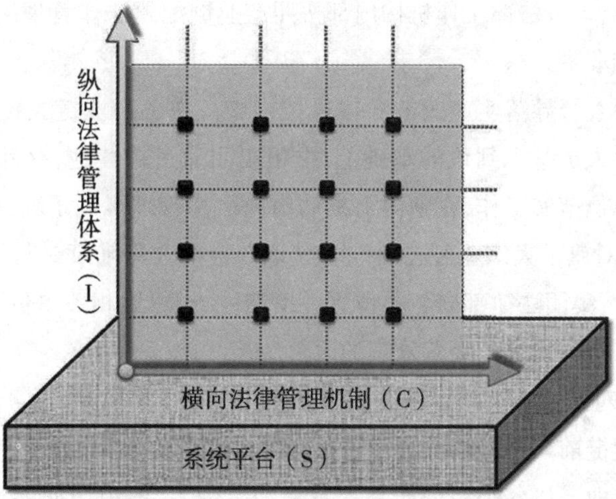

图 2　CIS 矩阵法律管理模式示意

一、构建横向法律管理机制(C)

建立以产业链条为主线的横向法律管理机制是 CIS 矩阵法律管理模式适应全产业链战略的最直接途径。它通过集团各主要业务单位法律工作机构内部合理的岗位设置和职责划分,保证法律工作覆盖从种植到食品营销、从金融到地产、从收储到外贸等各产业链条的关键环节,实现对各产业链法律风险的全景扫描和全过程管理。横向法律管理的优势在于对产业链的全方位法律合规风险管控的“全覆盖”,强调产业链前端和终端的法律管理,不同业务节点的差异化处理和业务部门和项目一线的主体责任。通过中粮“横向到边”的法律管理体系建设,集团基本做到了法律管理无死角、无漏洞,各个业务板块形成了

“自觉守法、遇事找法、解决问题靠法”的良好法治文化氛围。

横向法律管理机制在具体做法上可以概括为“全覆盖”“强两端”“重差异”“国际化”。

(一)全覆盖:对产业链的全方位法律风控

1. 明确产业链关键风险节点。中粮集团在建立横向法律管理机制的过程中,首先,运用风险管理方法确定各产业链条的关键风险节点。集团法律部和各级法律机构相互配合,通过对各产业链相关业务单位、部门的实地走访、调研,明确在各产业链中影响大、较为核心的业务环节。其次,通过对以往合同纠纷、诉讼案件的系统梳理,找出在实际业务中法律需求较多、容易出现问题的业务环节。在此基础上,法律人员梳理并明确集团各主要产业链条的关键风险节点,进而结合业务运作模式,制定相应的法律风险防范制度规范与工作流程。

2. 在关键风险节点合理配置法律人员。中粮集团持续推动法律人员在资源配置方面逐步向产业链一线倾斜,保证法律人员的管理和服务范围覆盖到全部重要产业链条,做到“支部建在连上”。借助于集团整体法律顾问队伍的充实和各层级法律管理组织体系的建立健全,各主要经营单位法律工作机构内部按照产业链配置法律管理岗位,明确各关键风险节点的法律管理职责。

3. 通过专项检查督导落实产业链法律风控措施。在各产业链关键风险节点明确、各级法律机构和法律人员基本到位的基础上,中粮集团通过持续地、有针对性地专项检查,持续督导各业务单位落实工作,在整体上推动横向法律管理机制不断完善。从2019年至2021年,中粮集团对旗下大宗业务、品牌业务、地产金融业务陆续进行了有针对性的专题检查。检查结束后,集团法律部向各单位逐一反馈检查意见,相关单位对检查意见充分重视,逐项整改落实,有效促进了经营管理的改善。

(二)强两端:对产业链重点领域的法律管理

1. 加强对产业链前端和终端的法律管理

中粮集团传统业务以各类粮油产品的贸易加工为主,各组织职能的相关管理也更多地关注投资、贸易与加工领域。产业链经营模式、链长机制建立后,各产业链开始向上、中、下游延伸,同时不断提升对产业链前端和终端的管理能力。在法律管理方面,中粮集团强调法律管理与产业链延伸同步发展,在提升整体管理水平,推动法律管理向纵深发展的基础上,持续加大对产业链两端重点环节的法律资源投入力度,着重提升相应环节的法律管理能力。

一是推广内部最佳实践,提升整体管理水平。中粮集团法律部在广泛走访业务单位、深入业务一线调研、不断挖掘产业链两端优秀法律管理经验的基础上,提炼出集团各产业链条中具有共性的管理方法,作为内部最佳实践,通过在各类法律工作会议中专门设置典型经验宣讲环节,举办跨链条、跨板块、跨专业化公司专题交流活动,相关单位组成对口支持小组“传、帮、带”等形式,在集团全系统予以推广。

二是攻坚产业链重点课题，推动法律管理走向纵深。中粮集团法律部每年均针对各产业链中法律管理比较薄弱、实践中暴露问题较多的共性业务环节，选择2个至3个重点课题，与相关业务单位法律机构和外部专业律师事务所合作成立课题小组。通过业务调研、案例解析、政策法规分析、政府主管机关访谈、对标"双一流"等途径，形成重点课题研究报告，并制订供业务一线法律人员和业务人员使用的风险管理手册，弥补以往的管理短板。

2. 产业链前端法律管理的具体做法：对粮食生产源头的安全守护

一是按照《产品质量法》《农产品质量安全法》《种子法》等法律法规要求，逐步建立了从粮食生产原料取得到品种审定、推广再到进口检验检疫等多环节的法律审核把关机制。在上述环节中，法律部全程参与，严格审核把关全部报批材料，保证资质取得和运营过程合法合规，确保了产业链源头的法律风险可控。

二是在农业种植管理方面，将工作重点放在土地使用权的合法取得和利用环节，在深入研究《农村土地承包法》《农村土地承包经营纠纷调解仲裁法》等法律法规的基础上，制定了集体土地租赁流程与国有土地租赁流程，拟定了《集体土地租赁合同》和《国有土地租赁合同》模板，全程参与土地流转，保证公司合法合规地取得流转土地使用权。

3. 产业链终端法律管理的具体做法：餐桌前的法律风险防范

呈现在消费者餐桌上的食品，是中粮集团产业链的终端。品牌食品营销环节是全产业链的重点环节，在产业链中占有极其重要的地位。但品牌食品业务市场竞争激烈，政策环境复杂，直接涉及食品安全和消费者权益等问题，因此是法律风险等级最高的业务环节。为此，中粮集团在不断总结内部最佳实践经验的基础上形成了一套以事前防范、事中控制为主的"品牌食品营销法律风险防范策略"，通过加强对广告促销合作对象选择的管理、对促销形式选择的法律介入、对广告促销内容的法律检视、对食品标签标识的法律审查和对消费者权益纠纷的预防与处理等措施将法律风险管理延伸到了餐桌前。

（三）重差异：对不同业务节点的差异化法律管理

1. 适应不同产业链经营模式，建立差异化法律管理方式

中粮集团的各业务品种、各业务环节由于历史不同、所处发展阶段不同、团队组成不同，形成了不同的经营模式。中粮集团针对不同经营模式和各自发展阶段采取了差异化的法律管理方式。

第一，对于属商业模式创新、总体上缺乏相关法律管理经验的业务单位，一般实行集团法律部直接管理的策略。集团法律部发挥其法律专业优势和资源整合能力，对相关业务单位直接实施全方位法律管理。在业务发展至一定阶段后，再将工作重点转移到培养业务单位自身法律力量上，协助其建立完善法律管理制度体系和工作流程，使其逐步具备相对独立的法律管理能力。直管模式有效利用了集团法律资源，帮助重点业务快速起飞，推动了业务单位法律职能的建立健全。

第二，对于自身业务规模较大，产业链条较多的一级经营单位，集团直接在该经营单位设立独立法律部，由其总法律顾问牵头，统一管理下属各分、子公司、各产业链的法律业务。各一级经营单位再根据自身产业链发展特点，在集团统筹安排下，逐步建立本系统法律管理职能体系。

第三，对于一些在产业链条中具有特别重要位置、自身业务规模较大的基层业务单位，中粮集团也采取了特殊的法律管理策略。一是在基层工厂设立独立的法律机构，二是打破管理层级界限，重大法律事项由工厂法律部直接向集团法律部汇报，并在集团法律部统筹下安排处理。

2. 满足不同产业链业务需求，提供差异化的法律支持

第一，针对传统的粮油贸易类业务部门，考虑到其业务模式、主要客户、销售渠道相对稳定，相关业务单位经过多年实践已积累了丰富的风险控制经验等特点，集团法律部侧重对此类业务实施合同范本管理。集团法律部会同相关业务单位法律部门先后制定、修订了贸易类合同范本100余份，涵盖了各主要贸易业务领域，形成了相对固化的管理方式。

第二，针对油脂、粮谷、番茄等产业链延伸、规模扩张需求迫切的业务单位，集团法律部侧重提供商业项目法律支持。对各产业链的投资新建、合资合作以及并购等商业活动投入大量人力，全程参与项目开展，在控制项目法律风险的基础上支持了业务的快速发展。

第三，针对个别产业链发展历史较长、历史遗留法律纠纷案件较多的情况，集团法律部与业务单位法律部门成立专门工作组，由集团法律工作主管领导亲自挂帅，推动历史遗留案件清理，保证相关业务轻装上阵。

（四）国际化：为“走出去”保驾护航

两N收购（2014年至2017年，中粮集团联合国内外知名投资者先后完成了对来宝农业、尼德拉两家跨国粮商的全资收购，打入了世界粮油行业的中心地带）后，中粮集团“国际化”步伐正不断加大，海外资产和业务大幅增加，所涉国别不断增多，探索建立高效全面的横向涉外法治管理机制尤为重要。为此，一是加快涉外法治工作战略布局，协调推进国内治理和国际治理，更好维护国有资产的安全和发展利益。二是积极参与国际规则的制定和完善，在大宗粮食贸易、食品安全、生物多样性、转基因技术、农粮标准等领域，提出契合国际法治和我国实际以及符合集团利益、且能为国际社会所普遍接受的建设性方案，有效增强了中粮集团在国际法发展中的话语权和影响力。例如，中粮积极参与推进的ISO小麦、稻米、大豆国际标准的修订工作，实现了我国涉农领域主导修订国际标准零的突破。三是加强涉外法律合规风险防控，建立全球合规体系，严格执行涉外重大项目和重点业务法务全程参与制度，把法律合规管理融入岗位、融入业务、融入流程，有效强化了涉外法治能力建设，为中粮集团“走出去”保驾护航。

二、完善纵向法律管理机制(Ⅰ)

纵向法律管理机制建设的核心内容是以专业职能为主线,在重要决策、商业项目、合同、知识产权以及法律纠纷案件解决等法律管理职能领域,由集团总部主导,自上而下建立具有统一制度和流程的法律管理体系。相对于横向机制的建设,中粮集团的依法治企纵向机制建设起步较早,工作方式也较为成熟,集团自上而下的专业化管理体系已基本建成。

(一)传统法务的纵向管理

中粮集团根据整体治理方式和总部职能发展变化,不断强化集团总部对重大法律事项的集中管理,同时细化落实法律职能在全系统的分级授权体制。在 CIS 矩阵法律管理模式下,集团法律部定位为集团法律事务专业化管理中心、法律合规综合事务中心和法律技术支持中心,承担集团法律管理系统建设、重大疑难法律问题解决和法律合规系统性统筹的工作任务。在此基础上,通过健全各项法律管理流程,进一步明确重大法律事项总部集中管理与日常经营法律事务分级授权处置相结合的法律管理机制。具体而言,法律合规系统筹划、并购项目法律工作、重大合同法律审查、重大法律纠纷案件与合规事件处理以及知识产权管理工作由集团法律部统一负责,其他日常经营活动中的法律事务工作由各级经营单位法律机构承担。

1. 在并购项目管理上,集团建立了固定的商业项目法律工作流程。具体工作中,由集团法律部牵头,相关业务单位法律部参与,共同组成工作小组。在分工上,集团法律部主要负责外聘律师事务所选定、尽职调查、合同谈判以及合同文本确定签署等工作。项目相关业务单位法律部则在充分了解、掌握项目情况的基础上,侧重签约后的履行过程,如先决条件履行、交割过户等,同时注重对并购后企业法律风险的持续防范。

2. 在合同管理中,明确规定重大合同由集团法律部统一审核,未经集团法律部审查的重大合同,一律不得签署。根据《中粮集团合同管理指引》,以下合同属于集团系统的“重大合同”:不属于经营单位日常主营业务类型且标的额在 1 亿元人民币以上的合同;不属于经营单位日常主营业务类型且标的额折合人民币 1000 万元以上的涉外合同;与集团及各经营单位以外的第三方合资、进行股权或资产并购、增资、企业合并、分立的合同以及与前述有关的保密协议、战略合作协议、框架协议或备忘录等;含有为非金融机构提供担保的合同;知识产权合同;含有排他性投资、合资、合作条款或含有不竞争条款的合同;其他可能对集团或本单位以外的集团其他全资或控股企业权利义务产生实质性影响的合同。在确定“重大”的标准时,我们并未单纯以合同标的额作为划分依据。上述标准是集团法律系统在充分总结以往合同订立、履行经验,参考合同管理信息数据,并充分考虑业务经营实际的基础上确定的。以将含有“排他性投资、合资、合作条款”的合同确定为重大合同为例。该条标准的确定不仅以跨国企业成熟经验作为参考,更是中粮集团的前车之鉴。

曾经集团某三级企业与某国际知名企业签署了技术合作协议,该协议中即含有严格的排他性合作条款,要求我方承诺不再就相关事项与第三方开展类似合作。此后,由于商业形势变化,我方希望与某国内企业开展类似合作,该国际企业即以排他性条款为依据,要求集团终止与国内企业的合作,或吸收其加入合作。该合同由于未上报集团审核,没有站在集团整体利益角度考虑条款的合理性,因此为集团相关业务发展造成了障碍。除系统的重大合同和集团本部签署的合同外,其他合同原则上由各级经营单位法律机构负责管理。在进一步分解合同管理职责的过程中,集团采取了两方面做法:一是分级授权,从一级经营单位直至基层工厂层层分解,各经营单位根据本单位实际情况确定对下级单位的分级授权管理机制。二是将授权范围与经营单位法律管理能力挂钩,对于法律管理基础好、职能健全的单位,适当充分授权;对于法律管理职能尚为薄弱的单位,授权范围进行严格控制,确有必要的,上级单位采取机构代管的方式进行过渡。

(二)合规工作的纵向管理

对于法务新拓展的合规管理职能,集团总部主导,集团法律部牵头,调动全集团力量,在法治框架下,"统分结合""纵向到底",充分利用现有管理工具,对照国标 GB/T 35770 和 ISO 19600,既降低管理成本,避免"九龙治水"、多头管理,又强化合规管理、提高综合效能,不断夯实并有效衔接合规管理"三道防线",严肃违规追责。一是健全合规管理委员会工作机制,构建自上而下跨部门的合规管控机制,由集团法律部统筹协调相关职能部门和中粮旗下所有实体,统筹推进合规管理各项工作。二是在全法律系统打造合规管理员队伍,各专业化公司配备与经营模式、发展阶段相匹配的合规人员,在集团法律部组织下,建设合规专业队伍,推进合规管理不断走深走实。同时,加强穿透式法律体检、实施全面风险排查、落实七大专项治理,强化事前预防和事中管控,"抓预警、治未病",聚焦劳动用工、知识产权、国际贸易、数据安全、海外投资并购、海关事务、招投标等合规重点领域,形成法务、内控、风控与合规的监管合力,构建大监管体系,凸显合规价值,以此守护集团的高质量发展。

1. 合规工作助力管理提升。经过近四年的努力,我们逐步形成了风控、内控、审计、纪检等跨部门的协同管理机制,形成全面风险防范体系。在此机制下,我们对《中粮集团经营投资免责实施办法(试行)》提出法律合规建议,就冬奥组委事项、长城品牌下放事项的合规性问题等向审计署提供合规意见,完善《中粮集团加强子企业董事会建设落实子企业董事会职权工作方案》,针对重大合规风险建立提前预警机制,并及时制定应对处置方案,宣贯《法律合规管理通则》《上市公司董、监、高行为合规解读》,提示经营决策中的合规风险和上市高管的履职风险。

2. 合规工作创造经济价值。我们组织 18 家专业化公司共同签署了《"一带一路"参与企业廉洁合规倡议》,增强商业伙伴对企业诚信经营的认知度、安全感、认同感,确保集团与商业伙伴之间合作的合规性、稳定性和持续性。通过对合规事件的妥善处置,加大法律合规风险的防范化解力度,集团在2019年至2021年未受任何合规监管处罚。

3. 合规工作创造社会价值。一是参与最高人民检察院牵头组织的合规评价第三方机制。2021年12月,全国工商联举行了合规第三方机制监管人座谈会,最高人民检察院和国资委主要领导出席,集团总法律顾问马德伟被合规第三方监督评估机制管理委员会聘为全国首批第三方机制专家,我们积极参与此机制的探索和运行,提供中粮合规经验,服务国家营商环境、保障经济健康发展。二是积极参与国家立法反馈。近三年组织中粮集团全法律系统共参与国家立法建议反馈40余次,尤其在农粮立法领域,积极贡献中粮智慧,履行社会责任。三是修订《中粮集团有限公司对外捐赠管理办法》,确保对外捐赠依法合规开展,涉及中粮旗下上市公司捐赠的,确保信息披露按监管合规要求执行。

4. 合规工作创造生态价值。为落实国资委《关于推进中央企业高质量发展做好碳达峰碳中和工作的指导意见》,确保能源消费总量碳排放总量得到有效控制,作为32家节能环保重点类央企之一,集团运用ESG管理方法,秉持"绿色产业链,低碳好产品"发展理念,编撰《中粮集团碳达峰工作方案》,通过设计环保合规指标,对碳排放实施量化管理。以合规助推节能减排科学统筹,强化"两高"项目管控,推动资源循环利用,促进绿色低碳技术创新。

(三)"十四五"法治规划中的纵向管理

新的历史时期,顺应新的发展潮流,在法律工作边界不断拓展的情况下,《中粮集团"十四五"法治建设规划》坚持服务产业链的CIS法律管理方法,纵向上建立自上而下的法律专业职能管理体系,进而构建"横向到边、纵向到底"的总部平台主导型法务管理模式。一是持续强调法治建设第一责任人职责,党组书记、董事长、总经理各司其职,对重点问题亲自研究、部署协调、推动解决。将第一责任人职责要求向子企业压实,通过依法治企和法律纵向专业"双考核",全面落实企业主要负责人对法治建设重点问题亲自研究、亲自部署、亲自过问、亲自协调、亲自督办,不断优化集中管理与分级授权相结合的法律管理机制,使"法治中粮"各项要求不断向下延伸,不断走深走实。二是推动合规管理向各子企业纵向延伸,实现合规管理工作上下贯通、全级次覆盖。加大基层和一线,特别是境外机构的合规管理力度,强调"总部抓总",专业化公司抓实,基层单位抓细。开展合规纵向考核,检查合规义务履行情况,保障体系有效运行。不断优化合规组织机构、合规人才队伍、合规文化氛围和合规运转机制,推动合规逐年深化。

在国务院国资委的指导下,围绕"市场化、国际化、防风险、高质量"工作主线,运用分合有序、资源共享、上下协同的CIS矩阵式法务工作模式,自上而下健全领导责任体系、依法治理体系、规章制度体系、合规管理体系和工作组织体系,持续纵向推动法治工作引领支撑能力、风险管控能力、涉外法治能力、主动维权能力和数字化管理能力不断增强。

三、优化系统平台建设(S)

以强化法律系统组织管理、信息管理和中粮法律人专业素养为主要内容的系统平台建设，是我们保证CIS矩阵法律管理模式中横纵两条线均衡发展，保障基于全产业链战略的法律风险防范机制有效运行的基石。

2021年开始，在集团IT统建项目框架下，通过运用大数据、区块链、云计算、云存储、人工智能等新一代计算机科技工具，“忠良数字化法务平台”（见图3）正在持续优化和全面升级。合同管理、案件管理和知识产权管理等功能模块持续完善，合规管理和纵向法律专业考核等功能模板从无到有，法律合规审核作为必经流程嵌入重大决策和重点业务管理，法律合规风险实现在线识别、分析、评估、预警、防控和处置。现阶段，“忠良数字化法务平台”正按计划向各级企业和境内外重要项目延伸，并不断丰富智能化应用场景，今后还将与财务、产权、投资、业务等系统互联互通，与国资国企在线监管系统无缝对接。相信不久的未来，“忠良数字化法务平台”将更加安全、稳定、便捷、可靠，流程顺畅、上下贯通、全面覆盖、智能推送、数据集成，完成从信息化向数字化的升级迭代。

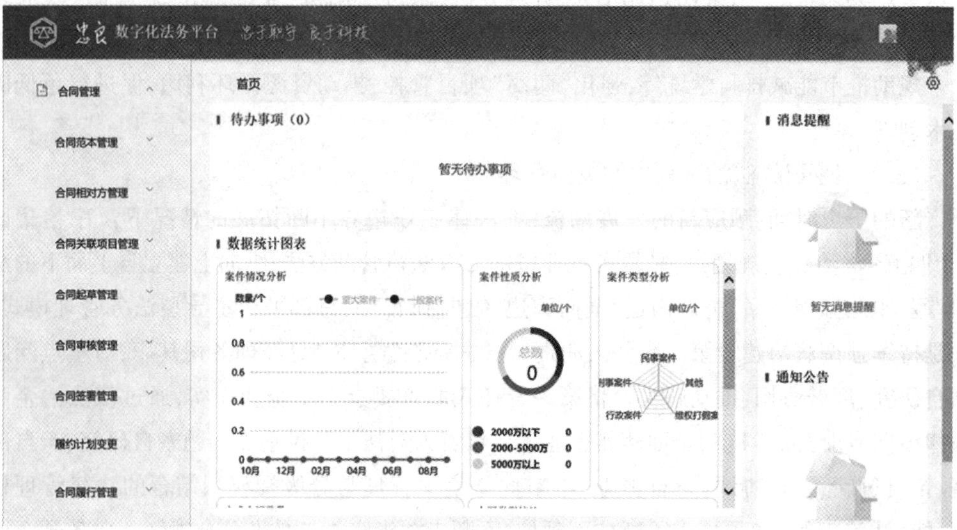

图3 忠良数字化法务平台

此外，我们不断加强法治学习培训，十数年如一日地坚持“一年四期全系统法律合规专业培训”，开展合规宣誓，提出合规倡议，签订合规承诺书，使“依法合规、守法诚信”成为全体中粮人的行为自觉和基本遵循，成为“忠良品格”的核心内涵。同时，搭建了法律管理知识共享平台，加强了法律系统内部的信息共享。一方面，通过法律法规、经典案例、法律文书范本的多线上传，总部和各级业务单位的法律顾问均可以扩充自身的法律专业知识，提升法律服务管理水平；另一方面，通过纠纷案件的统一上报备案和知识产权信息的统一模块化管理，法律顾问均可以通过搜索功能查阅集中储存的案例和文档，通过共享平台上的信息总结业务经验，学习交流和共享法律工作处理方法。建立内网法律工作组，打造法律顾问网上交流平台，实现不同地域、不同单位法律顾问的业务互联、知识互通和交流互动。在专业化公司总法律顾问基本配齐、法律机构基本独立的基础上，我们在司法部和国资委指导下，正按照《中粮集团公司律师工作方案》，逐步推广公司律师工作，以进一步推进集团法治建设，进一步加强法律人才队伍培养，建设中粮法律人才梯队，充分发挥公司律师在依法治企中的作用，为集团打造出一支德才兼备的高素质法治队伍，为践行 CIS 法律管理模式，实现“法治中粮”宏伟目标提供人才保障。

四、CIS 矩阵的法务创新实践

中粮旗下各企业正在灵活运用 CIS 方法论，不断推进法务创新，为业务赋能，提升法律管理水平和法律服务能力，持续彰显法务价值。

以中粮的金融业务为例，中粮资本以农粮食品产业链为依托，持续为农业发展提供多元化金融支持，发展信托、期货、保险、基金等金融业务链，产融结合、服务“三农”。自 2020 年开始，中粮资本立足管控金融业务风险、服务战略转型发展、支持金融业务创新三个定位，分步骤建立并推行 CIS 全面风险管理体系（见图 4）。

第一步，搭建 CIS 法律管理体系架构，成立法治工作建设领导小组，建立完善集中授权、分层级分类别管理、全面覆盖的风险管理框架。

第二步，完善 CIS 体系七要素建设，从战略与偏好、组织架构、制度体系、管理流程、系统工具、考核体系、企业文化七个方面完善 CIS 法律管理体系内容。

第三步，建成符合金融控股平台发展需要的标准化、集中化、智能化的信息技术系统，积累内外部数据和信息，建立前置预警管理模型，提升风险预警能力，实现对各直属企业金融业务风险的智能化管理。

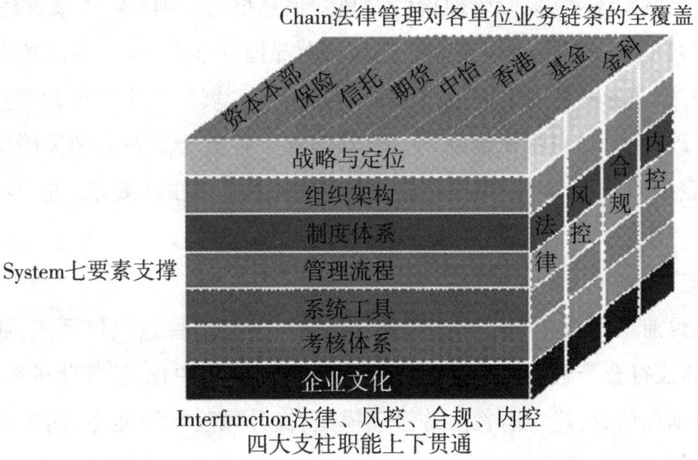

图 4　CIS 矩阵的法务创新实践

在实现法律管理对各单位业务链条的全覆盖（C）以及法律、风控、合规、内控四大支

柱职能上下贯通(I)的基础上,通过以下七要素(S)建设支撑CIS法律管理体系:

(一)战略与偏好

中粮资本已初步建立金融业务风险偏好体系,形成《中粮资本风险偏好陈述书》《中粮资本风险偏好指标》《中粮资本风险偏好管理办法》等。中粮资本风险偏好指标体系由容忍度指标和限额指标构成,在确定控股层限额指标后,分解传导至各直属企业,指导各直属企业不同金融业务的风险偏好管理。

(二)组织架构

中粮资本的法律管理依靠二道防线、压实一道防线、联合三道防线,按"213"的顺序串联起管理组织体系。尤其是在第一道防线,中粮资本及各直属企业第一阶段以部门、分公司、营业部为单位,逐步探索建立兼职合规管理员制度。各业务部门或基层一线骨干人员兼职担任一道防线合规管理员,作为合规管理体系的"神经末梢",对所在部门或领域经营管理行为开展前置合规审查,促进法律管理与业务工作深度融合,加强二道防线对一道防线的专业支持。

(三)制度体系

中粮资本正在围绕《制度管理办法》打造分级制度管理体系,对章程、议事规则、基本制度、办法、细则、守则、手册等进行定义并明确效力层级与适用顺序,并要求每项存量和新建规章制度均设置维护人,及时跟踪规章制度贯彻落实与效力情况。此外,中粮资本将"外法内规"制度梳理、重点案例汇编等工作季度常态化,为"业务运营法律法规边界图"与"合规风险图谱"的建立与完善夯实基础。

(四)管理流程

中粮资本已制定发布《风险管理指引》《风险信息报送细则》等11项管理流程制度,并已梳理完成中粮资本现存在的各项审批流程及内部控制节点,通过不断建立完善制度及业务流程,尤其新业务开展前的评估,来保证各项业务开展过程中的风险管控约束能够有效落地执行。以《风险信息报送细则》为例,其建立了各类金融业务的风险信息的报送机制,明确了风险指标、风险事件、风险报告、风险信息等具体报送要求,进一步规范了风险信息的报送。

(五)系统工具

中粮资本目前正由全资子公司中粮金科协助开发完善智慧风控系统,加强法律数字化管理能力,建成符合金融控股平台发展需要的标准化、集中化、智能化的信息技术系统,积累内外部数据和信息,建立前置预警管理模型,提升风险预警能力,实现对各直属企业金融业务风险的智能化管理。

(六)考核体系

中粮资本在往年设置风控、法律合规扣分项之外,2021年将CIS体系建设作为一个专项纳入各直属企业的业绩合同。

中粮资本要求直属企业年初制定计划，年中进行追踪，年底进行考核，督促CIS七要素工作落地。

（七）企业文化

中粮资本结合季度检查工作，通过团队学习法，引入外部专业机构讲课、内部优秀经验分享交流、检查结果通报及工作部署等，开展法律管理能力专项提升活动，打造学习型组织，不断提升整体各项法律管理水平。

结　语

在产业链战略的引领下，借助CIS矩阵法律管理模式，中粮集团法律管理在各产业链不断发展过程中扮演了越来越重要的角色，法律职能与业务运营之间建立了越来越高效的协同工作机制，成为有机整体。

新时代，中粮集团将在习近平法治思想引领下，继续厚植法治文化，对标世界一流，充分吸收借鉴法律管理优秀经验，补短板、强弱项、破难题，不断完善CIS矩阵法律管理模式，加快提升依法合规经营管理水平，在“十四五”期间将CIS打造为法治中粮的名片和中粮集团高质量发展的助推器，为中粮行稳致远贡献法治力量，为法治央企建设贡献中粮智慧。

第四编　法务创新

区域总法律顾问机制的创建与实践

王立勇　熊濛萌　刘　雪

作者简介

王立勇　中国航空发动机集团有限公司审计与法律事务部部长

熊濛萌　中国航空发动机集团有限公司审计与法律事务部处长

刘　雪　中国航空发动机集团有限公司审计与法律事务部法律主管

企业简介

2016 年,党中央决策成立中国航空发动机集团(以下简称中国航发),习近平总书记作出"加快实现航空发动机及燃气轮机自主研发和制造生产"等一系列重要指示批示。2016 年 8 月 28 日,秉承"动力强军、科技报国"的重大使命,中国航发正式挂牌成立,下辖 27 家直属单位,拥有 3 家主板上市公司,现有职工 7 万余人。中国航发面向"军用、民用"两大市场,主要从事航空发动机、辅助动力、燃气轮机、飞机和直升机传动系统的研制、生产、维修和服务。发动机型谱从涡喷到涡扇,从小推力到大推力,从低功率到高功率,从二代到三代、三代到四代,广泛配装于各类军民用飞机、直升机和大型舰艇、中小型发电机组,是国内具备完整军民用航空发动机研发制造试验保障能力的企业,为我国国防武器装备建设和国民经济发展作出了突出贡献。

内容摘要

中国航发坚决落实党和国家全面推进依法治国战略部署，按照国资委法治央企建设要求，不断探索完善总法律顾问制度新思路、新方法、新举措，以点带面，创新建立具有航发特色的区域总法律顾问制度。通过突破组织、管理、职责多重边界，推动资源集约化，“一片一策”，鼓励片区发掘法治工作特色亮点，深挖机制潜力，有效释放机制活力，实现集团对所属单位法律事务、制度、人员的统一管控，助力“法治航发”迈上新台阶。

关键词

法治央企　以点带面　三个平台　三个突破

一、区域总法律顾问机制创建的实施背景

（一）贯彻落实法治央企建设的客观需要

党的十八届四中全会对全面推进依法治国作出战略部署，法治央企建设是落实全面依法治国战略的重要组成部分，也是推动中央企业战略升级和改革发展的重要保障。为此，国务院国资委明确提出打造“治理完善、经营合规、管理规范、守法诚信”的法治央企。实现依法治企能力和依法经营管理水平的提升必须建立相适应的体制机制、组织模式和制度，对标世界一流企业，建立和完善与之配套的总法律顾问组织体系，有效发挥总法律顾问作用，是保障法治央企建设目标实现的必经之路。

（二）完善中央企业总法律顾问制度的现实要求

总法律顾问是法治建设的领军人物，发挥着“承上启下、连接内外”的重要作用。毫不夸张地说，一个企业法治工作好不好，关键因素就是有没有一个强有力的总法律顾问。国资委在确定法治央企建设目标之初就提出中央企业全系统要建立实施总法律顾问制度，抓紧配齐配好总法律顾问，全面落实总法律顾问职责。在国资委的明确要求和大力推动下，总法律顾问制度建设取得了长足的进步，各央企总法律顾问基本配备到位，但法律专业资格或法律背景缺失、职责权限不到位、工作机制不顺畅、作用发挥有待加强等问题仍较为突出。2021 年，国资委再次强调要持续深化和完善总法律顾问制度，坚持总法律顾问的专职化专业化，促进总法律顾问作用的发挥，全面筑牢依法治企的基础。

（三）健全与集团高质量发展相适应法治工作体系的内生需求

按照国资委对深化国企国资改革的部署要求，中国航发成立以来开展了瘦身健体、处僵治困等提质增效工作。无论是混合所有制改革，还是投资清理、科技创新，每一项都涉及大量的法律问题。同时，作为军工央企，在推进军工融合发展过程中，面临的法律风险和挑战亦接踵而至。然而，专业总法律顾问缺乏、总法律顾问“先到位后缺位”、各单位法治力量不均衡等是航发集团面临的现实困难。如何结合自身实际，充分利用内部法律资源，夯实法治组织基础，系统提升集团整体法律力量，是中国航发创建区域总法律顾问机制所要解决的问题，也是为做强做优集团提供的坚强保障。

二、法治央企建设下区域总法律顾问机制创建与实践的内涵和主要做法

法治央企建设下区域总法律顾问制度创建的内涵是：

以习近平法治思想为指导，全面落实国资委法治央企建设的新要求，立足“系统一流、国内一流、国际一流”的法治建设战略定位，在研究分析世界一流企业法务管理基本要素和实践的基础上，结合军工行业特点、集团发展阶段、管理基础等实际，创新设立“集团统管、区域组合、边界突破”的集团级区域总法律顾问，逐步形成“承上启下”“队伍培育”“互学互助”三个平台，构建和深化“统一领导、上下结合、资源共享”具有中国航发特色的法律组织体系。

实施路径以需求为立足点，以问题导向、价值导向为原则，以发挥集中统一管理优势、发挥总法律顾问资源最大效能为目标，按照“突破边界、统筹推进、分片实施”的总体思路，创立实施区域总法律顾问机制。具体做法如下。

(一)立足需求，对标设计顶层方案

通过资料收集、访谈调研、专题研讨等方式对需求目标与现行总法律顾问体系进行归纳梳理，在对标一流企业总法顾问体系基本要素和实践的基础上，结合央企特点、集团发展阶段、所属企业分布状况、法律管理基础等实际情况，研究制定了创建中国航发区域总法律机制的总体方案，明确区域总法律顾问机制的定位和价值(见图1)。

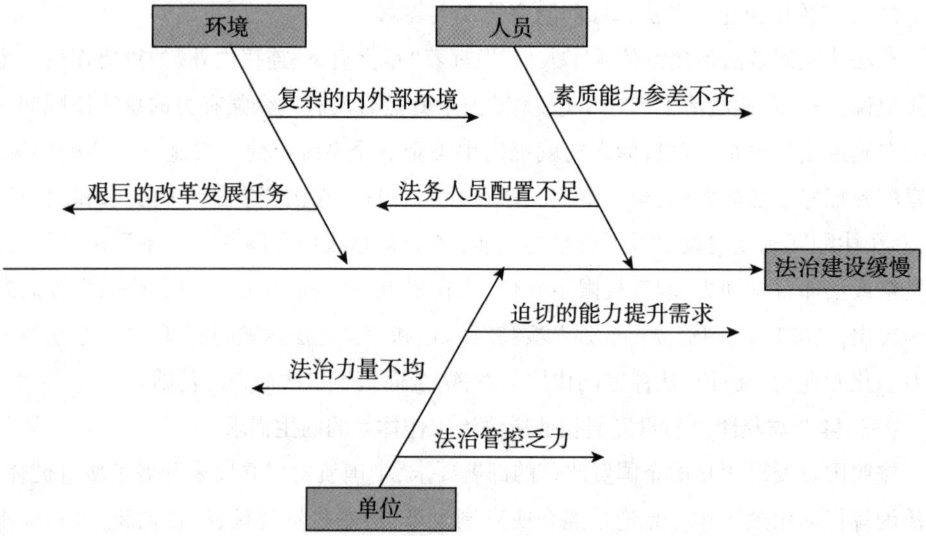

图1 区域总法律顾问机制定位、价值

1. 基于需求

区域总法律顾问机制设计核心基于对内在和外在需求的把握和统一。从内外在需求而言，随着全面依法治国和法治央企建设的不断深入，法治工作已经从“管控风险”升级到

“引领支撑”，从“专项工作”升级到“全面融入中心”，亟须进一步发挥对“十四五”时期央企深化改革和高质量发展的助力保障作用，而建立与之相适应相匹配的组织体系和组织能力是能否达到法治央企建设目标的必要条件，作为领军人物的总法律顾问又是必要条件中的关键因素。中国航发组建后，法律管控乏力、专业总法律顾问短缺、法务人员配置不足、各单位法治力量不均等问题迅速显现，解决这些突出问题亦是集团的迫切需求。

2. 对标一流

对标和分析 GE、罗罗、华为等国际国内一流跨国企业的特点，我们发现除了建立了以总法律顾问为核心的自上而下矩阵式的法律管理模式外，普遍在各业务领域或地域大区分设总法律顾问是健全总法律顾问履职机制的重要手段之一。而且，对标企业的总法律顾问都具备深厚的法律专业背景和资深的职业背景，大都具有法官、相关政府部门官员或者大型律所合伙人等职业经历，基本都是法学造诣较深、管理经验丰富的专家，在公司中属于资深高管，具有很高威信，这与国资委一直强调的总法律顾问专业化、专职化和应为高级管理人员以上职级的要求相契合。

3. 实现价值

通过区域总法律顾问机制的创建实施，逐步打造三个价值平台：

一是承上启下的平台。通过区域总法律顾问的配备和片区的设立，集团和所属单位增加了一个新的连接点和支点，能够更加有效实现对所属单位的法律管理和服务。

二是队伍培育的平台。通过区域总法律顾问机制的实施，可以有效调动和培养所在片区的各个法律顾问，实现对法律人才培养的多样化、精准化。

三是互利互助的平台。通过区域总法律顾问的纵横履职和各个片区的联动，实现法律资源、法律信息的广泛交流和共鉴共享。

2018 年 6 月，中国航发区域总法律顾问机制方案经集团党组审议批准，并向国务院国资委法规局进行了专项汇报，接受了法规局的具体指导。

（二）创新突破，构建集约型组织体系

1. 重塑体系

创立区域总法律顾问机制不仅是落实国资委持续深化总法律顾问制度的部署要求，更是集团法律组织体系的重新整合。一方面，聘留一个既懂法律又懂管理还熟悉行业的总法律顾问一直是央企国企面临的难题；另一方面，在央企机构改革和人员精简的背景下，鉴于军工行业保密特殊性，企业多数法律工作无法通过社会面法律人员参与解决。因此，在央企机构改革和人员精简的背景下，我们结合航发集团法律队伍现状，确立了“以我为主、集约用人”的组织架构原则，即破除对绝对人数的执念，总人数不增加，工作不外围，充分整合和挖掘行业内总法律顾问资源，以专业化、专职化为任职基本标准，以单位分布为区域划分标准，以优化提升集团整体法律能力为目标，构建与集团战略、内外需求相匹配的区域总法律顾问的组织体系。

2. 组合区域

根据中国航发所属单位分布区域的特点，经多轮征求航发集团所属单位意见和需求，根据各单位分布区域的特点，最终设定北京、东北、华东、西部、湖南和贵州 6 个法律工作片区，28 家所属单位分别划入各个片区，每个片区设置一名区域总法律顾问。区域总法律顾问负责各个片区的法治建设，以片区为单位领导和开展法律研讨、法律培训、课题研究、案件评审等法治工作，可统一组织和协调片区内各项法律资源。

3. 突破边界

为实现区域总法律顾问机制的目标和价值，我们在体系上构建上突破了组织、管理和职责的三个边界。

一是组织边界。突破了中国航发原有垂直型法律组织体系，区域总法律顾问纳入集团总部的组织体系范畴，作为集团总部法律部门的延伸，同时可以兼任所在片区其他单位的副总法律顾问。

二是管理边界。突破了所属法人单位各自行使法律管理职责的界定，区域总法律顾问对片区内所有单位的重大法律事务进行统筹管理和指导。

三是职责边界。突破纵向职责和横向职责的界限，区域总法律顾问既可以被授权行使集团总部法律管理职责，也可以承担所在片区其他单位的具体法律事务。

（三）抓住关键，确保机制实效性

1. 抓集团统管

中央企业的直属或成员单位一般具有数量多、分布地域广的特点。如何在落实集团统一管控的基础上，有效推进总法律顾问制度，是中央企业普遍面临的难题。我们在调研中发现，有的央企采取地区协作组模式，按区域划片成立法律协作组，不定期组织相关活动。但实践证明，这种松散型的组织仅能开展一般的沟通交流，无法真正发挥上传下达、统筹管理的作用。有的央企通过设立区域法律管理中心，意图加强以区域合作为基础的法律事务集中管理，但存在机构、编制、经费等多方面问题难以解决。

中国航发区域总法律顾问机制通过集团统管，即集团统一管控人员选拔任命、工作标准、考核评价等关键要素，切实发挥区域总法律顾问承上启下、上传下达、领会落实的作用。

2. 抓人员选拔

担任区域总法律顾问，不仅要熟悉经营管理、精通法律业务，具有处理复杂或者疑难法律事务的丰富工作经验和较强能力，还应具有一定的任职经历（所属单位中层以上管理部门担任负责人满 3 年，或者担任过单位法律事务机构负责人满 5 年）。经过广泛调研和层层选拔，在所属单位的总法律顾问中最终选聘了 6 名区域总法律顾问，这 6 名总法律顾问均是在航空行业专门从事法律管理工作、具有 10 年以上丰富经验且业内地位卓越的高端法律人才。

3. 抓建章立制

2018 年 8 月，中国航发正式发布了《关于设置区域总法律顾问的通知》，标志着区域总法律顾问机制正式施行。同年12月,集团制定发布《区域总法律顾问管理办法》,从顶层制度层面对区域总法律顾问机制进行明确规范,确保机制运行有章可循、有据可依。2020年,制定发布《区域总法律顾问工作规定》,从具体工作层面对区域总法律顾问的工作体系、工作内容、工作要求等进行细化和规范。同时,各法律工作片区结合需求,相应制定了本片区工作规则或活动规定,如西部法律片区制定的《西部片区法律协作管理办法》等,对推动片区工作的深入开展发挥了重要作用。

(四)统一管控,确保机制长效性

1. 统一选拔

按照专职化、专业化、头部化原则,集团统一制定区域总法律顾问的选聘条件。集团审计与法律事务部会同人力资源部在所属单位的29名现任总法律顾问中选拔合适人选。

2. 统一任命

经选拔考核后,报集团党组审批,集团统一任命邓峰等6人为中国航发区域总法律顾问,对各个片区的法律工作负总责。同时经集团推荐,区域总法律顾问可担任直属单位的兼职副总法律顾问。

3. 统一管理

一方面,区域总法律顾问归集团统一调配管控,对集团负责,向集团报告工作。集团向区域总法律顾问发放一定履职补贴。

另一方面,集团公司行使对所属企业法律管理职责时,对片区所属企业涉及的重大法律事项和队伍建设,要充分听取区域总法律顾问的意见。

4. 统一标准

中国航发集团对片区域总法律顾问基本履职要求和片区基础工作进行统一规定。

(1)“2+1+1”基本履职要求,即每年至少召开2次片区工作会、完成1项课题研究、开展1次业务交流。

(2)片区基础工作内容有:

开展法律研讨,包括所在片区内企业的年度法治工作任务,新法律、法规、新政策所带来的共性法律管理改进需求的以及企业面临的突出问题难题研讨等。

开展专项培训,可以分为法律顾问的业务学习和对企业领导、主要经营管理人员及员工的法律培训。

开展课题研究,课题来源既可以片区结合自身需求自定课题,也可以是集团公司指定的课题。

开展案件评审。受集团或单位委托,对片区内企业案件进行评审,提供法律意见和解决思路。案件评审结果由区域总法律顾问向案件单位进行正式反馈。

开展风险预警,对片区内单位发现的重大法律风险进行风险提示,并向集团报告。

开展信息互通,收集片区内企业法律管理的问题和建议,在企业之间互通交流。对于共性问题和重大问题向集团反映。

5. 统一考核

自2018年区域总法律顾问机制创建实施以来，各个片区和区域总法律顾问工作开展均由集团统一考核评价。

每年年初，集团组织召开区域总法律顾问工作会，听取区域总法律顾问上一年度的工作述职和本年度的工作计划。

每年年中，片区开展召开重要会议或重要活动，集团均全程派员参加指导评价。

每年年末，区域总法律顾问应提交片区年度工作总结和工作量统计，作为相应的考核依据。

（五）“一片一策”，打造区域法治特色

在实施区域总法律顾问机制过程中，中国航发充分考虑不同区域和企业特点，“统管不同样”，并不要求各片区按照同一个模式推行工作，各区域结合自身实际，“一片一策”，在工作机制、人员安排、活动开展等方面打造自身法治特色和亮点。

北京片区，注重培新育才，尤其是对年轻法律顾问的培育培养。每年在开展课题研究、论文评选、法律支持等工作时，让年轻骨干挑大梁、担主力、任组长，并予以专项指导和支持。片区连续两年获得集团法律课题一等奖、二等奖，2019年至2021年，片区共有3篇论文获集团论文评选一等奖、1篇二等奖和6篇三等奖的优异成绩。

湖南片区，注重与地方法律资源共建交流。多次联合地方法院开展“法院与企业法治共建”活动；主动参与地方立法，参加11项地方立法草案制定和实地调研工作，提出立法建议71条，成为湖南省和株洲市人大常委会基层立法联系点。

东北片区，注重纠纷案件领域的专项研究。研究制定了《民商事诉讼案件办理指南》《法律纠纷案件管理指引》《人格否认公司治理不规范行为识别及风险管控研究》以及典型法律纠纷案例普法、案例研讨等活动。

（六）评价激励，驱动释放机制活力

通过评价激励机制，能大力提高区域总法律顾问工作的积极性、主动性、创造性，同时能有效促进区域总法律顾问所在单位对其工作的支持和支撑。

1. 多元性评价

由不同主体参与，采取多种方法、多种视角对区域总法律顾问进行工作价值评价。评价主体包括集团主管部门、所在片区单位、所在片区法律顾问以及其他片区的总法律顾问；评价方式包括调查问卷、访谈、工作量统计等；评价维度包括规定动作评价、自选动作评价、区域亮点等。

2. 多层次考核

其一，结合片区工作开展情况，通过计量与计效相结合，对区域总法律顾问个人进行年度考核。

其二，在集团对所属单位的年度综合考核时，根据区域总法律顾问的工作考核结果，对区域总法律顾问所在单位进行加分奖励（只加不扣），鼓励所在单位对区域总法律顾问工作予以更好地支持和保障。

其三，根据区域总法律顾问工作的开展情况，对片区整体工作进行年度评价，激发各片区的自我优化和完善。

3. 多样化激励

其一，物质激励。集团每年设有区域总法律顾问的专项预算，对各区域总法律顾问发放一定的补助，适当体现区域总法律顾问的劳动价值。

其二，考核加分。对区域总法律顾问所在单位年度综合考核时予以不同程度的加分。

其三，亮晒和表彰。根据考核评价结果，每年对各片区的工作予以排名，对工作成绩突出的区域总法律顾问予以表彰。

（七）持续优化，增强区域整体效能

自2018年创建实施，经过三年的实践运行，区域总法律工作机制在加强集团法律资源统筹、提升专业研究能力提升、处置法律纠纷案件、培育法律人才队伍等方面取得了显著成效，成为航发集团法治工作体系的必要组成部分。但伴随区域总法律顾问机制的深入实施，片区工作不平衡、考核激励不足等问题亦逐步显露，同时根据航发集团确立的“融合”“升级”的“十四五”法治建设目标，迫切需要进一步完善区域总法律顾问机制，以发挥更大价值。由此，集团筹划设计了完善区域总法律顾问机制的相关方案，2021年11月，经批准正式开展区域总法律顾问机制的优化调整（见图2）。

图2 持续优化区域总法律顾问机制

1. 重新规划片区

原片区划分主要以地域为划分标准，将航发集团29个直属单位分为北京片区、华东片区、湖南片区等6个片区。片区重新规划综合考虑单位数量、强弱、专项性等特点，打破地域集中标准，6个片区调整为5个片区，片区名称亦由显著的地域特点调整为第一片区、第二片区、第三片区等。片区的调整将利于集团各专项法治领域工作的拓展和交流。

2. 增设力量

每个片区设置1名区域总法律顾问和1名区域副总法律顾问，即在原设有1名区域总法律顾问的基础上,每个片区增设1名副总法律顾问,协助总法律顾问的相关工作。同时对原部分区域总法律顾问进行了调整。区域总法律顾问力量的增强,将进一步提升片区工作的效率和实效,也为培养航发集团后备的法律中坚力量奠定基础。

3. 加大激励评价

进一步加强区域总法律顾问机制的激励评价,对评价结果予以更直接的反馈。如增加对区域总法顾问的专项补助总额,打破“均分”,通过专项补助的较大差异直观反映各片区的工作成绩,每年对排名前列的片区开展通报和表扬。

三、区域总法律顾问机制实施效果

(一)以点带面,法律工作组织体系进一步完善

法律工作片区的设立和区域总法律顾问的配备,使集团法律组织体系增加了一个新的重要支点,能够更加有效实现对二级单位管理和服务的延伸。区域总法律顾问机制创建以来,中国航发约1/3的法律工作都授以法律工作片区组织开展。同时,一些力量薄弱的单位通过区域总法律顾问机制的实施,弥补了法律工作的短板,行业法律力量得以进一步均衡,集团法治建设水平得以整体提升。

(二)集中资源,价值创造功效凸显

组织有效力量,调动有效资源,推动法律纠纷案件处置,是区域总法律顾问的重要工作内容。自区域总法律顾问机制建立实施以来,区域总法律顾问以现场评审、会商、出具法律意见等方式支持和指导案件224件,涉案金额40亿元,避免挽回损失6.68亿元,集团案件存量由2016年的312件降至79件,重大案件由78件降至13件(见图3)。

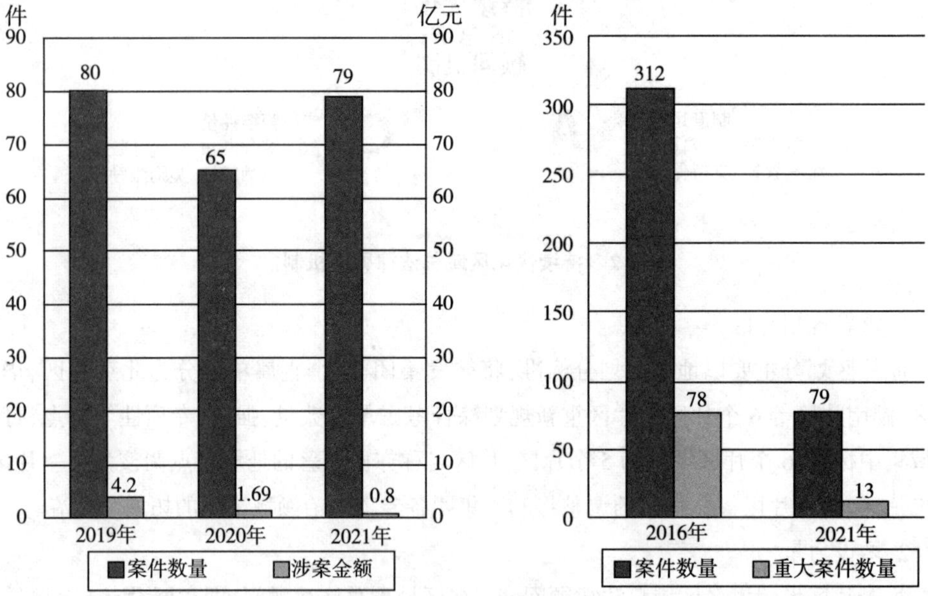

图3 集团案件统计

(三)研究实践,队伍能力得以进一步增强

自区域总法律顾问机制创建以来,各片区积极开展各类课题研究和专项研讨调研,形成课题成果20余个,组织各类调研、座谈、培训83次,其中5个课题入选国务院国资委优秀法律案例库。集团法律研究能力得到了上级机关充分认可,连续三年承接国务院国资委法律课题研究工作。

(四)多方认可,成效显著

区域总法律顾问机制实施以来,中国航发主要领导对其予以充分肯定,创新了总法律顾问管理模式,优化法治建设资源配置,有效推动了各直属单位法治建设工作的交流互鉴。区域总法律顾问机制是中国航发法治建设的一张亮丽名片。

2019年,国务院国资委法规局领导对航发区域总法律顾问机制予以高度评价,在直属单位总法律顾问全覆盖基础上,创新设置了6个区域总法律顾问,充分发挥了法治工作力量协同效应、叠加效应。特别是在改革机构、精简人员的同时,使法治队伍进一步强化,法治工作组织基础越来越扎实。2020年,区域总法律顾问机制被国务院国资委评为法律组织体系优秀案例。

区域总法律顾问机制因其成效显著以及对劳动关系、干部管理、职责分工等突破创新,为航发集团党建、巡视、保密保卫等领域管理提供了新思路,形成了可复制、可推广的管理模式。

第四编　法务创新

安泰科技:商业秘密保护体系建设

洪　丹　王劲东

作者简介

洪　丹　现任安泰科技股份有限公司法律事务室主任

王劲东　现任安泰科技股份有限公司总法律顾问

企业简介

安泰科技股份有限公司(以下简称安泰科技)成立于1998年12月,是以中国钢研科技集团有限公司为主要发起人成立的高科技公司。安泰科技传承了中国钢研70年的科研实力,是科技部及中科院联合认定的国家高新技术企业,也是被北京市科学技术委员会认定的骨干高新技术企业。

安泰科技以先进金属材料为主业,服务于战略性新兴产业,为全球高端客户提供先进金属材料、制品及解决方案,为我国国民经济和航天航空事业等领域的发展做出了重要贡献。

内容摘要

本文从国有企业商业秘密保护的困境出发,结合商业秘密保护体系建设的实操经验,立足于企业特点,系统地介绍了商业秘密保护体系的建设思路、建设路径以及建设的实施效果,最后分享了商业秘密保护体系建设成功落地的经验,希望能给企业在商业秘密保护上一些启发。

关键词

商业秘密　保护　体系建设　商密系统

商业秘密是企业创新发展的基础,是企业最核心、最宝贵的财富之一。对于一个科研院所转制的高新技术企业来说,经历了几代人的研发与投入,商业秘密更具核心价值,是企业能否行稳致远、保有活力、保持核心竞争力的关键。2020 年,安泰科技启动商业秘密保护体系建设专项工作,目前已建成覆盖所有重点业务领域的全要素、全环节、全流程管理的商业秘密保护体系,实现了对企业重要经营信息和技术信息的有效保护。

一、安泰科技商业秘密保护体系建设的背景

(一)商业秘密概述

《反不正当竞争法》规定:“商业秘密,是指不为公众所知悉,具有商业价值并经权利人采取相应保密措施的技术信息、经营信息等商业信息。”

企业的商业秘密需满足“三性”,这也是法院在认定商业秘密时主要考量的因素。

一是秘密性。秘密性是商业秘密最基本的特征,主要指该商业秘密不能从公开渠道直接获取,是企业通过自主研发或合法渠道获得的且不为本企业外其他人所知悉。

二是保密性。保密性是商业秘密最关键的要素,要求企业对商业秘密采取了与之相适应的、合理的保密措施,比如,纸质的文件存放在带锁的保险柜、核心的数据进行了加密,这也将是企业主张商密权利的重要证据。

三是价值性。价值性是指该商业秘密具有商业或者经济价值,能为企业带来经济利益或者市场竞争优势,这种价值可能是现实的,如销售价格、客户名单、工艺图纸,也可能是潜在的,如失败的实验记录。

为加强商业秘密保护,安泰科技出台了《商业秘密管理规定》,并结合企业特点,对技术信息和经营信息进行了详细界定。将产品配方、制作工艺、制作方法、研发记录、实验数据、技术诀窍、技术图纸、样品、样机、模型、模具、设备、设计、程序、公式、编程规范、计算机软件源代码和有关文档等信息认定为“技术信息”;将战略规划、客户信息、员工信息、货源信息、销售信息、产品发货单、物流信息单、营销策略、谈判策略、定价策略、财务计划、产品规划、招投标中的标底及标书内容等信息认定为“经营信息”。以上内容均构成安泰科技商业秘密保护体系的对象及范围。

（二）商业秘密保护存在的主要问题

1. 国家缺乏专门的法律保护

随着国际经济交往和技术贸易的日益频繁，商业秘密作为一种无形资产被越来越多的国家和企业所重视。我国的商业秘密虽初步建立起以《反不正当竞争法》等以民事保护为主、刑事保护为辅的商密保护法律体系，但对商业秘密的保护还是较弱，实践中存在立案难、举证难、胜诉难、耗时长、诉讼成本高等问题，导致商密权利人在维权之路上望而却步。从中国裁判文书网前几年的统计来看，全国法院审结的侵害商业秘密民事案件中原告败诉的案件占比高达63%。

2. 企业商业秘密缺乏系统有效的保护

如前所述，大多数企业的商业秘密泄露都是因员工离职而造成的。虽然有些企业采取了一定的管理措施，但不能杜绝员工离职带走商业秘密，缺乏有效的防范手段。从法律追溯角度来考虑，目前发起商业秘密诉讼普遍存在的“举证难”主要原因是商业秘密管理基础薄弱，缺乏对商业秘密的分级分类管理，无制度、无保密协议、无竞业限制协议，想要证明商业秘密的“三性”难，证据挖潜更难，使得追诉无从下手。

3. 企业商业秘密保护的意识淡薄

我国在商业秘密保护方面起步晚，企业存在对商业秘密不够重视或者缺乏专业性认识。有些单位认为自己没有商业秘密；有些单位不清楚商业秘密点在哪；有些单位把所有信息都作为商业秘密保护；有些单位员工在论文发表时包含了大量的商业秘密；有些单位签署了竞业限制协议却没有按约定支付补偿金；等等。

（三）商业秘密保护的必要性

1. 加强商业秘密保护是贯彻习近平法治思想的要求

党的十八大以来，党中央把知识产权保护工作摆在更加突出的位置，习近平总书记曾强调，要实行严格的知识产权保护制度，坚决依法惩处侵犯知识产权行为，有效保护我国自主研发的关键核心技术，防范化解重大风险。国资委也要求各央企加强知识产权管理，完善商业秘密等保护制度，坚决打击侵权行为，切实维护企业无形资产安全和合法权益。

2. 加强商业秘密保护是企业参与国际市场竞争的内在需求

商业秘密是企业生存发展、保持核心竞争力的重要因素。2018年，安泰科技作为非晶行业的领头人，联合数家企业在美国“337调查”案中赢得完胜。这个案件提醒我们，知识产权越来越被全世界关注，我们不仅要握紧口袋里的商业秘密，还需要握得更有底气。因此，加强商业秘密保护是势在必行、迫在眉睫。

3. 加强商业秘密保护是保护国有资产的需要

之前有过报道中国的钢铁行业因为商业秘密遭泄露，“底牌”被偷看，在进口铁矿石谈判时处处被动，被迫多支付了7000多亿元人民币。因此，加强商业秘密保护既是保障中央企业利益不受侵害，保护国有资产不流失，也有助于维护良好的市场秩序。

二、安泰科技商业秘密保护体系的建设思路——"五个原则"

(一)统筹规划,分步实施

安泰科技商业秘密保护体系建设初期,设立了商业秘密保护体系建设项目领导小组和工作小组,由项目组统一规划方案,总部及试点实施单位按照统一部署进行实施,保证安泰科技商业秘密保护规则和标准统一,可监督、可执行、可复制、可推广。标准建立后,再将试点实施成果分步、逐年推广至各单位,最终在安泰科技主要业务单元实现商业秘密体系全覆盖。

(二)归口管理,逐级负责

安泰科技建立商业秘密管理委员会,明确商业秘密归口管理部门,设立常设机构商业秘密办公室。在此之下,各单位设立商业秘密领导小组、设立商业秘密代表及商业秘密管理员,明确各方职责,采取逐级负责制,保证商业秘密制度和各项措施的层层落实。各级技术、市场、生产、法务、人力、IT 等部门分头负责其职责范围内的事务,突出部门专业优势,实行分类逐级负责。

(三)分类分级,重点突出

安泰科技商业秘密保护采取分级分类管控原则。对于不同级别、不同类型的商业秘密信息、涉密人员、商业秘密区域采取不同强度的管控措施。

分级管理。根据商业秘密的商业价值及对公司的战略意义,将商业秘密信息分为核心商业秘密、重要商业秘密、一般商业秘密三类;涉密人员按照其接触商业秘密级别的不同分为核心涉密人员、重要涉密人员以及一般涉密人员;涉密区域根据存放商业秘密级别的不同分为核心商业秘密区域、重要商业秘密区域和一般商业秘密区域。

分类管控。在分级管理的同时,根据企业特点,同时侧重难点、突出重点。将重点岗位作为商业秘密保护的重点和难点,采用全方位的保护策略,确保公司核心竞争力不外泄。

(四)管理衔接,逐步完善

安泰科技商业秘密保护体系建设阶段,由商业秘密项目领导小组、商业秘密项目工作小组、商业秘密项目实施工作小组逐级负责商业秘密的实施与运行。在商业秘密体系建设完成后,上述职能将逐步转移至公司商业秘密管理委员会和各级商业秘密领导小组、商业秘密办公室。商业秘密措施力求做到与目前管理制度的有序衔接,并随着商业秘密实施范围的扩大与深入进行持续优化、不断完善。

(五)兼顾保密,平衡效率

商业秘密管控的方式有很多,如制度管控、协议约束、培训宣贯、技术管控等,这必然会牺牲一部分管理效率。因此,为了既保证商业秘密管理的要求,又兼顾管理的效率,在商业秘密管控策略确定之前,商业秘密保护项目组充分调研了业务的工作需求,在保障信息安全的基础上充分照顾到业务部门的正常工作需求,通过信息技术手段将保密措施对工作效率的影响降到最低,达到信息安全与工作效率的平衡。

三、安泰科技商业秘密保护体系的建设路径——"六步走"

企业商业秘密泄露的途径主要有两个:一是商业合作伙伴违反保密义务披露、使用或者允许他人使用其所掌握的商业秘密;二是单位员工离职并带走商业秘密,披露、使用或者允许他人使用,这也是最常见的商业秘密泄露方式。

因此,商业秘密保护是一项系统性工程,要建立完善的商业秘密保护体系需从三方面下功夫。首先是人,通过商业秘密文化理念宣贯到人,让员工从内心了解商业秘密、认识商业秘密并敬畏商业秘密,从而不愿意泄露商业秘密;其次,通过建立组织体系、健全管理制度、优化流程等对商业秘密的形成到流转建立一套完备的闭环管理体系;最后,要建立法律维权的最后屏障,防止一旦有人泄露商业秘密,企业可以通过诉讼追溯,让侵权人"获取信息难、泄露成本高、付出代价大"。

如前所述,我国的商业秘密保护起步晚,没有十分成熟的经验直接借鉴,实践中还需要企业结合实际,自己摸索出一条建设之路。安泰科技也是在充分考虑自身的特点,通过思考、实践出"六步走"的方式,以完善的制度体系为依托,以信息化等技术手段为支撑,探索出了一条适合自身的商业秘密保护体系建设之路。

(一)外部对标,引入适合的咨询机构

虽然国内已有一些企业先试先行,建立了商业秘密保护体系,但从公开信息来看,能获得的信息及可借鉴的经验有限。在项目启动前,引入一个有实战经验的咨询机构是有必要的,不仅能够吸取对标企业项目建设经验、让实施过程少走弯路,还使商业秘密项目的宣贯、推进更具公信力。

由于国内目前做过商业秘密保护体系建设的咨询机构较少,安泰科技在确定咨询机构上花费了大量时间与精力。为了选聘的外部机构能高度适合于公司的商业秘密体系建设,我们首先对公司部分业务单元的核心商业秘密点、管理模式及需求进行了摸底,带着问题与目标与多家外部机构进行多次、反复的沟通,最终通过邀标、评标,确定了一家曾深度参与多个商业秘密体系建设项目、方案明晰可落地的咨询机构。

(二)以我为主,制定可落地的实施方案

虽然项目引入了外部机构,但因对标企业性质、经营业务等差异,经验无法完全复制,最终还是要以公司项目团队为主,结合企业自身特点,制定一套符合自己的实施方案。因此,项目启动之初,工作组系统、深入地进行了调研,从整体上对安泰科技的商业秘密保护现状进行了评估,分析了商业秘密保护所面临的问题及主要风险点,最终坚持问题导向,确定了工作模式、目标、原则,因地制宜地制定了个性化的实施方案。

1. 确定实施的范围:全领域覆盖、试点先行

如前所述,考虑到安泰科技地域分散广、人员管控集中难的特点,确立了"试点—复

制—推广”的分步、分期实施模式。通过调研与评估,安泰科技确立了以总部及两家业务单元为试点开展一期建设,确立公司商业秘密保护体系的标准化模板,再将经验复制到其他单位。

2. 明确实施的管控策略:AB 类管控、突出重点人员

作为一个以高新技术为核心的集团化公司,商业秘密点遍布各业务单元,如果“眉毛胡子一把抓”,所有商业秘密都采取相同的管控措施,不仅增加管理成本,还影响工作效率。考虑到这点,根据前期的调研情况,安泰科技采取了如下管控策略:

从系统管控来说,主要分成 A、B 两类,A 类管控最严,电脑落地全盘加密、自动备份;从协议管控来说,核心人员需要签署《商业秘密保密协议》《竞业限制协议》;从人员管控来说,将技术研发、市场营销人员作为重点管控对象,纳入 A 类管控,其中又根据人员身份及可接触商业秘密信息的重要性分为核心和重要。最后,以信息系统的落地策略为主线,横纵向交叉,实现对不同等级、对象采取不同强度的管控措施,兼顾了保密和效率的适当平衡,形成了安泰科技商业秘密管控实施策略(见图 1)。这个管控策略作为安泰科技商业秘密管控的底线原则在之后的数期项目部署实施中也起到了重要作用。

管控类别	涉密等级	涉及人员	系统管控	协议管控
A类管控 (技术研发、营销)	核心A	技术研发领导、核心业务骨干	全盘加密 自动备份 桌面管理	商业秘密保密协议 竞业限制协议
		营销领导、核心销售		
	重要A	技术研发支持岗位		《保密协议》
		营销支持岗位		
B类管控	核心B	核心管理人员、商密代表	手动加密 选择备份 桌面管理	商业秘密保密协议 竞业限制协议
	重要B	其他管理人员、商密管理员		《保密协议》
一般管控	一般	其他	—	《保密协议》

图 1 安泰科技商业秘密管控实施策略(截图)

(三)盘清家底,实现商业秘密分级分类管控

为提高对无形资产的掌控与运用,企业首先要盘清家底,并在此基础上分类分级,主要涉及涉密信息、涉密人员及涉密区域的盘点。

1. 涉密信息(文件)

涉密信息的梳理是由实施单位根据涉密信息核心、重要、一般的定级原则,对全公司文件进行分类分级,形成涉密文件的树形目录图。对于重点技术信息,可以技术/产品/项目等为单位,针对性地进行技术秘密的梳理,保证技术信息完整、有明确的责任人、过程可追溯。

2. 涉密人员

涉密人员的分类定级又分为商业秘密岗位和商业秘密人员，根据接触商业秘密信息密级的不同，定级不同的岗位，再以岗定人，梳理形成涉密人员清单。通过不同的技术手段和管理措施对员工进行分级分类管理，并且通过将形成的制度和文本，规范员工从入职到离职的全程流管控。

3. 涉密区域

商业秘密区域主要可分为研发场所、生产场所、办公区（厂区）等。因各实施单位对物理空间的界定及使用方式不一致，可根据情况自行划定。

（四）部署商业秘密系统，支撑体系运行

对于盘点出来的商业秘密信息，企业需要一个“保密柜”——商业秘密系统去存放。安泰科技通过多方调研，确定了部署两个信息系统。

1. 加密和桌管系统

安泰科技对重要及核心涉密人员的工作电脑、打印机进行了统一管控。一是加装了桌管系统，涉密办公电脑禁止使用个人U盘、个人邮箱、个人微信、QQ等对外传输，仅能通过公司邮箱或者企业微信等可控方式对外传送文件，涉密文件的打印也通过软件进行留痕监控，保留了水印和日志。二是加装了加密软件，将所有核心商业秘密信息上锁，有效防止商业秘密信息的泄露。最终实现“实时留痕、全程可追溯”——商业秘密信息的存储、访问、使用、传输、打印都能够留下可追溯的记录，加大侵权技术难度，发挥侵权傲慢与偏见的震慑力，同时提高公司在商业秘密纠纷中的举证能力。

2. 网盘系统

安泰科技建立了统一的企业网盘，企业网盘服务器采用本地化部署，结合灾备方案和网络安全管控方案，保证文件安全。定期的网盘归档及备份确保所有涉密人员工作资料的留存，保留了公司核心资产。同时，针对A类重点管控人员电脑开启实时备份功能，保证核心商业秘密实时得到备份留存。

（五）导入商业秘密制度，确保体系落地

制度是商业秘密规范化管理的重要保障。安泰科技先后制定了商业秘密管理暂行规定、监督考核规定、员工手册，以及竞业限制协议、不侵犯前雇主知识产权保证书等24个配套文本，并通过将制度的要求导入业务流程实现体系真正落地。

1. 将商业秘密文件导入网盘系统

商业秘密文件的树形目录建好后，接下来进入工作量最大、耗时最长的一项工作，即按照目录将所有的商业秘密文件导入企业网盘，并依照商业秘密等级设定人员的商业秘密权限，权限要细化到树形目录的每一个文件，实现涉密信息的分级分类管理，保证核心商业秘密的有效隔离。而且，这项工作不是一劳永逸的，后期商业秘密管理员还要进行定期进行更新与维护，商业秘密办公室要定期检查、监督，保证商业秘密文件的数量与质量。

2. 商业秘密要求导入员工管控

将商业秘密管控要求导入员工从入职到离职的全流程管理也是商业秘密保护体系能否落地的一项重要工作。例如,一名员工从入职时定的什么岗,是否为核心商业秘密人员,属于A类还是B类商业秘密管控人员,这决定了签署何种协议、采取何种系统管控措施;离职时过程中要做好资料交接,谁进行面谈,商业秘密办公室在扮演什么角色等都需要固化到流程里,以确保涉密人员的闭环管理。

3. 商业秘密要求导入商业秘密区域管控

商业秘密区域指存放商业秘密的一切场所,包括公司园区、厂房、车间、实验室、办公室、保密室、档案室、机房等。根据商业秘密管控要求,安泰科技通过分段化管理、门禁、保密标识等实现了商业秘密区域的分级管控。比如,对于核心商业秘密区域,张贴红色标识,设立门禁系统,安装24小时无死角高清监控录像,禁止外来人员参观,禁止携带通讯、存储设备,禁止拍照、录音等。

4. 商业秘密要求导入对外流程

企业在对外合作、交流、宣传中必然会涉及披露商业秘密,因此还需将商业秘密要求导入企业所有对外披露的窗口。在披露前,要建立商业秘密对外披露的审批流程,核心商业秘密还需要经商业秘密委员会审批;如涉及对外合作,还要与被披露方签署保密协议、商业秘密接收确认书等;在技术手段上,可以通过对涉密文件的流转时间、打开频次等进行控制,防止涉密文件被复制。

(六)开展商业秘密培训,建立文化宣贯长效机制

制度与技术管控都只是管理手段,商业秘密保护的核心在于人。加强商业秘密保护宣贯,提升全员商业秘密保护意识,才是商业秘密保护的根本所在。安泰科技制定出台了《商业秘密保护员工手册》,确立了“保守商密、人人有责,保护商密、各尽其责,泄露商密、必须担责,侵犯商密、依法追责”的商业秘密文化理念。在建立商业秘密文化宣贯长效机制的同时,安泰科技还将每年的8月28日确定为“商业秘密保护主题日”,通过开展“商业秘密主题日宣传”系列活动营造商业秘密保护氛围,包括开展分类专项培训,悬挂宣传海报、张贴区域分类标识,全员签阅商业秘密员工手册,开展主题日宣传作品征集活动等,不断渗透“商业秘密是公司核心资产、保护商业秘密就是守护公司发展底线、侵犯商业秘密就是触碰公司利益红线”的文化理念,让员工认识商业秘密、理解商业秘密、敬畏商业秘密,引导大家形成良好的商业秘密保护行为和习惯,形成保守商业秘密、人人尽责的良好氛围。

四、安泰科技商业秘密保护体系的实施效果——“四大体系”“三道防线”

通过商业秘密项目,公司首次自上而下建立了商业秘密管理的组织体系,形成了商业秘密制度及一系列规范文本,实现了对涉密信息、涉密人员、涉密区域的闭环管理。

（一）形成了“四大体系”

1. 组织体系——首次建立了两级商业秘密管理组织体系

在公司层面，设立了商业秘密管理委员会，作为商业秘密最高管理和决策机构；商业秘密总代表作为公司商业秘密保护工作的执行负责人，由公司总法律顾问担任；明确了商业秘密归口管理部门，设立常设机构商业秘密办公室，挂靠于公司法律事务室，作为商业秘密管理的执行部门；其他各部门设立商业秘密代表、商业秘密管理员，负责本部门职能范围内商业秘密保护和管理工作。

在二级单位层面，公司各单位建立了本单位的商业秘密管理领导小组，逐级设立了商业秘密总代表、商业秘密办公室、部门/项目/车间商业秘密代表以及商业秘密管理员（见图2）。

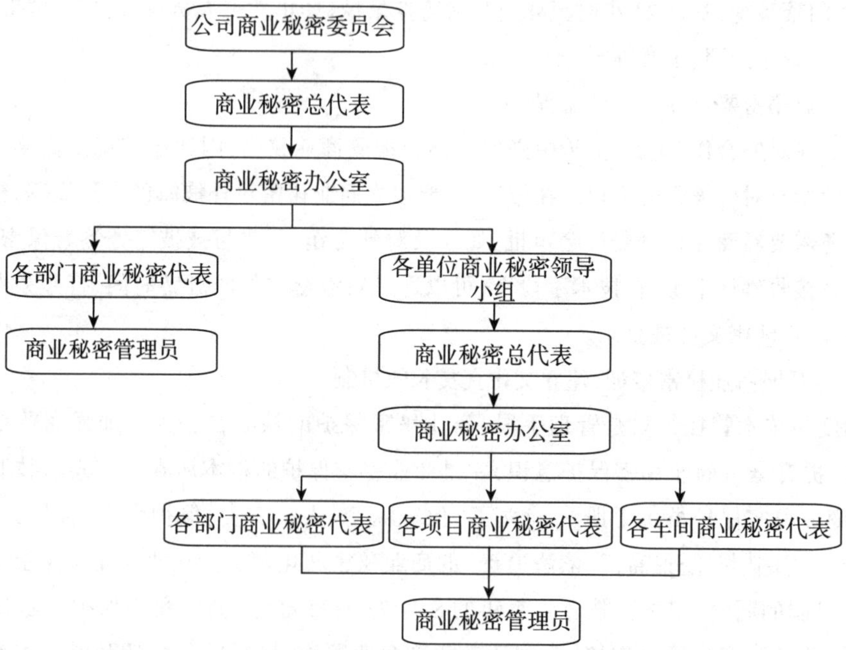

图2　安泰科技商业秘密管理组织体系

2. 制度体系——三个制度、24个规范文本

公司制定并出台了商业秘密管理的一系列制度及配套文本。通过制定《商业秘密管理规定》等相关制度，将商业秘密保护建设体系的成果固化、制度化，保证商业秘密管理的正常运行及落地执行。

此外，通过规范《商业秘密保密协议》《竞业限制协议》《离职保密承诺书》等24个文本（见图3），厘清商业秘密保护范围与责任，减少因约定不明产生的纠纷。

商业秘密制度	协议文本	
	员工签署	外部签署
《商业秘密管理规定》	《不侵犯前雇主知识产权保证书》	《来访人员保密承诺书》
《商业秘密保护监督考核规定》	《商业秘密保密协议》	《商业秘密接收确认书》
《商业秘密保护员工手册》	《员工保密协议》	《保密协议》(单方)
	《竞业限制协议》	《保密协议》(双方)
	《商业秘密保密工作责任书》	
	《重大项目保密承诺书》	
	《离职保密承诺书》	
	《竞业限制/免除竞业限制通知书》	

图3　安泰科技商业秘密管理制度体系(截图)

3. 教育和培训体系

如前所述,为提高各级领导商业秘密管理意识,提升商业秘密管理人员及全体员工的保密意识、责任意识、风险意识,公司形成了教育和培训体系,将定期宣贯、主题宣传、专题培训作为商业秘密保护的长效机制。

4. 法律维权体系

通过商业秘密项目,公司构建了立体化的商业秘密维权网络。从前期证据留存、互联网公证,到制度建立、协议签署,以及后期的协议跟踪履行与漏洞反馈,每一个环节均进行商业秘密安全风险排查。一旦公司发生商业秘密泄露事件,可综合运用诉讼途径进行商业秘密维权,并不断提高维权手段的有效性和针对性。

(二)建立了“三道防线”

通过商业秘密项目,公司从信息系统、制度规范、法律追溯方面建立了“三道防线”,全面保护公司的商业秘密。

第一道防线:通过信息系统管理好商业秘密信息,以技术手段防止信息被窃取和泄露;

第二道防线:建立管理制度及内控流程,加强商业秘密的内控管理,做到流程管控到位,也为事后追责建立内规依据;

第三道防线:发生商业秘密信息泄露或侵权事件,可后台追溯其行为,发起法律诉讼,依法维权追责。

五、安泰科技商业秘密保护体系建设的经验启示

(一)公司高层的重视是项目推进的保障

公司领导的重视是项目顺利推进、确保成功落地的保证。安泰科技董事长作为商业秘密项目领导小组组长、总经理作为商业秘密项目领导小组副组长,高度重视商业秘密保护体系建设工作,对重要问题亲自过问、亲自督办,并要求项目克服一切困难,坚决推进、严格执行。

在商业秘密体系建设推进过程中,因商业秘密管控措施对员工原有的工作习惯会带来冲击,部分员工难免会有畏难甚至抵触情绪。因此,只有公司领导高度重视,才能确保上下思想统一,保持步调一致。在项目启动会上,安泰科技即凿实任务,要求各实施单位一把手作为本单位商业秘密保护第一责任人签署项目任务书,确保项目按照既定的目标和计划推进,坚定不移地贯彻执行、落地见效。

(二)"以我为主"的可落地方案是项目成功的关键

实施方案要切合企业实际,否则再漂亮也可能无法落地。安泰科技在设计方案时坚持"以我为主,主导项目",不完全依赖于咨询机构。通过深入调研,充分考虑了生产模式、对外交互频繁性等特点,最终采取了分类分级又有所侧重的管控模式,兼顾了保密与效率的平衡。同时,各实施单位在方案的总体引导下,也因地制宜地拟定了与本单位相适应的实施策略。

(三)高效的工作团队是项目实施的助力

1.建立了两级商业秘密管理组织体系

公司在项目启动之初成立了工作组,在推进过程中,逐步形成了两级商业秘密管理体系,通过逐级设立商业秘密管理委员会/领导小组、商业秘密总代表、商业秘密办公室、商业秘密代表、商业秘密管理员,保证制度和各项措施的层层落实。

2.形成了"以我为主、以外为辅"的高效工作模式

在项目一期工作组主导整个项目,把控主要时间节点,每两周滚动计划,责任到人,与咨询机构充分沟通,目标一致,协同推进。保障了项目在三个试点单位、三个地域的有序开展,实现了数千密点、数百人的分类分级梳理,完成了数百台电脑的部署实施。

3.锻炼了一支商业秘密管理队伍

工作组深度、全程参与商业秘密工作,培养了一支内部的商业秘密管理队伍,为后期充分输出试点项目成果和经验,推动商业秘密项目的整体推广、建立可复制的长效机制奠定了基础。

结　语

安泰科技商业秘密保护体系建成后,实现了商业秘密文件、人员、区域的闭环管理,商

业秘密保护的基础得到夯实,商业秘密保护意识得到提升,文化理念初步形成,侵权追责的震慑力在加强。在商业秘密保护的道路上,我们还在摸索,这也只是开端。安泰科技将继续管理和保护好公司的核心资产,为公司的持续健康发展保驾护航。

第四编　法务创新

健全完善铁路企业合同信息化管理　防范合同法律风险的实践与应用

邰跃春

作者简介

邰跃春　中国铁路太原局集团有限公司法律服务所所长

企业简介

中国铁路太原局集团有限公司(以下简称太原铁路局)是由中国国家铁路集团有限公司出资的一人有限责任公司,是全国铁路货运量最大,重载技术最先进,换算周转量、运输密度和劳动生产率最高,唯一运输主业整体改制上市的铁路局集团公司。太原铁路局始终致力于通过合同信息化管理健全内控机制,堵塞风险漏洞,提升管理水平,始终坚持因地制宜自研自创合同信息化系统,不断推进合同管理规范化、系统化、精细化和科学化。

内容摘要

应用合同信息化管理规范和控制合同签订过程，进而提高合同签订质量、提升合同管理水平是合同管理工作发展的必然趋势。本文紧扣事前防范和事中控制阶段，聚焦监督和服务要素，从健全完善铁路企业合同信息化管理，防范合同法律风险的角度，详细介绍合同信息化管理在实践中的应用。

关键词

铁路　合同　信息化管理　法律风险

按照“制度落实实现由线下移至线上、管理方式实现由开口变为闭环、风险控制实现由机控代替人控”的整体思路，基于“管理者麻烦、执行者简单”的工作要求以及“贴近实际、管理优先、控制风险、操作便捷”的设计理念，自2016年8月自行设计、自行研发成功至今，通过实践后再优化、优化后再应用，历经三次较大功能革新及不断改进细节，建成了较为成熟的合同信息化管理系统（以下简称合同系统）。合同系统的建立，为铁路企业合同管理提供了全要素、全流程、多层级、多维度、全方位、融合性的资源共享平台。相较人工合同管理而言，合同系统在提高合同审查监督、服务质量和防控风险方面优势巨大，效能明显，从根本上解决了合同签订、履行过程中的权益保障、安全保障和服务保障问题，将合同诉讼和损失风险基本上降到了可控范围并逐步归于零。本文结合铁路企业合同管理的实际，从健全完善铁路企业合同信息化管理和防范合同法律风险的角度，对信息化管理实践应用过程中的主要做法进行了详尽展示，包括如何在合同信息化管理中做到对合同风险的事前防范和事中控制，如何按照职责分工融入监督和服务要素，如何实现在合同签订流程中融入制度管理规定并落实，如何实现对合同履行的有效管控和动态考评等。通过总结和分享经验，以期更多地释放合同信息化管理潜能和作用，大幅提升合同签订效率，以此更多地防范合同法律风险，维护企业合法权益。

一、融入前置性监督环节

前置性监督环节是合同签订前监督合同主体资格性、风险性的重点内容，也是合同管理的基础性工作之一，主要包括合同双方的主体资格、签约资格和技术能力等。监督的目的是通过审查确保合同主体合法、具备依法签约和履行合同义务的能力，防范合同效力风险和履约风险。下面从商务资信、授权委托、技术资信和招标投标四个环节进行介绍。

1. 商务资信。对合同签订主体的合法性合规性审查，通过商务资信前置监督审查实现。商务资信主要包括营业证照及法定代表人（负责人）证明书等。区分己方和对方商务资信，实施不同的前置监督审查方式。

（1）己方商务资信。通过机控方式引入证照管理功能加以监督，从三个角度实现递进式控制。首先，通过流程控制商务资信核心数据的监督审查。建立包括己方及不同层级己方股东(发起人)在内的监督审查流程，涉及用印的，必须选择印章管理部门参与流程审查；涉及股东(发起人)派出董监高的，必须选择人事管理部门参与流程审查；涉及新设企业的，必须选择机构编制部门参与流程审查；涉及证照登记批复部门的，必须选择批复部门参与流程审查。无论上述管理部门如何选择，审查前每个层级流程中都必须选择法务人员，实现最终的实质性法律审查。其次，监控商务资信中核心数据的变化。己方商务资信中的核心数据，包括但不限于单位名称、统一社会信用代码、类型、法定代表(负责)人、注册资本、成立日期、发证日期、住所(经营场所)、登记机关、营业期限、一般经营范围、许可经营范围等信息，上述内容全部通过设立、变更、备案等登记管理程序自动生成，杜绝了人为随意编辑调整行为的发生。最后，通过证照信息生成生效、异常和失效等不同状态，控制己方合同签订主体的选择，进而间接控制该主体签订合同。证照信息处于生效状态的，己方合同签订主体可以正常选择；存在企业年度报告未公示(公告)或企业被吊销等情形的，证照信息处于异常状态的，暂停己方合同签订主体的选择；存在企业被撤销或注销等情形的，证照信息处于失效状态的，永久停止己方合同签订主体的选择。

(2)对方商务资信。全部通过人机互控加以审查，人控主要表现在审查核验和控制失效等方面，审查核验工作由本级法务人员完成，需要通过纸质和国家企业信用信息公示系统交互核验对方商务资质信息；控制失效工作由本级和上级法务人员完成。机控主要表现在商务资信到期及整体时间智能控制等方面，根据商务资信管理难度及法律风险程度，结合铁路企业实际，设定默认的合同对方商务资质整体到期时间，对方商务资质到期时间小于整体到期时间的，按照对方商务资质到期时间控制信息失效时间；大于整体到期时间的，按照对方商务资质整体到期时间控制信息失效时间。在坚持一个合同相对方对应一个商务资质信息的前提下，采取机控和人控相结合的审查模式，确保了对方商务资信的真实性、有效性、正确性和准确性。同时，通过一定范围内的共享机制，将商务资信前置监督审查结果全面应用于合同签订环节，一定会对合同签订工作起到至关重要的作用。

2. 授权委托。采取年度任职性授权为主，单项授权为辅的合同签订授权委托机制。合同系统中，区分授权风险程度，将合同签订授权通过签名确认(见图1)和授权办理实现。对铁路企业层面办理且风险相对较小的合同签订年度任职性授权，通过确认环节直接认定，确认对象包含两类被授权人，一类是铁路企业直接办理的年度任职性授权委托中的被授权人；另一类是铁路企业直接管理的下属单位的法定代表人。对非铁路企业层面办理且风险相对较大的合同签订年度任职性或单项授权，需通过授权办理审查流程，授权对象包含三类被授权人，一是除铁路企业直接管理的下属法人单位法定代表人以外的其他人；二是除铁路企业间接管理的下属法人单位法定代表人以外的实际管理人或其他人；三是铁路企业间接管理的下属非法人单位的实际管理人或负责人。办理授权委托，实行提格审查的原则，将铁路企业法务人员法律审查作为审查前最后关口，确保合同签订授权事项和授权权限清晰具体，语言表达完整、准确和严谨，每项授权事项和授权权限具有可操作性、最小授权、边界清晰及风险可控性，满足合同签订需要，符合法律规定。

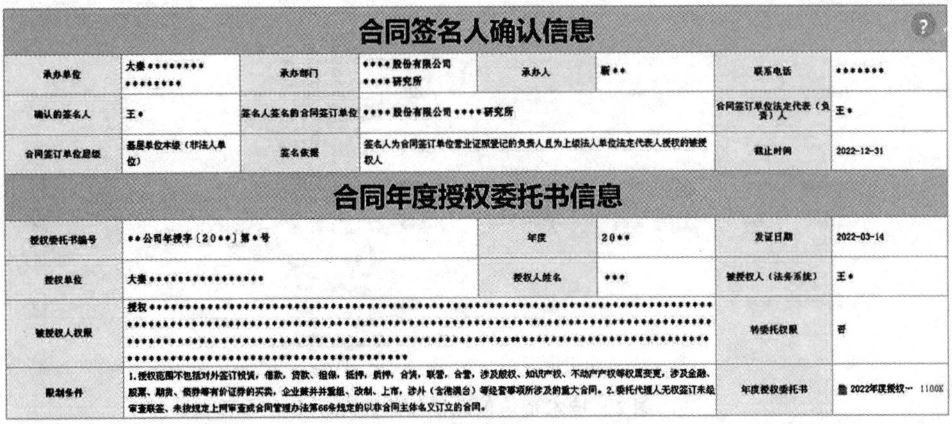

合同签名人确认信息							
承办单位	大秦******** ********	承办部门	****股份有限公司 ****研究所	承办人	靳**	联系电话	*******
确认的签名人	王*	签名人签名的合同签订单位	****股份有限公司****研究所			合同签订单位法定代表（负责）人	王*
合同签订单位层级	基层单位本级（非法人单位）	签名依据	签名人为合同签订单位营业证照登记的负责人且为上级法人单位法定代表人授权的被授权人			截止时间	2022-12-31
合同年度授权委托书信息							
授权委托书编号	**公司年授字〔20**〕第*号			年度	20**	发证日期	2022-03-14
授权单位	大秦****************			授权人姓名	***	被授权人（法务系统）	王*
被授权人权限	授权**					转委托权限	否
限制条件	1.授权范围不包括对外签订投资，借款，贷款、担保，抵押，质押，合资，联营，合营，涉及股权、知识产权、不动产产权等权属变更，涉及金融、股票、期货、债券等有价证券的买卖，企业兼并并重组、改制、上市，涉外（含港澳台）等经营事项所涉及的重大合同。2.委托代理人无权签订未经审查联签、未按规定上网审查或合同管理办法第66条规定的以非合同主体名义订立的合同。					年度授权委托书	2022年度授权… 1100K

图1　签名确认内容

授权委托确认或办理完毕，被授权人每日首次登陆合同系统工作前，弹窗展示年度(单项)授权文书，明示授权内容及限制条件。合同系统限定只有法定代表人或被授权的签名人有权签订合同，年度(单项)授权到期后，合同系统自动控制授权委托失效，即年度任职性授权到期或被授权人岗位调整后失效；单项授权到期或被授权人对应权限签订一次合同后失效。失效的授权委托信息，合同系统智能控制被授权人无法在合同上签名。

3. 技术资信。技术资信主要指从事技术服务的当事人提供技术服务时，按照国家、行业等规定应当具备的技术资格能力。对合同相对方技术资格能力的审查，通过技术资信前置监督审查实现。技术资格能力是否必须获得，根据法律规定将技术资信获得方式分为强制和自愿申请。本文侧重于介绍对强制申请获得技术资信的监督审查。

(1)技术资信信息的监督审查。对强制申请获得的技术资信，划分为单位资信、产品资信和从业人员资信。单位资信主要包括经营资质、能力资质。依据《行政许可法》、《国务院对确需保留的行政审批项目设定行政许可的决定》、国务院办公厅《关于全面实行行政许可事项清单管理的通知》、《商业特许经营管理条例》等规定，将经营资质分为行政许可和商业特许等，能力资质分为行政许可、行政认可、认定核准、行政审批和行政备案等。依据《认证认可条例》《强制性产品认证目录》等规定，将产品资信分为销售代理(知识产权)授权、权属登记、产品认证、产品许可、产品备案等。依据《国家职业资格目录》等规定，将从业人员资信分为资格准入和评价。

单位和产品资信实行“一个证书一次录入、一个证书一次审查”的原则，从业人员资信实行“同类证书一并录入、同类证书一次审查”的原则。通过技术管理人员实质性核验和法务人员形式性核验，以及一定范围内的共享机制，实现技术资信信息的准确性和真实性。技术资信信息监督审查示例见图2。

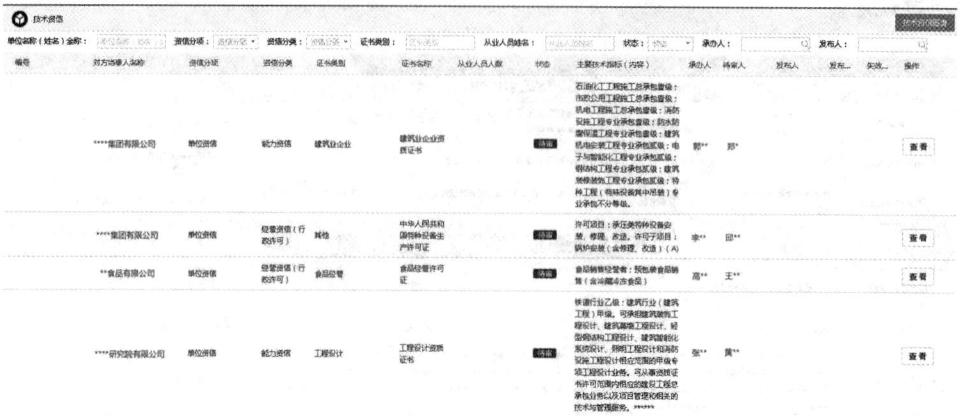

图2　技术资信信息监督审查示例

（2）技术资信流程的监督审查。采取正向和逆向控制模式落实审查要求，通过机控和人控方式精准实施监督审查。合同审查前，承办部门认为合同相对方需具备技术资信的，从单位资信、产品资信或从业人员资信中选中对应的技术资信，合同系统在精准控制合同承办人选中技术资信类别的基础上，提醒合同审查部门监督审查；承办部门认为合同相对方无须具备技术资信的，合同系统通过流程控制督促合同审查部门监督审查，合同审查部门认为需具备技术资信的，合同系统会精准控制合同承办人选中对应类别的技术资信后，提醒合同审查部门再次监督审查。对技术资信流程无差错的控制方式，确保了合同对方签订主体及提供的产品或服务能够满足合同签订目的。

4. 招标投标。为避免合同约定的价款支付、履约保函、质量保证期等内容严重背离招标文件要求及投标文件响应内容，在合同审查前，需先行审查合同约定内容与招标文件要求及投标文件响应内容是否一致。图3所示为招标（投标）文件实质性内容对比项点，包括招标文件（公告）确定的质量标准（或要求）、交付（完成）方式、交付（完成）地点、交付（完成）时间、付款方式（有无预付款或定金）、履约（质量）保证金（或保函）、履约（质量）保证起止时间、违约条款及违约金支付标准、售后服务内容等。己方招标的项目，审查合同约定的内容是否与招标文件要求一致，同步审查中标人实质性响应超出招标文件要求且对己方有利的内容是否纳入合同约定；己方投标的项目，合同系统逻辑控制合同约定的内容不得超出投标文件响应内容和范围。

序号	项目	招标文件要求的内容	投标文件超出招标文件主动承诺响应的内容	备注
1	招标文件（公告）确定的质量标准（或要求）			
2	招标文件（公告）确定的交付（完成）地点			
3	招标文件（公告）确定的交付（完成）方式			
4	招标文件（公告）确定的交付（完成）时间			
5	招标文件（公告）确定的验收地点、方式、时间			
6	招标文件（公告）确定的付款方式（有无预付款或定金）			
7	招标文件（公告）确定的履约（质量）保证金（或保函）			
8	招标文件（公告）确定的履约（质量）保证起止时间			
9	招标文件（公告）确定的违约条款及违约金支付标准			
10	招标文件（公告）确定的合同解除（终止）条件			
11	招标文件（公告）确定的售后服务内容			
12	招标文件（公告）确定的争议解决方式			
13	招标文件（公告）确定的争议管辖法院			
14	其他对合同签订和履行产生重要影响的招标文件（公告）内容			
15	合同文本是否采用招标文件合同范本	□是　□否	合同范本是否采用国铁集团标准（示范）文本	□是　□否

图 3　招标(投标)文件实质性内容对比项点

二、融入体系化监督内容

1. 合同审查。从合同前期工作到合同签订用印整个过程，建立合同文本审查、合同送审流程、特殊条款约定和合同文本用印等 19 个运行层面的操作规范，形成了统一的合同标准运行体系。就合同审查流程而言，从基本流程图到一般审查流程，再到特殊审查流程，在坚持按职级采取“自下而上”审查联签原则的同时，全方位对合同项目、操作步骤及注意事项进行规范，统一了铁路企业内部单位之间的意见，理顺了合同运行秩序和顺序。就合同签订用印流程而言，突出合同相对方授权委托书的审查，以及结合部管理等问题的解决，如合同相对方的签名人为非法定代表人(负责人)的智能识别、合同系统签名人与纸质合同签名人不一致时的解决方案、合同已审查同意但合同相对方再次提出合同文本修改意见的处理方式、合同用印文本与合同系统流转审查文本不一致时的承担责任。作为合同信息化、标准化和规范化管理的组成部分，合同标准运行体系为合同管理良性发展奠定了坚实的基础，确保了合同 100% 审查，不留任何死角。

2. 合同关联。在合同系统中增加关联交易、合同类别、项目来源和项目接续内容，将单一的合同从投资主体、项目变化、项目来源、项目接续四个方面建立起关联关系(见图 4)，编织形成互为彼此履行的基础、保障或参考的合同关联网，进而完善关联合同之间的履行关系，便于合同审查和后期履行管理。

将关联交易与铁路企业内部监管相结合，解决和处理好内部单位之间转移资源的合理区间，保证股东利益的最大化，提高铁路企业整体市场竞争能力。将项目变化中涉及的补充、变更、终止、解除和结算合同进行细分，选择对应的关联合同智能加载至合同系统，降低人工选择的差错率和遗漏率。不同合同在合同权利或义务转移上存在关联关系，以及不同合同涉及业务在时间上存在关联关系的，通过项目来源、项目接续追溯不同市场环境的交易次序以及曾经且最近一次实施过的项目，选择对应的前一手关联合同智能加载至合同系统，形成业务和时间维度上的关联合同。

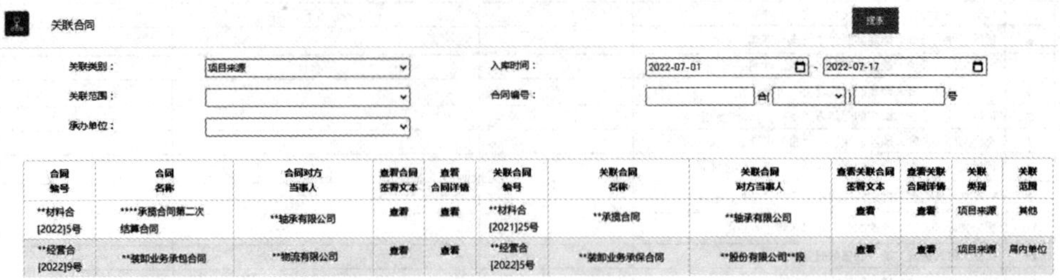

图4　合同关联关系示例

3. 合同信用。将行政处罚、列入经营异常、列入严重违法失信企业名单、股权出质登记信息、知识产权出质登记信息、双随机抽查结果信息、列入失信被执行人信息、限制消费人员信息、民事涉诉信息和限签黑名单纳入合同系统。区分无任何不良信用记录、曾经有不良信用记录和当前有不良信用记录三种情形，对列入严重违法失信企业名单且无移出记录、限签黑名单或列入失信被执行人的合同相对方，从合同送审、合同签名等环节实施控制，禁止与其签订合同；对列入行政处罚信息、双随机抽查结果信息、股权出质登记信息、知识产权出质登记信息、限制消费人员信息以及经营异常名录信息且无移出记录的合同相对方，预警提示严控与其合作时的合同风险，并落实重要合同集体研究机制；对列入经营异常名录信息且有移出记录、严重违法失信企业名单且有移出记录的合同相对方，预警提示注意与其合作时的合同履约风险。

合同相对方将铁路企业或下属单位之一作为被告（第三人或被申请人）提起合同纠纷诉讼或仲裁，铁路企业结合实际情况要求，可通过合同系统民事涉诉信息，触发交易熔断机制，暂停铁路企业及所有下属单位暂停与该合同相对方开展新的经济交易活动，以防止权益损失进一步扩大。合同信用示例见图5。

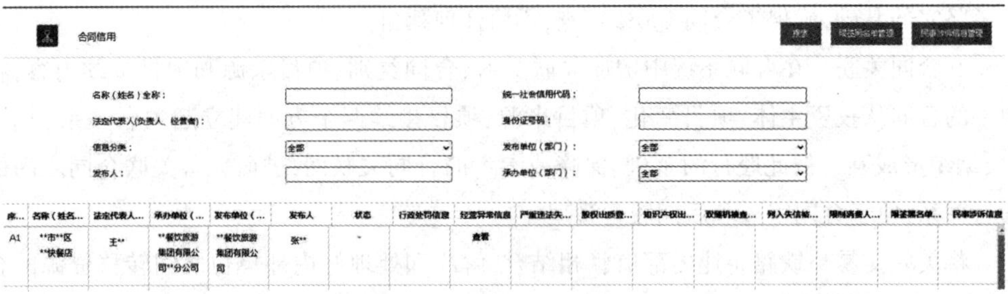

图5　合同信用示例

4. 合同考评。采用人机结合的评价机制，综合主客观评价结果并换算成考核分值，将合同考核结果纳入铁路企业整体考核评价体系。

（1）智能客观评价。在每份合同签订过程中，依据同一单位（部门）内部用户之间互不评价、上级单位(部门)评价下级单位(部门)等评价原则以及评价标准,对合同文本、承办人、内设机构和单位(部门)分别进行评价,智能实现合同评价目的和结果。针对使用示范文本、商务和技术资信的审查结果、审查意见、合同签订、合同履行等不同项点(部分内容见图6),设置统一的增减分标准,实现流转过程中智能计分,完全排除人为因素干扰,真实反映铁路企业整体合同管理水平以及下属单位之间的水平差异。铁路企业及下属所有单位按照评价结果动态排队并向所有用户公示。下面,以百分为限,以评价单位(部门)为例,介绍评价结果算法:

铁路企业签订合同份数 N,签订合同总分数 M。铁路企业下属某单位签订合同份数 n,签订合同总分数 m。签订合同份数最多单位的合同份数设为 n_{max}。以每个下属单位签订的合同份数相同为前提,某单位虚拟合同签订份数为($n_{max}-n$),其中虚拟合同分数相同,即为铁路企业合同平均分,则:铁路企业平均分 $\overline{A}=\frac{M}{N}\times 100$(分)

$$某单位得分=\frac{m+\frac{M}{N}\times(n_{max}-n)}{n_{max}}\times 100(分)$$

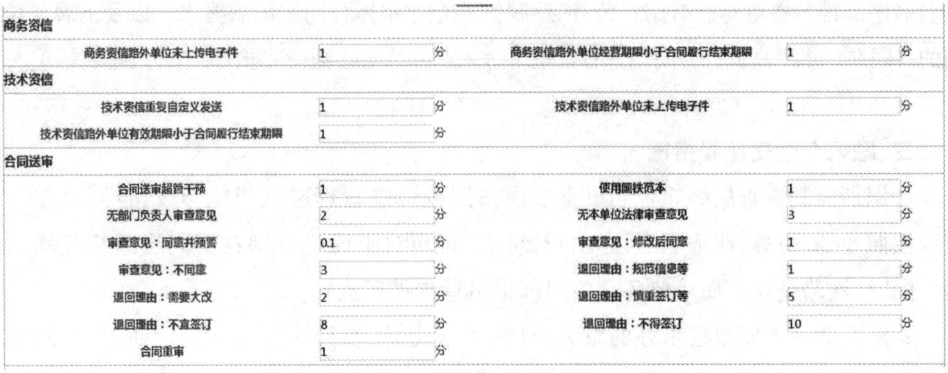

图6　智能客观评价项点部分内容

(2)依据标准评价。采用合同系统后台检查与现场检查结合、按季度分系统排队、合同全过程管理评价等方式实施常态化合同评价机制。考核评价范围包括基础管理、授权委托、合同审查、合同签订、合同用印、合同履行、合同档案、合同纠纷、加分项目9个大项,127个小项,其中包括12个一票否决、105个减分小项、10个加分小项。合同评价实现两年一次铁路企业全覆盖,参考客观评价结果,对优秀单位加分,对排名垫底单位减分,并纳入铁路企业经营业绩考核评价体系。同时,按照《经营管理问题管理办法》,分别将10个性质严重的合同管理问题纳入"红线""A级"和"B级"问题,实行独立分析、独立评价和独立考评。

5.履行监督。按照"谁承办谁履行、谁审签谁监管、有变化录入履行、无变化不录履行"的原则,实行合同承办人负责合同履行,合同审查人和签名人负责履行监督。合同承办人按系统提示录入合同履行情况,监管人针对发现的履行问题通过系统进行实时监管,合同履行情况和实时监管信息数据实时共享。合同系统按照履行期限、质量保质期等时间节点实施自动预警和提示，将合同履行情况展现在所有经手人面前，确保了合同履行监督更具可操作性，不仅填补了合同履行监督体系空白，实现了合同闭环管理，还实现了合同履行阳光操作，为发生履行问题后即时采取补救措施争取了时间。以无质保期的合同为例，合同系统通过以下数据逻辑判断合同履行状态：

(1)预警剩余天数(合同系统设置且距离履行结束日期合理的预警期限)和异常剩余天数(履行结束日期与当前日期的差额)同时大于零时，标的物实际交付或完成的，履行状态为正在履行、履行异常或正常履行完毕；标的物未实际交付或完成的，履行状态为正在履行、履行异常。

(2)只有异常剩余天数大于零时，标的物实际交付或完成的，履行状态为履行异常或正常履行完毕；标的物未实际交付或完成的，履行状态为履行异常。

(3)预警剩余天数和异常剩余天数均等于零时，履行状态为履行异常。

6. 能力考评。建立《民法典》及合同管理制度规定相关题库，用户每日首次登陆合同系统工作前必答一题，答题结果记入排名榜单，合同系统按年度累计动态智能调整答题得分及排名顺序。排名榜单对所有用户公开，反映铁路企业整体合同知识掌握水平以及下属单位之间的合同知识水平高低。合同用户日常也可进入题库练习答题，答题结果不计入排名榜单。

三、融入个性化监督措施

1. 识别控制审查层级。合同审查层级按照投资或管理层级智能布设，合同可在每个层级按照业务、财务、法务顺序独立自行流转，也可自下而上分别在不同层级相互联动流转。同时，铁路企业下属单位各部门内部也可单独循环流转。

铁路企业对下属单位承办的重大合同、关联交易、履行期限超过一定期限，合同签订单笔金额或当年与同一合同相对方签订累计超过一定金额等合同实行监督，通过合同系统智能识别，控制合同在铁路企业层级流转，控制合同必经铁路企业法律部门审查，并提示合同在不同层级流转的政策依据。审查层级智能控制事项见图7。

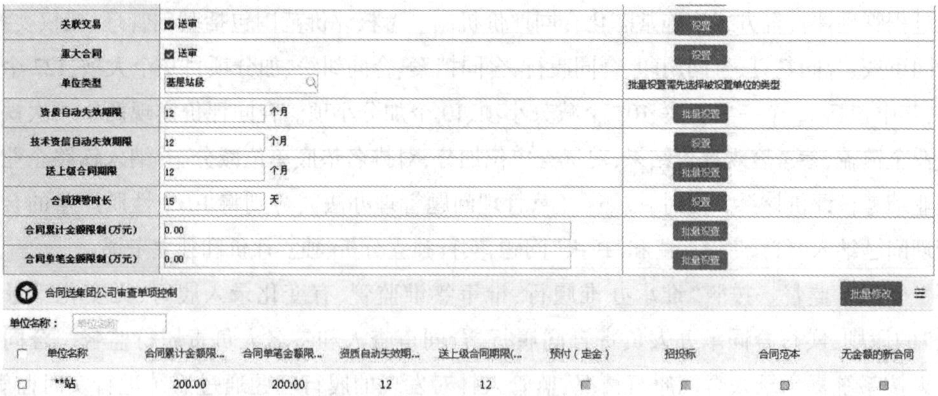

图7 审查层级智能控制事项

2. 独立监管资金安全。依据合同定制收付款方案，合理规划合同涉及资金的往来，突出合同涉及资金收付安全，记录收付款周期及资金属性，明确己方合同签订主体及收付款主体，采用“录入、保存、生成”信息的方式，兼顾己方当事人、合同相对方、价款方式、收付款、含税金额、质量（履约）保证金、履行结束时间、质量（履约）保证期等内容，逐条生成收付款记录，组合每条记录，形成完整的收付款计划。

将资金履行从合同履行中独立出来，依据收付款计划实施监管，逻辑控制收付款预警和异常。在合同履行状态中增加包括付款主体、收款主体、实际收付时间和实际收付金额等收付款内容，将距离当前时间最近的收付款计划时间作为最先预警时间，提醒合同主体按照合同履约，按时完成对未来某一时刻或周期性的收付款业务。

铁路企业及下属单位财务部门加强与开户银行的沟通协调，在办理日常经济往来过程中实时盯控资金账户，随时排查资金或账户安全风险。对可能引发纠纷或造成资金账户冻结（划扣）的事项应作为重要信息通过合同系统报告，同时依法采取应对措施，防止风险扩大。

3. 实行差异化管控措施。区分合同金额（包括单笔和累计）、履行期限、商务资信失效期限、开口合同、范本采用、招投标等情形，对铁路企业下属每个单位有针对性地实行差异化管理。差异化管理由合同系统智能控制实施，打破了管理“一刀切”的弊病，能够紧盯问题，有的放矢，对症下药，张弛有度，指导帮促不同问题单位快速解决管理症结。

4. 单独管理特殊合同。加强对重大合同、涉及预付、定金、先履行义务、业务外包等重要合同、倒签合同、拆分合同、开口合同和商贸合同的管理力度。签订重大合同，先行依据尽职调查、可行性论证意见、资金收益风险分析及合同风险法律论证意见履行“三重一大”集体决策；重要合同，先行集体研究，主要研究合同签订依据的适用、合同潜在风险及风险防控措施的制定；倒签合同，细分为履行过程和履行完毕倒签，在合同审查、合同签名、合同用印阶段识别，对责任倒签合同件件考核，扭转了合同承办人对合同倒签长期错误的认知，大大降低了合同倒签率；拆分合同，通过制度和系统对同一合同相对方累计金额智能控制并杜绝；开口合同，按市场挂牌价结算或实行单价结算、在合理期限内定期按实际数量确认总金额的合同，签订前实行集体决策、联签审查、法律审查。明确约定数量的确认方式、确定单价依据、合同总标的预估金额、最终结算方式、结算期限等内容，禁止签订单价、数量、期限、总标的额不确定的开口合同。依据开口合同必须签订结算合同，以确认开口合同履行结果，降低了不规范行为的发生率，实现闭环管理。商贸合同，在坚持采购贸易先货后款、销售贸易先款后货原则的基础上，限制签订高风险商业贸易、固定（挂牌）单价限定但无交易数量的商业开口贸易、人为增加销售环节的“过单”贸易、融资性贸易以及无实物流转无货权转移的“空转”贸易等合同。

5. 合同用印自控互控。一是规范合同用印。对上传合同系统已签订的合同提出用印规范，要求合同专用章加盖在己方落款合同当事人名称和合同签名处，端正下压合同当事人名称和落款日期,使用红色印油用印,合同上加盖的印章印迹清晰且互不相交或相切。合同文本确需涂改或添加合同内容的,合同当事人应在涂改或添加处用印。二是规范形式审查分工。合同承办人负责审查合同文本已按照审查意见进行修改清稿、合同当事人签名盖章内容与营业执照、个人身份证明、授权委托书等资料记载一致;法务人员负责审查合同依规已经通过审查并按照审查意见进行修改清稿、正式合同文本内容与审查通过的文本是否一致、企业法定代表人或委托代理人已在合同文本上签名、委托代理人已经获得有效授权、合同文本数量与合同约定是否一致、合同文本格式及其他内容是否符合要求。三是规范用印申请签名。合同承办人提出合同用印申请的,在电子合同联签审查表上"用印申请人"处手写签名,确认合同用印时间、承办部门、承办人、合同名称、对方当事人、用印数量等基本信息。法务人员用印前,所在部门负责人在电子合同联签审查表上"用印申请人"处手写签名,确认己方合同签名人信息。

6. 督办合同风险问题。铁路企业对季度考核评价不合格或可能存在苗头性或倾向性重大问题的下属单位,发出《约谈通知书》,约谈主管合同的领导,进行告诫谈话,提醒和指出合同管理风险问题及采取措施应对风险,责令整改纠正,按要求定期汇报降低风险和化解问题情况。被约谈单位汇报落实整改要求的具体措施和完成期限,签署责任状。

法务人员依据约谈内容,通过合同系统发起包括法律意见、风险预警及整改通知在内的合同风险问题,督办问题单位(部门)落实整改,形成整改报告、考核意见和考核结果,生成法律风险问题库,实现问题整改闭环管理。督办合同风险问题,实行一问题一整改,一整改一销号,涵盖合同管理问题的整改销号全过程,同时借助信息共享功能,其他共性问题单位(部门)可以实时掌握和监控整改情况。

四、融入服务性体验功能

1. 增强预览预审功能。所有审查人可以预览未到达本人名下的合同,并可预审合同,以提高合同审查效率。预审人审查合同,系统记录预审意见和时间,合同文本未发生变动时,合同到达预审人后自行穿越,直接到达下一审查人;合同文本发生变动时,合同到达预审人停留并提示合同文本变动信息,预审人需重新审查合同。预审人退回合同,系统记录退回理由和时间,合同到达预审人后自行回到承办人名下,承办人可依据退回理由修改合同。

2. 开通审查绿色通道。审查合同注重在"快"字上下功夫,一是快办,对办理涉及重要或紧急事项的合同,大力提升合同文本质量,快速启动合同审查联签,办理进度上注明重要或紧急。二是快审,建立快速审查机制,对合同金额较小的关联交易合同、价款结算合同、只涉及经济性条款的变更或补充合同,专业技术人员不再审查;只涉及法律条款的变更或补充合同、终止或解除合同,仅由法务人员审查。同时,倒计时计算每个审查人在24小时内审查完毕情况。三是快签,要求提前做好预判,着力克服合同签订过程中相关困难和影响，确保合同涉及经营业务顺利开展。

3. 完善合同提醒功能。建立健全强大的提醒功能是合同信息能够快速、准确流转的基础。合同系统包括商务资信审查、技术资信审查、授权委托审查、招标投标审查、合同审查、合同签名六大流程，每个流程中的信息流转细节都需要提醒。一是手机提醒。每日上下午定时提醒，提醒内容包括每个流程需审查或签名的总数量。二是电脑提醒。实行开机和间隔3分钟提醒，提醒内容包括每个流程需审查或签名的合同具体名称。三是流转细节提醒。比如，退回的合同提示退回人和退回理由，预审的合同提示预审意见，具有审查权限的用户异常后提示需查实原因，合同需要紧急签订的提示合同紧急并排序顶置等。

4. 统一合同标准（示范）文本。合同系统部署覆盖全领域的合同标准（示范）文本，标准（示范）文本类别与合同统计类别智能互控，便于用户在最快时间查找并适用。标准（示范）文本实行统一规范的样式，合同条款符合法律规定和铁路企业现实需要，具有明显的行业管理特色，合同系统部署有标准文本的，应使用标准文本；未制定标准文本但制定有示范文本的，应力争使用示范文本。用户按照标准（示范）文本的使用规则，积极争取合同文本的起草权。起草合同文本时，在维护铁路企业权益或符合实际履行需要的基础上，可将相近标准（示范）文本对应条款微调后纳入其中。

5. 统一合同档案资料。按照制度规定，将合同档案分为过程性和结果性档案资料，过程性档案资料由合同承办部门管理，结果性档案资料由法律部门管理。针对每份签订的合同，合同系统智能识别档案资料的内容及排序，按照封皮、简介、目录、联签表等顺序生成合同档案。档案管理人员可通过合同系统续打功能打印相关档案资料，将档案原件按照目录顺序一并整理后，形成纸质合同档案资料。同时合同系统对接档案管理系统，按照国家档案管理规范，实时生成合同档案资料并自动入档。

6. 强化数据统计功能。强化合同统计，为铁路企业领导决策提供实时的真实数据支撑以及减轻合同人工报表负担非常必要。合同管理是铁路企业经营管理的枢纽，依托合同系统的合同统计具备得天独厚的条件。合同统计包括数据报表、重大合同、审查效率、流转效率、数据对比、客商排名、特色合同、合同信用、技术资信等内容。其中，审查效率和流转效率统计可以精确到每份合同及每个人；数据对比统计包含合同性质、收付款、计价方式、款源、业务、相对方等20余项图形化统计展示内容；特色合同统计包含招标投标、开口、跨年度、多方当事人等9类合同。

第四编　法务创新

大型工程公司以法律管理一体化为导向的信息化平台建设

陈文楷　刘　欣　闫孟骐　高敏涵

作者简介

陈文楷　中国电力工程顾问集团有限公司法务与合规部/主任

刘　欣　中国电力工程顾问集团有限公司法务与合规部/法务处处长

闫孟骐　中国电力工程顾问集团有限公司法务与合规部/法务处

高敏涵　中国电力工程顾问集团有限公司法务与合规部/合规风控处

企业简介

中国电力工程顾问集团有限公司(以下简称中电工程公司)于2002年12月正式挂牌成立,2003年根据《国务院关于组建中国电力工程顾问集团公司有关问题的批复》(国函〔2003〕26号)由中央管理。经过多轮电力体制改革后,目前中电工程公司是世界500强企业中国能源建设集团有限公司(2021年排位301名)的二级核心子集团,在职职工超过2万人,旗下拥有国内外26家子企业(包括东北、华东、中南、西北、西南、华北6家区域电力设计院,黑龙江、辽宁、天津、山西、江苏、浙江、安徽、湖南、陕西、甘肃、广西、新疆、广东、云南14家省级设计院,中电咨询公司,中电新能源公司,中电工程国际公司,香港紫荆国际能源公司,西班牙易安、盖萨公司)及60余个海外区域分支机构,业务覆盖全球100多个国家和地区。

中电工程公司致力于为政府部门、金融机构、投资方、发展商和项目法人提供能源电力及基础设施一体化解决方案,主要开展能源及基础设施领域规划研究、咨询评估、勘察设计、工程建设,项目投资与经营、相关专有技术产品开发等业务,在国内外具有较高的政府影响力、行业影响力、社会影响力、国际影响力。公司年度新签合同额近2000亿元,实现营业收入近700亿元,居ENR(美国《工程新闻纪录》)"中国工程设计企业60强"第1名、"全球工程设计公司150强"第3名,是全球最具规模的能源设计咨询企业,以及我国电力工程服务领域的"国家队"和"排头兵"。

内容摘要

中电工程公司在全面推进依法治国的历史背景下，根据主管部门和上级集团的监管要求，结合法律管理一体化导向的自身发展需求，开展信息化平台建设管理创新。中电工程公司创造性提出集团性智能化法务管理系统总目标，以总目标为抓手提出相关设计理念、建设原则、建设模式、建设思路、管理模式和整体框架，建成了以法律管理一体化为导向信息化平台，并于2019年年底正式上线运行，既满足企业依法治理管理需求，实现降本增效和知识共享，也迅速补齐了法律管理信息化短板，并在运行中不断优化完善。

关键词

中央企业　法律管理　信息化平台　建设创新

一、实施背景与必要性

（一）法治央企建设的需要

2014年党的十八届四中全会明确提出全面推进依法治国的总目标，建设中国特色社会主义法治体系，建设社会主义法治国家。法律管理一体化为导向的信息化平台建设是提升法律管理水平、践行依法治国、依法治企要求的题中之义。

国务院国资委推进中央企业法治工作"一个升级、两个融合、三个转变"，"一个升级"是法治工作从专项业务工作向全面覆盖、全员参与的全局性、战略性工作升级；"两个融合"是法治工作与企业中心工作深度融合，法律管理与企业经营管理深度融合；"三个转变"是法治建设从主要依靠总法律顾问推动，向企业主要负责人切实履行第一责任人职责转变，法治工作从法律部门单兵作战，向企业各部门协同配合、共同参与转变，法律管理从以风险防范为主，向风险防范、合规管理和法律监督一体化推进转变。

（二）企业自身发展的需要

经营管理和法律风险防范是"一个硬币的两个侧面"，企业将风险防范落实在企业日常业务经营管理过程中。法律风险管理是企业风险管理的最后一道防线，抓好企业的法律风险管理举足轻重。

一方面，法律事务部门作为公司法律事务的归口管理部门，在法律风险管理中起着举足轻重的作用。另一方面，法律事务部门在日常的合同管理、案件管理、授权管理、外聘律师管理、法律风险管理等各方面面临各种各样的挑战。而且，法律管理任务繁重。如2022年上半年中电工程涉及经济合同、规章制度、重要决策累积万余件。企业案件呈高发态势，案件管理过程中可能存在案件处理上报不及时、案件审批效率低、案件处理时证据资料缺失、缺乏对案件执行的监控和跟踪、对已结案件归档查询不方便、历史经验没有总结记录等问题。企业缺乏统一的法律管理平台，导致法律管理任务繁重时管理缺失，建立法律管理一体化信息化平台是企业自身发展的内在需要。

在依法治国、依法治企以及合规管理大背景下，法律事务管理必然成为管控体系建设的重点。以企业法律事务管理为落脚点,兼顾主管部门和上级集团监管要求和企业自身发展需要,建立法律风险导向的管控体系,尤其是法律管理一体化的信息化平台是提升企业管控能力的必经之路。中电工程公司领导对法律工作高度重视,鉴于法律管理工作日趋繁重、涉诉(仲)案件增多的现实情况,为了更好地防控法律风险、规范和固化管理流程、整合和共享法律资源、提高法律工作效率和水平,提出了建立法律管理一体化信息化平台的工作要求。

(三)信息化技术进步的需要

信息技术正在使企业的运营和管理模式发生革命性的变化,借助信息技术手段强化企业内部管理,有效构建法律管理信息体系。随着企业各项法务管理制度、流程和规范日趋完善和成熟,以及国家政策的引导和支持,作为提升企业法务管理能力的直接手段,法务管理的信息化也得到了各大企业的重视,不少企业开始以搭建起一个横向信息共享、纵向管理贯通的强大的立体风险防控体系,实现法务工作模式的高度统一、各类法律事务的在线动态管理、法律风险管控的落地操作为目标,实施法务管理系统的集中化建设。

二、以法律管理一体化为导向的“一三四五工作法”信息化平台建设主要做法

(一)树立建成集团智能化法务管理系统的总目标

以法律管理一体化为导向的信息化平台建设总体目标是建成面向全集团的智能化法务管理中心,覆盖三级责任主体法务管理相关业务范围。通过全景式、网格化和系统化方式不断整合合同管理、法律纠纷案件管理、律师函管理、非案件类法律文书登记、重要决策审核、规章制度审核、法人授权管理、法律信息报送、法律服务、法律咨询、内控与风险管理11大模块的纵向功能和应用,进行相关信息的收集、传输、存储、加工、维护、使用、动态更新、统计分析和辅助决策,实现不同功能模块的有机衔接,实现系统与数据的集成共享、关联互动,为决策者、管理者及业务人员提供信息服务、决策支撑、经验交流,提高工作效率和科学决策水平。

通过法务管理的智能化、模块化、表单化、流程化和集成化,将依法合规管理要求固化到业务流程和审核审批环节中,动态、全景式地展现每一项法律业务的流程进度,增强管理的透明度,提高工作效率,实现资源整合和系统管理,进而满足企业法律风险控制要求,集团可对法律事务进行统一审核、准确监控,分子公司可对法律事务全过程进行精细化管理。与此同时,法务管理系统与同级别其他系统数据实现对接,确保系统内数据联动,提升整体管理水平。

(二)明确三大设计理念

1. 集团化架构。为了纵向贯穿集团本部对下级子公司的管控,法务管理信息系统应根据集团企业管理架构,采用先进流程引擎,支持工作任务的多级下发、审批、汇总、上报,支撑集团型企业从集团本部至各分公司的多级管理架构,实现各级子公司用户在一个平

台上协同工作。平台功能既满足下属公司与本部之间的跨机构流程审核,满足本部对下属公司的实时监控,亦实现全集团对法务及合同管理数据自动汇总和统计分析。

2. 全生命周期管理。为了横向打通各业务部门信息沟通渠道,深入细致分析法律管理相关业务,法务管理信息化系统需进行全生命周期建设。以纠纷管理系统模块建设为例,系统管理需实现集团公司及其成员企业从立案、进展、执行、结案、归档、查询、统计等全生命周期的自动化作业模式,满足企业纠纷案件的规范化管理目标。

3. 管理过程智能化。平台在建设过程中,对集团法务管理业务如合同范本、合同风险、纠纷案例、法律法规等内容进行梳理,就法律信息数据进行整合,建立创新高效的法律知识库。同时,对案件管理程序中的案件上报、案件处理、案件进展、案件结案等阶段,利用人工智能、自然语言处理和机器学习等技术,对纠纷案件进行智能分析,及时提供风险预警和法律知识的智能推送。法律知识库与业务管理过程之间实现智能融合,促进纠纷案件管理更加高效、更加智能。

(三)遵循四大建设原则

1. 人员管理统一,多级授权。全集团的法律人员均在一个平台开展法律业务,通过分级授权,明确人员角色和职责。平台中法律人员角色包括各级企业的分管领导、总法律顾问、法律机构负责人、法律顾问(专职)、项目法律顾问、外聘律师等。法律咨询和法律审核的发起人为企业内部需求部门经办人员。

2. 内容深度统一,聚焦审核。法律管理一体化平台审核的主要内容为重要决策、经济合同和规章制度。通过平台和配套制度的同步宣贯实施,确保各级企业的三项法律审核满足深度统一、内容统一和格式统一的规范化要求。同时,平台上提供各类项目合同、常见协议的范本供各企业使用,通过推广合同示范文本降低法律风险。

3. 软件平台统一,分类融合。根据所属企业相关信息化平台建设及使用的不同情况,从经济性和实用性角度出发,对已建立的法律业务独立平台可继续使用并逐渐过渡,将相关业务和数据迁移至法律管理一体化平台;对内设在项目管理平台中的内容,如与平台审核内容无冲突,可继续保留;对于内设在协同办公系统中的,应将数据和业务迁移至平台;对于未建立法律业务平台的,可直接使用平台。

4. 遵循先进标准,多样特征。系统设计遵循国际、国家、行业有关安全、技术和业务标准,具备先进开放、安全可靠、灵活实用等特征。平台建设采用主流技术和架构,技术具有先进性、新技术兼容性,可扩展升级,以顺应 IT 技术的发展趋势。在系统设计、开发、部署运行方面,统筹考虑系统结构、技术措施、技术保障备份机制等内容,确保系统平台的可靠性、稳定性及低故障率。在设计过程中充分利用开放式的、标准化的基础技术,预留与其他系统的接口,通过 Web 服务方式调用降低系统间的耦合度。系统设计满足企业管理体制和业务规程的现实需要,保留管理体制和业务规程调整变化空间。系统日常操作应具备便捷性,确保系统操作步骤清晰、系统警告和出错提示友好;系统应具有良好的管理可控性，提供便捷的后台管理及系统维护方案；代码编写规范，具有可读性、可理解性和可追溯性；具有良好的封装性、逻辑性、完整性、稳定性等，满足可识别性和可分离性等各项要求，确保系统投入正式运行后支持对软件的运行维护和局部修改。

（四）采用三种建设模式

1. 两层平台，三级应用。法律管理一体化平台的建设采取“两层平台，三级应用”模式（见图1）。“两层平台”指中电工程管理应用层、子公司及其分支机构（含项目部）应用层，两层之间以互联网连接。三级应用是指中电工程本部、子公司、子公司分支机构（含项目部）三个管理层级均设置应用端，但功能权限不同。中电工程本部应用端除处理本部自身法律业务外，还具备远程督导重大案件纠纷处理，掌握各子公司及其分支机构（含项目部）的实时数据，并向其提供大量法律共享资源；子公司的应用端除了处理企业所在地的法律业务，还为工程项目部提供远程法律服务，掌握境内外分支机构的实时数据和案件纠纷信息，并向其提供大量法律共享资源；子公司分支机构（含项目部）的应用端获得上两级的法律共享资源，还获得非驻点项目法律顾问的远程指导。

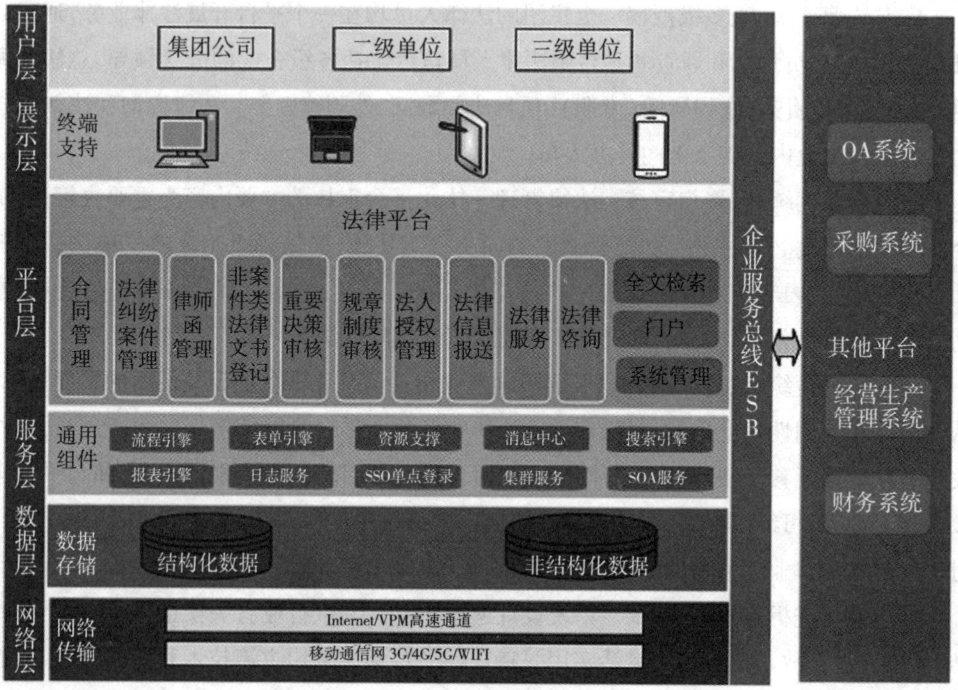

图1　“两层平台，三级应用”模式

2. 建专家库，远程协助。法律管理一体化平台在全集团范围内筛选一批专业能力、协调能力突出的法律顾问和外聘律师，分别建立内部法律专家库和外聘律师专家库。对于个别企业的重大法律纠纷案件督导、专项法律排查、项目法律顾问咨询等工作，组织相关专家，通过视频网络系统、电话会议系统、即时通信系统等途径，组织召开会议研讨案情及应对方略,提高法律工作的权威性和时效性,有效节省经济成本和时间成本。

3. 移动终端,同步建设。随着“互联网+”模式的不断发展,移动办公已成为未来工作的一种趋势。法律管理一体化平台的业务内容数量多、分布广、反馈及时性强,对平台使用者工作途径和效率都提出较高要求。通过平台,借助手机、笔记本电脑等设备在各生活场景下便捷地处理工作任务,平台建设统筹考虑移动终端同步接入,有效提升工作效率。

(五)制定五大管控建设思路

通过建设法律管理一体化为导向的信息化平台实现公司对法律管理的“管控”。一方面,指的是公司本部在公司全局法律管理过程中要加强对各子公司的总体指导、案件督导、考核检查;另一方面,各子公司是本公司的法律管控的主体,对本公司法律事务、案件管理等进行管控。另外,通过平台建设实现公司法律事务管理的制度化、流程化、表单化、信息化、集中化和共享化。

1. 全覆盖使用。为实现法律管理的“管控”,需要将平台在公司本部及各级子公司、各业务全覆盖使用,集中管理。

2. 规范法律事务管理。各子公司的法律信息化平台水平参差不齐,在法律工作日益繁多,法律管理要求日益提高的趋势下,搭建统一法律平台,实现法律事务管理流程规范化,实现从立案、庭审、执行、结案、归档、查询、统计等案件全过程管理,提高整体法律管理水平。

3. 建立法律大数据。通过平台的信息化手段,法律管理有关数据进行自动统计和抓取,形成数据库。在满足法律数据报送要求、提高报送数据准确性和报送效率的同时,对数据进行分析,诊断法律管理中存在的短板与不足,及时进行管理提升。

4. 实现内外部法律资源共享。公司各级企业普遍存在法律工作人员不足、外聘法律律师专业水平不一的现象,通过建设统一法律管理一体化为导向信息化平台,建立公司律师资源库、合格供应商库,共享各子公司在法律法规、风险防控、培训、经验总结等方面的资源,缓解各公司法律资源不足的问题。

5. 业务开展提供法律支持。公司开发投资业务、投融资项目、国际业务等新商业模式日益增多,通过建设统一法律管理一体化为导向的信息化平台,提供负面清单、法律法规、法律培训、经验交流等法律服务,为公司各项业务开展提供法律支持。

(六)确立四大管理模式

1. 公司本部管理为主,各子公司管理为辅。公司本部负责法律管理一体化为导向信息化平台的总体运行、维护管理;各子公司设独立的管理节点,可定制适用于本公司的流程、用户及其他基础信息,但是功能和表单界面完全一致,对授权本公司的范围进行辅助管理。

2. 分级授权使用。法律管理一体化为导向信息化平台的功能模块使用采取分级授权模式,各层级根据授权范围,使用本层级功能模块和获取相应共享资源。

3.付费共享资源有偿使用。建立公司律师、律所合格供应商库,各子公司在使用其他子公司的律师、律所等共享资源时,可通过竞争性谈判等方式建立合同关系,承担相应费用,有偿使用。

4.平台贡献度考核。法律管理一体化为导向信息化平台的有效运行和持续优化提升需要各子公司的付出和贡献,公司本部制定专门的考核办法,根据各子公司在平台建设、使用、运行过程中的贡献度进行考核评价。

（七）建构四大模块整体框架

公司法律管理一体化导向信息化平台同步开发桌面系统和移动系统,实现公司本部、各子公司及其分支机构(含项目部)共同使用。根据管理职能,平台可分四大模块:法律管理、法律信息报送、法律服务、风险与内控管理。

1.法律管理模块。法律管理模块包括三项审核、案件管理两部分,这一模块在各子公司内部独立运行,公司本部有权限在必要时进行检查查阅。

三项审核实现对规章制度、重要决策和经济合同的流程管理、结果管理、运用管理、闭环管理和统计管理。法律审核提示意见之后,意见是否得到采纳,需求部门反馈对法律意见的采纳情况,如不采纳或部分采纳,应说明理由并提出风险防范预案,法律部门同意风险防范预案或者保留意见,再次返还需求部门结束法律审核流程。同时,平台上处理过的法律事项均可实现按类别、日期、发起部门等进行统计查询,相关业务分析和决策提供支撑。

案件管理包括对诉讼案件和仲裁案件的管理,案件根据涉案金额分类。案件从案发之日起由案发子公司在平台录入相关信息:(1)案件信息:法律文书、案情、处理方案、结果预测和法律意见书。(2)诉讼团队:内部法律人员和外聘律师(如有)。(3)庭审情况:审前调解情况、一审开庭情况、一审判决情况、对一审判决的意见,二审或再审开庭情况、判决情况和结案报告。(4)执行情况。

2.法律信息报送模块。法律信息报送模块包括案件报送和统计报表两部分。由各子公司填写报送,本部可随时查看相关数据。

案件报送方面,按照公司对纠纷案件管理要求,对于本公司的不同类型案件应向公司本部及时上报。对于重大案件,公司本部形成备案材料并报送上级集团。各子公司在案件处理过程中,如遇到困难,可请求公司本部提供案件指导帮助,公司本部通过平台向请求指导子公司回复指导意见。

统计报表方面,各子公司每个季度统计一次法律体系建设情况、三项审核情况、案件纠纷情况,经各子公司内部审核后上报公司本部,公司本部统一汇总后报送上级集团。

3.法律服务模块。法律服务模块主要实现公司法律资源共享与沟通交流功能,包括法律法规(法律法规库、司法案例库、法律知识库、规章制度、负面清单、国别法律)、共享资源(企业信息查询、法律队伍、法律工作站)、风险防控、普法培训、经验交流和咨询服务六部分内容。

4. 风险与内控管理模块。模块包括风险信息收集、风险调查问卷、风险数据库、专项风险评估、风险监测、风险事件上报、内部控制流程等功能模块,能够实现风险管理全流程管控。结合系统建设,组织全面开展流程梳理和风险评估工作,强化对重点项目的风险动态管理,坚决守住不发生全局性、颠覆性、穿透性重大风险的底线。

(八)强化三大保障机制

1. 为系统建设提供充足的建设预算。硬件投入包括公司本部采购的应用服务器、数据服务器、Web 服务器,公司本部和各子企业应用端为工作电脑或手机。软件一次性开发费用按照 4 个月建设周期,5 人建设团队。平台年度运行维护费约为一次性建设费用的 10% ~20% 。考虑到该平台的使用地域广,使用人员多,子系统复杂,给予充分预算空间。平台要适用于不同层级、不同系统、不同软件环境,软件的优化及二次开发费用约为软件一次性开发费用的 20% 。并在后续优化升级、智能化开发等方面提供充足预算支持。

2. 为系统运行提供内外资深专家支持。平台项目组就建设方案开展可行性研究,调研法律管理和信息技术方面的需求,编制平台建设方案和配套制度,在平台建设过程中提供指导意见,为平台的持续优化提供智力支持。内部法律专家在公司本部和各子企业内部选择一批业务水平高、工作态度好的法律顾问组成公司内部法律专家库,对公司重大案件督导、法律风险排查等事项提出解决方案。从公司本部和各子企业聘请的法律顾问中择优选取一批资深律师组成公司外聘律师专家库,对公司重大案件处理、疑难法律问题等事项提出解决方案。

3. 为规范流程制定各项制度规范。发布了《法律平台管理办法》等规章制度用于规范平台建成后的管理机构、管理职能、工作流程、角色分配、日常维护、优化升级等内容。发布《外聘律师管理标准》用于规范外聘律师、专家的选聘、评价、考核、激励、奖惩等内容。并且于相关考核细则中明确法律知识的共享和产值核算、分配等内容。

三、法律管理一体化导向信息化平台建设实施效果

(一)建成了面向全公司的法律管理一体化为导向的信息化平台

平台通过上线合同管理、法律纠纷案件管理、律师函管理、非案件类法律文书登记、重要决策审核、规章制度审核、法人授权管理、法律信息报送、法律服务、法律咨询、内控与风险管理模块等应用,实现法律事务各项业务功能的线上开展(见图 2)。平台具备灵活的表单自定义功能,灵活进行流程设置、流程版本管理,涵盖了从流程定义、发布、管理配置、执行、监控到结果查询的完整工作流管理功能。

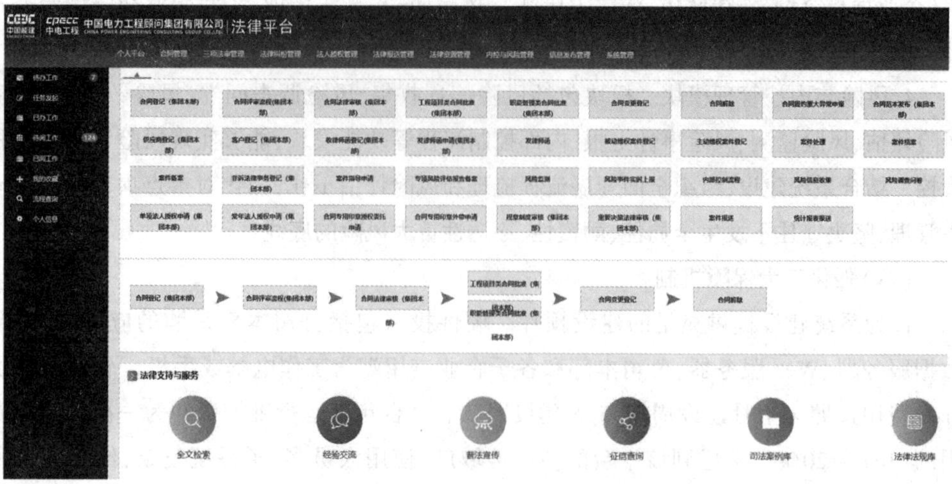

图2　法律管理一体化为导向的信息化平台

（二）满足了依法治企及企业自身管理需求

公司对20余家子公司法律业务实现管控，新法律管理一体化为导向的信息化平台至关重要。在平台帮助下，公司本部实现对各子公司的总体指导、案件督导、考核检查，公司本部和各子公司对法律事务全过程进行规范化管理，提高工作效率，实现资源整合和系统管理。建设该平台，便于公司对各级次法人实体法律概况、人员情况、案件处理等一手资料进行实时管控，为领导决策、案件督导、法律风险排查等工作提供大量数据支持。

（三）实现了知识共享、降本增效

中电工程公司提倡建设资源共享机制，在行业所需的人力、技术、信息等主要资源要素方面，建立集团内部充分共享的市场化机制。建设法律管理一体化平台，能够调动各级企业的内部法律力量和外部法律资源，分享经验，交流心得，多方协助案件纠纷的处置，确保集团内法律资源得到最大化利用，真正实现知识共享。借助平台建立公司律师资源库、导入合格供应商库，各子公司在法律法规、合同管理、培训、经验总结等方面资源共享，供公司本部、各子公司及其国内外分支机构（含项目部）共同使用。本部建设，全局受益，避免人力、财力和物力的重复投入，有效减少平台维护和软件优化的费用。共用同一平台，不仅解决了企业间平台软件互融共通的问题，还为数据上下贯通和资源调用创造了条件，提高工作效率。

该平台建成后，召集多个企业的资深法律顾问或外聘律师通过远程专家会诊的方式解决项目现场的法律问题，还通过实时数据统计掌握项目第一手资料，利用案例汇编学习其他项目上的经验教训，实现千里之外的法律支持，缩短法律人员驻点时间。尤其是针对境外项目优势明显，在提高反应及时性的同时也大幅降低差旅成本，在重大、国际工程项目中设置项目法律顾问，缓解人力资源有限、律师成本高昂、驻点效率低下等状况。

（四）迅速补齐了信息化短板

少数子公司法律力量薄弱或信息化水平较低，难以自行建设法律工作信息化平台，三项审核难以实现100%覆盖，案件数量急剧增加，迫切需要得到外部大力支持。建设法律管理一体化平台，也帮助子公司建立三项审核规范化流程，有效降低重大事项的法律风险；召开远程法律会议直接为其分析案情、排忧解难；还通过案例分享、法规解读等方式间接提高其法律工作水平，使其尽快补齐短板。

（五）流程运行数据量、知识产权获取及行业获奖情况

截至2022年8月底，中电工程公司法律管理一体化导向信息化平台已在合同管理模块、法律审核管理模块、法律纠纷管理模块、法定代表人授权管理模块、法律报送管理模块、法律资源管理模块、信息发布管理模块、内控与风险管理模块等累积运行流程达28万条以上。2020年11月17日经中华人民共和国国家版权局审核，取得计算机软件著作权。2021年5月20日经中国电力规划设计协会评审，获2020年度电力行业优秀计算机软件二等奖。

结　语

借助平台的运行和不断优化升级，公司将继续深入贯彻落实中国能建若干意见和“1466”战略的总体要求，脚踏实地，真抓实干，以“三个全面深化和四个聚焦推进”为抓手，全面深化企业法治建设、全面深化“四位一体”大风控体系设、全面深化法律工作服务保障作用，聚焦推进“合规管理强化年”各项工作、聚焦推进内控管理工作、聚焦推进案件压降工作、聚焦推进重大风险防范化解，攻坚克难、创新创效，为公司实现可持续发展壮大保驾护航，为再造一个高质量发展的新能建做出贡献。